启蒙及其限制

启真馆 出品

启蒙及其限制

罗卫东　陈正国 主编

ZHEJIANG UNIVERSITY PRESS
浙江大学出版社

图书在版编目（CIP）数据

启蒙及其限制/罗卫东，陈正国主编.—杭州：
浙江大学出版社，2012.12
ISBN 978 – 7 – 308 – 10893 – 5

Ⅰ.①启…　Ⅱ.①罗…②陈…　Ⅲ.①启蒙运动 –
研究 – 苏格兰　Ⅳ.①B561.2
中国版本图书馆 CIP 数据核字（2012）第 295794 号

启蒙及其限制

罗卫东　陈正国　主编

责任编辑	王志毅
文字编辑	周元君　刘　逸
出版发行	浙江大学出版社
	（杭州天目山路 148 号　邮政编码 310007）
	（网址：http：//www.zjupress.com）
排　　版	北京京鲁创业科贸有限公司
印　　刷	北京中科印刷有限公司
开　　本	635mm×965mm　1/16
印　　张	24.5
字　　数	365 千
版 印 次	2012 年 12 月第 1 版　2012 年 12 月第 1 次印刷
书　　号	ISBN 978 – 7 – 308 – 10893 – 5
定　　价	52.00 元

序　言

　　如果将启蒙理解为人类自身认识的不断进步，以及人类精神的不断成长和发育，那么，启蒙同样可视之为贯穿人类历史的主题。在此意义上，整个人类的精神史其实都是启蒙史，而十八世纪肇始于欧洲的那场被称为"启蒙运动"的历史活动似乎只是人类启蒙史的一个特殊阶段。

　　但是，我们以"启蒙运动"来命名这场持续时间不到人类文明史百分之一的精神事件，自然是有其理由的。著名的柏拉图洞穴寓言，刻画了人类自我认识的进步及其限制，这对于刻画十八世纪启蒙运动之于人类最近三个世纪的精神成长而言，同样是适用的。

　　让我们简要地回顾西方语境中的人类精神进步史。

　　希腊文明开始于万物有灵、神人一体的思考，希腊神话里的神看起来都是人的化身，有人类的优点和弱点，具有人性的诸神之间的关系也十分类似于现实中人与人之间的关系。正因为从诸神那里看到了人的影子，人们自然也会从人身上寻找诸神的印记。希腊的文学家和哲学家以神为参照来观照和探究人类的能力及其限度，以此导向了理性的思考。苏格拉底的追问本质上是对人类自身力量所能达到的边界的一种探寻。在柏拉图那里，苏格拉底的发散和开放的认识方式被统一成为呈现人类精神世界秩序感的理念论的范式。自柏拉图以来的哲学家无不服膺于这种震撼人心的哲学创举，理念、理性、整体秩序、规律性的变化等成为人类把握外部世界和自身的基本认识论的前提。在柏拉图开创的这样一种哲学道路上，亚里士多德等人尝试着建立各别的事物解释的理论框架。师徒三代人的工作基本上奠定了西方文明的基本气质和样貌。

希腊晚期兴起的斯多亚学派把柏拉图的理念论强有力地推进到了价值领域，泛化并绝对化了的"自然的理性"把客观世界的秩序与生活世界的实践紧紧地联系在一起。斯多亚学派点明了"自然理性"、"人类的意志"、"美德"三者之间的内在联系。这样的哲学实乃构建起了一种无"神"的宗教体系。所以，通过它的转化，柏拉图主义很自然地转化为基督教信仰体系的重要来源。斯多亚主义所推崇的人类对理性的认识以及对自然理性的顺从，提醒人们对非理性的激情保持高度的警惕和克制，所有这些都成为耶稣基督信仰体系中极为重要的内容。因此，虽然我们不能简单地断言，是斯多亚主义的哲学体系催生了西方文明史上最具影响的信仰体系，但我们仍然可以发现支撑这一信仰体系的神学原理在多大程度上被其塑形。基督教神学的核心部分从斯多亚主义的"理神论"中呼之欲出。基督教的兴起将人类认识论意义上的理性生活转化为价值论意义上的理性生活，正是在这个过程中，西方文明将希腊罗马形成的文明脉络拨向了一个极为特殊而又片面的路径上。

欧洲进入了长达千年的中世纪时代。虽然今天很多学者的研究揭示出了这个被称为人类精神禁锢的时代仍然不乏多样性和活力，但与此前和此后的时代相比，它无疑是更加单调、压抑和阴郁的。不过，这个时代将人类的精神世界带进了某种意义上的极限状态，唤起了人类自身蕴藏着的基于纯粹信仰的融理性与情感于一炉的巨大能量。这种力量似乎在此前任何时代都不曾被激发。也许在广义的人类自我认识上，中世纪也是别具含义的"启蒙"，一种对自身具有的某种神性的意识。

作为一个历史的辩证过程，人类自我认识的钟摆在中世纪末开始朝向感性这一端摆动。感性的复兴和解放是文艺复兴给人最大的印象，但是，这种复兴的前提以及贯穿始终的基调是基督教信仰的坚守。它的意义在于，通过那些艺术家，神性与多样化的人性之间的关系被表达出来。通过文学和艺术的形式，人类自身的身心特征被作为神的表现加以颂扬。神的无限性被允许通过最适宜于人的感觉特性的方式予以阐述。人们通过分散和具象性的感知途径接近上帝，这是对漫长的中世纪，人类以思辨、冥想、形而上的方式认识和接受上帝的巨大革命。也是哲学上的经验论对理念论的暂时胜利。文艺复兴对人类认识的最大推动是，引导人们从现实世界中寻找神迹，理解神意，由此逐渐将人的注意力转向生动的、活的、实际的世界，即那个神的秩序赖以展示自身的现实世界。唤醒人类感性的这种方式也极大地助长了对感性甚至是欲望的"合法性"的确认。既然在现实的世界中，到处都是上帝的杰作，我们理解和认识上帝或许不必再通过那种符号推理的方式来完成。人就是上帝的某种表现，认识人是认识上帝的路径！

宗教改革本质上是重返信仰纯洁性和普遍理性的一种尝试，在某种意义上甚至是对文艺复兴导致的感性复兴的否定，但是就将人类的关注从抽象世界转向生活世界这一点而言，它与文艺复兴殊途同归。无非是，文艺复兴促使人们从人自身的感官中认识上帝的崇高、伟大与美，而宗教改革则要求人们从尘世生活中寻求理想的信仰世界的可能性。出发点相反，而最后的效能却统一于对俗世生活的认同。

路德发起的宗教革命危及并最终切断了几个世纪以来神学家们反复论证并经由复杂的运作而建立起来的上帝与教会的神权、皇室的君权之间的联系，将教会代表的神权和君主代表的君权从信仰的体系中剥离。这导致了人与神之间的关系变得空前地简单和片面。人们关于这种关系的信念在世俗生活中的意义日益式微，人的主体意识开始被释放出来。路德论证了个人自身可以直接面对上帝的可能性，由此也解除了教会加之于信徒身上的束缚。在新的时代，信徒个人获得心灵解放的程度，不再取决于教会和其他的外部力量，而是他对上帝的信念。

所有这一切不仅为十八世纪启蒙运动的兴起创造了条件，而且其自身就具有启蒙的意义。历史地看，十八世纪的这场波及多个国家的启蒙运动乃是此前欧洲发生的各种精神事件积累和彼此作用的产物，甚至那些被后人认为是反启蒙的力量也以特定的方式参与了启蒙运动。

启蒙，在康德那里是一种理性解放的活动，是人类对自身理性能力的勇敢认识和运用，在卡西尔那里是一种普遍的批评意识的觉醒和批判能力的培养。正是因为这一场启蒙运动，人类才得以较为彻底地摆脱神权和君权造成的身心束缚，并牢固地确立了人类关于自身事务的主宰地位。大概也是这个意义上，在很长的时间里，人们似乎都把十八世纪的启蒙作为人类精神的最后一次彻底的解放，并倾向于相信此后的人类精神史将趋于终结。但是三个世纪以来的历史表明，这样的认识过于简单。

启蒙运动的最大历史产物是奠定了理性和科学在一切人类精神活动和社会事务中的主导地位。宗教的权威被人自身的力量所取代。此后的一切探究的活动、建构的活动、变革的活动都以理性和科学之名展开。一切对自然的认识自不待言，战争、革命、社会建设与管理等的一切社会活动也都从科学和理性之中寻求合法性。科学和理性甚至觊觎人类的心灵和精神生活。

但是，正如一般文明史所呈现的，任何一种历史力量的成长总会激发和孕育作为对立面的另一种力量。对立统一的辩证法则，同样对启蒙的历史进程起作用。自常规科学与理性的力量被视为人类新的救世主的那一天起，人类也开始面临另一种形式的专制和蒙昧的威胁。科学和理性从最初作为一种导致人类解放的力量逐渐转变为一种对人类解放的新约束。在科学昌明和理性发达的时代，人类并未如当初启蒙学者所乐观预期的那样全面摆脱蒙昧状态。这一方面是因为科学和理性俨然已经取代宗教成为新的信仰，人类自由的可能性被限定在科学和理性发展的程度之内，这一点就与中世纪人类认识自然的能力受制于神学相仿。另一方面，应该承认，那些迄今为止未被科学和理性活动所接纳的力量具有实际的影响力，这种影响力的存在与科学精神的不彻底并无关系。

严格地说，并不单纯是启蒙运动本身造成了今天的局面，历代人所理解和接受的启蒙思想也在很大程度上塑造着启蒙后的历史进程。或者说，启蒙运动的各项精神成果和社会变革之间的互动演化是理解人们在认识和接受启蒙的过程中形成某些倾向性的主要原因。也就是说，人们对什么是启蒙成果的选择性认识，恰好是形塑今天人们思想和行动的主要力量。

三个世纪以来的大多数时期，欧洲大陆的启蒙思想主宰着全球社会思想的主流，而法国人又是启蒙大合唱的领唱者。彻底和激烈地否定神权以及一切与神权相联系的君权，对人的理性的功能抱有强大的信心，对基于个人选择的社会秩序具有乐观的预期，对一切外部专制的清算，是法国启蒙运动的最大特征。今天看来，当年法国社会和思想运动所具有的那种气质更像是法国式浪漫主义气质的自然流露。德拉克罗瓦的那幅命名为"自由领导人民"的著名油画展现的正是这种为了自由而决绝斗争和勇于牺牲的民族气质。这种气质所具有的情感力量和审美特性是特别能够打动人们心灵的。就其激发人的情感和激励人的革命行动的效能而言，远胜于那种稳妥而中庸的绅士精神。这也许是我们乐于接受某种特定的启蒙思想的心理基础。而正如已有的诸多研究所揭示的，我们所熟知的启蒙观念和思想已经在我们的政治哲学和政治制度上打上深深的烙印。今天时代的一切美好和丑恶，无不与启蒙的遗产相关联。

十八世纪启蒙运动已经成为人类历史的一部分，但是长期以来，人们对它的认识仍然是不完全甚至是不一定正确的。大量值得进一步探究的主题没有得到应有的重视，很多有意义的思想被忽视……

今天，启蒙自身所具有的局限性和人们对它的认识上的局限性，应该引起我们的高度重视。

思想史的基本作业，不仅在于弄清那些影响人类精神世界的观念如何形成以及怎样流变，还要探寻这种观念通过人类的行动而与制度发生互动的机理。无意识的忘却和选择性失忆，是人类的通病，思想史则是要通过类似于考古的作业来重新挖掘和保留那些不应该丢失的记忆，为我们更好地理解历史以及面向未来进行更好的选择提供资源支持。在启蒙运动的研究中，思想史再一次发挥着它不可替代的功能。

自上个世纪七十年代以来，人们对启蒙运动多元性和复杂性的认识随着学术研究的不断深化而逐渐确立。在这其中，我个人认为，关于苏格兰启蒙运动的研究所起的作用是不可忽视的。这个方面的研究不仅对于认识苏格兰人的思想是有益的，而且对于反思法国启蒙运动也是有益的。

中国的学者对世界范围启蒙运动的全面研究起步甚晚，受八十年代西方自由主义思潮复兴的影响，国内的学者开始将视角投向法国以外的地区，包括苏格兰地区的启蒙运动，最近十多年来，这个方面的工作渐成气候。首先一个标志是浙江大学出版社北京启真馆推出了《启蒙运动经典译丛（苏格兰系列）》、《启蒙运动研究译丛》和《启蒙运动论丛》。前两种文丛主要译介启蒙学派代表性人物的作品，特别着力于尚未译介到中国的重要作品，有填补空白之意，目前已经推出数种，初具规模，形成了一定的学术影响。第三种着重反映中国学者最新研究启蒙学派思想的作品。其次一件值得一提的事情就是，自 2009 年起，浙江大学召集国内学术同行召开每年一届的"启蒙运动学术研讨会"，每年确定一个主题。迄今为止的三次会议共征集了数十篇学术论文。这些论文可以说总体上反映了中国学者在启蒙运动研究领域的现有水准。本书的大部分论文便是从作者向"启蒙运动研讨会"递交的会议论文中遴选出来的，绝大部分都是第一次发表。

本书的多数文章都有挖掘启蒙运动研究史上被忽视甚至丢失的主题的意图，旨在恢复某些历史真实，丰富人们对启蒙运动的认识，深化对它的理解。

我们以"启蒙及其限制"作为书名，是想要体现一种思想史学者必须具有的反思和批判的学术旨趣，而且，也想要传达一种信念，即从本质上看，启蒙是无止境的历史活动。

是为序。

罗卫东
2012 年 11 月

目　录

● 思想 ●

财产作为自然权利
　　——洛克的自然法学说　王楠　3

弗兰西斯·哈奇森论道德的情感之源　李家莲　53

君子或绅士中心的秩序　姚中秋　65

大卫·休谟是位功利主义者吗？
　　——从《人性论》到《道德原理探究》分析休谟的
　　效用论　张正萍　75

说不尽的休谟　高全喜　98

社会的自然史
　　——亚当·斯密论文明社会的起源　康子兴　120

大卫·休谟与亚当·斯密
　　——两种反宗教策略的启蒙策略　陈正国　145

亚当·斯密道德哲学中的规范性意涵
　　——论合宜性与德性　吴政谕　163

麦迪逊宪政思想与苏格兰启蒙运动　孙于惠　212

● 争鸣 ●

Necessity · Appetite · Liberty
　　——英国现代早期的"勤勉"话语　周保巍　249

从美德到教养
　　——英伦版的"古今之争"　冯克利　296

启蒙及其限制

　　——法兰克福学派与福柯　渠敬东　308

从沃斯通克拉夫特的旅行经验论其激进思想与

　理性思想之转变　汪采烨　334

思　　　想

财产作为自然权利

——洛克的自然法学说

王楠

洛克同时代人对《政府论》的称颂，多集中于"论财产"一章。认为这一章是对财产问题的最佳论述。从今天的眼光来看，我们很难理解这一章得到赞誉的原因。有人认为它是资产阶级意识形态的集中体现，有人认为它是戴着自然法面具的享乐主义。但本文试图通过对洛克的自然法学说的讨论来说明，通过劳动获得属于自己的财产，不只是人对自己的治理，也是人行使上帝赋予的神圣权利，满足自我保存的需要，履行人之为人的本分。正是在这个意义上，通过劳动获得财产，是人符合自身本性、合乎神意的生活方式，这是洛克自然法学说的核心主张①。

_____

① 如果细致考察洛克对人性的观点，我们就能看到劳动在洛克的思想中占有核心地位。他的思想恰恰不是要维护贪欲，而是要指出处于高度主观抽象性的人，只有通过运用自己的能力进行劳动才能克服心中的焦虑和不安，达到充实的满足。在这个意义上，只有劳动才能使空虚之人获得属性（property）。限于篇幅和主题，本文不能细致讨论劳动问题。另一方面，虽然对洛克来说，通过劳动获得财产是人性和自然法的要求，但这种神圣的权利需要落实在人类社会的历史中来实现。而现实的人性和社会条件又使得自然权利可能受到侵害。如何在现实条件的约束下来保证自然权利的实现，同样是洛克关心的问题。只有通过对《政府二论》（*The Second Treatise of Government*）的研究，将自然权利与人性的具体处境结合起来，才能弄清楚洛克的自然权利学说是否是一种抽象的学说以及他对社会的完整看法。

一、道德与自然法

在《人类理解论》中，洛克将人的知识分为三大部类：物理学（physics）或自然哲学、实践学或伦理学（ethics）、逻辑学（logic）。借助对自然界中各种实体的观察和实验，人可以获得关于它们的"存在、构造、属性和相互作用"的知识。[①]将这些自然知识加以应用性的实践，就产生了各种工艺（arts）。精通自己工艺的能工巧匠，运用知识和工艺，生产出各种生活便利品，来满足生活各个方面的需要，造福于人类。洛克对发明各种工艺、制造新的产品的工匠给予了高度的肯定，称他们为"工艺之父、繁富之主"，认为"首先发明印刷术、发现罗盘，发现金鸡纳霜的功用的人们，比设立学院、工场和医院的人们，还更能促进人的知识，还更能供给人以有用的物品，还救了更多数人的性命"[②]。但是，洛克并不认为人只应追求自然知识和工艺，从物质方面来满足生活的各种需要固然重要，但"道德（morality）才是一般人类合宜的科学和事业（business）"[③]。作为理性造物的人类，只有通过脑力劳动来获得伦理学和道德方面的知识，才能知道自己在世界中的地位，了解自己应当遵守的神圣法则和义务，指导自己此世的生活，并期待来世的永恒幸福。

虽然研究道德是人类的本务这种讲法明确地出现在《人类理解论》中，但令人困惑的是，遍览《人类理解论》和洛克的其他作品，我们都没能看到，洛克用达到一定篇幅的专门章节和论述，来将道德知识做一个集中和统一的阐述。对于他没有这样做的原因，自来是学者争论的焦点。不同的论者从各自的角度出发，对此提出种种解释。[④]但基本一致的结论是，洛克这种做法，无论是有意为之还是不

[①] John Locke, *An Essay Concerning Human Understanding*, Peter H. Nidditch ed., Oxford: Clarendon Press, 1975, IV. 21.

[②] John Locke, *An Essay Concerning Human Understanding*, Peter H. Nidditch ed., Oxford: Clarendon Press, IV. 12. 12.

[③] John Locke, *An Essay Concerning Human Understanding*, Peter H. Nidditch ed., Oxford: Clarendon Press, IV. 12. 11.

[④] 在下面的讨论中，我们会具体涉及不同论者的各种观点。

得已而为之，都反映了他道德学说中存在某种根本特点或致命缺陷，他根本无法构造出一门完整的伦理学。

在笔者看来，洛克确实没有写过完整的伦理学和道德学说论述，但从他现有的著作和某些未刊手稿中，还是能够比较清晰地勾勒出他这方面思考的基本脉络和核心主张，这些思想的统一性和完整性，要高于许多学者对这个问题的一般看法。他没有单独的伦理学著作很可能说明，在这个问题上他确实面临某种严重的困难。但这既不意味着他没有明确的伦理观点，也不是说他是在借助某种修辞技巧来掩饰自己的真实想法。他虽然主张，依靠观念之间自明的联系，"道德科学可以列于论证科学之列"，但也充分意识到了这个问题在理论和实践两方面的复杂性和棘手之处。笔者之所以要尽力揭示洛克这部分思考的基本结构及其统一性，也正由于这个问题既极端重要，又十分困难。洛克这样的思想家的伟大之处，并不在于他能够提出某种天衣无缝的学说，而在于他认识到了人必须面对的某种深刻的困难，并试图在这些困难的地方展开思考。对于这些思想家自己也面临困难的地方，研究者更需要从他们的著作中提炼出这些思想的精要，还原他们面对的基本困难，以及试图理解这困难的种种尝试。我们才能进一步理解，处于不同时代的他们和我们，所共同面临的人的基本处境，以及可能存在的各种出路。而不是将他们的思想简化为教科书上的条条框框，让自己的理解亦步亦趋；或是用他们的学说来作自己偏见的注脚，服务于各种真理之外的目的；或是通过贬低思想家的方式来满足自己的虚荣，向自己的软弱屈服，回避严肃的思考。

那么，洛克的道德学说的基本形态为何呢？从他在《人类理解论》中的论述可以看出，伦理学的基本形态是法学，是源于上帝的神法（divine law）而建立的法律体系。作为造物主而存在的上帝，与作为理性造物的人类，这两个概念，足以"作为我们的义务和行动规则的基础，使道德跻身于能够证明的科学之列。"[①]继承基督教中将道德规范视为神圣律法的传统，洛克认为，道德的根本乃是上帝为人

[①] John Locke, *An Essay Concerning Human Understanding*, Peter H. Nidditch ed., Oxford: Clarendon Press, IV.3.18.

5

立下的法律。上帝与人双方之间存在的造物主和被造物的关系，决定了人"应当尊敬、畏惧和服从上帝"。①而所谓道德的本质，是人依据某种规则来衡量自己的自愿行动，看与之是相合还是相悖，这就是洛克所说的道德关系（moral relation）。那借以衡量人的行为的尺度和规则就是法律，它对人的行动模式加以具体的规定，对于与其规定相符的行动加以奖赏，与其规定相悖的行动给予惩罚，这赏罚作用于行动者，给后者带来快乐和痛苦。因此，"所谓道德上的善恶，就是指我们的自愿行动符合或违背某种法律，这法律将好事和坏事加诸我们身上，它根本来自立法者的意志和权力。"②某种行为是善，是因为它符合法律，某种行为是恶，是因为它违反法律。一贯遵守法律的人是有德之人，而一贯违反法律之人是恶人。

洛克认为，在人世存在的关于道德善恶、德性与恶行的种种说法，其根本乃是某种神法（divine law）。"人们虽然一般赞同各种道德规则，却并不知道或承认道德的真正根据。道德的真正根据只能是上帝的意志同法律。"③在他看来，古代的众多哲人，不同民族的民法（civil law）的制定者，虽然就道德善恶提出了许多规范和标准，对德与恶有着许多议论，却始终不能将道德置于真正的基础之上，"它们缺乏真正牢固的根基，不过被看做社会的纽带，能够有利于公共生活和良好实践。"④这些道德学家未能认识到道德源于上帝的命令，来自神圣的权威，人有义务服从并受其约束。⑤对于哲学家的道

---

① John Locke, *An Essay Concerning Human Understanding*, Peter H. Nidditch ed., Oxford：Clarendon Press，Ⅳ.13.3.

② John Locke, *An Essay Concerning Human Understanding*, Peter H. Nidditch ed., Oxford：Clarendon Press，Ⅱ.28.5.

③ John Locke, *An Essay Concerning Human Understanding*, Peter H. Nidditch ed., Oxford：Clarendon Press，Ⅰ.3.6.

④ John Locke, *Writings on Religion*, Peter H. Nidditch ed., Oxford：Clarendon Press，2002，p.198.

⑤ John Locke, *Writings on Religion*, Peter H. Nidditch ed., Oxford：Clarendon Press，2002，pp.196-199；亦见洛克的未完成手稿：《论一般伦理学》（*Of Ethic in General*）。《论一般伦理学》是原本打算作为《人类理解论》最后一章的手稿，但洛克最终并未将它放在正式出版的书里。这篇手稿讨论了道德的根源、法的约束力和自然法等重要问题，具有极其重要的意义，载于 John Locke, *Political Essays*，Mark Goldie ed., New York：Cambridge University Press，1997，p.299.

德劝诫，人们"并不受其约束（obligation），因为这位或那位哲学家的意见，并不具有权威（authority）的约束力"①。在洛克看来，道德具有约束力，人们有义务对之加以服从，正是因为它根源于神法。

在《人类理解论》中，洛克区分了三种衡量人的道德行为的法律：神法、民法和意见法或名誉法（law of opinion or reputation）。所谓神法，"是上帝为人的行动建立的法律，由自然之光或启示之声所宣示"，是"上帝给予人，让他们治理自己的规则"。②而民法是"由国家制定的规则，用以衡量它的人民的行动"③。而意见法则是"称、讥、毁、誉，借着秘密和默认的同意，在各种人类社会中、部落中、团体中，便建立起一种尺度来，使人们按照当地的判断、格言或时尚，来毁誉各种行动"。人们通常用德性（virtue）与恶行（vice）来称呼符合或违背它的行动。④洛克承认，德性与恶行的标准，"大部分都和上帝法律所立的那个不变的是非规则相应合"，⑤出于维持国家和社会秩序的需要，各地的人们也推行过符合"是非的正当尺度"的各种法律和道德准则，"有的通过民法给过规定，有的鼓吹哲学家们的学说，但是它们都缺乏真正牢固的根基。"⑥既然"道德的真正根据自然只能在于上帝的意志同法律"，那么民法和意见法显然都应当以神法为依归，将后者作为自己的真正尺度，因为神法是上帝用来衡量人的行动的尺度，是对人的罪和义务的规定，它才是"善与恶的真正合宜的规则"⑦。

除《人类理解论》中较为简单的描述之外，洛克在早年的《政府简论二》（Second Tract on Government）中对神法有较为详细的描述："神法是上帝为人颁布的法律，是为他们制定的生活的规则和模式。它或是借由植入人心的自然的理性之光而为人所知，或是借由神

---

① John Locke, *Writings on Religion*, Victor Nuovo ed., p. 196；*Political Essays*, Mark Goldie ed., p. 302.

② John Locke, *An Essay Concerning Human Understanding*, Peter H. Nidditch ed., II. 28. 8.

③ John Locke, *An Essay Concerning Human Understanding*, Peter H. Nidditch ed., I. 28. 9.

④ John Locke, *An Essay Concerning Human Understanding*, Peter H. Nidditch ed., II. 28. 10.

⑤ John Locke, *An Essay Concerning Human Understanding*, Peter H. Nidditch ed., II. 28. 11.

⑥ John Locke, *Writings on Religion*, Victor Nuovo ed., p. 198.

⑦ John Locke, *Political Essays*, Mark Goldie ed., p. 302.

圣的启示而显明，从而分为自然法和实定法。"①这与他在《人类理解论》中对神法的描述基本一致。这里我们能够看到，神法分为两种：自然法（law of nature）和启示法（law of revelation），人运用内在的自然之光或理性而认识前者，受神的启示而获得后者。在洛克看来，自然法和启示法只是认识的方式和明确程度不同，在内容上并无大的区别，两者都是"正当与正义的根本规则，一切道德善恶的永恒基础"②，都应当是国家的民法、哲学家或社会所议论的德性与恶行的真正基础。③从洛克出版的著作和手稿来看，他对神法的含义和地位的理解，从早年至晚年并未发生过变化。

虽然自然法和启示法是统一内容神法的两个面向，但洛克一般很少讨论后者。这与他在《人类理解论》中以理性为基准来划定信仰的范围是一致的。虽然启示同样是认识神法的途径，但洛克并不认为随便什么人都能够将自己一时的灵感和领悟视为神法。正如他肯定启示，并不意味着认可个人可以与上帝随意沟通，更多是为了确立基督教作为启示宗教的地位，他对启示法的肯定，也主要是为了说明来自耶稣教诲的《新约》中道德律法的真理性。由于基督教是经过理性确认，有上帝的奇迹做证明的真正的启示宗教，所以耶稣和《新约》的教会就是真正的启示法，是启示和理性都为它见证的道德律法。④另一方面，正如信仰和启示是为了补充理性，洛克对启示法的肯定，也只是为了补充自然法。洛克的道德学说的核心，正是人运用自身中的自然之光而达到的神法，即"作为善恶真正合宜的规则"和"我们行动的道德规则"的自然法。⑤

在西方思想的历史中，自然法学说占有重要的地位，对现代社会的政治实践具有深远的影响。正如登特列夫指出，两千多年来，自然法"被认为是对与错的终极标准，是正直的生活或'合于自然的生

---

① John Locke, *Political Essays*, Mark Goldie ed., p. 63.

② John Locke, *Political Essays*, Mark Goldie ed., p. 63.

③ John Locke, *Writings on Religion*, Victor Nuovo ed., pp. 197–198；*Political Essays*, Mark Goldie ed., p. 302.

④ John Locke, *Writings on Religion*, Victor Nuovo ed., pp. 196–198.

⑤ John Locke, *Political Essays*, Mark Goldie ed., pp. 302–303.

活'之模范"。① 它起源于希腊的斯多亚派哲学家，他们相信存在着一个为世界安排了永恒秩序的神，这神赋予了自然以某种正当之理，这理体现在世间万物的本性之中，万物都按照这理的规定来运行。拥有理性的人，能够认识这神圣之理，了解自身符合于自然的种种倾向，知道自己在世界中应尽的本分，并按照理性的劝诫，服从于自然的神圣法则以臻于完善，这种支配自然中万物的神圣的法就是自然法。罗马的法学家将这种自然法观念吸收到罗马法之中，将其作为支配普世人类共同体的永恒不变的法律。② 在中世纪，自然法观念被基督教哲学家所吸收。在托马斯·阿奎那的思想体系中，自然法成为了基督教道德学说的重要环节。自然法作为"每个人心中铭刻的法"，是人道德行动的本原，是上帝赐予人的内在理性之光，使得人人皆分参永恒法和神性。人服从于自然法，是通向上帝赐予的永恒幸福的必经之路。③

到了17世纪，经历了教会分裂、宗教改革和宗教战争的天主教，在精神方面的权威摇摇欲坠，统一的西欧基督教世界已四分五裂。新一代的学者，在晚期经院学者的思想和罗马法的复兴的背景下，面对自己身处时代的种种危机，试图为自然法学说赋予新的意义和使命，这就是所谓现代自然法的兴起。理查德·塔克（Richard Tuck）认为，自然法的"现代"理论的产生，是17世纪欧洲精神危机的产物。这种精神上的危机体现为蒙田和沙朗（Charron）的怀疑主义，在格老秀斯和普芬道夫等现代自然法学家的笔下，它附身于古典时代的卡尼德斯，宣扬没有自然正当、一切法律都是利益产物的道德相对主义。而以格老秀斯为代表的现代自然法学家为反驳这种怀疑主义，想要在最普遍的基本原则的基础上来重新建构自然法学说，以

---

① 登特列夫，《自然法：法律哲学导论》，李日章译，北京：新星出版社，2008年，第1页。

② 登特列夫，《自然法：法律哲学导论》，李日章译，北京：新星出版社，2008年，第13—19页；亦见 Leo Strauss, "On Natural Law", *Studies in Platonic Political Philosophy*, Chicago：University of Chicago Press, 1986, pp. 140–141.

③ 登特列夫，《自然法：法律哲学导论》，李日章译，第42—45页；亦见 Leo Strauss, "On Natural Law", *Studies in Platonic Political Philosophy*, pp. 141–143.

之作为道德和法律的稳固基础。①登特列夫和施特劳斯也都指出，具有强烈理性主义色彩，试图从某些普遍前提推导出来的"几何学"特征，是现代自然法学说的重要特点。②

理解了现代自然法学说兴起的这种背景，我们才能够明白为何洛克如此重视培养人的理性能力，为何他会认为，伦理学是某种类似于数学的知识，而道德是"一般人类合宜的科学和事业"。在他看来，心智初始处于白板状态的人，只受到自我保存本能的驱使而行动，缺乏理性的自主，不知道自己行为的合理界限，更不知道身为人类的自己，应当承担什么样的责任和义务。这样的人，虽然不能说是怀疑主义者，却也并不知道自己应该相信什么。正是因为人的心中没有天赋的自然法，所以世界上有许多民族以逆伦悖理的方式生活着，做出种种骇人听闻的行为，这是对自然法"公然一致地加以拒绝和抛弃"。③因此，人必须运用自己的理解力，运用上帝赐予的自然之光来认识神圣的自然法，用以规范自己的行动和生活。另一方面，洛克的自然法学说既不是简单的道德戒律，也不是可以弃之不顾的修辞，而是包含着对造物主和人类处境的基本观点，是一套完整的神学世界观。施特劳斯正确地看到，在现代自然法学家那里，自然法不再被置于神学或实定法的背景之中，而是获得了独立的地位，以单独的自然法典的形式出现，其中的某些结论具有本原的确定性。④当自然法不再作为框架中的某个部分，而是作为基础性框架本身的时候，它就必然包含着某些基本框架所必然具有的内容。在洛克那里，认识这一点尤其重要。虽然《人类理解论》确实是洛克的"第一哲学"，明确表达了他观念论性质的形而上学，但对洛克眼中世界之基本面貌的完整把握，只有理解了他在《政府论两篇》及早期著作中关于自然法的阐述才能够获得。

不过，上面的讨论似乎使人觉得，作为《政府论两篇》作者的洛

① Richard Tuck, *Natural Rights Theories: Their Origin and Development*, New York: Cambridge University Press, 1979, pp.107-115.

② 登特列夫，《自然法：法律哲学导论》，李日章译，第54—55页。

③ John Locke, *An Essay Concerning Human Understanding*, Peter H. Nidditch ed., I.3.11.

④ Leo Strauss, "On Natural Law", *Studies in Platonic Political Philosophy*, p.143.

克，其道德学说的基本形态是自然法，这样的说法好像自然而然。自然法不正是《政府论》中的核心概念吗？不正是洛克视为人在自然状态下也受其约束的义务，不正是公民政府和国家应当维护、以之作为民法基本尺度的神圣法律吗？但如果仔细阅读《政府论两篇》和《人类理解论》，就会发现这个结论并不像看上去那么自然。虽然在《政府论两篇》中对自然法的内容有明确的说明，但却并未涉及人如何认识自然法、自然法成立的基本前提为何等问题，给人的感觉好像是作者已经充分论述过自然法，那是一个读者很清楚明白的问题似的。①而在《人类理解论》中，自然法这个概念出现的次数屈指可数，即使出现也并未对其加以充分的讨论。②如果联系《人类理解论》中洛克对天赋道德本原的批判，这一点似乎更加奇怪，因为既然否认存在天赋观念，那就更应该说清楚人是如何认识自然法的，但洛克在《人类理解论》中并未非常明确地回答这个问题，虽然洛克承认，人运用自身的理解力，能够发现与数学真理相类似的道德真理，对道德的研究和伦理学也是"合宜于人类的科学和事业"，但他偏偏并未直言这种道德真理就是神法和自然法。我们只有对《人类理解论》有关道德的论述加以细致的分析，并结合他在《基督教的合理性》（*The Reasonableness of Christianity*）中的讲法，才能推断出他的基本观点。而这一观点，虽然在他的手稿"论一般伦理学"中得到了直接的证实，可他却偏偏按下这一章不肯发表，取而代之以远为模糊含混的一章。③如果我们考虑到，无论是《基督教的合理性》还是《政府论两篇》，

---

① 见《政府二论》（*The Second Treatise of Government*）第 12 段："虽然我不准备在这里论及自然法的细节或它的惩罚标准，但是可以肯定，确有这种法的存在，而且对于一个有理性的人和自然法的研究者来说，它像各国的实定法一样可以理解和浅显，甚至可能还要浅显些"，见 John Locke, *Two Treatises of Government*, Peter Laslett ed., Beijing: China University of Political Science and Law Press, 2003, p. 12. 拉斯莱特还讽刺性地评论道，证明自然法的存在和内容，似乎总是会偏离洛克当前的意图，见彼得·拉斯莱特，《洛克＜政府论＞导论》，冯克利译，北京：生活·读书·新知三联书店，2007 年，第 105 页。

② John Locke, *An Essay Concerning Human Understanding*, Peter H. Nidditch ed., Ⅰ. 3. 6. 13；Ⅱ. 28. 11.

③ John Locke, *An Essay Concerning Human Understanding*, Peter H. Nidditch ed., Ⅳ. 4. 21.

都是洛克匿名出版的作品，在匿名著作中无保留使用，在署名著作中却语焉不详，而两者之间又缺乏必须的重要环节，这样的情况难免令人心生疑窦：洛克到底是否真的相信道德的根本是自然法？他是否真的持有自然法的主张？如果自然法真的是他思想中极为重要的组成部分，这与他的其他主张，特别是心智中并没有天赋道德本原的讲法有什么样的关系？为何他不明确地声称，人运用理解力能够获得的类似数学的道德知识或真理就是自然法？如果他并不持有自然法的主张，那又为何写了《政府论两篇》？

近数十年来，围绕着上面这些问题，洛克的研究者展开了激烈的争论。1953 年，施特劳斯在《自然权利与历史》（ *Natural Right and History* ）中旗帜鲜明地提出了这样的看法：洛克对道德和自然法的真正观点，并不同于他在《政府论》中看来持有的自然法观点，读者只要对洛克的谨慎有更深入的理解，就能穿透洛克修辞的迷雾，看到他对人性和自然状态的真实观点实际上更为接近霍布斯，只是以类似于帕森斯所说的"将安全问题压缩到最小"的方式，基于对财产权的保护来建立公民政府，通过在公民社会中释放贪欲来克服匮乏的战争状态。因此洛克的自然法，与一般认为可以等同于功利理性的霍布斯式的自然法没有本质区别，只是内涵有所不同。① 在 W.冯·莱登（W.von Leyden）基于洛夫莱斯（Lovelace）所藏的洛克早期手稿，编辑出版了《约翰·洛克论自然法》（ *John Locke：Essays on the Law of Nature* ）一书之后，施特劳斯不得不从先前的观点上有所后撤，承认洛克认真思考过自然法学说。但他的基本观点未变，仍然认为洛克由于无法找到充分的论证来支持自然法，而导致后来更为接近霍布斯的自然法立场，并且发现了调和个人利益和普遍秩序的关键。②

与施特劳斯针锋相对，剑桥学派的约翰·邓恩反对前者对洛克的理解，认为洛克并不是伪装的霍布斯主义者，也没有鼓吹贪欲释放。邓恩强调，自然神学性质的上帝和自然观确实是洛克《政府论两

---

① 列奥·施特劳斯，《自然权利与历史》，彭刚译，北京：生活·读书·新知三联书店，2003 年，第 5 章 B 部分，第 210—214、231—234 及 247—250 页。
② Leo Strauss, "Critical Note：Locke's Doctrine of Natural Law", in *The American Political Science Review* , Vol. 52, 1958, No. 2, pp. 500–501.

篇》的基本框架，人负有服从上帝的义务。洛克决非单纯鼓吹享乐主义，相反，洛克思想中包含的天职（calling）观念具有极为重要的意义，有德性的人是服从上帝的法和积极工作的人，决非追求效用最大化的个人。洛克对私有财产的肯定，只是为了确保此世社会秩序的稳定和基本福利，使人免受绝对君主的侵害，以确保能够更好地寻求拯救之道。①但邓恩也承认，虽然洛克的基本立场不同于施特劳斯的解释，但在洛克的自然法学说中确实包含着无法解决的困难，这使他无法提出完善的道德律法。在洛克自然法的唯意志论和理性主义两个面向之间存在着矛盾，洛克最终倾向于强调信仰的唯意志论。另一方面，洛克也难以克服自己持有的享乐主义心理学与自然法的义务观念之间的矛盾，这使得他最终诉诸信仰，以超越软弱的理性和享乐的人性。②所以，洛克当然无法提出清晰连贯的自然法学说。

　　从表面上看，施特劳斯和邓恩的观点可谓泾渭分明，但仔细看来，两人只是强调的方向不同，在某些重要环节上却持有相对一致的立场。两者都认为洛克无法基于理性而得出完整的自然法论证，也都认为洛克持有享乐主义的心理学立场，但施特劳斯认为，既然理性无法支持自然法的神圣性，那么洛克对上帝和《圣经》的讲法只是修辞，而邓恩则认为这恰恰说明洛克对上帝和人的义务的信仰是真诚的超越理性的信仰。施特劳斯认为洛克的真正目的是要肯定财产积累和政治享乐主义，而邓恩只是倾向于从神学和信仰的角度出发，认为洛克肯定基于劳动的财产权，有着清教天职观的背景，但财产积累并没有施特劳斯所说的那么重要，另一方面，国家在确保慈善和社会福利方面也发挥着积极的作用。施特劳斯和邓恩双方其实都没有真正阐明洛克如何能够基于自然法来确立财产权。

　　除了施特劳斯和邓恩，《政府论两篇》的其他研究者也基本上放弃了从自然法学说的角度来讨论洛克的财产权问题。如拉斯莱特认为，《政府论两篇》乃是某种基于经验的"策论"，并非抽象的理论著

---

① John Dunn, *The Political thought of John Locke* , Cambridge：Cambridge University Press, 1969, chap. 9, pp. 17–18.

② John Dunn, *The Political thought of John Locke* , Cambridge：Cambridge University Press, 1969, pp. 188, 194–196.

作。① 即使是编辑出版洛克的《论自然法》的冯·莱登也认为，虽然在早期手稿中，洛克尝试阐述自己对自然法的基本观点，在洛克的整体思想中，自然法也占有一个相当重要的位置，但他早期和晚期的观点有所不同，后期更倾向于朝享乐主义的方向发展，前期的很多观点并未吸收进后期的著作之中，此外在那些论述中，也有很多在他看来含混不清的地方，如理性概念的意义、道德真理和数学真理的类似等，所以洛克实际上没有连贯一致的自然法学说。②而耶尔顿虽然不满于施特劳斯的解释，却也只是引用洛克的某些词句来反驳，不能提出更有力的解释。③

1980 年詹姆斯·塔利发表的《论财产：约翰·洛克及其对手》(*A Discourse on Property：John Locke and His Adversaries*) 一书可说是极大地推进了对洛克的自然法问题的讨论。塔利指出，洛克的道德理论就是他的自然法学说，而上帝与人之间的造物主和作品之间的关系，是理解洛克财产权学说的关键。自然法能够通过理性来把握，它的真正基础就是上帝与人的关系构成的作品模型 (workmanship model)。基于对作品模型的理解，我们能够认识到洛克所肯定的财产权背后的神圣性意涵。④

塔利虽然在相当大的程度上推进了对洛克自然法学说的理解，但他将讨论集中于财产权问题，而避免涉及自然法学说中更多的疑难问题。比如自然法的约束机制问题。如果人是趋乐避苦的享乐主义者，他又如何能够履行道德义务？比如如何调和自然法中所包含的理智论和意志论的关系问题。此外在笔者看来，塔利的作品模型仍有不足，上帝与人之间的造物主和被造物的关系固然重要，但洛克在《政府论两篇》中对财产权的论证，只有深入到天赋的人保存自己的本性和内

---

① 彼得·拉斯莱特，《洛克〈政府论〉导论》，冯克利译，北京：生活·读书·新知三联书店，2007 年，第 110 页。

② W. von Leyden, "John Locke and Natural Law", in Richard Ashcraft ed. , *John Locke：Critical Assessments*, Vol. 2, London：Routledge Press, 1991, Ⅱ. pp. 7–14.

③ John Yolton, "Locke on Law of Nature." in Richard Ashcraft ed. , *John Locke：Critical Assessments*, Vol. 2, London：Routledge Press, 1991, Ⅱ. pp. 15–30.

④ James Tully, *A Discourse On Property：John Locke and His Adversaries*, Cambridge：Cambridge University Press, 1980.

在的力（power），并结合上帝赐予人类的共同材料和所有人的平等性质等问题，才能有更深入的理解。①

约翰·科尔曼的《约翰·洛克的道德哲学》（*John Locke's Moral Philosophy*）一书侧重于从道德哲学而非自然法的角度来讨论洛克的道德学说，该书试图通过详细论证来说明，洛克想要设法将人趋乐避苦的自然倾向与神学义务论结合起来，并在理性的基础上建立自然法学说。②在笔者看来，科尔曼的见解大部分是正确的，他的著作正确地强调了洛克的义务论观点，是对施特劳斯观点的更为根本的批判，基本埋葬了那种认为洛克是享乐主义者的看法。

因此，虽然对于洛克的自然法学说已经有了很多讨论，但我还是想在以往研究的基础上，尝试通过对洛克著作的分析，构建出他更为完整和连贯的自然法学说。在我看来，这种尝试并不是钻牛角尖，而是由自然法学说在洛克思想中的地位决定的。

从前面的分析我们能够看到，洛克道德理论的基本方向指向的正是自然法，这也是为大多数论者所承认的，如果说洛克的自然法学说不能成立，那就无异于说洛克建立不起合理的道德理论，无论是施特劳斯还是邓恩，大部分洛克的研究者其实都抱有这样的观点。另一方面，作为洛克自然法学说实质内容的自然权利和财产问题，如果不能得到完整合理的说明，那就只能认为它其实并不具有真正的神圣性，仅仅是基于功利考虑的策略，或是单纯依靠信仰来建立而缺乏理性基础。

从今天的眼光来看，这样的结论似乎已成定论，想要建立洛克完整的自然法学说也是缺乏意义的事情，只有满足某种好古癖的价值。但我认为并非如此。思想史研究的目的，既不是通过援引或贬低古人的权威来支持自己既定的观点，也不是将古人的思想分门别类地放进档案柜里了事，更不是沉浸在古人的思想世界里来逃避今天的现实，而是基于对伟大思想的深入研究，提升自己的眼界，更深入地思考今天的问题和这些问题的根源，探索比当下流行的意见远为丰富的

---

① 基于对文本含义的考虑，本文用"力"和"权力"两种译法来翻译 power 一词。

② John Colman, *John Locke's Moral Philosophy*, Edinburgh：Edinburgh University Press, 1983.

思想和实践的可能。就洛克的思想而言，如果深入到他的自然法学说之中，我们就能够看到他如何试图调和享乐主义和义务论，既肯定此世的生活和欲望的合理性，避免使人陷入单纯受信仰支配而有悖人情的状态，也保留人对上帝神法的服从，使人不至于沉沦于世俗的欲望和享乐中无法自拔。如果细致地探索自然权利在何种意义上也是神法的规定，那么我们就能够了解，洛克批判霍布斯式的人的无限的主观权利和支配，而始终认为主观的权利和支配背后既具有体现正义和公平的法的实质规定性，也与现实中的具体对象相联系，通过劳动获得财产这一过程，既满足了自身的需要，也是对上帝意志的服从。此世中人的日常行动，内在包含着超越此世的神圣性。只有对这些问题有了充分的理解，我们才能明白洛克这样的思想家，站在现代社会的起点上，想要真正建立的新的世界观是什么，才会明白自诩为清扫垃圾的小工的他，为现代社会打下了什么样的地基，也才能更深入地思考现代社会的正当性究竟何在，而后来的学者在批判洛克思想的同时，也应考虑他们自己的思想是否与洛克的思想在某些基本结构方面有着根本的一致性。

当然，对洛克自然法学说的这种深入探索，决不意味着可以凭借一己的想象，天马行空地建立体系，而是要严格基于洛克本人的文本，摸索概念间真正的联系。也不是说要将洛克的思想奉为确定不移的真理，以之为武器来讨伐今天的思想和实践，而是要借助他为我们开拓的视野，看到他所规划的整体结构，从而更深入地理解现代社会后来的发展，在哪些方面不同于他的设想，后来思想家的批评的出发点为何，又具有什么样的合理性，使我们对现代性的理解更为丰富和深刻。还需要强调的是，试图勾画洛克自然法学说的整体，并不意味着想要说明，他这方面的思想是已经完工的坚实大厦，没有任何弱点和困难。但是，只有更深入地理解了他的自然法学说，才能发现洛克思想中存在的真正的困难。

二、上帝与人：洛克自然法学说的基本结构

（一）造人的上帝

正如洛克本人所承认的，道德根本要建立在这样两个观念上：

"一个至高无上的存在（supreme being），有着无限的力、善和智慧，我们是他的作品，而且依靠于他；而我们自己是有理解的理性存在（rational beings）。对于我们来说，这样两个明白的观念，如果加以适当的考虑和研索，可以作为我们行动的义务和规则的基础。"①洛克的自然法学说要能够成立，根本依赖于这两个观念以及依靠这两个观念建立起来的上帝与人之间的法律关系：人之所以要服从上帝的法，是因为上帝是世界和人的创造者，人是上帝的造物。

在洛克看来，"我"的实在的存在是人能够获得的确定的真理。我们可以通过心智的反省活动而获得清楚明白的自我观念，认识到自己是一个能思维，并能感受到苦与乐的东西。而"我"的实存亦是不可怀疑的，因为"只有这种怀疑就可以使我们知觉到自己的实存，而不容我来怀疑它"，所以，"我们对于自己的实存有一种直觉的知识"②。对洛克来说，能够做出行动、感受苦乐的自我或人格是法律的承担者，能够承受奖赏和惩罚。③

如果自我的观念及其实存是确定的，那么，人如何获知上帝及其实存，又如何得知自我应当服从于上帝的法？在洛克的思想中，这两个问题是紧密联系在一起的，这也是为什么我们很难理解洛克的上帝观念及其存在论证的原因。洛克的上帝观念及其存在论证，根本上是论证造物主的观念和存在。正如塔利指出的，人与其创造者之间的这种造主和造物的关系，在洛克的思想中具有根本的重要性，是沟通《人类理解论》和《政府论两篇》的共同基础。④上帝作为立法者的地位和正当性、我们对他的意志的认识，都要来自他作为造物主这一前提。因此必须先思考上帝作为造物主的含义。

所谓上帝是造物主，说人和世界由上帝创造和制造，必须先理解创造和制造。在洛克看来，所谓创造，是指某种东西使另一种原本不存在的东西开始存在。比如原本不存在的物质分子和人的精神，借上帝的某种神力从无中产生。而制造则是将某些已经存在的部分结合在

---

① John Locke, *An Essay Concerning Human Understanding*, Peter H. Nidditch ed., IV. 3. 18.
② John Locke, *An Essay Concerning Human Understanding*, Peter H. Nidditch ed., IV. 9. 3.
③ John Locke, *An Essay Concerning Human Understanding*, Peter H. Nidditch ed., II. 27. 26.
④ James Tully, *A Discourse On Property：John Locke and His Adversaries*, p. 4.

一起，形成一个新的统一整体。比如工匠将钟表的各个零件结合在一起，上帝将人的心智和身体结合在一起。①无论是创造还是制造，都是由某个造主造出某种造物，使得后者开始存在。

在洛克看来，一物之所以能造另一物，是因为前者具有产生出后者的力，从前者之中能够生出某种变化，令后者从无中产生，或从原本不同的其他材料中产生。所以洛克的因（cause）和果（effect）的关系，是与力的概念联系在一起的，说由因而产生了果，与说因具有产生果的能是一回事。②需要强调的是，洛克认为精神而非物质才拥有真正的力，而这力也不是物质而是思维和观念。存在于精神实体中的思维，才是一切新的东西由之产生的绝对原因。红球落入洞中这个结果的真正原因，乃是击球者"想要"让红球入洞的意志。所以洛克才会拿人写字的行动与上帝的创造行动相类比，认为如果人能理解前者也就能理解后者，因为两种行动在本质上是一样的，都是造成某种新的结果。③塔利从这一类比中正确地看到，上帝的创造行动和人"创造"身体的运动，都是意志的行为，他也认识到了创造和生产的基础乃是《人类理解论》中因果关系的逻辑，但他未能认识到这根本上是精神实体运用自身内在的力的行动。④而只有理解到这一层，才能理解洛克的作为造物主的上帝是一个拥有无限的力和创造力的纯粹的精神实体。这也就是为什么，洛克将自我的观念和存在作为上帝的观念及其存在论证的起点，两者都是拥有力的精神实体。而对自我原因的追溯，能够将人引向对上帝的认识。人意识到自我并非永恒存在，就会追溯这存在的原因。既然虚无不能产生出存在，而自我又不是永恒存在，那么这个自我必然是由另一物所产生。⑤

在《政府一论》（*The First Treatise of Government*）中，洛克反驳了人是由父母所造的讲法。他承认人是由父母生育而来，但他不认

---

① John Locke, *An Essay Concerning Human Understanding*, Peter H. Nidditch ed., Ⅱ.26.2.

② John Locke, *An Essay Concerning Human Understanding*, Peter H. Nidditch ed., Ⅱ.21.3；26.1.

③ John Locke, *An Essay Concerning Human Understanding*, Peter H. Nidditch ed., Ⅳ.10.19.

④ James Tully, *A Discourse On Property：John Locke and His Adversaries*, p.37, 177.

⑤ John Locke, *An Essay Concerning Human Understanding*, Peter H. Nidditch ed., Ⅳ.10.3.

为那是一种真正意义上的创造和制造，因为人既不知道身体的构造和功能，也不知道如何将活的灵魂给予身体。洛克寻求的是人类存在的某种终极原因，他想说的是，人这种精巧的造物，作为一个物种生在世上，根本来自创造自然的上帝的天工："上帝是生命的作者和给予者，只是靠了他，我们才能生活、运动和具有存在（being）。"人类这种精巧造物的产生，必定来自某个能工巧匠的设计和制造，父母"只是孩子存在的条件"而已。①

在洛克看来，人类的造主显然不可能是物质，因为物质只具有被动的力，只能接受其他东西的力的作用而发生变化，而不可能进行主动的创造和制造的活动。纯粹没有认知能力的物质不能产生出任何别的东西，也不能只靠自己产生出任何运动。②洛克认为，单凭没有认知能力的物质，无论再怎么结合，也不能产生出认知能力来。③因此，人类的造主必定是有认识力的精神。制造和创造的过程，是这精神存在运用自身的主动的力，将自己主观的理智和意志加以实现的过程。如果一位工匠所制造的作品，根本来自他心智中理智的构想和将这构想转化为现实的意志，那就必然意味着在他自身之中就包含着他的作品，他的力要高于他的作品的力。正如同能够制造人工智能的人，其自身的智能要高于人工智能一样。"它所给予其他东西的任何完善，一定是它自身所真实具有的或是至少在较高的程度上所有的。"④所以，人也不可能是由自己造出的。因为如果说人能够使自己从无到有地产生出来，那就必然有能力让自己永久地保存下来，而不是仅仅拥有此世短暂的生命。"当然，与创造某个东西相比，保存它需要较小的力，或最多是同样的力，无论谁能在任何时间使得某种东西开始存在，他都能使它不在另一时间停止存在"，所以人没有造出自己的力，而必然是由另一个"更有力、更为智慧的行动者"创造

---

① John Locke, The First Treatises of Government, sec. 52 – 53, in *Two Treatises of Government*, Peter Laslett ed., Beijing: China University of Political Science and Law Press, 2003.

② John Locke, *An Essay Concerning Human Understanding*, Peter H. Nidditch ed., Ⅳ. 10. 10.

③ John Locke, *An Essay Concerning Human Understanding*, Peter H. Nidditch ed., Ⅳ. 10. 16.

④ John Locke, *An Essay Concerning Human Understanding*, Peter H. Nidditch ed., Ⅳ. 10. 10.

出来的。①

这个"更有力、更为智慧的行动者"又是从何而来的呢？它也必定来自某个比他"更有力、更为智慧的行动者"，因为"凡非永恒存在的东西，一定有一个开始，而凡有一个开始的东西，都一定是由另一个东西所产生的"，而后者的力又必定大于前者，因为前者"所有的一切力，都一定是从那个根源而来"。②按照这个逻辑层层推进，最终我们必然达到一个"永恒的、最有力和知道最多的存在"，其他一切事物都是由他而来，为他所造，这就是作为造物主的上帝，他是一切事物、一切力的源泉。③

对于这样的一个上帝我们所具有的概念，也是以作为精神存在的自我为基础，是将对自我具有的观念和力加以无限化的结果。人能够将自己的知识、力和存在借助想象扩展到无限和永恒的程度，由此"形成心智所能形成的最完全的上帝观念。我们所以能得到这个观念，只是因为自己无限地扩大了由反省自己心智活动所得到的那些简单观念，或借感觉由外界事物所得来的那些简单观念。"④正是由于洛克认为，人与作为造主的上帝相似，都是具有创造力的精神性的存在，所以他才能从人关于自我的概念出发来推出上帝的概念。洛克承认，人基于对外在世界的观察，看到按照某种确定秩序运动的自然界和世间万物，推断出存在着一个创造这一切的造物主是很自然的事情，但他也看到，世界上有许多民族，并没有这样的上帝和造物主的概念。⑤上帝的观念不是天赋的，而是人运用自己的理解力产生出来的，是契合于"共同理性之光和本原"的观念。⑥这个观念的获得，不能只是凭空想象。不是因为人有能力想到这个概念，就足以证明在现实中存在着与这个概念相符的上帝，"那委实不是建立真理、说服

---

① John Locke, *Essays on the Law of Nature*, W. von Leyden ed., Oxford：Clarendon Press, 2002, p. 153.

② John Locke, *An Essay Concerning Human Understanding*, Peter H. Nidditch ed., Ⅳ. 10.3–4.

③ John Locke, *An Essay Concerning Human Understanding*, Peter H. Nidditch ed., Ⅳ. 4.6.

④ John Locke, *An Essay Concerning Human Understanding*, Peter H. Nidditch ed., Ⅱ. 23. 34.

⑤ John Locke, *An Essay Concerning Human Understanding*, Peter H. Nidditch ed., Ⅰ. 4. 8.

⑥ John Locke, *An Essay Concerning Human Understanding*, Peter H. Nidditch ed., Ⅰ. 4. 9–10.

无神论者的妥善方法"。①这个概念的发现，应当基于"正确运用他们的理性，成熟地思考事物的原因，并追溯至它们的根源"，即基于前面所说的从自我推出造物主的理性的推理过程。②洛克既反对单凭某种设计论证来推出造物主的存在，也反对心智中存在着某种天赋的上帝观念，而是认为应当从人对自我的某种清楚明白的观念出发，基于某种确定不移的理性，来得出上帝的观念及其存在证明。正是在这个意义上，造物主创造人类和世界的作品模型才具有根本的重要性，上帝是创造世界的劳动者和工匠，人是上帝的作品和造物，这是洛克所相信的奠定这世界基础的基本之理，它是洛克的自然法体系的真正基石。人对上帝的服从，上帝的意志和法的宣示，都要建立在这个基础之上。

（二）人对上帝的服从

洛克的自然法体系要得以成立，人作为上帝的造物只是起点。对于人为何要服从造物主仍然需要说明。在洛克看来，上帝决不只是因为拥有无限的力，所以人就应当服从于他，他必须拥有某种要求人服从的正当理由。而这理由，正如他在《人类理解论》中所指出的，是基于上帝作为人的造主而具有的某种权利（right）："他确乎有权利这样行事，我们都是他所造的。"③在《人类理解论》中，洛克并未详细分析这权利从何而来，到底是什么意思。但在早期的《论自然法》中，洛克对上帝拥有的要求人服从的权利有详细的分析。在他看来，这是作为上帝意志的自然法对人具有约束力的根本原因，上帝不仅有力，而且有权利要求人的服从。④

如果认为洛克是一个享乐主义者或功利主义者，那么人服从自然法的原因，似乎只能是服从者基于自身利益的考虑。洛克自己也承

---

① John Locke, *An Essay Concerning Human Understanding*, Peter H. Nidditch ed., Ⅳ. 10. 7.
② John Locke, *An Essay Concerning Human Understanding*, Peter H. Nidditch ed., Ⅰ. 4. 10.
③ John Locke, *An Essay Concerning Human Understanding*, Peter H. Nidditch ed., Ⅱ. 28. 8.
④ 关于权利概念所包含的复杂含义及其发展的历史，笔者会在本章稍后讨论财产权的时候再进行详细的讨论。

认，"自然法也是方便之法（law of convenience）"①。但是洛克的这句话不能倒过来，即认为方便之法就是自然法，并且这里的方便指的也不是私人的利益，而是有利于社会整体和人类普遍幸福的事物。此外，"效用（utility）并不是法律或约束得以成立的基础，而是服从它带来的后果"②。效用并不是自然法要求人服从的原因，也不是人服从自然法的动机。否则"遵守这法，就不是我们出于自然应当服从的义务和约束，而是我们受效用引导的特权和好处"③。而个人的利益和效用变动不居，如果以之作为约束的基础，无异于纵容了人的欲望和本能，只能导致人人为己的战争状态。④私人的利益和效用，并不能给予自然法的约束以实质的法理正当性。

既然纯粹的力和个人的利益都不能作为自然法约束力的基础，那么，什么是人受到自然法约束的正当理由呢？在洛克看来，法学家在解释民法时说一个人受到某种法的约束，其含义是指"一个人必须偿付他所应当偿付的债（astringitur debitum persolvere）"，但是，"这个定义也很好地说明了一切'法的'约束"，因此，"所谓自然法的约束是指，人必须偿付自然之债（astringitur persolvere debitum naturale），去履行因自身的本性而加在自己身上的义务，或服从其所犯下罪行所应得的惩罚"。⑤人之所以要受自然法约束，根本是因为他必须偿付自己所欠下的某种债，而这债正来自上帝对人的创造，这就是所谓自然之债。

人受自然法约束的原因，是因为我们对作为造物主的上帝负有某种债务（debitum/liability），需要以自己的某种行动作为偿还。在洛克的思想中，被造物对于造物主负有自然之债。自然法的约束力：

> 部分源于立法者的神圣智慧，部分源于创造者对于自己创造物的权利。最终，一切的约束力都可以回溯到上帝，我

---

① John Locke, *Writings on Religion*, Victor Nuovo ed., p. 197.
② John Locke, *Essays on the Law of Nature*, W. von Leyden ed., p. 215.
③ John Locke, *Essays on the Law of Nature*, W. von Leyden ed., p. 181.
④ John Locke, *Essays on the Law of Nature*, W. von Leyden ed., p. 213.
⑤ John Locke, *Essays on the Law of Nature*, W. von Leyden ed., p. 181.

们必须表明自己服从于他意志的权威，因为我们的存在和工作都依赖于他的意志。因为我们是从他那里获得这一切，所以我们必须遵守他为我们指定的界限。①

因为上帝造了人并赐予人生命，还将世间万物交给人来使用，人的存在和劳动都依赖于上帝，人对上帝负有债务，这就是所谓本分之债（debitum officii）。如果人得知可体现上帝意志的法，人就应当服从这法，让行动符合他所定下的规则。

另一方面，如果人不服从上帝的法，人也应当受到上帝的强力（force）的约束，遭受应得的惩罚。"这种约束的强力基于立法者的权威，以权力（power）来强迫那些未被警告所阻拦的人。"这就是所谓惩罚之债（debitum supplicii）。②这种约束"包含在权威和某人对他人的支配之中"，洛克指出，这权威和支配乃是基于四项权利：自然权利（natural right）、创造的权利（right of creation）、馈赠的权利（right of donation）和契约的权利（right of contract）。前两项权利是造主对造物拥有的使用和支配的权利，在后面我们还会进一步加以讨论，馈赠的权利则是来自上帝将他自己对万物的支配权馈赠于人，而契约的权利是因为人对上帝曾经表示过自愿服从。③

在洛克看来，作为造物主的上帝乃是人类的合法上级，他有权威、权利和力来要求我们的服从："不是对惩罚的畏惧，而是对何为正当（right）的理性把握使我们受到约束"。④洛克借助法的约束力的债务性概念，使得造物主拥有了合法权威，有权要求从自己这里获得了存在和生命的造物的服从。在《人类理解论》中关于神法的定义中，我们仍然能够看到这一基本逻辑。而人也有义务用自己服从造物主意志的行动来偿还这一恩惠，因此造物主也是立法者。通过上面的分析我们看到，上帝与人作为造主和造物的关系，同时确定了二者之间存在的法律关系。是这样的法律关系，而非纯粹的权力和利益，决

---

① John Locke, *Essays on the Law of Nature*, W. von Leyden ed., p.183.
② John Locke, *Essays on the Law of Nature*, W. von Leyden ed., p.183.
③ John Locke, *Essays on the Law of Nature*, W. von Leyden ed., p.185.
④ John Locke, *Essays on the Law of Nature*, W. von Leyden ed., p.185.

定了人有义务服从上帝，应当受到自然法的约束。

（三）上帝意志的宣示

虽然人对造物主所负担的自然之债，决定了自然法约束力的根本正当性。但是自然法要真正能够约束人，还必须包含其他条件。洛克指出，除了必须得有我们应当服从其权力和权威的立法者，"对于我们所应当做的那些事情，在上级权力方面，还必须存在着某种意志，也就是说，立法者……想要我们这么做或不要那么做，要求我们按照他的意志来指导自己的生活。"①立法者的意志，对于自然法的约束力起着决定性的作用。另一方面，我们也需要知道立法者的意志的具体规定为何，他想要我们怎么做。

正如海因里希·罗门所指出，在中世纪哲学的自然法传统中，始终包含着强调法即理性和法即意志这两条不同的线索。前者主张自然法是对某种稳定不变的事物的本质和基本秩序的表达，而后者则认为一切存在并没有某种实在的本性或根基，只是依赖于上帝的绝对意志，法律是纯粹意志，其根基并不在实在中，也不在事物的本质性自然中。对自然法的这两种解释之间存在着内在的张力和矛盾。而晚期经院哲学家如苏亚雷斯等人试图调和自然法的理智论和意志论，将原本对立的两个方面结合在一起。②多家论者都看到，洛克在《论自然法》中，继承了自然法中将理智和意志两方面加以综合的传统。③他将自然法的约束分成两个方面：效力（effectively）方面和界定（terminatively）方面。前者是约束的第一因和形式因，是"上级的意志"，而后者是"对这意志的宣示（declaration）"，规定了约束和义

---

① John Locke, *Essays on the Law of Nature* , W. von Leyden ed. , p. 151.

② 海因里希·罗门，《自然法的观念史和哲学》，姚中秋译，上海：上海三联书店，2007 年，第 37—58 页；亦参 Brian Tierney, *The Idea of Natural Rights：Studies on Natural Rights, Natural Law and Church Law 1150-1625*, Atlanta：Scholars Press, 1997, pp. 304-305.

③ Irwin, Terence, *The Development of Ethics：A Historical and Critical Study：From Suarez to Rousseau*, Oxford：Oxford University Press, 2008, pp. 269-270；Stephen Buckle, *Natural Law and the Theory of Property：Grotius to Hume*, Oxford：Clarendon Press, 1991, pp. 130-132；John Colman, *John Locke's Moral Philosophy*, Edinburgh：Edinburgh University Press, 1983, pp. 31-40.

务的方式和尺度，这种宣示也可以称为法。①约束的最终来源是上帝的意志，上帝"要"人服从于他，根本推动人的意志的是上帝的意志。而人可以运用上帝赐予的自然之光来宣示这意志的具体规定也就是自然法。由于洛克否认存在着天赋观念，自然法并未铭刻在人心之中，那么人就必须运用自己的理解力来将它宣示出来。在这里，上帝创造出自然和人性这一事实，同样具有根本性的意义。人的理性对上帝意志的宣示，要以因上帝而存在的自然和人性为中介。在前面的讨论中，我们说明了所谓创造和制造的行动，是将自身的主动的力，主观的理智和意志，转化为实存（existence）。既然洛克承认，"人不能了解那位永恒无限、造成和治理一切，而为诸天之天所不能包容的'心智'的活动"②，承认上帝拥有无限的力，那么人又如何能够把握他的意志？只有凭借上帝创造出的自然和人性，因为存在着的人性和自然乃是上帝意志的实现。

认识了这一点，才能正确地理解洛克推断自然法具体内容的基本方式。正如巴克尔所指出的，神圣意志的质料因素方面是按照目的论方式来理解创造，借助对人性的目的论理解，从而提供自然法的必要部分。③所以洛克才说，"我们可以从人自身具有的构造和能力中来推断出我们义务的本原和确定的规则。"④人不能直接把握上帝的意志，但是人可以基于对自然和人性的观察来推断出上帝的法。依靠上帝的创造，此世的自然和人性才具有神圣的正当性。自然法是"确定和永久的道德规则，由理性所宣告，并且持续不变，作为事实而深深植根于人性的土壤"。⑤洛克并不否认上帝的绝对权力和无限意志，但是"自然法并不依赖于不稳定和可变的意志，而是依赖于事物的永恒秩序。"⑥上帝不是任意的僭主，或者说，即便他是任意的，拥有变更的绝对权力，但他既然将世界造成这样而不是那样，就说明他愿

---

① John Locke, *Essays on the Law of Nature*, W. von Leyden ed., p.185.
② John Locke, *An Essay Concerning Human Understanding*, Peter H. Nidditch ed., Ⅳ.10.19.
③ Stephen Buckle, *Natural Law and the Theory of Property：Grotius to Hume*, p.131.
④ John Locke, *Essays on the Law of Nature*, W. von Leyden ed., p.157.
⑤ John Locke, *Essays on the Law of Nature*, W. von Leyden ed., p.199.
⑥ John Locke, *Essays on the Law of Nature*, W. von Leyden ed., p.199.

意让世界是这样而不是那样，因为存在的人性和自然是上帝意志的实现。"这不是因为，自然或上帝不能将人造成不同的样子。其原因在于，因为人已经被造成这个样子，具有为了这种生活模式而决定的理性和其他的能力，必然从他天生的构造中产生出某些确定的义务，只能是这样而不能是别的。"①

因此，人可以运用自己的理性，通过对自然和人性的研究来宣示上帝的意志和法并服从于它。奥克利和厄当认为洛克的自然法观念基本是唯意志论的，只是看到了事情的一面，他们没能认识到洛克综合理智论和意志论的特殊方式。②理性能够认识的自然是上帝意志的实现和规定。所以洛克才说，在人性、理性和自然法之间存在着和谐。③法律符合人的理性本性，而人是理性造物，能够运用理性和自然之光来认识符合自己于自身本性的法。

有了这样的理解，回过头再来看洛克在《人类理解论》第 2 卷 7 章中对苦乐观念的讨论，就能够明白为什么他会将趋乐避苦这种本能作为人的第一行动本原。此世的人性规律要结合目的论的视角来认识其意义。在这里需要强调的是，洛克承认，对物质和精神实体的各种属性和能力的研究，要基于经验观察而形成所谓的物理学或自然哲学。但他从未认为，直接观察到的一切现实都体现了上帝的意图，人的一切行为倾向都具有道德和法的意义，都是正当的。物理学并不等于伦理学，趋乐避苦的行动本原并不是道德本原，"你如果听其自由活动，它们会使人们把一切道德都推翻了"④。"人类的思想比恒河的沙还要多，比海洋还要宽阔，假如没有理性这个在航行中指示方向的唯一的星辰和罗盘来引导，妄想和激情定会将他带入许许多多奇怪的路途。"⑤正如此前分析所指出的，如果放弃了教育和道德约束，人很容易陷入恶的主观抽象之中。洛克不厌其烦地列举世界上各个民

---

① John Locke, *Essays on the Law of Nature*, W. von Leyden ed., p. 199.

② F. Oakley, & E. W. Urdang, "Locke, Natural Law, and God." in Richard Ashcraft ed., *John Locke: Critical Assessments*, Vol. 2, London: Routledge Press, 1991, II. pp. 63–83.

③ John Locke, *Essays on the Law of Nature*, W. von Leyden ed., p. 199.

④ John Locke, *An Essay Concerning Human Understanding*, Peter H. Nidditch ed., I. 3. 13.

⑤ John Locke, *The First Treatises of Government*, sec. 58, in *Two Treatises of Government*, Peter Laslett ed..

族种种骇人听闻的风俗，正是要说明单纯受自然本能和风俗引导的人并不是道德人。心智初始状态为白板的人，极易走向无法无天的境地。那么这就需要回答两个问题：完全不知道德性的人如何能够认识道德？人又如何能够成为坚持德性的有德之人？这两个问题通过前一章的讨论得到了解答：只有劳动，才能使人认识道德并具有德性。但这又带来了新的问题：如果说现实中观察到的人的各种行为并不直接就是符合自然法的道德行为，那么说自然法"植根于人性的土壤"又是什么意思呢？

在这里，我们必须深入理解"从人自身具有的构造和能力中推断出我们义务的本原和确定的规则"的含义。这里的"推断"，既不是直接认为人现实的行为倾向就是义务和自然法，也不是脱离经验基础而进行的理性的凭空构建，而是结合了经验现实的概念思维。"趋乐避苦"表述的确实是一种经验现实，但如果认为它是"上帝赋予人来使其保存自己的行动本原"，这就已经将这种现实纳入到了某种道德框架中来考虑。因此，在自然法的道德框架中考虑的人性，是某种与人的道德本性相符合的人性而非直接的经验现实。正是在这种意义上洛克才认为，人出于本性就应当爱和崇拜上帝，这符合人遵守自然法的理性本性，这与三角形的本性是内角和等于 180 度的性质相同。①在后面对财产的讨论中，我们能够清楚地看到，洛克如何将经验现实纳入到自然法的解释框架之中，给力赋予某种法的正当性，这是理解洛克自然权利的关键。另一方面，只有理解了洛克将经验人性与道德义务相结合的特殊性，也才能够真正理解洛克的享乐主义是与义务论相结合的。认识到在自身本性的背后有着上帝意图的人，并不是出于单纯的本能和激情而行动，他对快乐和满足的追求，也有着履行人的义务的意义。如何能够既肯定人性中寻求快乐和满足的本性，但又将其维持在理性和自然法的尺度之内，这是洛克自然法的约束力得以实现的关键。洛克眼中受自然法约束的人，并非汲汲于自身利益盘算的"理性经济人"，而是既能服从神圣道德法则约束，又能运用自身的力来寻求幸福的理性自由人。

---

① John Locke, *Essays on the Law of Nature*, W. von Leyden ed., p. 199.

（四）自然法的约束机制

上面的分析表明，洛克所说的"与理性与自然法和谐的人性"不是直接的现实，否则世界上就不会有违反自然法的事情发生了。洛克清楚地看到，生而为"白板"的人，很容易受风俗、传统和激情的左右而偏离自然法，孩子如果从小未经正确的教育，极易养成任性、贪婪和喜欢支配他人的恶习。人确实是理性造物，拥有理解力，但却并非生而拥有理性，抽象无规定、极易膨胀的欲望和意志，反而先于理性支配着人的行动。洛克正是深刻地把握到了人性中的这种内在矛盾，才强调必须借助劳动来遏制人性中的欲望和意志，培养自由和理性。在上一章中，我们已经讨论了劳动和教育要培养的人的各项品质，在这里则要具体说明，自然法的约束如何借助这些品质来实现。

从之前讨论可以看到，虽然洛克认为人的心智有如白板，但他的意思并不是说人性天生是什么都没有，有两种东西可以说是天赋的：内在的力和趋乐避苦的第一实践本原。这两者是上帝赐予人，使之能够保存自己的最基本条件。人能够运用自身的力作用于对象，从而克服不安，获得满足。人内在的力又可分成三个方面：理解力、意志和自由。正是这三种能力和趋乐避苦的行动本原相结合，从而实现了自然法的约束。

"'自然'给了人类一种希求快乐和憎恶患苦的心理，而且这些心理确乎是天赋的实践本原，确乎可以恒常地继续动作，不断地影响我们的一切行动。"[1]人受心智中不安的驱使，趋向通过行动去与外部对象相互作用，从而获得快乐和满足，消解痛苦和不安。欲望引导意志去趋乐避苦，乃是上帝赋予人的根本行动本原，因此，洛克将赏与罚视为法的本质特征。"我们只要假设有一种法律，同时就得假设那条法律附有一种赏罚。一个有智慧的主体如果没有力来以善或恶，赏他人之服从他的规则或罚他人之违背他的规则，则他虽然立一条规则，那并不能限制他人的行动。……这就是一切法律的真正本

---

[1] John Locke, *An Essay Concerning Human Understanding*, Peter H. Nidditch ed., I.3.3.

性。"①因为法只有与苦乐观念结合在一起，才能起到指引处于主观抽象状态的人的行动的作用。所以，即便是上帝的自然法，也必须与赏罚相联系，才能够带来快乐和痛苦的后果。

但是，洛克清楚地意识到，如果肯定了人的行动本原是趋乐避苦，最大的危险是认为抽象的苦乐才是人追求的唯一目标，这会使得上帝的自然法有被化约为单纯的获得快乐和避免痛苦手段的危险，无异于将变动不居的个人利益视为自然法的基础，这是完全错误的。②正如笔者在前面所指出过的，在洛克的自然法学说中，效用只能作为后果，而不能作为理由和动机来起作用。而洛克在《教育思议》中对教育孩子方法的说明，更清楚地表明了他决不是享乐主义者。洛克强调，家长往往用鞭笞的责罚和给予物质奖励的方式来引导孩子，让孩子做他希望做的事情，但这种以单纯的赏罚来引导孩子的做法是完全错误的。鞭笞的惩罚方式，"对于放纵肉体和当下快乐、不惜一切代价也要避免痛苦的自然秉性（natural propensity），这样的做法根本无助于控制它；反而是加以鼓励，加强了它在我们身上的力量，这种秉性乃是一切邪恶行动与不轨生活的根源"③。"用幼童喜欢的东西作为奖励去讨好他们……是在为他的享乐授权，纵容这危险的秉性，而这是他应当以一切手段来加以克服和遏制的。"④洛克清楚地看到，如果只用赏和罚来引导孩子，孩子就会只是为了赏和罚而做事情。做什么不做什么对他们来说，只是趋乐避苦的手段，用这样的方式教导孩子，只是培养起他们"假装服从的奴隶式的脾性"，纵容他们的"自然嗜欲"，以及"教给他们奢侈、骄傲或贪婪等种种恶习"。⑤洛克绝不认为道德之人就是享乐主义或功利主义者，正如科尔曼指出的，洛克的目标不是要让人将礼貌和大度作为手段，而是要让人为了

---

①　John Locke, *An Essay Concerning Human Understanding*, Peter H. Nidditch ed., II. 28. 6.

②　John Locke, *Essays on the Law of Nature*, W. von. Leyden. ed., p. 213.

③　John Locke, *Some Thoughts Concerning Education*, sec. 48, in *Some Thoughts Concerning Education and of the Conduct of the Understanding*, Ruth W. Grant and Nathan Tarcov ed., Hackett Publishing Company, 1996.

④　John Locke, *Some Thoughts Concerning Education*, sec. 52.

⑤　John Locke, *Some Thoughts Concerning Education*, sec. 50, 52.

这些行为自身之故而那么做。①

对洛克来说，道德的本质仍然是人主动地履行自己的义务。对人来说，与自然法相结合的赏和罚，虽然是法律必要的组成部分，但那只不过是服从或违背它带来的后果，其根本仍然是人对上帝的意志和律法的主动服从。但是，如果人将趋乐避苦作为实践的第一本原，又如何能够做到这一点？关键就在于要依靠理性和自由来引导欲望和意志。之前已经讨论过，洛克认为，人的意志虽然必定要受到欲望的引导，但人作为自由行动者，仍然具有一种自由的力，人有将欲望悬置起来的能力，使它不能迅速决定意志和转化为行动。人虽然感觉到缺乏某种"好东西"的不安，但可以克制自己不去真的"要"那个东西，这种对欲望的自我否定就是自由。而自由除了否定的一面还有肯定的一面："如果我们的心智处于完全的中立（indifferency）状态，不受丝毫决定，则这种中立不但不是有理智本性的东西的优点和长处，而且会成了一种极大的缺点。"②否定是为了更好的肯定："在任何欲望得到悬置的时候，我们可以在意志规定之前，在行动随那种规定实现之前，有机会来审察、看视和判断我们所将要做的善与恶。在适当的审察之后，我们如果判断出，我们所做的是自己的义务，而且在追求幸福方面，我们所能做的，所应做的，亦就限于此，则我们自然会按照公平审察后所得的最终结果，来欲望、意志和行动。"③在自由作为警卫拦下欲望之后，正是理性来充当审察者的角色，考察哪些欲望可以放行，哪些不能，哪些符合于自然法，有助于获得真正的幸福，哪些只是一时的冲动。人能够运用理解力来达到对上帝和自然法的理性认识，进而基于理性的判断来决定欲望和意志。正如科尔曼所指出的，真正的自由行动是基于行动者对于什么是最应该做的事情的判断而做出的行动。④让理性和自由来指导趋乐避苦的本原发挥作用，正是这样的道德约束机制，使人能够摆脱自爱的唯我论或风俗、传统的影响，基于理性而自由地服从上帝的法。

---

① John Colman, *John Locke's Moral Philosophy*, pp. 230–233.
② John Locke, *An Essay Concerning Human Understanding*, Peter H. Nidditch ed., II. 21. 48.
③ John Locke, *An Essay Concerning Human Understanding*, Peter H. Nidditch ed., II. 21. 47.
④ John Colman, *John Locke's Moral Philosophy*, p. 224.

对于传统的理性宣示上帝意志、良知做出判断进而推动自由意志的思路，洛克进行了某种改造。他否定了传统意义上的自由意志，将趋向快乐和幸福视为人性的必然，但又借助行动者的自由来克服单纯的享乐主义，再结合理性将行动限制在自然法许可的范围之内，将欲望引导意志的逻辑，转化为自由加理性来引导欲望和意志的逻辑，从而实现上帝意志对人的意志的推动，确保理性的自由人能够自主地服从上帝。洛克式的道德自律之人，其行为确实遵循趋乐避苦的原则，但却是基于对世界的理性认识，以履行义务的方式来追求幸福。①

三、作为自然权利的自然法

在讨论了自然法成立的基本前提及其约束力实现的人性基础之后，剩下的问题就是自然法的具体内容了。如果说上帝给人颁布了法律，人也有能力来遵守它，那么上帝的意志到底是什么呢？在前面指出过，人不是直接把握上帝的意志，而是以上帝创造的此世的自然和人性为中介，进而认识上帝的意图和人的义务。所以必须理解，对于因上帝创造而存在的自然和人性，洛克的基本观点到底是什么？

1664 年，完成了基督教会学院道德哲学学监的职责的洛克，在卸任的仪式上发表了一篇告别演讲。按照当时大学的传统，学院的师生共同参加学监的卸任仪式，以此来"埋葬学监"，而学监则发表一篇告别演讲，作为给自己的"致葬词"。在这篇演说中，洛克想以一种斯多葛式的态度来向大家说明，人无法在此世获得幸福。正如伍尔豪斯所指出的，从当时发表演讲的场合和惯例来看，这篇告别演讲多

---

① 理解了洛克特有的自然法约束机制，我们就能看到施特劳斯在这个问题上对洛克批评的缺陷。施特劳斯认为，由于洛克将享乐主义作为人的行动本原，因此必须依靠来世的永恒幸福来引人遵守自然法，但由于对来世永恒幸福的认识无法达到绝对的确定性，所以自然法并没有真正的约束力。参见施特劳斯，《自然权利与历史》，第217—218页。但当我们理解了在洛克的自然法约束结构中，对上帝意志的理性认识是第一位的，而赏罚只是附带的结果，就能够看到来世永恒幸福的确定性并没有那么重要。超越了单纯趋乐避苦的理性自由人，一旦认识到上帝是自己的造主，人类欠有自然之债，就会自然地服从上帝，履行自己的义务。

少带有某种戏谑的意味，并不是一篇一本正经的演说。①不过，如果我们剥去它表面的华丽修辞，将其与洛克在其他作品中的说法相比较，就会发现这篇演讲在相当大的程度上表达了洛克的某些真实观点。渺小而脆弱的人类，饱受各种痛苦、焦虑和劳累的折磨，无法在此世获得完善的幸福，洛克始终持有这样的看法。比较一下《人类理解论》与告别演讲中的说法，就会发现两者之间存在着的一致性。在现世生活的人，"心智有如受火烧燎，求取无已却永不满足"，②因为人处于"此世这种不完善的状态中，既然为千万种需要和欲望所侵袭"，所以"充满了各种不安"，"无数的自然的需要和养成的习惯，便不断地供给一些不安，来轮流着决定我们的意志"。③因为"一点痛苦就能消灭了我们所享的一切快乐"，所以人终生忙于寻求"摆脱一切痛苦的安定"，④ "自然嘲弄我们的祈求，给予我们的决非幸福而只是对这幸福的欲望"，因此，"我们的生命不过是从这个痛苦拖延到那个痛苦罢了"。⑤与上帝赐予的来世的永恒幸福相比，此世的幸福真可谓微不足道，"从未有任何人能在此生达到自我满足的境地，人只是被打发去追求遥远未来的好事，他气喘吁吁、愈发空虚。"⑥如果人的幸福仅限于此世的快乐和享受，那人也只不过有如地上的昆虫一般，各自喜爱不同的花朵和食物，"在享受了一定的时季以后，便行消灭，不复存留。"⑦在洛克的眼中，丧失乐园的人类身居的此世，不过是狱室监牢，人也不过是困处牢笼的囚犯而已："事实上，自然将所有人都限制在此生，我们就像是已被宣判有罪的囚徒，有着足够多的法律和命令，却没有平静（tranquility）与和平"，"对于注

---

① Roger Woolhouse, *Locke：A Biography*, New York：Cambridge University Press, 2007, p. 57.

② John Locke, *Essays on the Law of Nature*, W. von Leyden ed., p. 221.

③ John Locke, *An Essay Concerning Human Understanding*, Peter H. Nidditch ed., Ⅱ.21.45&46.

④ John Locke, *An Essay Concerning Human Understanding*, Peter H. Nidditch ed., Ⅱ.21.36&42.

⑤ John Locke, *Essays on the Law of Nature*, W. von Leyden ed., p. 221.

⑥ John Locke, *Essays on the Law of Nature*, W. von Leyden ed., p. 227.

⑦ John Locke, *An Essay Concerning Human Understanding*, Peter H. Nidditch ed., Ⅱ.21.55.

定要朝向更高目标的心智来说，这座监牢是太过狭窄了"。①

但是，如此阴郁悲观的看法，决非洛克对于此世的基本观点。在西方思想史中，往往有一些严苛的道德家，他们厉而不温，在这些人眼中，上帝的退隐只能越发彰显此世的罪恶和人性的堕落，但洛克不在此列。他真诚地相信，因上帝创造而存在的自然和人性，能够体现神圣的意志。洛克承认人性易于败坏和堕落，此世或许确实只是一所监狱，失去乐园的人，"就像一个罪犯，已经被判了死刑，等待着被处决，而且在不久的将来必定会被处决"②。但是人并非天生的罪人，而是自由的人。洛克承认，因为亚当的原罪，人丧失了乐园中的永生，而成为此世的有朽之人。但他认为此世有死的人，既非背负着沉重的罪，必将在死后遭受地狱烈火的煎熬；也非在此世必然犯罪，任何做法都会触怒上帝。③人因原罪而被贬至此世，但他不是等死的囚犯，而是"镣铐已被打掉，狱门给他敞开的完全自由的人"④。

让我们再次回到洛克对人性的基本设定：人是拥有理智和意志的力的白板，也是易于受不安的欲望和激情驱使的存在。而自由的本质，正是对自身理智和意志的力的自主运用，但这种自由并不脱离欲望幸福的人之本性。⑤人性中包含着自由，自由并非超越于人性之上。确实，这自由受缚于人性的脆弱，往往为人所滥用，而走向骄傲和堕落的深渊。但此世的人并非必然犯罪，这显然不符合上帝的正义和良善，人在此世的生活也并非只是虫子的快乐，因为他仍然努力地保存着自己，寻求着真正的善和幸福，爱着这短暂的生命：

　　　　忍受一种背负着如此多疾苦的生命足可怜悯，而爱这生

---

① John Locke, *Essays on the Law of Nature*, W. von Leyden ed., pp. 221, 231.

② John Locke, *Writings on Religion*, Victor Nuovo ed., p. 92.

③ John Locke, *Writings on Religion*, Victor Nuovo ed., pp. 92–93.

④ John Locke, *An Essay Concerning Human Understanding*, Peter H. Nidditch ed., II. 21. 50.

⑤ 对于背弃幸福而"选择最坏的或实行最坏的自由"，洛克认为那只是"疯子和愚人的自由"，"没有人会因为这种自由，而愿作一个疯子；除了已经疯了的"，见 John Locke, *An Essay Concerning Human Understanding*, Peter H. Nidditch ed., II. 21. 50. 洛克并没否认，自由有可能超乎于人性，人确实可以不做人，但他最为关心的还是人的德性与幸福。

命确实更值得怜悯。①

洛克怀着悲悯之心看待身处此世的有朽之人，正是人自由运用自身的力的劳动，对善和幸福的不懈追求，彰显了生命的光辉，用自己的自由来肯定有朽的此生：

> 他亦许因为贪恋那里的安适，断然决定了意志，要留在那里，不过他仍然是自由的。②

这种有朽的生命虽然远不及乐园中的永生，却是属于人自己的生命：

> 尽管我们现在有着短暂的生命，其中有着许多脆弱和日常的苦难，但是我们仍然认为这生命很有价值，这足以表明活着比不存在要好。③

身处现代世界的洛克，不再能够回到某种"自然善好"的世界。对于人性中的恶和不羁的自由，对于此世的堕落和苦难，他都有着深刻的体会和认识。但是，他既没有厌弃凡俗的生命，以自由来超越脆弱的人性，也没有将自由与罪联系在一起，用人性中的激情克制这自由，而是在与人性相联系的自由中寻找善的可能和生命的价值。在他的自然法理论中，洛克力图将人的自由与某种实质性的自然概念结合在一起，这一点的集中体现，正是他的自然法理论的核心——自然权利。在洛克看来，运用自身的力进行劳动而获得财产的自然权利，既是人克制自身主观抽象性膨胀、获得规定性和满足的必经之路，也是自然法的规定，是上帝授予人的神圣权利。

（一）权利的意义

如果说洛克对人的此世生活的肯定，集中体现于他的自然权利学

---

① John Locke, *Essays on the Law of Nature*, W. von Leyden ed., p. 227.
② John Locke, *An Essay Concerning Human Understanding*, Peter H. Nidditch ed., Ⅱ. 21. 50.
③ John Locke, *Writings on Religion*, Victor Nuovo ed., p. 94.

说，他的自然权利学说的起点正是自我保存的正当性。在他看来，这一点清晰地体现在上帝所创造的人性之中趋乐避苦的行动本原。觉得肚子饿就想要吃东西，感觉到了被火灼烧的疼痛就会避开，这样一种行动倾向，"在一切时代、在一切人身上都看得到，稳定而普遍"①。因此，这必然来自于造物主的设计与安排，他要"设法保存我们的存在"，正是趋乐避苦使人能够保存自己的生命和身体，寻求知识和信仰。②在一篇手稿中洛克清楚地说明，上帝的完善使他在拥有无限的力的同时也拥有无限的善，因此上帝的正义在于"在他为各种造物安排的状态中保存它们，使它们处于秩序和优美的状态"③。而人正是通过趋乐避苦的行动来实现对自己的保存。

但是，人并不是单单依靠自己就能够实现保存，正如之前所指出过的，他必须通过对外部对象的使用来保存自己。但是，树上的果实、地上的走兽，自然界中的一切同样是上帝的造物，人类对许多造物的使用，不可避免地会破坏它们，这是否违背了上帝的意图呢？在洛克看来，人当然有能力使用自然中的各种对象来保存自己，但重要的是，这种使用不能只是基于纯粹的力，它必须是一种道德力（moral power），包含着某种道德和法的意义上的正当性，只有在这个意义上，这种力才是权利。下面我们就来具体讨论一下洛克的权利概念的含义。

长期以来，理查德·塔克的著作《自然权利理论：起源和发展》（*Natural Rights Theories: Their Origin and Development*）被视为讨论自然权利问题的重要研究。塔克在该书的导论中明确表示，他并不赞同权利可以等同于某种对他人义务的观点，而是想要通过历史地考察权利语言的含义和变化，凸显其所包含的为某人所拥有的自由和支配权（dominion）的意涵。塔克区分了作为权利概念来源的拉丁文单词 ius 所包含的 dominium 和 iura 的两重含义：前者指为某人自己所有，可为他控制、主宰和运用的可支配的东西，而后者所指称的某种东西，其运用要依赖于其他人的承认和与其他人的关系。比如说某

---

① John Locke, *An Essay Concerning Human Understanding*, Peter H. Nidditch ed., I.3.3.
② John Locke, *An Essay Concerning Human Understanding*, Peter H. Nidditch ed., II.7.4–5.
③ John Locke, *Political Essays*, Mark Goldie ed., pp. 277–278.

人拥有人身自由或某件可以自由支配的物品属于前者，而孩子有权要求得到父母的养育属于后者。塔克称前者为主动权利（active rights），而称后者为被动权利（passive rights），并认为现代的自然权利学说，本质上是基于权利的前一种含义而建立的。①

通过追溯 ius 概念发展的历史，塔克指出，ius 最初并没有支配权的含义，但自中世纪以来 ius 的这层含义不断增强，奥康（Ockham）给它赋予了强烈的主动性，用以表示某种主观权利；而热尔松将奥康已经开始强调的主观权利朝着主观抽象的方向继续推进。他明确将 ius 阐述为某种力、才能（capacity）和能力（faculty），并且认为这种力存在于人自身之中，是一种实定的质（positive quality），人和其他造物一样，拥有其自身的 ius。自由这种 ius 是人内在的力。而法（lex）是与 ius 相对立的东西。支配权则是为某人的力所及(in one's power)之物，是上帝赐予人的 ius，包括世间的一切可用来保存自己的东西。热尔松的继承者用自然支配权来进一步充实 ius 的含义，使之意味着某人有权自由支配的私有财产（private property）。由此，权利可以等同于力，而财产指个人自己所拥有的权利。②

在文艺复兴时期，人文主义者主要在民法和社会交往的层面上来考虑 ius，焦点落在了与一定权利相关的约束以及应当履行的义务上，热尔松式的自然法和自然权利概念遭到忽视。而以维多利亚和萨拉曼卡学派为代表的西班牙晚期经院主义，也试图调和热尔松的主观权利论和托马斯主义，将人的自然权利限制在上帝的自然法的界限之内。③但到了 17 世纪，面对日益深重的精神危机，以格老秀斯为代表的自然法学家为对抗道德相对主义和怀疑主义，想要在得到最普遍承认的本原上重新建构自然法学说，以之作为道德和法律的稳固基础。这就是前面说过的自然法"现代"理论产生的背景。作为"冲破漫

① Richard Tuck, *Natural Rights Theories：Their Origin and Development*，New York：Cambridge University Press，1979，pp. 1–7.

② Richard Tuck, *Natural Rights Theories：Their Origin and Development*，New York：Cambridge University Press，1979，pp. 22–29.

③ Richard Tuck, *Natural Rights Theories：Their Origin and Development*，New York：Cambridge University Press，1979，pp. 32–57.

长中世纪冬天的破冰者"，格老秀斯想要在新的基础上来重建自然法。他同时批评经院主义者和人文主义者，认为双方都未能认识真正的自然状态以及与之相关的自然权利的重要性。格老秀斯强调人在自然状态下所具有的主观权利，认为自然人是权利主体，强调主观权利的绝对排他性支配权意涵，并主张法律应当以权利为核心而非相反。自然法的本质是对自然权利的保护，人的社会性的根本是尊重和不去触犯他人的权利，维护理性的自然法。社会的主要目的是和平，确保每个人可以享有自己的财产和权利。而格老秀斯试图建立的政治秩序的基础也是主观权利，主权者拥有的权力，根本基于契约团体（association）各成员的权利让渡。塔克认为，格老秀斯在社会成员权利让渡和主权者权力限度的问题上面临矛盾，如果保留社会成员不可让渡的权利以及对主权者侵害行为的抵抗权，就会面临社会秩序不稳定的危险；而如果肯定主权者拥有的绝对权力，又可能使社会成员面临受奴役和侵害的危险。这种矛盾使他在此问题上前后期的观点不同。而格老秀斯之后的自然权利理论家，或是选择了前一道路，或是选择了后一道路。①

1997 年，布赖恩·蒂尔尼出版了《自然权利的观念：自然权利、自然法和教会法研究 （1150 – 1625）》（ *The Idea of Natural Rights: Studies on Natural Rights, Natural Law and Church Law 1150−1625* ）一书，严厉地批评塔克对自然权利理论的理解。在他看来，过分重视 ius 的主观权利和支配权一面，这样描述自然权利理论史的做法是片面的，容易忽略了 ius 在中世纪思想家那里所具有的道德规定性和正当的法的意涵，并将其从思想整体中割裂出去，从而抹杀了自然权利学说在中世纪和现代早期思想家那里所具有的丰富性。蒂尔尼主张要回到中世纪思想家所运用的 ius 的含义本身，并将其置于他们的思想整体之中，结合当时的语境来理解。因此，对于维莱和塔克视为 ius 的主观权利说的始作俑者奥康，蒂尔尼详细分析了他的权利理论，他也反驳了塔克对热尔松的解释，认为根本歪曲了热尔松的本意，并分析了塔克少有论及的苏亚雷斯的权利学说，后者想要调和托马斯主

① Richard Tuck, *Natural Rights Theories: Their Origin and Development* , New York: Cambridge University Press, 1979, pp. 58–81.

义和唯意志论两种传统，建立起相对平衡的权利学说。最终，蒂尔尼反驳了塔克对格老秀斯的解释，认为后者并非某种现代自然权利学说的开创者，他的著作也并非旨在反驳道德怀疑主义，而是在相当大的程度上延续了苏亚雷斯的思想，从而延续了中世纪的思想传统。他的创新，更多是将传统思想加以部分改造，继而面对新的时代问题。①

蒂尔尼对塔克的批评并不只是思想史研究者的钻牛角尖，他的努力背后有着良苦用心。正如他在导论中表示，虽然"从'是'得不出'应该'"，但应当寻找"应该"的理论表达背后的"是"，发现道德价值背后的历史背景和思想整体，借助前人的丰富的思想资源来拓展我们对于某些核心问题的理解，从而为今天的思想寻找更丰富的可能。他对塔克的批评，其实质是反对将自然权利的思想史窄化为主观权利发展史，主张要深入挖掘早期的自然权利理论。②

但是，虽然蒂尔尼用心良苦，从他的著作来看，其努力仍然不足以对塔克的观点构成实质批评。塔克的自然权利解释虽然较"窄"，其背后却有着深刻的思想基础和问题意识。在他看来，现代自然权利理论的高度主观性和支配色彩，乃是近代早期自然法理论家试图建立稳固的道德和政治学说的基础，其目的是对抗怀疑主义。而塔克对ius概念的二分以及对格老秀斯思想的解释，背后有着霍布斯的影子。正是后者思想中包含的权利与法、绝对主权者和不可让渡自然权利的对立，构成了塔克的自然权利解释的核心要素。无怪蒂尔尼在书尾要含沙射影地批评霍布斯，认为这个被"某些学派"视为"现代自然权利理论的真正源泉"的思想家，其实偏离了自然权利思想的主流。③但是，塔克的解释或许"窄"但却十分尖锐，问题意识十分明确，而蒂尔尼"思想复原"的尝试却有抓不住要害之嫌。只是从格老秀斯的思想中找到某些传统的元素，并断言他与传统并无断裂，这只

---

① Brian Tierney, *The Idea of Natural Rights：Studies on Natural Rights，Natural Law and Church Law 1150-1625*，pp. 170-194，217-225，301-315，316-342.

② Brian Tierney, *The Idea of Natural Rights：Studies on Natural Rights，Natural Law and Church Law 1150-1625*，p. 6.

③ Brian Tierney, *The Idea of Natural Rights：Studies on Natural Rights，Natural Law and Church Law 1150-1625*，pp. 340-341.

是技术层面的批评，难以击中塔克的自然权利命题的要害，这样建立的与传统的联系也是十分薄弱的。只是对思想家自己的体系做描述性的梳理，却找不到统摄性的核心问题，形不成真正的立场和主张，这样的做法，只是尸体的防腐处理，却不能复活其精神。

不过，蒂尔尼的论证虽然稍显不足，但他所指出的某些线索，对于理解洛克的自然权利概念却很有帮助。施特劳斯对洛克的批评正是旨在说明，洛克自然法的幌子下面，其实是霍布斯式的自然权利。塔克虽未明言洛克有如此主张，但他对格老秀斯以降的现代自然法的解读，其实已经明确表示，现代自然法的本质，其实只是主观权利的限制和保存。在他看来，洛克的自然权利学说继承的是格老秀斯强调理性和社会的一致同意、削弱绝对主权的线路，与蒂勒尔接近。所以施特劳斯和塔克其实都认为，洛克的自然法学说只是将霍布斯的自然权利转化为功利理性下的财产权，并借助市场社会来满足主观自由和财产积累而已。但是，洛克并未将自然权利视为主观无限的自由和抽象支配，而是认为自然权利有着某种"神圣自然"的实质规定性，而非单纯的主观抽象性。要证明这一点，就得说明洛克的自然权利概念不是塔克式的单纯主观权利和支配，而是还包含着某种别的成分，有着更丰富的意涵。蒂尔尼的著作正是在这个地方可以为我们提供帮助。

作为晚期经院哲学的代表人物，苏亚雷斯（Suarez）的著作《论法律及上帝作为立法者》（De legibus ac Deo legislatore）对于 17 世纪的自然法思想有着重要的影响，正如前面所指出的，洛克继承了他的自然法体系的基本结构，即理智论和意志论的综合。而蒂尔尼对苏亚雷斯分析更表明，后者的权利（ius）概念对于理解洛克的权利概念也有极大帮助。

按照蒂尔尼的说法，苏亚雷斯的权利概念主要包含两层含义。首先，权利"的意义与正当（iustum）和公平（aequum）的事情相同"，而这两者又是正义（iustitia）的对象，因此，按照正义所具有的含义，"在严格的意义上"，权利指"基于正义的公平，即每一个体应得的东西"。[1]而"按照后面这种严格意义上的权利，通常用 ius 来

---

[1] Francisco Suarez, *A Treatise on Laws and God the Lawgiver*, in *Selections from Three Works of Francisco Suarez*, Vol. Ⅱ, Gwladys L. Williams etc. trans., Oxford: Clarendon Press, 1944, Ⅰ.2.4.

正确地表示每个人拥有的某种道德力/能力，这种力/能力，或是对于他自己的东西而言，或是对于他所应得的东西而言；由此可以说，某件东西的所有者对这件东西拥有权利（ius in re），比如说工人对他的工资拥有权利"①。因此，按照苏亚雷斯的定义，可以说权利包含着两层意思，一层是权利主体的力，一层是这力所指向的某种"应得的东西"。前者表示纯粹的"能够支配某种东西"，后者表示这力所对应的"应得的"被支配物。所谓工人对工资拥有权利，是指工人"能够支配""应得的工资"。但是按照蒂尔尼的说法，苏亚雷斯并不认为"能够支配某种东西"和"应得之物"是两回事，而是对一个东西的不同表达。②认识到这一点至关重要。因为如果说某人拥有某种权利，只是意味着他可以自由地支配某种东西，而非还意味着这件东西是他基于某种公平和正义而应该得到的，那就等于说权利只是抽象的力和支配，没有公平和正义的实质含义，这恰恰是塔克所强调的权利意涵。但苏亚雷斯的权利概念包含力和公平两方面，不存在脱离了公平和正义的权利。说某人拥有权利，即是说他拥有正当的权利。正是因为包含后一方面，这权利才是道德力。

苏亚雷斯权利概念的第二层含义是命令意义的法。他从 iubendo 即"命令"（command）来引出权利，所以说"权利的意义与法相同，因为法是命令的一种形式"③。正是基于权利的这种意义，苏亚雷斯在权利与法的关系上有所创新。正如蒂尔尼所指出，在苏亚雷斯这里，权利并非仅仅为允许性的自然法（permissive natural law）所承认，只是一种消极权利（negative right），而是具有积极权利（positive right）的意义。"如果我们谈论的是支配性自然权利，那么自由确实属于积极的自然权利而非仅仅是消极的……因为自然使人积极地

① Francisco Suarez, *A Treatise on Laws and God the Lawgiver*, in *Selections from Three Works of Francisco Suarez*, Vol. II, Gwladys L. Williams etc. trans., Oxford: Clarendon Press, 1944, I.2.5.

② Brian Tierney, *The Idea of Natural Rights: Studies on Natural Rights, Natural Law and Church Law 1150–1625*, p.304.

③ Francisco Suarez, *A Treatise on Laws and God the Lawgiver*, in *Selections from Three Works of Francisco Suarez*, Vol. II, Gwladys L. Williams etc. trans., Oxford: Clarendon Press, 1944, I.2.6.

具有一种内在的自由的权利。"[1]也就是说，行使这种权利乃是一种自然法的积极指令。人并不只是可以行使权利，而是应当行使权利，这是人应当服从的自然法的命令。蒂尔尼正确地看到，苏亚雷斯将自然权利与指令性自然法联系起来，将前者视为命令性的积极权利，从而使行使和维护自然权利成为自然法的要求。因为既然自然权利是自然法的命令，那么就不应受到侵害。

苏亚雷斯的权利概念清楚地表明，权利绝不仅仅意味着主观的力和支配，它既是权利主体基于公平而应该得到的正当权利，也是自然法所规定的人的积极的义务。抽象的主观性绝不能脱离实质的正当性，行使和保护这种权利，绝不只是权利主体自己的要求，而是来自上帝的神法的命令。在这个意义上，自然权利绝不是主观的要求和单纯的力，而是神圣的正当和道德力。正是基于这样的权利结构，人在此世行使和维护自然权利，也是等于服从上帝的自然法。因为既然自然权利是自然法的命令，那么运用理性来认识自然权利也就是以理性来宣示自然法，积极地行使和保护自然权利，也就是对自然法的服从。在下面的分析中我们能够看到，洛克的自然法的具体规定，正是基于这样的权利概念，以认识和保护自然权利为核心。

（二）上帝赐予人的共同财产

如果说洛克的自然权利符合苏亚雷斯的权利概念结构，那么首要的问题是，人基于公平的正义而应得的东西是什么？什么是人可以正当地支配的东西？正如在前面指出过的，上帝的正义根本体现为他创造和保存其造物，这一意图清晰地体现在现实存在的人性和自然之中：

> 因为上帝既然已亲自把保存自己生命和存在的强烈欲望，作为一种行动的本原，扎根在人的身上，"作为人内在的上帝之声的理性"就不能不教导他并且使他相信，按照他所具有的保存自己存在的自然倾向行事，就是服从他的制造

---

① Francisco Suarez, *A Treatise on Laws and God the Lawgiver*, in *Selections from Three Works of Francisco Suarez*, Vol. Ⅱ, Gwladys L. Williams etc. trans., Oxford: Clarendon Press, 1944, Ⅳ.2.14, 16, 34.

者的意志。①

前面已经讨论过，人应当服从上帝，正是源于他欠下的自然之债，而上帝由于其自身的完善，所以不要求从人那里得到什么，而只是要求人保存自己。所以人努力保存自己，就是服从和荣耀上帝。必须注意的是，洛克的意思绝不是肯定霍布斯式的自然权利，主张每个人为了保存自己可以不择手段，在后面的分析中会明确这一点。在这里只需要指出，上帝的要求是保存人类：

> 万能上帝的这个重大而首要的祝福："尔们要生育众多，布满大地"，其中也包含工艺、科学和生活便利品方面的改进。②

所以洛克才会称颂那些"首先发明印刷术、发现罗盘，发现金鸡纳霜的功用的人们"③，并认为：

> 对于适于此世之人来使用、有好处的知识，这里有着广阔的领域，比如说找寻新的发明来分派任务以缩短或减少劳动，或将几个主动和被动的部件机敏地组合在一起，以求获得新的有益产品，由此，我们财富的库存（也就是有助于我们生活便利的那些东西）会进一步增加或保存得更好。④

所以洛克才会说，为了保护自己的孩子而牺牲自己，是一种德性而非错误。⑤从 17 世纪中叶到 18 世纪中叶，是英国历史上估计寿命最短而老龄

---

① John Locke, *The First Treatises of Government*, sec. 86, in Peter Laslett ed., *Two Treatises of Government*.

② John Locke, *The First Treatises of Government*, sec. 33.

③ John Locke, *An Essay Concerning Human Understanding*, Peter H. Nidditch ed., IV. 12. 12.

④ John Locke, *Political Essays*, Mark Goldie ed., p. 261.

⑤ John Locke, The First Treatises of Government, sec. 56, in Peter Laslett ed., *Two Treatises of Government*.

人口比例最高的时期。在洛克身处的整个 17 世纪，英国的人均寿命没有超过 35 岁，在 30 年代初甚至不足 30 岁。从 1650 年到 1700 年，人口总数减少了 4.3％。① 如果再对比一下休谟对古代和现代人口的讨论，以及斯密在《国富论》的"序论及全书设计"中，对"未开化的渔猎民族"因物质匮乏而不得不杀害老幼、遗弃亲人的兴叹，就能看到那个时代普通民众社会生活的面貌，也能够了解这些思想家们关心的问题是什么。②

既然上帝要求人来保存自己，那么就得给予人类生命和保存它的手段。所以除了"一种自我保存的强烈欲望"，上帝还"在这世界上准备了适于人类衣食和其他生活必需的东西，俾能照着上帝的设计，使人类能在地面生存相当的时期。"③运用理性来考察人性和自然，必然得出：上帝"指引人类，借助自己的感觉和理性（就像上帝指引低等的动物借助自己的感觉和本能，他将这些能力放在它们身上，也是为了那个目的）来使用那些东西，以服务于他的维持，给予他保存自己的手段"。所以，"根据上帝的意志和准许，人类就有了使用造物的权利。"④正是上帝对人保存自己的要求，使保存的手段成为人所应得的东西。为保存自己而使用的正当性，使人不仅仅是有能力使用万物，而且对它们拥有权利。"人对造物拥有财产权，是基于他所具有的权利，他有权使用那些为他的存在所必需或有用的东西。"⑤如果使用万物来保存自己是上帝的要求，那么行使这权利也就是履行对上帝的义务。正如前面对苏亚雷斯权利概念的分析表明的，在洛克这里，自我保存的强烈欲望和对这一欲望意义的理性认识，表明使用万物是一种积极权利，因为不这样做就会导致自己的死亡。拥有财产既

① 拉斯莱特，"工业化之前和工业化时期的英国人口与社会结构"，载《英国政治经济和社会现代化》，王觉非编，南京：南京大学出版社，1989 年，第 238—241 页。

② 休谟，"论古代国家的人口稠密"，载《休谟经济论文选》，陈玮译，北京：商务印书馆，1984 年，第 93—161 页；斯密，《国民财富的性质和原因的研究》，郭大力、王亚南译，北京：商务印书馆，1972 年，第 1 页。

③ John Locke,The First Treatises of Government,sec. 86, in Peter Laslett ed. ,*Two Treatises of Government*.

④ John Locke,The First Treatises of Government,sec. 86, in Peter Laslett ed. ,*Two Treatises of Government*.

⑤ John Locke,The First Treatises of Government,sec. 86, in Peter Laslett ed. ,*Two Treatises of Government*.

然是人保存自己的必要条件，这当然也就是指令性自然法的要求。

对洛克来说，何谓财产？"财产的观念，即是指对某种东西的权利。"①正如奥利夫克罗纳所指出的，在 17 世纪的英语中，财产（property/propriety）一词对应于拉丁文的 suum 即"自己的"。②塔利也正确地指出，洛克用财产一词来表示属于某人自己的东西。③结合洛克的定义就能看到，所谓财产即是指某种东西为某人正当拥有，可以由他自己来支配和使用。④ 由于财产来源于人自我保存的神圣正当性，与为自我保存而使用的问题紧密相关，所以需要进一步澄清人拥有财产的含义到底是什么。

在前面已经指出过，作为人类和自然的造主，上帝对人类和自然拥有毋庸置疑的权利，因此人类和自然都是上帝的财产。"一部分的构造已经足以使我们深信上帝是一个智力无边的设计师，很明显，他能够声称我们是他的作品，正如圣经上通常给予上帝的称呼之一，

---

① John Locke, *An Essay Concerning Human Understanding*, Peter H. Nidditch ed., IV. 3. 18.

② Karl Olivecrona, "Locke's Theory of Appropriation", in *John Locke: Critical Assessments*, Vol. 3, Richard Ashcraft ed., London: Routledge Press, 1991, p. 332.

③ James Tully, *A Discourse on Property: John Locke and His Adversaries*, p. 112.

④ 在分析苏亚雷斯的权利概念时已经指出，在权利概念中，力和它指向的对象其实是一个东西，只是基于场合的需要而强调其作为力或对象的不同侧面。洛克的财产概念也是如此，因为财产只是某人自己的权利（one's own right）。当说苹果是我的财产时是强调其对象的一面，即"我拥有这个东西"，说我对苹果拥有权利（has a right to the apple）或对苹果拥有财产权（has a property in the apple）时是强调其力的一面，即"我可以支配和使用它"，所以洛克在指力和东西时可以不加区分的使用 property 一词。妨碍我们理解的原因是今日的思想方式倾向于将权利和财产分开，认为前者是力，后者是具体的物，得用"财产权"来表示前者，用"财产"来表示后者。塔利也将财产当作"东西"，只有奥利夫克罗纳看到了洛克的财产概念包含着两层含义。见 Karl Olivecrona, "Appropriation in the State of Nature: Locke on the Origin of Property", in *John Locke: Critical Assessments*, Vol. III, Richard Ashcraft ed., London: Routledge Press, 1991, p. 315. 如果单纯从用词的角度看，说洛克的财产指某种"东西"，问题并不大，他自己也经常这样表达。但从思想的角度来说，这种用法容易妨碍我们正确理解洛克的财产概念，忽视财产也包含着道德力的含义，并规定了人运用力的方式，并且难于认识到，保护财产不只是意味着保护"东西"，还意味着保护人的某种行动方式，自由也是人的财产，从而使我们难以理解为什么洛克在"论财产"一章中花大量篇幅讨论劳动问题。对洛克来说，讨论财产当然意味着要讨论人运用力的道德行为，要说明人如何正当地使用物、获得财产。出于行文的需要，本文主要将 property 译为"财产"，个别地方译为"财产权"，并且也多用"财产"一词来表示具体的东西，不过读者还是要明白这里财产和权利的正确关系。

'上帝是我们的制造者，我们的制造者是我们的主'。"①上帝为了使人类能够自我保存，将自己的财产交给人类来使用，这是人类财产的来源。

在洛克看来，因为人是由"上帝按照他自己的形象造出来的，将他造成一种有理智的造物"，因此人对于等级低于他的造物享有支配权。②继承了传统的"存在之巨链"（the great chain of being）的思想，洛克认为，宇宙中的各个物种（species），从最低等的无机物质到至尊的上帝，按照等级依次排列，构成了从低到高的等级秩序。对于处在这个秩序中的人类来说，他的上面有各种高于自身的精灵和天使，在他之下则有各种动物和植物。"各个神种亦应该循着渐次的等级由我们一直上升到无限的完善，正如各个物类渐次由我们往下降的一样，因为这正适合于宇宙的庄严和谐，同建筑师的巧妙设计与无限的善。"③而这样一种从低到高的等级秩序，也决定了统治和支配的秩序。由于人是按照上帝的形象造的，拥有理智能力，从而高于在他之下的各种动植物和无机物，"无论上帝的形象表现在什么地方，理智本性当然是它的一部分，并属于整个物种，因而才使人类享有对低等造物的支配权。"④正是人类这个物种在宇宙秩序中的位置，决定了他可以支配和使用低于自己的各种造物来保存自己。而由于"理智本性属于全人类"，所以，各种低于人类的造物是全人类的共同财产而非某个人的私有财产。在洛克看来，费尔默认为上帝赐予人类的财产是赐予亚当个人的私有财产的观点，在圣经的经文和理性的论证中都得不到支持。⑤还有一点需要指出的是，洛克说低等造物是人类的财产，并不是说人类对它们拥有无限的权利，对它们怎么样都可以。"人类对生物的财产权，只能是使用它们的自由"。只是说为了保存自

---

① John Locke, The First Treatises of Government, sec.53, in Peter Laslett ed. ,*Two Treatises of Government* .

② John Locke, The First Treatises of Government, sec.30.

③ John Locke, *An Essay Concerning Human Understanding* , Peter H. Nidditch ed. , Ⅲ.6.12.

④ John Locke, The First Treatises of Government, sec.30, in Peter Laslett ed. ,*Two Treatises of Government* .

⑤ John Locke, The First Treatises of Government, sec.30, in Peter Laslett ed. ,*Two Treatises of Government* , sec.4.

为了保存自己，人类可以自由使用它们，即使是消耗和破坏它们："人类所能有的最大限度的财产权，也就是对无论什么东西，都有权为了使用而破坏它。"但是，人不能浪费上帝赐予人类的财产，即便是业已经由劳动而成为自己的私有财产也是如此。"如果它们在他手里未经适当使用即告毁坏；如果在他消费之前果子腐烂或者鹿肉败坏，他就违反了共同的自然法，就应当受到惩处"，圈占土地者如果未加利用那片土地而任其荒废，其他人仍有占有和使用的权利。①洛克的财产始终和使用联系在一起。

作为"资产阶级社会法权观念经典表达者"，洛克在《政府一论》中却明确表示，上帝最初将低等造物赐予人类作为其的共同财产，而非将其作为私有财产给予任何人。由此产生的一个很自然的问题就是，洛克为何这样处理？为何既不认为低等造物始终为人类共同所有并加以利用，也不认为上帝最初赐予人类的就是私有财产？

前面已经指出，洛克确立自然法具体内容的基本方式，是结合此世的现实人性来思考上帝的意图和要求。虽然洛克强调"道德是类似于数学的论证科学"，并且认为构成道德的各种概念是人心智的建构，但他的意思并不是说，人可以凭空构造出某种抽象的道德法则。从《政府论两篇》和《论自然法》中的推理来看，洛克都试图将对人性和社会的经验观察与神意的解释结合起来。即便是《人类理解论》中洛克所举的亚当构造"妒忌"和"通奸"的例子，并不依赖于亚当实际观察到"妒忌"和"通奸"的概念所指的行为，但是显然，如果没有对人性的真切的了解，很难理解为何亚当能"正确地"想象出这两个概念。②结合洛克自己的做法来看，他强调道德的抽象性和论证性，主要是为了说明不能单从经验事实推断其为合理，决非主张脱离人性来空想。实际上，洛克想要建立的自然法规定和真正的理性法则，恰恰针对着经验中观察到的人性的弱点。洛克自己也承认，他所遭遇的最大困难是"在上帝的全能全知和人的自由之间的矛盾"，

---

① John Locke, The Second Treatises of Government, sec. 37 – 38, in Peter Laslett ed., *Two Treatises of Government*.

② John Locke, *An Essay Concerning Human Understanding*, Peter H. Nidditch ed., III. 6. 44.

此世的自由的人如何确立应当服从的自然法约束。①人易于膨胀的主观抽象性促使人走向贪婪和狂热、爱好占有和支配的特点，决定了既不能财产始终共有，也不能将绝对的支配权交给主权者，而必须通过劳动来确立个人对财产的占有和支配。

在之前讨论中我们看到，虽然人生来是白板，但其高度的主观抽象性以及内在蕴藏的力，使孩子很早就"想要拥有财产，占有物品，从而获得那给予他们的权力，依自己的喜欢处置这些东西的权利，以此来取悦自己。"②由于"想要"好东西"出现"的结果是占有而非使用，所以占有和支配成为人的行动结构中的重要环节，而主观性的易于扩张使得公共性的占有和支配难以长期维持。虽然洛克并不像霍布斯那样直白地表示人的权力欲和支配欲会导致战争状态，也不认为人初始的自然状态就是战争状态，但是他很清楚，渴望支配人和占有物"这两种脾性，几乎是一切扰乱人类生活的不义和争斗的根源。"③之所以对低等造物的财产公有状态不能维持，"不能假设上帝的意图是要使世界永远归公共所有而不加耕植"，是因为那只能方便"妄想和贪婪的人们来从事巧取豪夺"。④在大多数人缺乏理性的初始自然状态下，更不可能基于一致同意来进行分配。对洛克来说，上帝想要保存人类并使其繁衍众多是不可置疑的前提，因此，从最初的财产公有状态必然要转变为界限明确的私有财产，而不是任由人类陷入混乱和纷争的状态，这是自然法的必然要求。

另一方面，认为上帝一开始赐予人类的是专属某些人的私有财产也是不合理的，洛克在《政府一论》中批评的正是费尔默所持有的这种观点。撇开洛克反驳的技术层面来考虑这个问题，洛克的真正观点是，如果上帝只将低等造物作为私有财产赠予某些人而排除其他人，

---

① John Locke, "Letter to Molyneux. Oates, Jan. 20, 1692-93", in *The Works of John Locke*, Vol. Ⅷ, London, 1824, p.305.

② John Locke, Some Thoughts Concerning Education, sec.105, in Ruth W. Grant and Nathan Tarcov ed., *Some Thoughts Concerning Education and of the Conduct of the Understanding*.

③ John Locke, Some Thoughts Concerning Education, sec.105, in Ruth W. Grant and Nathan Tarcov ed., *Some Thoughts Concerning Education and of the Conduct of the Understanding*.

④ John Locke, The Second Treatises of Government, sec.34, in Peter Laslett ed., *Two Treatises of Government*.

这显然与保存人类并使其繁衍众多的意图不符。"这种想法倒要更为合理一些，既然上帝吩咐人类要繁衍众多，他自己就应该给予全体人类以一种利用食物、衣服和其他生活便利品的权利，这些东西的材料上帝已为他们作了那样丰富的供应"。①上帝最初赐予人的财产是共有的，使所有人都有机会保存自己。② 此外，对于拥有剩余财物的人来说，上帝还"给予了他的贫困的兄弟以享受他的剩余财物的权利，以便一旦他的兄弟有急切的需要时，不会遭到不正当的拒绝"③。这种慈善的权利（right of charity）是国家应当救济没有劳动能力之人的合理性的基础。

但是，上面的这种论证只是洛克所说的后验（posterior）论证，是基于上帝必定不会将导致人类混乱和匮乏的规则作为自然法的前提而做的推理，而不是正面的论证。另一方面，上面的讨论只限于从共同财产的角度来说明，人类共同拥有的对低等造物的权利，而非洛克完整的自然权利学说。在他看来，虽然上帝将低等造物赐予人类作为共同财产，但对于主观抽象性和占有欲易于膨胀的人来说，更重要的问题是如何确保个人能够通过运用自己的力来劳动，以正当的方式获得财产。这是使人类既避免战争状态、也摆脱匮乏和无知状态的关键，也是自然权利学说的真正核心。

（三）通过劳动获得的个人财产

在讨论洛克的个体自然权利之前，需要先对霍布斯的自然权利稍作说明。虽然两者的自然权利观大相径庭，但理解后者在这个问题上的某些看法，有助于更好地理解洛克的观点。霍布斯对自然权利的定义，常常被人误以为只是肯定为所欲为的自由。但其实霍布斯从没说过为所欲为的自由是一种权利，虽然他认为那是人性的某种特点。和

---

① John Locke, The First Treatises of Government, sec. 41, in Peter Laslett ed. , *Two Treatises of Government* .

② 洛克必须解决的问题是，在私有财产正当性确立的社会中，如何确保所有的人仍然能够维护自己的自然权利，实现自我保存，这是《政府二论》的核心问题之一，限于篇幅，本文无法讨论这个问题。

③ John Locke, The First Treatises of Government, sec. 42.

洛克一样，正是自我保全的正当性而非为所欲为的人性，才是自然权利的根本基础："自然权利的首要基础是每个人都尽其所能地保护自己的生命和肢体。"[1]正是基于自我保存的绝对正当性，才产生了"每个人运用自己的权力，按自己的意志来保存自己的自由"，他可以"做自己的判断和理性认可的任何事情，只要是他想的最适于达到那一目标的手段"。[2]以及由此而来的"对于一切东西的权利，甚至包括其他人的人身"。[3]霍布斯是从自我保存的权利推出了人无限自由的自然权利。

虽然说低等造物作为人类的共同财产，意味着每个人都拥有按照自己的意志来使用它们以保存自己的权利，但这并不意味着洛克认为人拥有霍布斯式的无限的自然权利。不仅可以使用低等造物，还可以任意地支配其他人。洛克式的自然权利，明确规定了个人合法权利的范围，比霍布斯的极端主观抽象的自然权利有更多的实质规定。这些规定的内容，同样来自对此世人性和自然的认识并结合目的论的推理。

前面已经指出，作为人类普遍本性的"保存自己生命和存在的强烈欲望"，是确立人类对于低等造物的财产权的基础。同样，属于个人自己的财产权也正基于这种自我保存的欲望，它是属于个人的、可以正当地为个人用来保存自己的力和对象。首先是生命本身，因为生命既是保存的目标，也是自我保存所必须的条件。其次，是每个人内在的力。人只有运用自身的力去作用于外界对象，才能够实现自我保存。第三，自然是上帝赐予人类的共同财产，所有人的"共同权利和特权"，没有外界对象，人也无法保存自己。生命、内在的力和外界对象，既然构成了每个人自我保存的必要条件，那么它们当然是属于个人的财产。

但这个定义仍然存在疑问。既然对每个人来说，不只是低等造

---

[1] 托马斯·霍布斯，《论公民》，应星、冯克利译，贵阳：贵州人民出版社，2003年，I.1.7。

[2] Thomas Hobbes, *Leviathan*, Richard Tuck ed., Beijing: China University of Political Science and Law Press, 2003, p.91.

[3] Thomas Hobbes, *Leviathan*, Richard Tuck ed., Beijing: China University of Political Science and Law Press, 2003, p.91.

物，他人的生命、力和身体同样是外部对象，那么如果像霍布斯那样来理解自然权利，那么似乎也同样可以将他人当做自己的财产。但洛克坚决反对这一点，他的基础是所有人的自然平等。洛克的所谓平等，是说所有"共享同样的本性、同样的诸般能力的人，在本性上的平等"。①他的意思并不是说，所有人能力的大小一样或性格相同。洛克十分清楚，人天然地有着能力强弱的差别，某些人甚至可以凭借"自然天赋之力"，无须多少外力相助而成就伟业。②在理智水平方面，"某些人之间的差距，甚至比人与兽之间的差距还大。"③他也承认社会中的人财产之间的不平等，并认为随着社会的发展，原初的财产平等状态会被财产不平等所取代。洛克所说的"本性上的平等"是指所有的人都具有同样的自我保存的欲望，以及保存自己的诸般基本能力。人与人固然在能力的水平上存在极大差别，但其差别只是程度而非类别。每个人都想要保存自己，每个人也都有理智和意志，"能够运用同样的诸般能力"。④洛克所说的平等，正是人性的这种普遍形式的平等。既然上帝赋予所有人相同的自我保存的本性，那就说明上帝想要所有人都保存自己。正是这种"本性上的平等"，决定了所有人"应当分享共同的权利和特权"，基于"每个人都有的照看自己、供养维生的权利"，而拥有对低等造物的共同权利，人人都有权用它们来保存自己。⑤

正是基于人性的平等和对低等造物的共同权利，洛克限定了每个人自己的权利范围。既然人"是他（上帝）的财产，他的作品，按着他自己而不是别人的意图而活着"，那么人就应当按照上帝的意图来保存自己，既然"我们既赋有同样的能力，在同一自然共同体内共享

---

① John Locke, The First Treatises of Government, sec. 67, in Peter Laslett ed. , *Two Treatises of Government* .

② John Locke, Some Thoughts Concerning Education, sec. 1, in Ruth W. Grant and Nathan Tarcov ed. , *Some Thoughts Concerning Education and of the Conduct of the Understanding* .

③ John Locke, *An Essay Concerning Human Understanding* , Peter H. Nidditch ed. , IV. 20. 5.

④ John Locke, The Second Treatises of Government, sec. 4, in Peter Laslett ed. , *Two Treatises of Government* .

⑤ John Locke, The First Treatises of Government, sec. 87, in Peter Laslett ed. , *Two Treatises of Government* .

一切，就不能设想我们之间有任何从属关系，授权让我们彼此毁灭，好像我们生来是为彼此利用的，如同低级造物生来是供我们利用一样"，每个人都是上帝的财产，都应当得到保存，"既然所有人都是平等而独立的，任何人就不得侵害他人的生命、健康、自由或占有。"①这就是每个人所拥有的自然权利，即属于他自己的财产：他自己的生命，他对自身能力的自主运用，以及这能力所作用的外界对象。每个人都不得侵犯他人的自然权利，并且"当他保存自身不成问题时，他就应该尽其所能保存其余的人类。"②洛克的自然权利正是苏亚雷斯所说的积极权利，人保存自己和他人的义务，使得行使和维护自然权利成为自然法的命令。

人自己的财产也是上帝的财产。终极的所有权属于上帝，而人拥有对这些财产的使用权。"一个人既然对于自己的生命没有权力，就不能用契约或通过同意，把自己交由任何人奴役，或置身于别人的绝对的、任意的权力之下，任其夺去生命。"人只有保存和使用生命和自由的权利，"凡是不能剥夺自己生命的人，就不能把支配自己生命的权力给予别人"，因为"谁都不能把多于自己所有的权力给予他人"。③人不能让渡自己的生命和自由，唯一合法的杀人和自杀、奴役和被奴役，是对于"由于做了理应处死的行为而丧失了生命权"的人。④而人当然也不可能让渡作为原初共同财产的低等造物，对于这些东西，人并没有排他的占有权。

但是，如果说一切低等造物都是人类的共同财产，那又如何确定属于每个人自己的占有物呢？这个问题，对于人类这种"喜好占有和支配"的动物来说尤其紧迫。这也是洛克在"论财产"一章开头提出的问题。而在这一章中，洛克正是要说明，"人如何能从上帝赐予人类共有的东西中获得自己的财产。"⑤

①　John Locke, The Second Treatises of Government, sec. 6, in Peter Laslett ed. , *Two Treatises of Government* .

②　John Locke, The Second Treatises of Government, sec. 6, in Peter Laslett ed. , *Two Treatises of Government* .

③　John Locke, The Second Treatises of Government, sec. 23.

④　John Locke, The Second Treatises of Government, sec. 23.

⑤　John Locke, The Second Treatises of Government, sec. 25.

虽然上帝将低等造物交给所有人类共同使用，但每个人要满足自己的需要，那能够满足自己需要的"好东西"，必须先成为"我"的当下占有和支配之物。但是，由于自然中的低等造物，并不是直接在手和可用的好东西，所以"那就必然要通过某种归私（appropriate）的方式，然后才能对于特定的人有用处或者有好处。"①洛克指出，这个归私的过程，正是人运用自己的力作用于自然材料，使之成为当下在手的"好东西"的过程，也就是劳动。既然"每个人对自己的人格享有财产权"，那么他自己运用心智和身体的力的行动，也就是"身体的劳动和双手的工作，正当地属于他"。他的力作用于自然的材料，使后者发生变化，从而"脱离了自然所给的和它所处的状态"，而材料之所以发生变化，是因为劳动者对它施加了自己的力，也就是"掺进了他的劳动，在它上面加入了某些自己的东西"，这个对象中包含着劳动者的人格和力，是他的理智和意志的实现，所以是"他自己的东西"，即"他的财产"。正是人的劳动，"使这件东西脱离了自然安排给它的共同状态，从而排除了其他人的共同权利。"②一方面，每个人自己合法的占有物，通过劳动而得到了明确的限定；另一方面，劳动的过程也是对人行使自然权利的完整说明。劳动，正是人运用自由来改造外物、占有产品，从而满足自我保存的需要。因此，运用自然权利来获得财产，正是履行了人对上帝的神圣义务。③

①　John Locke, The Second Treatises of Government, sec. 26.

②　John Locke, The Second Treatises of Government, sec. 27.

③　可参考塔利和奥利夫克罗纳的论述，见 James Tully, *A Discourse On Property：John Locke and His Adversaries*, pp. 116－124；Karl Olivecrona, "Locke's Theory of Appropriation", in *John Locke：Critical Assessments*, Vol. Ⅲ, Richard Ashcraft ed., pp. 332－334.

弗兰西斯·哈奇森论道德的情感之源

李家莲

　　哲学永恒的主题离不开人，而作为人生哲学、价值哲学、幸福哲学的伦理学更是离不开对人性的关注，在这种关注中，人的情感，尤其是道德情感具有更加特殊的意义，因为伦理学与心理学之间有深刻的联系。"如果说道德的根本在于自由意志，而自由意志根本上不是对必然的认识，而只是一种自由感，那么，伦理学就不能脱离与心理学的干系。如果伦理学还讲道德良心、道德同情、道德意识、道德情感的话，那么，伦理学也就完全不能没有心理学的基础"①，因此，我们可以同意梯利的说法："就伦理学研究道德意识状态而言，我们简直可以说它就是心理学的一个分支"②。然而，在研究道德情感的过程中，我们必须首先对道德情感的内容以及有效性等问题作出回答。面对这些问题，我们发现，在伦理学史上，作为"苏格兰启蒙运动领军人物"③的弗兰西斯·哈奇森（Francis Hutcheson，1694－1746）曾对它们做过独立的深入思考。在《论美与德性观念的根源》以及《论激情和感情的本性与表现，以及对道德感官的阐明》这两本代表作中，哈奇森成功地对道德情感的内容、来源以及培养方法等问题给出了独特的圆满回答。哈奇森认为，道德的根源只存在于"人"

---

① 戴茂堂，《西方伦理学》，武汉：湖北人民出版社，2002 年。

② 弗兰克·梯利，《伦理学导论》，何意译，桂林：广西师范大学出版社，2002 年，第 10 页。

③ William Robert Scott, *Francis Hutcheson：His Life , Teaching and Position in the History of Philosophy* , Thoemmes Press, 1992, p.2.

的身上，不存在于外在于人的"物"身上，对于人而言，道德不存在于理性、知识、最高者的条律以及利益之中，只存在于情感之中，而对人的情感而言，道德不存在于指向自我利益的"自爱"中，只存在于以公共善为指向的"普遍而平静的无私仁爱"中。哈奇森在其全部道德哲学中重点要阐明的核心问题是，作为道德根源的情感，"普遍而平静的无私仁爱"的有效性源于何处？在 17—18 世纪英国特有的经验主义哲学背景中，通过对人性的观察以及对洛克在《人类理解论》中提出的感官的工作原理进行归纳，哈奇森创立了类似于外在感官的其他多种感官概念，如道德感官、荣誉感官、公共感官等，以道德感官为核心，有力地确保了"普遍而平静的无私仁爱"的道德有效性。我们发现，通过对道德判断的起点、过程以及结果进行详细分析，哈奇森成功地为道德找到了情感的根源。

一、道德判断的起点：以人类情感为对象

情感之所以成为道德判断的对象，有两个方面的原因：首先，从人的角度来看，人的一切行为都只会受到情感的推动，不会受到除情感之外的任何其他东西的推动。其次，从道德知觉的角度来看，只有对情感以及受情感推动的行为的观察才能成为道德知觉得以产生的诱因。基于这两个理由，当我们进行道德评价的时候，除了以情感或受情感推动的行为作为我们的评价对象之外，我们不可能把任何其他东西作为道德评价的对象来进行道德上的善恶评价。

在哈奇森看来，人的一切行为都受到情感的推动，道德评价的对象是情感或受情感推动的行为。对于推动人的行为的理由，哈奇森称之为"推动性理由"。做任意一种行为之前，我们会预先假定某种目的，而我们所有的目的都必须以我们的感情或欲望为前提，"没有哪种目的能先于感情全体，因此不存在先于感情的推动性理由"①。在我们看来，分析人的行为的理由时，在所有推动性理由的终结之处，

---

① 弗兰西斯·哈奇森，《论激情和感情的本性与表现，以及对道德感官的阐明》，戴茂堂等译，杭州：浙江大学出版社，2009 年。

必定存在着某种终极性的目的，那么，是什么样的推动性理由推动了终极性目的的产生呢？对此，哈奇森引用亚里士多德的话，认为"存在着不带任何他物之意图的终极性目的"①。在哈奇森看来，人性内部存在着这样的终极性目的，它无须任何推动性理由的推动就可以独立存在，人性中的本能、欲望或情感就是这样的终极性目的，人的一切行为都要受到这种终极性目的的推动而产生。在这个意义上，人的一切行为都因推动性理由而产生，道德评价赖以进行的对象就是受推动性理由推动的那些情感以及受到这些情感推动的那些行为。

从道德知觉的角度来看，在哈奇森看来，人的情感以及因情感的推动而产生的行为是道德感官得以产生道德知觉的原因。这样，人的情感就是道德感官进行道德评价的对象。行为者所具有的高尚的道德情感可以刺激我们的道德感官，我们可以据此从行为者身上领悟到某种东西，于是，我们的心灵就会对该行为者表达赞许和爱。这种高尚的道德情感就是对他人无私的仁爱，它的产生不是为了使行为者自身获得某种私利，而是为了追求他人的利益或幸福。虽然这种情感不会给行为者带来与自然善有关的私利，但它却可以为行为者赢得道德上的爱和尊敬。相反，我们所认为的道德恶，如背叛、残忍和忘恩负义等，归根到底也体现为情感的形式，虽然这些行为会给行为者自身带来某种私利，但是，它们却不会为行为者带来道德上的爱和尊敬，相反，它们会给行为者带来他人的憎恶之情。对于旁观者而言，当他看见某个行为蕴含了高尚的情感时，他就会对该行为者表示爱和尊敬，尽管该行为不会给旁观者自身带来什么自然善的益处。道德感官所规定的道德上的要求使这个旁观者对行为作出了这种判断。相反，即使一个行为会有益于旁观者自身的利益，但由于它蕴含了卑劣的情感，它也会引起旁观者的憎恶，因为道德感官规定了旁观者超脱自身的利益对他人的感情进行评判。因此，我们发现，道德上的爱与憎恶都是对情感作出判断的结果，只有情感才是道德评价的对象。

---

① Francis Hutcheson, *An Essay on the Nature and Conduct of the Passions and Affections*, *with Illustrations on the Moral Sense*, Indianapolis：Liberty Fund.

二、道德判断的过程：以道德感官为准绳

当情感被确立为道德判断的对象后，哈奇森发现，在人类各种情感中，作为道德情感，"普遍而平静的无私仁爱"能给人带来最高和最持久的道德快乐。随后，哈奇森努力要探索的是，这种道德情感的有效性何在？在进行道德判断的过程中，存在于我们自身的道德感官是唯一的判断依据。换句话说，道德感官自身产生的苦乐感就是道德判断过程中的根据所在。那么，一旦我们证明了以道德情感为对象的道德感官自身的道德有效性，我们就证明了道德情感的有效性。通过对道德感官的被动性、天然性、普遍性、崇高性以及神圣性进行描述，哈奇森有效地证明道德感官不仅可以作为道德判断过程中非常有效的唯一准绳，而且可以有效地确保"普遍而平静的无私仁爱"这种道德情感所必然具有的天然性、普遍性、崇高性以及神圣性。

第一，道德感官具有天然性特征。道德感官是天然形成的，这首先意味着我们可以以直接和即时的方式知觉道德善。因此，可以把道德善同外在于我们的各种自然善，如房屋、土地、花园、葡萄园、健康、力量等区别开来。由这种区别而来的后果就是，我们对拥有道德善的行为或行为者会产生爱，而对于自然善却不会产生这种情感。除此之外，道德感官的天然性特征表明，由道德感官而来的道德判断不会出自教育或反思。由于教育所提供的观念可以增强或削弱我们的道德情感，但不会影响我们的道德感官自身，因此，"德性自身或心灵的善良行为意向，不会被直接地教导，或者说不会产生于灌输，它们必定由其伟大创作者原初地植入了我们的本性，后来才通过我们自己的培养而得到强化或巩固"①。不仅如此，我们发现，由于我们拥有天然的道德感官，我们会在丝毫不考虑利益的情形下对他人做出友善的行为，对于道德感官没有因源于教育、习俗、典范等的影响而扭曲变形的旁观者来说，这种友善的行为会直接而即时地令人的心灵产生

---

① William Robert Scott, *Francis Hutcheson：His Life, Teaching and Position in the History of Philosophy*, Thoemmes Press, 1992, p. 2.

快乐的道德知觉，在此基础上，我们的心灵会立即对这种行为者产生同我们自身的利益没有丝毫关系的无私仁爱，即我们会不由自主地爱戴该行为者。哈奇森认为，经由道德感官的赞许所体现出来的这种有别于利益的天然情感是"在没有先在的家世纽带的条件下能推广至全人类的最弱程度的爱的基础"①。对我们而言，道德感官的天然性特征所产生的最大效果是使人自身而不是外在自然事物真正成为道德王国中的真正主人。

第二，道德感官具有普遍性特征。道德感官的普遍性来自于其基础所体现的普遍性，由于仁爱是道德感官的基础，那么，只要证明了仁爱的普遍性，就相应地证明了道德感官的普遍性。观察显示，一个行为之所以受到赞许，不是因为它对行为者自身有用，而是因为它对有别于行为者自身的他人有用。在此基础上，稍作类推，哈奇森发现，爱或仁爱就会成为社会公德中所有美德的基础，并可以有效地提升公共善。当然，哈奇森通过观察也发现，"许多趋于普遍伤害的行为真正为人所做了并受到了认可"，哈奇森认为，这不是道德感官的问题，相反，这从反面证明了"仍然是某种明显类型的仁爱得到了我们的赞许"，那么，这是由什么原因引起的呢？在哈奇森看来，这是由我们的理性所引起的。那么，我们的理性为什么会引起这种结果呢？首先，这是因为我们的理性自身存在着缺陷，"我们的理性在其能力上是非常不足的，它会使我们对行为趋向进行褊狭的描述"②。因此，我们会对公共善或幸福产生各种各样的褊狭理解，从而造成纷繁复杂的道德多样性现象。我们的道德感官不仅离不开我们的前定观念，而且常常会根据我们的观念十分精确地引导我们，因此，"世界上盛行的荒谬实践更好地证明了人们缺乏理性，而不是证明了他们不具有与行为之美有关的道德感官"③。其次，这是因为对神的法则的错误看法可

---

① Francis Hutcheson, *An Inquiry into the Original of Our Ideas of Beauty and Virtue*, Indiananpolis：Liberty Fund.

② Francis Hutcheson, *An Inquiry into the Original of Our Ideas of Beauty and Virtue*, Indiananpolis：Liberty Fund.

③ Francis Hutcheson, *An Inquiry into the Original of Our Ideas of Beauty and Virtue*, Indiananpolis：Liberty Fund.

以使我们把有别于仁爱的其他某种东西视为道德的基础。作为基督教牧师，哈奇森认为，基于感恩神恩，我们注定会顺从这些错误的看法，因此，历史显示，迷信、谋杀以及国土的荒芜等因宗教的纷争而产生的破坏行为大量产生。对此，哈奇森认为，这不是对仁爱乃道德感官之基础的否定，而只是证明道德感官自身是脆弱的，它极易被其他欲望所征服。最后，教育、习俗、典范、道德研究以及我们的同伴会给我们的理性提供各种观念，这些观念会反过来充当道德感官的前定观念，来使我们对有别于仁爱的其他对象产生赞许。对此，哈奇森认为，这同样不能否认仁爱是道德感官的基础，相反，它们再次证明，我们需要对我们的理性进行长久而有效的训练，以避免我们的道德感官因受到错误的前定观念的推动而产生扭曲和异化，从而使我们的道德感官保持健康状态。

第三，道德感官具有崇高性特征。道德感官的崇高性体现为它在我们的生命中具有"高度的重要性"①，因为"它比我们所有其他官能都更能给我们以快乐与痛苦"，由道德感官所产生的快乐是"生命里常见快乐中最令人愉悦的元素"，因此，"它会优于所有其他享乐"②，与此同时，源于道德感官的痛苦也要强于所有其他感官所产生的痛苦。对此，哈奇森从感官以及社会两个角度进行了论述。在感官的层面，哈奇森从正反两个角度证明了这个观点。从正面来说，对于那些依靠背信弃义、心狠手辣或忘恩负义追求成功的人来说，一旦听从信仰、荣誉、慷慨和勇气的命令而达到了目的时，还是会在道德感官的指引下承认，他的性格中存在着不光彩的成分。对于以正当手段获得大量财富和重要权力的人来说，他们可以充分享受由外在感官所产生的快乐。但即使这样，在哈奇森看来，这种快乐中始终也包含着与社会生活如人际交往、爱、友谊、尊严和感激有关的某种道德快乐。哈奇森认为，即使存在着可以为人所独享的外在感官快乐，并且这种快乐也可以脱离社会劳作而独立存在，那么，对于豪奢之人的快乐而言，这种快乐之所以会受到保存并免于恶心和单调，还是因为这

---

① Francis Hutcheson, *A System of Moral Philosophy*, Bristol：Thoemmes Press.

② 弗兰西斯·哈奇森，《论美与德性观念的根源》，高乐田等译，杭州：浙江大学出版社，2009 年。

种快乐中包含了同爱和友谊有关的某种东西。从反面来说，即使我们的外在感官得到了充分的满足，我们也不会认为这是十足幸福的状态，我们会认为，这种状态是卑下、卑劣且肮脏的状态，除此之外，我们还会对这种状态感到恶心和厌倦。哈奇森认为，这是因为，我们本性的结构规定我们无法长久地沉溺于外在感官享乐，即使我们给这种外在感官的快乐融入了美的快乐，只要缺乏道德之乐，它们还是会显现为冷酷和了无生趣。不仅如此，哈奇森认为，对于与财富和外在快乐有关的幸福而言，"我们只要假设在拥有它们的时候掺和了恶意、愤怒和复仇，或仅仅只是掺和了孤寂或对友谊、爱、社交和尊敬的缺乏，那么，所有的幸福都会随风而逝"①。哈奇森举例说，对于一个正在享受着外在感官之乐以及审美之乐却同时充满着愤怒、恶意、复仇和嫉妒之火的人来说，没有人愿意同这种人相处。不仅如此，在某些地方，如骑士文学中，我们会借用外在感官所遭受的痛苦，如劳作、饥渴、贫困等来作为展现德性的机会，因此，我们往往会发现，英雄们在对它们的体验中达到了幸福的顶峰。在社会层面，哈奇森认为，道德感官是社会活动的基础。首先，在社会生活的公共领域中，不仅社交和友谊源于道德感官，而且政府的基础也源于道德感官，除此之外，道德感官还可以用来评判社会生活中的法律。在社会生活的私人领域中，即两性之爱中，哈奇森认为，无论本能在两性之爱中占据了多么重要的地位，但只有道德感官才是两性之爱的真正根源，因为它可以使我们产生仁爱的道德情感，并使我们的心灵变得温柔、博爱而慷慨。其次，在社会的文化生活中，我们的审美活动、诗歌、绘画、雄辩术等一切文化活动都建立在道德感官之上。为人所体现出来的某些象征了道德情感的面貌特征会给我们提供各种前定观念，从而使我们可以对人的面容进行各种不同的审美评价。对于诗歌、绘画和雄辩术而言，如果没有道德感官的支撑，雄辩术便不再拥有雄辩的力量，诗歌便不再令人愉悦，而除了成为一种贫乏的消遣之外，绘画不再令人沉醉。

---

① Francis Hutcheson, *An Inquiry into the Original of Our Ideas of Beauty and Virtue*, Indiananpolis: Liberty Fund.

第四，道德感官具有神圣性特征。道德感官的神圣性特征体现为，它不仅是神的神圣善性所产生的效应，而且是对神的确证。如同美的感官的构造体现了神的善性一样，我们道德感官的这种当下构造更加明显地体现了神的善性。这其中包含两种原因。首先，这是基于当下构造而显现出来的道德感官具有普遍性特征，这种普遍性意味着不存在以相反的方式构造的道德感官，即使我们假设存在着这种相反结构的道德感官，我们的情感会显示，这种假设是站不住脚的，因为我们会因此而"永久地陷入痛苦以及不满之中"①。对哈奇森而言，神的善性体现为对其被造物的公共善的提升，因此，如果神的确是仁爱的神，那么，这个神必定会对我们的幸福感到喜悦，而我们如目前所是的道德感官就是体现神的仁爱的最好证明，如果他以另外的方式来构造我们的感官，这种做法本身同他的仁爱的意图就是一种抵触。因此，我们如目前所是的道德感官因为充分显现并证明了神的善性，它自身就具有了神圣性的特征。其次，当我们经由我们的感官确证了神的善性之后，我们便可以充分相信，仁爱的神的确是存在的。在哈奇森看来，这是广义的内在感官所产生的一种天然效果，即"引领我们通往对神的领悟"，当美的感官使我们看到了美的效果后，我们就会"产生一种与设计和智慧的心灵有关的看法"，只要把它视为有生命的存在物，我们就会产生崇敬之心，这样，"一种内在的信仰就会就会产生"②。在道德领域中，我们的道德感官也如同美的感官那样充分证明了神的存在和善性。在这个基础上，我们的心灵会推动我们对神产生持久的感情。因此，在这个意义上来看，道德感官不仅可以更明确地证明神的存在，而且可以更好地激发我们的心灵所产生的指向神的情感。

三、道德判断的结果：以激发人类道德情感为目的

以人类情感为道德判断的对象，依靠道德感官的苦乐感，当我们

---

① 弗兰西斯·哈奇森，《论美与德性观念的根源》，高乐田等译，杭州：浙江大学出版社，2009 年。
② Francis Hutcheson, *An Inquiry into the Original of Our Ideas of Beauty and Virtue*, Indiananpolis：Liberty Fund.

对行为者的情感进行观察并产生了道德知觉之后，我们的心灵就会对令人愉快的知觉产生欲求之心，而对令人不愉快的知觉产生憎恶之心。当我们对行为进行善恶评价后，我们的心灵就会开始产生行动，这种来自心灵的行动首先体现为一种高尚的道德情感。随后，受到道德情感的推动，我们就可以做出道德的行为。当我们产生这种行为的时候，我们就可以说，道德判断实现了它的终极目的，因为它不仅激发了人的道德情感，而且激发了受到这种情感的推动而产生的道德行为。在这个过程中，哈奇森曾予以详细解释的是，通过道德感官的道德判断，为什么我们会产生高尚道德情感以及道德行为。

首先，道德感官的道德判断会促使我们放弃私人善而追求更加为人所赞许的公共善，而当我们欲求公共善的时候，我们就会对他人产生普遍而平静的无私仁爱这种高尚的情感。在哈奇森看来，在我们认识我们的本性之先，我们就被植入了各种情感（或感情）、本能或欲望。在不需要推动性理由的前提下，它们自身就是我们各种行为的终极目的所在。因此，当我们问一个人为什么追求财富的时候，这个人或许会说因为财富可以使他获得快乐和舒适，但如果我们再接着追问他为什么要追求快乐和舒适，哈奇森认为，对于这样的问题，除了求助于本能和欲望之外，没有人会想象出什么其他的理由。在哈奇森看来，人性的各种本能或欲望并非同等重要，它们获得满足之后所得到的快乐的价值也是不一样的。在所有这些本能或欲望中，相对于私人善而言，道德感官会更加赞许对公共善的追求。在哈奇森看来，达到私人善的目的所对应的情感就是自爱，而达到公共善这个终极目的所对应的情感就是"普遍而无私的仁爱"这种道德情感。当道德评价产生之后，当我们找到了令道德感官产生快乐或痛苦知觉的原因之后，我们就可以说，对象、行为或事件获得了善或恶的名声。我们心灵的本性结构决定了我们会在对对象、行为或事件有了善恶理解之后就产生某种欲望，"当对象为善时，欲望的产生是为了自己或他人获取愉悦的感觉，当对象或事件为恶时，欲望的产生是为了阻止令人不快的感觉"①。当我们的道

① Francis Hutcheson, *An Essay on the Nature and Conduct of the Passions and Affections*, *with Illustrations on the Moral Sense*, Indianapolis：Liberty Fund.

德感官把公共善或公共利益评判为善的时候，我们就会对它产生欲望，这种欲望就表现为以他人为对象的普遍而平静的无私仁爱这种高尚情感。

其次，由于道德感官可以使我们产生最强烈和最持久的快乐，因此，我们的本性会推动我们欲求高尚的道德情感，从而为自己获得道德感官的赞许，以便能享受最大、最恒久的幸福。哈奇森认为，当我们对引起我们的感官产生快乐或痛苦的诱因作了探究之后，我们的心灵就会直接产生行动或运动的意志力，或者说，心灵会对快乐的知觉产生欲求之心，而对痛苦的知觉产生憎恶之心。当心灵以这种方式行动的时候，我们的欲望就会成为我们快乐或痛苦的诱因。为了使我们获得最有价值和最持久的快乐，或者说，为了使我们避免最令人无法忍受的痛苦，哈奇森对各种快乐和痛苦进行了比较。首先，在比较了各种快乐之间的价值后，哈奇森发现了最有价值的快乐，同时，在比较了各种痛苦之间的程度差别之后，哈奇森发现了最令人痛苦的痛苦。比较显示，在所有各种快乐以及快乐的联合中，道德快乐优于所有其他快乐。生活的经验显示，这不仅为德行高尚的人所证明，而且也为邪恶之人所证明。对各种痛苦的比较显示，"同其他恶相比，道德恶显得更严重"①，因此，在所有给我们造成痛苦的痛苦中，因道德恶所引起的痛苦是最大的痛苦。其次，为了使我们获得最持久的快乐，哈奇森对各种快乐和痛苦的延续性进行了比较。比较显示，道德感官所产生的快乐才是最强烈的快乐之源，因为这种快乐自身非常稳定，不会反复无常地变化，而且会延续得很久，它永远不会得到过度的满足，永远不会使我们感到烦腻或厌恶。不仅如此，我们的外在感官快乐和内在感官快乐也不会受到这种快乐的削弱，相反，道德快乐会使我们在享受其他快乐时变得有节制，从而提升其他快乐的价值。道德快乐是源于我们本性自身的快乐，它使我们喜欢我们的本性自身。这种快乐使我们可以享有我们自身的完善，在这个过程中，我们不仅可以觉察到一种内在的尊严和价值，而且可以拥有一种属于神

---

① Francis Hutcheson, *An Essay on the Nature and Conduct of the Passions and Affections*, *with Illustrations on the Moral Sense*, Indianapolis：Liberty Fund.

的快乐。在比较了各种快乐的延续性之后，哈奇森也对各种痛苦的延续性进行了比较，由此他得出结论说："道德感官的痛苦和荣誉感官的痛苦几乎是永久性的。时间，作为其他痛苦的避难所，并不会使我们缓解这些痛苦。所有其他快乐会因这些痛苦而变得索然无味，生命自身也会成为一种令人不悦的负担。我们自己本身、我们的本性会令我们不悦。"①在对各种快乐和痛苦自身的价值以及延续性进行了详细比较之后，哈奇森认为，我们应该为我们自己欲求那种最有价值和延续得最久的那种快乐，同时，我们要为自己避免那种最没有价值以及延续得最久的那种痛苦。因此，我们必须把受到道德感官认可和赞许的"普遍而平静的无私仁爱"这种高尚的情感作为我们欲求的对象，从而使我们的欲望真正成为我们幸福的源泉。

通过对道德判断的起点、过程以及结果进行深入分析，我们发现，哈奇森成功地为道德找到了情感的根源，不仅如此，在这个过程中，哈奇森以人性为基础的道德哲学不仅推动了英国经验主义向纵深发展，而且为 18 世纪的英国确立了一种新的启蒙观——情感型启蒙，并以领军人物的身份直接推动了苏格兰启蒙运动的产生。对哈奇森而言，以情感为基点而找到道德的根基并赋予人性自身所蕴含的道德感官以道德判断的权力，这意味着，人的主体性地位在道德领域内得以确立。这意味着经验主义的地盘从认识论领域向伦理学领域的扩展，从此之后，经验主义的认知方法不仅可以用来学习知识、掌握真理，而且可以用来进行道德判断。在这个意义上，我们认为，相对洛克的经验论而言，哈奇森道德哲学可以被视为经验主义向纵深发展的标志，正是这样，霍普（V.M.Hope）认为，"哈奇森、休谟和斯密因对经验主义伦理学作出了空前绝后的推进而著名"②。通过把情感确立为道德的基础和根源，哈奇森直接推动了情感型启蒙的产生，哈奇森的启蒙思想一再告诉我们，要成为一个高尚的人，就要学会控制我们的感情，尤其要学会控制我们的激情，只有这样，我们才能享

---

① Francis Hutcheson, *An Essay on the Nature and Conduct of the Passions and Affections*, *with Illustrations on the Moral Sense*, Indianapolis: Liberty Fund.

② V. M. Hope, *Virtue by Consensus: The Moral Philosophy of Hutcheson*, *Hume*, *and Adam Smith*, New York: Oxford University Press.

有来自道德感官的最高和最持久的幸福与快乐。如果我们把启蒙视为一个价值重塑的过程，那么，在价值观念不断变化的当今世界，当我们回过头来重读历史给我们留下的遗产，我们发现，无论对于反思当代道德问题，还是对于价值问题的研究而言，哈奇森对道德的情感之源所作出的深入而系统的研究都具有非常深刻的理论意义和现实意义。

君子或绅士中心的秩序

姚中秋

　　20 世纪 40 年代以后的哈耶克以苏格兰道德哲学作为自己认知、社会、市场、法律、政治等方面思考的前驱，今天，成套的《启蒙运动经典译丛·苏格兰系列》摆到面前，让人顿生故友相逢之感。笔者与这陌生的老朋友进行交谈，对人性、社会、政治，归根到底，对人赖以生存的秩序，获得了一些新的认识。

　　古典哲学与现代哲学间存在着深刻的分歧：古典哲学相信，人天生是合群的；现代哲学则相信，人天生是一种原子化存在。

　　霍布斯的哲学要从"构成国家的要素入手"[①]，这个要素就是各方面完全相同的"个体"。这些平等的、自然的个体具有相同的自然天赋，即恐惧死亡的激情和计算成本—收益的理性。这两者促使他们订立契约，缔造出政府，由此有了文明，由此，人才成为社会性存在。

　　霍布斯之后，几乎所有现代人文、社会科学论说都以此一原子式个人主义作基本预设。哈耶克在其名篇《个人主义：真与伪》[②]中把这种个人主义称为"伪"或者"错误的"（false）个人主义。哈耶克在其知识生涯的后半生，始终在对抗这种个人主义。他所依赖的主要知识资源即来自苏格兰道德哲学。

　　这个道德哲学的主要创始人是弗兰西斯·哈奇森，对抗霍布斯，

[①]　霍布斯，《论公民》，贵阳：贵州人民出版社，第 9 页。
[②]　收入哈耶克，《自由主义与经济秩序》，北京：生活·读书·新知三联书店，2003 年。

几乎是哈奇森毕生思考的问题。1730 年，36 岁的哈奇森就任苏格兰格拉斯哥大学道德哲学教授，他的就职演说题目即为《论人的自然的社会性》①。在此，哈奇森以霍布斯为主要靶子，对正在风起云涌的原子化个体主义预设和自然状态概念提出严厉批评，重申了人的社会性的古典命题。

哈奇森断言，人性本善。对于这一点，哈奇森在它的每一本著作中都反复予以论证，如他说："与他人幸福有关的终极性欲望是一种最天然的本能，我们在他人身上期待着它。"②这也就给人的社会性做出了人性的论证："被自然嵌入到人类中的许多情感和激情都是和善的和无私的，总是直接留意其他人的幸福。人类心灵就是这样的结构"③；"没有任何东西比美德自身更能使人接近。它是友谊和协作的起源，每一个人确实都因其自身而寻求于它"④。总之，"仁慈是直接的，本质上是自然的"，人天然地关心他人，自己关心他人会让自己快乐，因此，每个人都具有关心他人、善待他人的本能。因此，"这种聚在一起对人来说本身就是吸引人的"，而不需要任何其他理由，尽管这些理由，比如相互支持的利益等可以让这种联合更为长久⑤。

于是，哈奇森颠覆了霍布斯的命题：社会性生活就是人的自然状态。在个体层面上，人生来就在社会中，比如需要父母的照料；从人类层面上看，人类从一开始就以社会的形态存在；从逻辑上说，人必在社会中。因此，霍布斯式的自然状态从任何角度都不能成立，从个体、从人类历史、从逻辑上都不能成立，以此作为政治哲学推理的大前提，其结果自然是荒谬。

---

① *On the Natural Sociability of Mankind*，中译本意译为《论人的社会本性》。
② 哈奇森，《论激情和感情的本性与表现，以及对道德感官的阐明》，戴茂堂等译，杭州：浙江大学出版社，2009 年，第 19 页。
③ 哈奇森，《逻辑学、形而上学和人类的社会本性》，强以华译，杭州：浙江大学出版社，2010 年，第 223 页。
④ 哈奇森，《逻辑学、形而上学和人类的社会本性》，强以华译，杭州：浙江大学出版社，2010 年，第 224 页。
⑤ 哈奇森，《逻辑学、形而上学和人类的社会本性》，强以华译，杭州：浙江大学出版社，2010 年，第 218 页。

一、君子与绅士的重要性

根据霍布斯，个体一次性地创造政府和社会。因此，在霍布斯的规划中，似乎并不存在与政府相分立的社会。能够证明这一点的是，霍布斯反复强调，道德价值乃是由政府创造的："这种人人相互为战的战争状态，还会产生一种结果，那便是不可能有任何事情是不公道的。是和非以及公正与不公正的观念在这儿都不能存在。没有共同权力的地方就没有法律，而没有法律的地方就无所谓不公正。"当然，"这样一种状况还是下面情况产生的结果，那便是没有财产，没有统治权，没有'你的'、'我的'之分"。

也就是说，在人们通过缔约创造政府同社会之前，根本不存在是非、对错，没有道德、伦理。人只不过是自然激情与自然理性的混合体，而不存在任何文明的、社会的属性。这个时候就没有价值，也就没有社会。因此，霍布斯的理论体系中没有伦理学。他所构想的第一秩序、唯一秩序就是政治秩序。

然而，没有伦理的政治秩序是不能成立的。具有激情和理性的原子化的个人可以通过缔约的方式设立一个主权者。这是第一次立宪。很显然，这个主权者本身是没有任何伦理规定性，没有人能够保证它将遵守自然法。霍布斯仍毫不犹豫地把第二次立宪——即制定实体性宪法和法律规则——的权利授予主权者。霍布斯也剥夺了原始立宪者的任何权利——洛克明智地保留了这个权利。相反，原是立宪者的实证性自由和权利反由这个主权者来确定。最严重的问题在于，这两次立宪过程不能改变人性。人仍然天然地把所有人视为战争的对象，包括主权者——除非霍布斯假设政治、法律可以改变人性。问题是，如果人性可因政治而改变，它还是人之自然么？因此，霍布斯必须变成韩非，发展出一整套主权控制术，才可以解决统治的稳定性、正当性问题。霍布斯似乎没有走到这一步，所以，利维坦是不可能维系的。

哈奇森基于人性之善重申人的社会性命题，则正义、法律、政府以至文明就是自然地形成的，它们就是文明之自然。事实上，哈奇森提出了这样一个命题：人类文明其实是在努力地逼近自然状态。因为，"我们的本性的原始构造是为每一种美德、为所有诚实而广泛得到推崇的东西所设计的"。这就是人的自然状态，也是人的最高教养状态。[1] 只是，人不能幸运地生活在这样的状态，而必须生活在文明、也即依靠自己的技艺的状态，这样的状态相对于自然状态是不完美的。但是，人这种"被赋予了理性的动物决不放弃它他的自然状态，他在锻炼和提炼各种技能时，在相互寻求和提供帮助的时候，以及用对于他的同胞的信任保护自己和人类时，总是以各种方式遵循自己的本性和上帝之父的指导"[2]。文明是有缺陷的人对自然的仿制的看法，可能有基督教观念渊源。但哈奇森从人性论上给出了充分论证。孟子对此有过十分精彩的讨论：

> 公都子问曰："钧是人也，或为大人，或为小人，何也？"孟子曰："从其大体为大人，从其小体为小人。"曰："钧是人也，或从其大体，或从其小体，何也？"曰："耳目之官不思，而蔽于物，物交物，则引之而已矣。心之官则思，思则得之，不思则不得也。此天之所与我者，先立乎其大者，则其小者弗能夺也。此为大人而已矣。"[3]

"四端"内在于人的自然中，因而，"学问之道无他，求其放心而已矣"。[4] 或者是"尽其心者，知其性也。知其性，则知天矣。存其心，养其性，所以事天也"。[5] 所以，人皆可以为尧舜。只是，说来容易做来难。未必人人都能真正地做到仁、义、礼、智，更不要说成为尧舜。原因即在于，每个人"尽心、知性"的能力，也即"思"的能力大不相同。这种思，当然不是霍布斯所说的成本—收益计算能力，

---

① 哈奇森，《逻辑学、形而上学和人类的社会本性》，强以华译，杭州：浙江大学出版社，2010 年，第 216 页。
② 哈奇森，《逻辑学、形而上学和人类的社会本性》，强以华译，杭州：浙江大学出版社，2010 年，第 217 页。
③ 《孟子·告子上》。
④ 《孟子·告子上》。
⑤ 《孟子·尽心上》。

毋宁说是一种内省的能力，面向自己的心、认知自己的自然的能力。

哈奇森同样强调了理性在人真正地像人一样生活的过程中的重要作用。固然，哈奇森说道德感官、道德感知能力"也许是灵魂始终拥有的一种固定不变的决断，就像我们的判断和推理能力那样"，它是人对他人仁善的内在驱动力量，它构成了人的目的，所谓"天命之谓性"是也。而"理性仅仅是一种从属于我们的终极决断的能力……理性仅仅只能针对手段；或者说，理性仅仅只能通过其他直接能力比较事先已经确定了的两种目的"①。这一点，后来被休谟发展成一个著名伦理学命题："理性是、并且也应该是情感的奴隶，除了服务和服从情感之外，再不能有任何其他的职务。"②这样，在普通法的"技艺理性"（artificial reason）消解了霍布斯的"自然理性"（natural reason）的自负之外，苏格兰道德哲学再次从伦理学角度消解了理性的自负，从而构成了哈耶克所说的进化论的理性主义传统，它极大地不同于笛卡尔式唯理主义。

但是，如哈耶克所说，苏格兰道德哲学决不否认理性的重要性。事实上，人身上同时存在其他感官，比如外在感官，这些感官追求某些快乐，人对这些快乐的追求很可能无视他人、损害他人。人也无时不面临着多重感官带来的多种快乐，人必须作出选择，这就需要借助于理性。哈奇森说："通过频繁的沉思和反思，尽可能地强化私人或公共的平静欲望而非特殊激情，并使平静的普遍仁爱处于特殊激情之上，这对所有人而言都必定具有极端重要性。"③或者："我们的本性中最真正缺乏的似乎是更多的知识、注意力和思考。如果我们在这些方面拥有更大的完善，如果罪恶的习惯、观念的愚蠢联合得到了阻止，激情就会呈现在更好的秩序中。"④

为了让理性充分地发挥作用，作出明智的判断，哈奇森引入了"旁

---

① 哈奇森，《道德哲学体系》，江畅、舒红跃、宋伟译，杭州：浙江大学出版社，2010年，第57—58页。
② 休谟，《人性论》（下），北京：商务印书馆，1995年，第453页。
③ 哈奇森，《论激情和感情的本性与表现，以及对道德感官的阐明》，戴茂堂、李家莲、赵红梅译，杭州：浙江大学出版社，2009年，第118页。
④ 哈奇森，《论激情和感情的本性与表现，以及对道德感官的阐明》，戴茂堂、李家莲、赵红梅译，杭州：浙江大学出版社，2009年，第144页。

观者"这个角色。这个旁观者是人为自己设置的，用以判断自己的行为是否合乎自然。这个概念非常巧妙而重要，它可以为人的社会性提供另外一个坚实的论证，此处就不去详尽讨论它了。重要的是，它是"思"的一个工具。

既然"思"是如此重要，就自然地出现了君子、小人之分。孟子说得更为明白，"人之所以异于禽兽者几希，庶民取之，君子存之"；或者"君子所以异于人者，以其存心也。君子以仁存心，以礼存心"。①

哈奇森的结论是类似的：虽然每个人都有道德感官，但是，不同人的外在行为却是大不相同的，那就是因为不同人的内省、反思的能力不同，认知自己的本性的能力不同，这样，人与人之间就有了道德程度上的差异："当一个行为出自仁爱感情或指向他人的绝对善的意图时，它在道德意义上就是善的。善于反思的人确实可以拥有普遍的绝对的善的意图；但对于普通大众来说，他们德性的构成在于意欲追求特殊的绝对善，并使之与普遍善相一致。"②由此，绅士就从普通人中凸现出来。道德上的善呈现为对他人和共同体的关心，有些人长期地这样做，而让对他人的关爱变成自己的习惯，"对于已经充分锻炼了公共感情并把它习得为一种习惯的活跃之人来说，公共感情可能会普遍存在"③。

在孟子和哈奇森看来，这样的人是注定会出现的，他们的出现是一种自然。因为，他们关爱他人，这种关爱可以带给他们最大、最高尚的快乐。另一方面，普通人由于其道德感官，由于其自然的社会性，也十分乐于承认这些君子、绅士的权威。他人的优美、高尚、德行会激起我们的赞赏，我们自然乐于亲近他们。我们乐于与所有人交往、合作，当然乐于与那些高尚的人、具有较高理性的人、具有行动能力的人交往、合作，以至于接受他们的指导，以他们作为自己的权威。

---

① 《孟子·离娄下》。
② 哈奇森，《论激情和感情的本性与表现，以及对道德感官的阐明》，戴茂堂、李家莲、赵红梅译，杭州：浙江大学出版社，2009年，第29页。
③ 哈奇森，《论激情和感情的本性与表现，以及对道德感官的阐明》，戴茂堂、李家莲、赵红梅译，杭州：浙江大学出版社，2009年，第104页。

从这个角度看，苏格兰道德哲学是绅士的伦理学，儒家哲学是君子的伦理学。文明意义上的"社会"就是基于所有人共同的社会性而围绕着这些君子或者绅士编织起来的。社会由一个一个"会社"构成的，首先是家庭，这是最自然的"会社"，在其中，仁善是夫妻之间、父母与子女之间及其他亲属之间的支配性情感。超出这个范围，人们在同样的内在情感驱动下，组成各种各样的"会社"。人天然地具有合作的意愿和能力。通过这些"会社"，及作为一个整体的社会，人的社会性获得实现，由此，人逼近于那完美的自然状态。

二、君子或绅士与政治

由此一君子的或绅士的德性，自然地形成君子或绅士中心的社会秩序，此一秩序乃是政府的基础，政治就是介乎两者之间的桥梁。

所谓政治，指的是生活在特定共同体内的人针对权利、权力和利益的分配和再分配作出集体决策的程序和过程。政治可以有多种类型，美国学者布鲁斯·阿克曼区分过"宪法政治"和"常规政治"。或许可以在此之外再增加一个确定宪制框架本身的"立宪政治"。

令人奇怪的是，后人虽然大谈霍布斯的政治哲学，霍布斯本人似乎即并没有对"政治"说过一句话。卢梭的契约论同样没有关于政治的理论。这并不奇怪。他们的理论预设了无数仅具有激情的平等的个体通过一次性缔约的方式构造秩序，立宪的政治必然是多余的。霍布斯要求人们设立一个主权者，这同样取消了宪法政治和常规政治的一切可能性。

最为经典地秉承了霍布斯哲学的现代经济学，最为典型地表现了非政治的倾向和困惑。对于合理的制度应当是什么，当代中国的主流经济学家们有非常清楚的认知，他们都知道一个现代国家应当是什么样子的。但一旦涉及这个合理的制度将如何出现，他们就会失语。他们的最大苦恼是，他们深知中国需要变革，需要重大变革，但是，他们找不到改革的动力。他们禁不住把变革的希望完全寄托于某个人的开明专制。简单地说，契约论者——洛克除外——和经济学家把政府和优良治理的希望寄托于奇迹，寄希望于联邦党人所说的"机运"

（accident）。

苏格兰道德哲学和儒家的君子或绅士中心的伦理和社会理论，则自然地导向一种"基于思考和选择的政治"。略微思考政治的性质，我们就会发现，政治性活动必以社会的存在为前提，必以社会为基地展开。

霍布斯拒绝承认社会，则政治性活动自然就成为无本之木。哈奇森则预设了人的社会性，论证了社会的常在性。因而，在哈奇森那里，政治就是可能的。如他所说："自然已经赋予了人们行使一切政治职责的活动能力和判断能力。"①

这可以从两个方面看，首先，"与所有的人（不管是好人、坏人，还是聪明人、愚笨人）各自为政相比，通过那些聪明、公平的人——他们可以将其意愿强加到桀骜不驯的人身上，并能让他们一致同意一种好的设想——的仲裁和协商，普遍的幸福肯定会得到更为有效的推进，而公正也肯定会得到更好执行"②。这些聪明、公平的人其实已存在于社会中。可以推定，他们具有较强的道德感，同时，他们具有较强的正义感。事实上，哈奇森一定会同意，人心中存在一种正义感官，"所有人的心中都有一种天生的对不公正感到愤慨的是非感"③。他们同时具有较强的理智能力。这些君子或者绅士会依据自己的这种情感，向人们提出构造政府的规划："聪明的人通过思考或体验这些危险（指执行权利、阻止伤害可能面临的危险）并向他人详尽地描述它们，可能让许许多多的人一致认同针对这些危险的唯一补救办法，即让某些信奉智慧和公正的人组成裁定他们一切分歧的仲裁机构，并且在一切对于整体的安全和繁荣必需的决策方针上组成领导机构。"④此即孟子所说的，"人皆有不忍人之心。先王有不忍人之

① 哈奇森，《道德哲学体系》，江畅、舒红跃、宋伟译，杭州：浙江大学出版社，2010年，第201页。
② 哈奇森，《道德哲学体系》，江畅、舒红跃、宋伟译，杭州：浙江大学出版社，2010年，第204页。
③ 哈奇森，《道德哲学体系》，江畅、舒红跃、宋伟译，杭州：浙江大学出版社，2010年，第202页。
④ 哈奇森，《道德哲学体系》，江畅、舒红跃、宋伟译，杭州：浙江大学出版社，2010年，第203页。

心，斯有不忍人之政矣"①。

同样自然地，普通人同样具有信服绅士或君子权威的本能："人们天生尊重并钦佩他人所表现出来的卓越才干，如勇气、智慧、仁慈、公正和热心为公的精神，并天生信任那些具有如此品质并热爱他们的人，人们愿意将他们的重大利益交由这样的人来掌管，并且会热情地让他们担任光荣的公职并拥有管理社会共同事务的权力。"②

这样，一个政府就会被构造出来，这是通过政治的过程达成的。君子或者绅士提出规划，其他人经过思考，予以同意。这些绅士或者君子，似乎就是笔者依据奥地利学派经济学提出的"立法企业家"（rule-making entrepreneur）。甚至可以设想，他们可以提出相互竞争的规划，游说共同体内的成员，让他们从中作出抉择。

这样的立宪过程当然是人为的、构造性的，但它同样属于哈耶克所描述的自发秩序过程。亚里士多德描述的城邦生成过程就是一个自发的构造过程。政府就是由社会自发地构造出来的，理论上，每个人都可以提出自己的构想，参与竞争，而事实上的构造主体则是绅士或者君子。

哈奇森现在描述的是立宪的政治，这对应于霍布斯的缔约。在霍布斯那里，这是一个没有时间维度的奇迹，哈奇森所描述的缔约则是一个政治的过程。因此，霍布斯的缔约仅仅是一个政治上的虚构，是一个神道设教的意识形态策略。哈奇森的政府成立过程却是现实的可行的。

或者可以说，它就是历史的、现实的。英美现代国家就是通过绅士中心的政治过程构建起来的，这就是"绅士宪政主义"（gentry constitutionalism）。同样，如果考察那些秩序较为健全的国家的治理经验，当会发现，宪法政治和常规政治同样是以绅士为中心的，属于自发秩序范畴。就是说，它是从社会发动的，以社会为基地竞争性地展开的。因此，在这些国家，绅士在整体社会治理过程中始终发挥着枢纽的作用。无数绅士在不同领域、不同层面发起、组织、推动、参

---

① 《孟子·公孙丑上》。
② 哈奇森，《道德哲学体系》，江畅、舒红跃、宋伟译，杭州：浙江大学出版社，2010年，第201页。

与社会自主治理，这种自主治理乃是社会治理的基础。

哈奇森很无奈地说，自霍布斯之后，"把狡诈的自私构想置于最慷慨大方的人类行为之上，已经发展成为了一种时尚话题"①，这样的时尚在西方已经持续了三百多年，从而显得不那么时尚了，但在中国，却正大行其道。苏格兰道德哲学的系统翻译、引入，或者可以让我们换一个角度来思考人性、社会与政治。

---

① 哈奇森，《论激情和感情的本性与表现，以及对道德感官的阐明》，戴茂堂、李家莲、赵红梅译，杭州：浙江大学出版社，2009 年，第 66 页。

大卫·休谟是位功利主义者吗？

——从《人性论》到《道德原理探究》分析休谟的效用论

张正萍

"效用"是休谟道德哲学中一个非常重要的概念。他在改写《人性论》道德篇的《道德原理探究》中突出了强调"效用"在道德赞同等方面的影响。这种强调让很多同时代以及后来的思想家将休谟视为一个效用论者。尤其是边沁，这位公认的功利主义缔造者，明确表示深受休谟影响，休谟更是被当作了功利主义的先驱。然而，我们对休谟的效用论有多少理解，又有多少误读呢？

一

（一）关于休谟效用论的争论

在休谟道德哲学的研究中，效用论的争论最多。1960年发表的一份亚当·弗格森——这位休谟同时代思想家、也是其好友的手稿中，记录了罗伯特·克拉克、休谟和斯密三人的对话，其中，克拉克与休谟争论的重点是"效用是否是德性之标准"的问题。①休谟的答复可以概括为：道德判断和事物判断中的效用不可同日而语，但效用在两者的评判中都能赢得赞同。后来，他又在《道德原理探究》中重

---

① Ernest Campbell Mossner, "Of the Principle of Moral Estimation：A Discourse between David Hume, Robert Clerk, and Adam Smith"：An Unpublished MS by Adam Ferguson, *Journal of the History of Ideas*, Vol. 21, No. 2 (Apr. – Jun., 1960), pp. 222–232, 226. Ernest

申这一观点，并再次强调效用之于道德赞同的作用。

　　回顾历史，休谟并非第一个持效用论的人。伊壁鸠鲁学派以及亚里士多德的伦理学思想①中都包含效用说因素，且伊壁鸠鲁主义也常常被视为功利主义最早的萌芽②；即便在休谟同时代，沙夫茨伯利（Shaftesbury）、哈奇森（F. Hutcheson）、哈特莱（D. Hartley）、图克（A. Tucker）等人都曾提出过不同的效用论，也可算得上效用论者③。休谟为了论证效用原则的重要作用，曾在柏拉图、法德鲁斯（Phaedrus）、普鲁塔克、斯多葛学派的思想为效用说寻找佐证④。由于休谟在《道德原理探究》中十分强调"效用"这一术语，故而常常被当作 18 世纪"效用论"的代表。⑤此后，批评与扬弃围绕这一论调展开。休谟的好友斯密在其《道德情操论》中专辟一篇讨

（接上页注）Campbell Mossner 为这篇对话写了介绍性文字，他推测这段对话是真实的，可能发生于 1761 年的伦敦，那时候亚当·斯密的《道德情操论》第一版已经出版，休谟的《英国史》也付梓。这段对话中，克拉克与休谟讨论的问题如下：

　　克拉克：我喜欢你关于商业问题的论述。不过在道德和政治学方面，你似乎太过严肃了。

　　休谟：你真的认为我的"论道德"太严肃？

　　克拉克：对此我毫不怀疑。但是，说道德（morality）基于效用（utility），德性只是供应一种特殊牛奶的奶牛，是对穷人的救济，是每个人对自己的救济，这种说法很奇怪。的确，这些行为是有用的（useful）。善良的人们做这些事情，因为它们是有用的，邻居们同样也会因为有用而赞同它们；但是，有没有一件事比一块长势良好的谷地更有用呢？人们说，那里有充足的谷物，但人们不会说这是一块有德性的田地。

　　休谟：不会。这是一个好推理。道德德性具体是针对人的心灵而言的，是对源于心灵的效用和有用性而言的，即对于仁爱或善意而言的。

　　这段对话，围绕是不是所有的效用都能称为德性这一问题。这个问题其实一直是德性的话题。休谟在这段对话中反驳，在《道德原理探究》中也进行了反驳。

①　亚里士多德，《尼各马可伦理学》，廖申白等译注，北京：商务印书馆，2003 年。

②　Frederick Rosen, *Classical Utilitarianism from Hume to Mill*, Routeldge, Taylor and Fracis Group, 2007

③　Ernest Albee, *A History of English Utilitarianism*, London, New York: The Macmillan Co., 1902.

④　休谟，《道德原理探究》，王淑芹译，北京：中国社会科学出版社，1999 年，第 34 页脚注。

⑤　将休谟视为英国功利主义史上的一位效用论者并不为过，因他也的确如此强调效用对赞同的作用。只是我们应该注意到，休谟的效用论具有强烈的情感色彩。Ernest Albee, *A History of English Utilitarianism*, London, New York: The Macmillan Co., 1902, pp. 95-96.

论效用与道德赞同的关系，认为效用不是道德赞同的首要标准。① 但休谟的晚辈边沁，这位被后人视为古典功利主义的奠基者，充分发挥了"效用论"，坦言自己对"功利"（或效用）的认识受到《人性论》的启发，并说自己"顿时感到眼睛被擦亮了"②。

在古典功利主义的形成谱系中，休谟常常被认为占有重要一席③，尽管休谟研究者们对此有不同的声音，还伴随着激烈的争辩：一方强调休谟的思想不同于后来边沁的功利主义；另一方强调休谟与边沁功利主义之间的相似性和联系性。④也有些学者将休谟的两部作品区别对待，认为休谟《人性论》中没有功利主义的思想，但在《道德原理探究》中已经流露出明显的功利主义思想。⑤ 无论如何，休谟的"效用"思想对伦理学家甚至经济思想史的研究者都有着足够的吸引力：西季威克认为，休谟"在政治功利主义方面迈出了重要的一步"⑥；但在布劳德那里，休谟的"效用"对赞同的作用是模糊不清的⑦；而在罗尔斯那里，休谟、斯密提出的"同情"、"旁观者"理论显然与古典功利主义有着直接的联系。⑧ 除此之外，休谟经济论文中有关货币、利息的观点也引起经济思想史研究者的关注。而在经济思想的研究中，效用更是一个非常重要的因素。⑨有鉴于此，辨析休谟的"效用"概念，分析休谟的效用论思想，显得十分重要。

---

① 亚当·斯密，《道德情操论》（第四卷），蒋自强等译，北京：商务印书馆，1997年。

② 边沁，《政府片论》，沈叔平等译，北京：商务印书馆，1995年，第149页，边沁自己的注释。

③ Ernest Albee, *A History of English Utilitarianism*, London, New York：The Macmillan Co. , 1902.

④ Frederick Rosen, *Classical Utilitarianism from Hume to Mill*, Routeldge, Taylor and Fracis Group, 2007, pp. 29–30.

⑤ Bernard Wand, Hume's Non-Utilitarianism, *Ethics*, Vol. 72, No. 3 (Apr. , 1962), pp. 193–196. 第195页批评 Melden 的观点时说 Melden 指的是《道德原理探究》中的休谟，意思是《人性论》和《道德原理探究》的效用论要区分对待。

⑥ 西季威克，《伦理学史纲》，熊敏译，南京：江苏人民出版社，2008年，第176页。

⑦ C. D. 布劳德，《五种伦理学理论》，田永胜译，北京：中国社会科学出版社，2002年，第81页。

⑧ 罗尔斯，《正义论》，何怀宏、何包钢、廖申白等译，北京：中国社会科学出版社，1988年，第26—27页。

⑨ Tatasuya Sakamoto, *Hume's Economic Theory*, in Elizabeth S. Radcliffe ed. ,*The Companion to Hume*, Blackwell Publishing Ltd. , 2008, p. 373.

　　罗森在《古典功利主义：从休谟到密尔》中提出要从《道德原理探究》（以下简称《探究》）回到《人性论》第三卷①，自有他的道理。虽然休谟本人对《探究》一书评价甚高，此书可视为他的成熟之作，但其年轻时代创作的《人性论》同样蕴含着睿智的论断，因此必须将两者联系起来考察才能看得更完整、更清晰。这是本文意欲按照从《人性论》到《探究》的顺序的重要原因。

二

（二）《人性论》中的"效用"

　　根据 1828 年出版的四卷本《休谟哲学文集》，整部《人性论》中出现"效用"（utility）一词的频率要远低于《探究》这本小册子中的频率。由于休谟对《人性论》失败的"耿耿于怀"，《探究》改变了《人性论》"道德篇"的顺序，将"仁爱"这种自然之德放在"正义"之前，同时以"效用"和"快乐"贯穿整个研究，而"效用论"色彩更是浓烈。这里首先分析一下《人性论》中的"效用"内涵。

　　"效用"一词在哲学层面是指最大多数人的最大幸福，在经济学层面是指商品或劳务满足人们需要的能力。在 18 世纪，哲学与经济学尚未发生明显的分野，"效用"的含义常常混合使用。尤其是在休谟的时代，哲学上的"最大多数人的最大幸福"似乎还未成定见——尽管哈奇森已经提出"最大多数人的最大幸福"②，经济学意义上的"效用论"或许还要等到约百年之后的边际革命才会出现。所以，休谟笔下"效用"的含义，最好从文本语境中得知。

　　从 utility 一词的最基本含义来看，"有用"、"实用"、"功用"、"用处"是事物、行为、规则、法则等的属性之一。在《人性论》引论的最后一段中，休谟提出其写作目的是要"建立一门在确定性上不

①　Frederick Rosen, *Classical Utilitarianism from Hume to Mill* , Routeldge, Taylor and Fracis Group, 2007, p. 29.

②　Francis Hutcheson, *An Inquiry into the Original of Our Ideas of Beauty and Virtue in Two Treatises* , Edited and with an Introduction by Wolfgang Leidhold, Liberty Fund, 2004.

输于、在有用性上高于人类知识范围内任何其他科学的科学"①。使用 utility 一词,即指这门人性科学的有用性。同样,休谟提到财产权、财产规则时,也是指这些规则对人类是有用的,具有"有用性"。"人们之所以缔结稳定财物占有的协议,原是为了防止一切纠纷和争执;可是如果我们允许在各种场合下,随着应用这个规则时所发现的各种具体效用,各不相同地来应用这个规则,那么我们就永不能达到防止争端的目的了。"②"把财产权归于现实占有者的这个规则虽然是自然的,并且因此是有用的,可是它的效用不超出社会最初形成的时期;永远遵守这个规则,是非常有害的。"③所谓"各种具体效用"或"效用",指一种用处、好处,这种好处包括利益,也包括快乐。休谟说,"大多数人将会因其效用而欣然承认心灵这种有用的品质"④,因为这些品质是有用的,所带来的效用是令人愉快的。由此可见,休谟提出"效用为什么令人快乐"并非他改写时的创见,只是更加突出了《人性论》的某些观点。

具体说来,《人性论》在什么层面上使用 utility 呢?主要是以下几个方面:

其一,效用常与美联系在一起。有时,休谟将效用作为美的来源之一;有时又将效用(或说"有用性")与美相提并论,作为物本身的两种不同属性。第一种情形在审美中更为多见。在《论激情》第一章第五节《论美与丑》中提到美丑观念的来源时,休谟说:"如果我们想到我们赞美的动物或其他事物的大部分美,来自便利和效用的观念,我们就会毫不犹豫地同意这个意见。"⑤在第二章第五节《论对财富和权力的尊重》时休谟再次提到美的来源:"这种说法也可以推广到桌子、椅子、写字桌、烟囱、马车、马鞍、犁以及所有的工艺

---

① 休谟,《人性论》(上),关文运译,北京:商务印书馆,1980 年,第 10 页,译文有改动,in The Philosophical Works of David Hume , Vol. Ⅰ, Edinburgh:Printed for Black Smith and William Tait and Chareles Tait, 63, Fleet Street, 1828, p.11.
② T. Ⅲ.Ⅱ.3.2, in The Philosophical Works of David Hume , Vol. Ⅱ, p.274. (The Philosophical Works of David Hume , Vol. Ⅱ, 以下缩写为PW , Vol. Ⅱ.)
③ T. Ⅲ.Ⅱ.3.5, in PW , Vol. Ⅱ, p.277
④ T. Ⅲ.Ⅲ.6.2, in PW , Vol. Ⅱ, p.413.
⑤ T. Ⅱ.Ⅰ.8.2, in PW , Vol. Ⅱ, p.32.

品；因为它们的美主要来自它们的效用，以及它们符合其注定的目的的适当性。"①值得注意的是，休谟谈到美的来源时并不主张效用是唯一的来源，而是"效用以及适当性"两者，因而，"效用即美"这种说法并不符合休谟本人的原意。虽然休谟强调效用是美的主要来源，但这种说法抹掉了"适当性"这一说法。② 但休谟的这种强调的确常常让人忘了他还有这样一种观点，甚至休谟自己也会在写作过程中忘掉这一点，从而让人们有理由贴上"效用即美"的标签。后来斯密认为美在于合宜性而非效用的反驳，不能不说受到这种论调的影响。

有时，美和效用也并列成为事物的特性。《论激情》第一章第九节《论外在的优势和劣势》谈到人们喜欢夸赞外国贬低本土时说，"因为这个缘故，所以他们才总是赞美外国事物的美、有用、稀缺比本国的东西好"③。外国货"有用"、"稀缺"，因而更能赢得人们的赞美。休谟论财产权提到财产对人自豪感的影响时说（《论财产权与财富》一节），"由于其效用、美丽或新奇而给人以快乐的任何事物的财产权，如果也借着印象和观念的双重关系，产生了自豪感；那我们就不必惊讶，获得这种财产权的能力也会有同样的结果。"④这里的效用，与美丽、新奇并列为事物的属性，至于效用与美丽、新奇之间的相互关系，休谟并不在意；而"对谁有用"这样的问题，休谟也未作

---

① T. Ⅱ. Ⅱ.5.17, in *PW*, Vol. Ⅱ, p.109.

② 有些悖论的是，休谟在专门讨论趣味、美的文章中，几乎没提到"效用"，而强调"适当"（fitness）、美丽、新颖等特征。设若休谟像哈奇森那样，探讨河流、山川等自然风景，又或者几何图形之美，效用是否还能成为审美的一个因素？很难。比如说一座山的美，很难说是因为它有用。一朵花的美，也不能说是它的效用造成的。因而，的确不能说"效用是美的主要来源之一"是休谟的观点。

而在谈到批评趣味时，休谟也曾试图以"趣味"一词贯穿道德批评和审美批评，但《人性论》没有过多论述审美批评，后来在《论趣味的标准》一文中重申。在审美批评中，休谟很少提到"效用"。休谟的《人性论》试图将人性的各个方面都囊括进来，不过休谟似乎未曾处理效用与趣味之间的联系，即便他谈到"有用的可以是美的"，但如笔者的分析，绝不能说"效用即美"是休谟赞同的观点。

联系下文，"有用的是令人快乐的"，但不能说"令人快乐的都是有用的"，总之，效用与快乐、效用与趣味并不能完全统一。如果有些研究硬要把某些休谟不赞同的观点强加到他的头上，只能说这种研究曲解了休谟。

③ T. Ⅱ. Ⅰ.9.8, in *PW*, Vol. Ⅱ, p.41.

④ T. Ⅱ. Ⅰ.10.3, in *PW*, Vol. Ⅱ, p.46.

区分。桌椅的美观实用、舶来品的实用，不会因为对某个人无用而被否定。这里的效用论，似乎具有客观效用主义的意味。

其二，效用与道德赞同的关系，休谟的论述体现在人为之德和自然之德两个方面。当他论述正义时，常将"效用"与利益、好处连用，与财富、财产权有关。在《论道德》第二章第三节《论确定财产权的规则》中休谟说，"那些理由的成立，并不是由于具体的个人或社会在享有任何具体的财富上比其他任何人占有那些财物时有更大的效用或好处"①。这里的好处更多是因占有财物带来，而财物与利益直接相关。休谟在一个注脚中说道：

> 在现在的情形下，确定财产权的规则无疑地大部分都有公共利益为其动机；但是我仍然猜想，这些规则主要是由想象、或者说我们的思想和想象的较为浅薄的特性所确定的。我将继续说明这些原因，让读者自己去决定，究竟哪些源于公共效用的原因，哪些来自想象的原因。②

在这段话中，公共利益（public interest）和公共效用（public utility）的意思显然是相同的；至少休谟在这里是视为同义的。相同的用法还出现在第四节《论依据同意而进行的财产转移》以及第六节《对正义和非义的进一步思考》。

休谟不仅将效用运用到正义这种人为之德的语境中，还将效用运用于分析仁爱这种自然之德。或许也正因为如此，斯密才会指出"效用不是道德赞同的首要原则"。在休谟的这些语境中，个人利益与个人效用可以直接画上等号；而个人效用与公共效用的关系也可以参照个人利益与公众利益的关系。利益有着明显的主观色彩，"是谁的利益""对谁有用""由谁行动获得某种效用""个人的效用在何种情形下要服从公共效用"，这样的问题都具有明显的针对性，针对的是具体的行为者。这一点休谟在《道德原理探究》中进一步明确了。

---

① *T*. Ⅲ. Ⅱ.3.2, in *PW*, Vol. Ⅱ, p. 273.
② *T*. Ⅲ. Ⅱ.3.4, in *PW*, Vol. Ⅱ, p. 276, note.

其三，效用与快乐时常联系在一起。《论道德》第三章第二节《论心灵的伟大》中，"任何给我们自己带来效用和优势（advantage）的品质都是德性的来源，正如它给予别人的愉快一样"①，虽然休谟这里也将效用和优势相提并论，但这里的"优势"并不像上文提到的那样和利益有关，而是一种让人感到骄傲或自豪的条件。所以，休谟说到身体的效用时，其实也是指一种让人感到自豪、自尊的优势条件。"自豪或自尊的价值源于两个条件，即它给予我们的效用和愉悦；借此它使我们能够经营事业，同时给我们直接的满足感。"②更进一步说，这种效用是快乐的来源之一。"关于自然才能的进一步思考"中说道："我们由考虑身体的有利条件获得的快乐的另一个来源，就是这些有利条件对具有它们的人的效用。"③身体的优势具有的效用，给人们带来自豪、自尊、满足感等，快乐由此产生。

在《人性论》中，效用与利益、好处、快乐等联系在一起时，显然与心理联想主义有关。在《论激情》篇第三章第十节《论好奇心，即真理之爱》中，休谟设问："效用和重要性以何种方式对我们施加影响？"哲学家对真理的追求或许没有任何用处，但这种工作却很重要，那效用是怎样影响我们的呢？为了解释这一矛盾，休谟颇费周折，他先举了个例子：人们看到防御工事，看到那些设施适合它们自己的目的，就会感到一种相应的快乐和满意。"这种来自于对象的效用而非形式的快乐，只能是对居民的同情，因为所有这些技术都是为了居民的安全"④；又比如打猎的快乐"必须伴有效用的观念，然后才能对我们产生影响"。在这两个例子中，休谟认为，"效用和重要性本身的确并不引起任何现实的情感，而只是需要它来支持想象"⑤。更确切地说，这一心理过程，是借助同情来完成的。

---

① *T*. Ⅲ. Ⅲ.2.8, in *PW*, Vol. Ⅱ, p.386.
② *T*. Ⅲ. Ⅲ.2.14, in *PW*, Vol. Ⅱ, p.391.
③ *T*. Ⅲ. Ⅲ.5.6, in *PW*, Vol. Ⅱ, p.408.
④ *T*. Ⅱ. Ⅲ.10.4, in *PW*, Vol. Ⅱ, p.210.
⑤ *T*. Ⅱ. Ⅲ.10.8, in *PW*, Vol. Ⅱ, p.212.

（三）《道德原理探究》中的"效用"与道德赞同

相比《人性论》，《探究》显然在"效用"的阐释方面更加果断和明确。从词义上分析，与"效用"相近的词语诸如"有用的"（useful）、"有益的"（beneficial）、"有用性"（usefulness）、"优势"（advantage）等词语的运用也非常多见，其中，"有用"一词在《探究》中出现50多次，与"效用"使用次数不相上下，有时甚至直接替代"效用"。联系这些相近、相关的术语，《探究》中"效用"概念的内涵变得更加清晰。总的说来，在《探究》中"效用"的用法并没有超出《人性论》的几个方面，但有些论断显得更加干脆，不留余地，也特别容易让人误解。

在某种意义上，改写的《探究》是对《人性论》中道德赞同四条原则——即"对他人是有用的，或对自己是有用的，或对他人是愉快的，或对自己是愉快的"①——中"有用"原则的进一步阐释。在大多数情形中，休谟以"有用性"或"有用的"一词来解释"效用"②。在《探究》中，休谟试图在论述"效用与道德赞同"中回答"效用是什么"。

首先来看休谟是如何论述效用与道德赞同的。休谟在《探究》中改变了《人性论》的顺序，将仁慈这种自然德性放在正义这种人为之德讨论。在论述仁慈时，休谟说："正如这些称赞的主题几乎总是在运用，我们总是因任何一个主题而激起尊敬，难道我们不能由此得出结论说，源于社会德性的效用，至少构成了这些德性的一部分功劳，是它们受到如此普遍的赞同和尊重的一个源泉吗？"③因此，"有用"成为赞同原则的大部分标准，比如有些宗教崇拜太阳，是因为太阳是有用的。 动植物或器物、制造业或商业，都可以因其有用而得到人们的认可。只是这些例子与道德赞同似乎又有些遥远。在他人的反驳之下，休谟不得不说明：

---

① 休谟，《人性论》（下），关文运译，北京：商务印书馆，1980年，第633页。
② 这一点完全可以在《探究》的第五章《效用为什么使人快乐》看到。
③ Davd Hume, "Of Benevolence", in *The Philosophical Works of David Hume* （以下缩写 *PW*）, Vol. IV, Thoemmes Press, 1996, p.240.

我们不应该设想，因为无生命的物体可以和人一样是有用的，那么按照这个体系，它也配得上"有德的"这个称号。这两种情形下，效用激发的情感是完全不同的。一方激起的情感混合着爱、尊敬、赞同等，而另一方则没有。同样的道理，无生命的物体可以和人的形体一样有漂亮的颜色和优美的比例，但我们能和前者相爱吗？有无数的激情和情感，由于自然的最初构造，理性的造物成为这些情感最恰当的对象；即便同样的特性转移到无知无觉的物体上，它们也不会激起同样的情感。药草和矿物的有益属性确实在有些时候也能称为他们的"德性"（virtue），但这是语汇变化的结果，不该在推理中考虑的。因为，即便是无生命的物体，当它们有益时也有一类赞同伴随着它们，但这种情感非常无力，十分不同于那种对仁慈的执政官或政治家的情感，所以，它们不应归为一类或一个名称之下。

某一对象微乎其微的变化，即便仍然保持这同样的特性时，也会破坏这种情感。因而，同样的美，转到不同性别之上，只要天性没有极端颠倒，就不会激起性爱之情。①

休谟用这样一个注脚回应了克拉克的质疑：人的效用和物的效用对道德赞同的影响不在同一个层面；同时还附带说明，同样的效用在不同的对象上，在同一个人身上激起的情感也是不同的。引文的第二段表明：体现在不同人身上的美，同一个人的感受是不同的；我们还可以进一步推出，即便同样的美，不同人的感受也可能不同，因而，即便是美，其效用在不同事物上各不相同，不同人也有不同感受。"有用性"是客观存在的，但对于不同的感受主体却是相对主观的。

排除了这个问题，再来看效用与道德赞同的关系。在《探究》中，休谟指出：

在所有的道德决断中，社会效用（public utility）这个因

---

① Davd Hume，"Why Utility Pleases"，in *PW*，Vol. Ⅳ，p. 276，note.

素始终是最受重视的；关于义务界限的争论，无论是哲学还是日常生活中，无论如何都不能比全面弄清楚人类的真正利益能更可靠地解决这个问题。如果任何从表象出发的虚妄意见已经流行，一旦更多经验和更合理的推理给予我们关于人类事物更正确的概念，我们就会收回最初的情感，重新调整善恶的界限。①

休谟指出"所有的道德决断"都会重视"社会效用"这个因素，仁慈也不例外。值得注意的是，休谟很少提到义务，而这里提到义务界限却与利益有关。因为休谟随后列举"施舍"的例子以说明"施舍"并非义务：

> 有些救危扶困的施舍值得赞同，而如果施舍助长了游手好闲和懒惰就不值得赞同了。同样，如果技艺的提高带来奢侈的同时也带来社会的繁荣，那么从社会利益来看，技艺的提高也是值得推崇的，而奢侈也不能一概视为罪恶。然而，如何判断施舍、奢侈的性质，却的确是件难事。

休谟说要弄清楚人类的真正利益，但这个利益是很难把握的，所以休谟才会在《探究》的结论中说："……德性要求的唯一辛劳在于对人类快乐的正确计算，对更大幸福的稳定选择。"②这样的论断似

---

① Davd Hume, "Of Benevolence", in *PW*, Vol. IV, pp. 241–242.

② Davd Hume, "Conclusion", in *PW*, Vol. IV, p. 347. 这句话似乎与边沁的理论如出一辙，只是休谟没有计算出来。然而，我们更需要联系休谟的上下文来理解这句话。休谟写道："但是，难道还有什么哲学真理比这里所给出的更有利于社会吗？这里给出的哲学真理展现了德性全部的真挚而最迷人的魅力，使得我们轻松、亲切、热爱地接近她。很多神学家和某些哲学家套在她身上的阴沉外衣脱掉了；呈现出来的唯有文雅、人性、仁慈、和蔼可亲；非但如此，而且，甚至在适当的间或还流露出嬉戏、欢乐和快活。她说的不是无用的苦行、严苛、痛苦和自我否定。她宣称，她唯一的目的是使她的信徒以及所有人类，在他们有生之年的每个片刻——如果可能的话——快乐安康；她不愿放弃任何快乐，除非有望在人生的某一时段得到充分的补偿。她要求的唯一辛劳（trouble）是对快乐的正确计算，以及对更大幸福的稳定选择。如果苦行的冒充者接近她，对于这些快乐的敌人，她要么将他们视为伪君子和骗子而拒绝他们，要么即使允许他们进入她的队伍，也将他们列为最不受偏爱的信徒。"（*PW*, Vol. IV, pp. 347–348）这段话休谟的针对对象与宗教有关。

乎与"最大多数人的最大幸福"的功利主义几近相似,唯一的区别是休谟没有提出计算法则。

休谟在这里没有明确指出快乐和幸福是物质上的还是精神上的。如果是在休谟论述奢侈、施舍这样的语境中,这里的"幸福"应该指的是人们从社会进步中获得更多的物质利益,这个利益可以大概估算,具有相对的客观性;但如果是在论述德性的语境中,快乐和幸福很大程度上是指人的精神满足,而精神满足很难估算,具有主观性。公众效用或者说社会效用若与物质利益密切相关,是可以大概估算出来的。但效用带来的快乐,在人们感受到切身利益之后才会真切,否则很难估算。休谟在《探究》中指出,仁慈之所以被人们赞同,与利益直接相关:"很显然,没有什么东西比仁慈的情感更多地赋予人类以功劳;而且,它的功劳中至少有一部分是源于它有助于促进人类的利益和给人类社会造福的倾向。我们总是着眼于这种品格与性情所产生的有益后果;并且凡是具有如此良好影响、有助于实现令人满意的结果的品格和性情,都会使我们感到愉快和满足。"[1]而"它有助于促进人类的利益和给人类社会造福的倾向"正是对效用的说明。德性功劳的"这一部分",究竟有多少呢?

在仁慈这种德性上,效用的功劳只有一部分;而在正义这种德性上,休谟谈道:"正义对社会有用,因而其功劳的这个部分至少是源于这种考虑。"[2]休谟在《人性论》中详细阐述了利益在遵奉正义过程中的重要地位,阐释了确定财产权的利益原则,而在《探究》中则直接强调了"效用"的作用:

> 再假定,几个完全不同的社群为了彼此的便利和好处而保持一种交往,正义的界限随着人们的视野以及他们相互联系的力度的扩大而扩大。历史、经验、理性充分地教给我们人类情感的这一自然进程,教给我们对正义的遵守是随着我们对这一德性广泛效用的逐渐了解而

---

[1] 休谟,《道德原理探究》,王淑芹译,北京:中国社会科学出版社,1999年,第12页,稍有改动。
[2] Davd Hume, "Of Justice", in *PW*, Vol. IV, p.244.

逐渐增加的。

遵守正义的程度和范围，是随着对正义效用的认识而不断扩大的。确切地说，这种效用其实是给人们带来的好处、利益。因为人们遵守正义、制定相关的法律法规，其目的就在于增进人们的利益、福利。休谟说的更果断："人们的福利（good）是所有这些法律法规的唯一目标。"休谟就是基于效用来批判平等派的政治主张的。无论从历史经验还是从常识中，"完全平等"的观念都无益于人类社会，对每个个体也更不公平。尽管历史上斯巴达实行了均分土地法，那也是因为在特定历史环境下产生了效用。 在现代商业社会，这种做法是完全不可行的。所以，休谟的结论是：

> 总体上说，我们已经认识了本文坚称的这一原则的力度，能够确定在多大程度上尊重或道德赞同来自于对社会利益和社会效用（public interest and utility）的反思。正义对于维持社会的必要性是这种德性的唯一基础；既然没有什么有点（excellence）能得到更高的尊重，那么，我们可以得出结论说，总的来说，有用性（usefulness）这个因素有着最强的活力，最完整地控制我们的情感。因此，它必定是相当大一部分属于人道、仁慈、友谊、公共精神以及印有这类标记的社会德性的功劳，正如它是给予忠诚、正义、诚实、正直以及其他可敬且有用品性和原则道德赞同的唯一源泉。①

在《探究》的第二章中，休谟指出："总之，'有用的'（useful）这个简单的形容词包含了多少赞誉！而与之相反的词又包含了多少谴责！"②至此，效用与道德赞同之间的关系似乎已经非常明确：既然效用是仁慈这些合群的德性相当大一部分的功劳所在，又是正义这类

---

① Davd Hume, "Of Justice", in *PW*, Vol. Ⅳ, p. 267.
② Davd Hume, "Of Benevolence", in *PW*, Vol. Ⅳ, p. 241.

人为之德获得道德赞同的唯一源泉，那么，是否可以这样推理：在休谟看来，效用是道德赞同的首要原则？

三

（四）斯密对休谟效用说的反驳与妥协

可能休谟的好友斯密就是这样推理的，所以他在《道德情操论》的第四卷《论效用对道德赞同的影响》中，明确提出"效用不是道德赞同的首要原则"[①]；而且，《道德情操论》的不同部分似乎也在时刻提醒读者：效用不是赞同的主要因素——无论是道德赞同，还是审美上的赞同，又或者对一般事物的赞同。"有人认为，这些才能的有用性，是最先赢得我们称赞的东西；毫无疑问，当我们注意到这一点时，会赋予这些才能以一种新的价值。可是，起初我们赞成别人的判断，并不是因为其有用，而是因为其恰当正确、符合真理和实际情况；很显然，我们认为别人的判断富有才能不是因为其他理由，而是因为我们发现自己的判断跟它是一致的。同样，起初鉴赏力表示赞同，也不是因为其有用，而是因为其恰当和精确，同鉴赏的对象正好相称。有关这一切才能的有用性概念，显然是一种事后的想法，而不是最先赢得我们称赞的那些因素。"[②]这里的矛头显然是针对效用论的。在斯密看来，审美或道德判断的首要标准是合宜性，效用只是"事后的想法"。

其次，斯密极力反驳效用是正义的唯一源泉。一个人遵守正义之德，并不是对社会效用的关心，而只是对某个具体事物的关心。

> 我们对个人命运和幸福的关心，在通常情况下，并不是起因于我们对社会命运和幸福的关心……同样，我们也不因

---

① 可参见张正萍，《亚当·斯密〈道德情操论〉中的效用论辨析》，载《浙江大学学报》（人文社科版），2011年，第5期。

② Adam Smith, *TMS*, Ⅰ.ⅰ.4.4. 此段《道德情操论》商务版译错之后完全颠倒了斯密的本意。

为个人是社会的一员或一部分，以及因为我们应该关心社会的毁灭，所以对这个人的毁灭或损失表示关心。不论在哪一种情况下，我们对个体的关心都不是出于对大众的关心；但是，在两种情况下，我们对大众的关心是复杂的，是由我们对不同个体的不同感受而生发的一些具体的关心构成的。因为有人从我们身上不正当地取走了一小笔金钱时，我们告发这一伤害行为，与其说是出于一种保护自己全部财产的关心，不如说是出于自己对已经失去的那一金额的关心。同样，当某个人受到伤害或摧残时，我们要求对在他身上犯下罪行的人进行惩罚，与其说是出于对社会总利益的关心，不如说是出于对那个受到伤害的人的关心。①

斯密运用同情理论分析人对他人命运的关心，在小范围的群体中是说得通的。但是，如果说别人拿走的是自己仇人的钱财，此时同情对象发生了变化，要根据怎样的原则来判断呢? 当同情的对象、同情的距离都发生很大变化时，这种解释就很难说得通了，而必须诉诸社会效用。

所以，斯密也不得不承认，有时候不得不需要以社会效用来做判断。他不得不承认，在某些场合下，虽然我们同情那个犯错的人，但我们仍然不得不根据社会效用来惩罚他。妨害国内治安或违反军纪的情形就是如此。"在某些场合，我们惩罚或赞同惩罚确实仅仅是出于某种对社会总利益的考虑，我们认为，不那样，这种利益就得不到保证。所有对各种妨害国内治安或违犯军队纪律的行为的惩罚，都属于这一类。此类罪行不会立即和直接地伤害任何个人；但可以设想，它们的长远影响确实给社会带来或可能引起不少麻烦或巨大的混乱。"②尽管斯密批判效用论思想，但他的批判并不彻底；而且，在某种程度上，这样的批判恰恰证明了休谟的效用说。

必须说明的是，斯密反驳的这个命题是不是休谟本人的命题呢?

---

① Adam Smith, *TMS*, Ⅱ.ⅱ.3.10.
② Adam Smith, *TMS*, Ⅱ.ⅱ.3.11.

还是他误解了休谟的命题？换言之，我们是否可以从休谟的论述中推断：效用就是道德赞同的首要原则？其实不尽然。虽然休谟的结论中说，效用是仁慈这类德性相当大一部分的功劳，是正义这类人为之德的唯一源泉。但在休谟道德判断的四个原则中，"有用"占去了一半的位置，甚至有一位研究者谈到《探究》时指出："在休谟看来，人类德性品质主要应当由它们具有的'效用'性和'愉悦'这种功能性质的程度来衡量。而且，这两种性质中首要的是'效用'性。"①也就是说，在道德判断的过程中，效用高于愉悦性、高于快乐。这种说法忽视了休谟对效用的心理机制的考虑。

（五）《人性论》与《道德原理探究》之效用论比较

作为《人性论》的改写，《探究》更多的是明确清楚地宣布休谟自己的观点，甚至不惜得出断言式的结论。

其一，如果说在《人性论》中，休谟强调利益的激情，尤其这种激情方向的自我改变对道德赞同的影响，那么，在《探究》中，休谟则更直接地强调效用与道德赞同的关系，并突出社会效用、社会利益的地位。在《探究》中，休谟使用"效用"的频率之高，或许可以与《人性论》"论道德"中使用"利益"相提并论。在《探究》中，"效用"与利益（interest）、优势（advantage）相关的用法共有 26 处，这在"效用"的 55 处用法中占去了一半。为何休谟要抛弃"利益"选择"效用"一词呢？从上面的分析中可以猜测：或许，利益显得过于主观，而效用则显得稍微客观一些，尤其是在强调社会效用时，更是如此。

其二，《探究》比《人性论》更明确地体现了快乐主义的倾向。

效用与快乐的关系是《探究》的重要内容，尽管《探究》将效用和快乐联系起来的用法只有两处，却用四章内容讨论效用和快乐的关系。休谟在这四章内容中，对效用、快乐以及德性之间关系的认识是非常复杂的，需要仔细分辨：有用的品质可以令人快乐，但令人快乐

①　萨·巴特尔，《论休谟的德性效用价值论》，载《北京师范大学学报》（社会科学版），2008 年 6 月，第 101—106 页。

的品质是否一定是有用的呢？未必。休谟自己也承认："还有另一类精神品质，这些精神品质对于社会和其拥有者本人没有什么好处可言，或者说，没有促进他们的长远利益的趋向，但它们能扩散快乐并感染旁观者，从而赢得他人的好感和尊敬。"①应该说，在效用和快乐两者之间的关系上，休谟没有断言凡是有用的就一定是令人快乐的，凡是令人愉快的就一定是有用的。而在效用、快乐和德性的关系上，休谟也没有断言凡是有用的都是有德的，凡是令自己或他人愉快的品质都是有德的。一位研究者分析了休谟所说的德性品质的效用和愉悦性之间复杂关系，认为对自己有用的品质和直接令自己愉快的品质属于私人的效用，对他人有用的品质和直接令他人愉快的品质属于公共的效用。这种划分将德性完全视为效用，但事实是，休谟自己也承认，有些德性品质不一定对自己有用，而只是让自己感到愉快而已。比如在《论直接令自己愉快的品质》中美狄亚这位女英雄的崇高精神，对自己的效用应该如何表现呢？如果一定要将对自己有用的品质看做"私人的效用"，对他人有用的品质看做"公共的效用"②的话，那这里的"效用"将是一个无所不包的术语。因为在这两类品质中，有些是无法与效用直接联系起来的，比如崇高、礼貌、谦逊等。显然，休谟并没有在这层意思上使用"效用"一词。西季威克指出，休谟所使用的"效用"是狭义上的效用，边沁扩大了效用的意义；但约翰·布鲁姆认为，边沁在一方面扩大了效用的意思，却在另一方面缩小了效用的含义。③休谟与边沁对"效用"一词的使用，究竟是扩大还是缩小了，如果不在同一个层面则很难断言。如果说从可以计算的层面上讲，边沁的确扩大了"效用"，似乎一切都可以囊括进来计算；但如果从个人的苦乐来看，休谟的"效用"则是广大无边的。这样看来，布鲁姆的断言是合适的。

其三，效用作为物的属性，《探究》在《人性论》基础上发生了

①　休谟，《道德原理探究》，王淑芹译，北京：中国社会科学出版社，1999年，第71页。
②　萨·巴特尔，《论休谟的德性效用价值论》，载《北京师范大学学报》（社会科学版），2008年6月，第101—106页。
③　John Broome, *Utility, Ethics and Economics*, Vol. Ⅰ, edited by Alan P. Hamlin, published by Edward Elgar Publishing Limeted, 1996, pp. 110–111.

些许变化。

《人性论》中至少有四处将效用与美相提并论，但《探究》中只有两处：在《论政治社会》一文中，休谟提到交易所的一个驼子用他的驼背当桌子给人们签订契约，由此赚得一大笔钱，但这种有用性绝不能使驼背成为美[①]；休谟在另一处尽可能稳妥地说道："尽管有用与否并不全然决定美或丑，但很显然，这些观念在相当大程度上是赞同或厌恶的根源。"[②]虽然在《人性论》中，休谟非常谨慎地提出效用只是美的部分来源，却没有举出"效用不美"这样的例子，《探究》则举出这样的反例。尽管关于效用和美的总体看法没有变化，但看得出来，在《探究》中，休谟一方面在观点上更加鲜明，另一方面在论述上更加谨慎。

另外，延续《人性论》中将效用作为物的属性，休谟在《探究》中还提到金子与铁的用处这一问题。金子没有铁的用处大，但由于它稀少，反而得到了远高于铁的价值。[③]金子与铁、钻石与水的例子，的确道出了效用与价值的关系，但休谟并没有发展出后来卡尔·门格尔在《国民经济学原理》中那样的主观效用论[④]。即便他多次提到某种德性对其他人"有用"，但"其他人"是相对普遍的，并不强调其主观性。在这一点上，两本著作是一致的。

四

（六）效用与同情

休谟对于自己找到"效用"这一原则来阐释道德哲学是非常得意的，甚至拿它与牛顿的哲学推理相比。"一条原理被发现在某个事例中具有如此大的力量和活力，在所有类似的事例中都可以将类似的活

---

① David Hume, "Of Political Society", in *PW*, Vol. IV, p. 271.
② David Hume, "Of Qualities Useful to Ourselves", in *PW*, Vol. IV, p. 309.
③ David Hume, "Of Qualities Useful to Ourselves", in *PW*, Vol. IV, p. 305.
④ 参见卡尔·门格尔，《国民经济学原理》，刘絜敖译，上海：上海人民出版社，2005年，第52—53页。

力归因于它，这与这些规则，甚至与日常推理是多么的一致。这实际上就是牛顿哲学推理的主要规则。"①牛顿哲学当时在启蒙知识分子中的影响力是公认的，休谟以牛顿哲学来论证效用原则的解释力，足见他对效用原则的肯定程度。

但效用是什么呢？如果一定要追问这个问题，答案是很难确定的。因为涉及：对谁有用？对什么有用？休谟的回答是："当然是某人的利益。那么是谁的利益？不只是我们自己的利益；因为我们的赞同常常会延伸很远。因此，它必定是那些遵从被赞许的品德或行为的人的利益；而这些人，我们可以断定，无论多么遥远，都不是与我们完全漠不相关的。"②人们赞许某些品德或行为，人们遵从这些被赞许的德性或行为，是因为自己的利益在此。无论这些品性、这些行为离自己多么远，哪怕发生在遥远的古代，体现在敌人的身上，人们也会尊重这些品性。所以休谟在界定"有用性"时才会说，手段和目的总是有关系的。休谟提道："有用只是达到一定目的的一种趋向；任何事物都是作为达到目的的手段而令我们愉悦，而目的本身却丝毫不影响我们，这在说法上就自相矛盾。"③休谟在另一处再次强调手段和目的的关系：

> 效用仅仅是达到某种目的的趋向；如果这个目的与我们毫不相干，那么，我们同样也会对其实现手段采取漠然置之的态度。情感在这里有必要展现自己，以便使有用的趋向超过有害的趋向。这种情感只能是对人类幸福的感受和对人类痛苦的怨愤，因为这些感受正是德与恶通常造成的不同结果。因此，理性在这里告诉我们不同行为的不同趋向，人道则体现了那种有用和有益的趋向的特征。④

正因为手段和目的相关，个人与外界总是有关联，所以他才说：

---

① Davd Hume, "Of Justice", in *PW*, Vol. Ⅳ, p. 267.
② Davd Hume, "Why Utility Pleases", in *PW*, Vol. Ⅳ, p. 281.
③ David Hume, "Why Utility Pleases", in *PW*, Vol. Ⅳ, p. 283.
④ David Hume, "Appendix Ⅰ: Concerning Moral Sentiment", in *PW*, Vol. Ⅳ, p. 354.

"如果有用是道德情感的一个来源，如果这种有用并不总是与自我相关，那么可以理解为：凡是有助于社会幸福的事情，其本身都会使自己成为我们赞同和善意（good will）的对象。"①如果这种有用性与自己无关，那么如何理解效用原则呢？休谟在注脚中提到了同情，并指出人们对他人怀有人道之情或同胞之情不需要过多的论证，因为这是人类的秉性。休谟在这里再次强调了他的同情理论。"没有人能与他人的福祸绝对无关。他人的幸福有一种产生快乐的自然趋向，他人的不幸有一种产生痛苦的自然趋向。人人都能在自己身上发现这一点。"②而所有的道德情感，无论是人为之德，还是自然之德，它们的效用都是借助同情来传达它们的愉悦的。

既然是借助同情来传达效用的快乐，那就必然涉及同情的主体，涉及同情主体对这种效用的认识。此时，德性的效用是主观的，还是客观的？休谟的回答非常模糊。这种效用似乎可以预见，但却不一定能在现实中实现，而这种"预见"完全是出于同情的考虑。他说：

> 我们总是根据一个人所拥有的地位、按照他置身其中的关系，来期望他所带来的程度不等的好处，当我们失望时，我们就谴责他无用，如果他的行为举止造成了不利或损失，我们对他的谴责更加严厉。当一国利益妨碍到另一国利益时，我们评价政治家功劳的依据，是他的措施和咨议给国家带来的利弊，而不考虑他给敌国造成的损失。③

如此一来，利益或损失其实都是可以预见、可以想象的，因而评价一个政治家的功劳也有了一个比较固定的标准。或许，休谟正是基于这样一个原则来评价当时的首相罗伯特·沃尔波尔的。④但在另一

---

① David Hume, "Why Utility Pleases", in *PW*, Vol. IV, p. 283.

② David Hume, "Why Utility Pleases", in *PW*, Vol. IV, p. 283, note 1.

③ David Hume, "Why Utility Pleases", in *PW*, Vol. IV, p. 289, note.

④ David Hume, "A Character of Sir Robert Walpole", in Essays: *Moral, Political and Literary*, edited and with a Foreword, Notes, and Glossary by Eugene F. Miller, With an apparatus of vat, ant readings from the 1889 edition by T. H. Green and T. H. Grose, 1987, pp. 574–576.

些情形下，这些可以预见的结果却未必出现，此时应该如何评判呢？休谟写道：

> 同样的理由，行为和品性的趋势，而非它们实际的偶然结果，是我们在道德决断或一般判断中所重视的，尽管在我们的真实感受或真实情感中，我们禁不住更尊重这样一个人——他的地位连同他的德性一起让他对社会产生了实际的用处，而不是这样一个人——他只是在良好的意图和仁爱的感情中实践他的社会德性，发挥思想中既容易又必要的努力将品性和机运分开。我们断定这些人都是一样的，并给予他们同样全面的称赞。判断力矫正或试图矫正现象，但不能完全战胜情感。
>
> 为什么说这棵桃树比那棵桃树好，不只是因为它能结出更多更好的果实？尽管它的桃子在成熟之前遭到蜗牛或害虫的毁坏，难道不该给它同样的称赞吗？在道德上也一样，不也是"树由果知"吗？在这两种情形下，难道我们不能很容易地区分本性和偶然性吗？①

从这些段落看来，休谟这里所说的"效用"绝非一种实际的效果，或实际用处；尽管实际效用在判断中的确非常重要，但由于各种偶然性的因素，这里的"效用"更多是一种趋势，一种达到目的的趋向。这种趋向是可以认识、可以预见、可以在实际中发生的。因此，休谟的"效用"不完全是一种实际结果，或者确定的利益；这种效用甚至通过预期、估计看到某种结果，但是否可以通过精确的计算给出结果，却是另外一回事。

重要的是，有益的趋向是通过同情传导的。同情的力量能够穿越时间和空间，使人真切地感受到德性的温度和热度。必须承认，人类的同情能力和范围是有局限的，人们总是最先同情自己，同情与自己相关的人，对那些与自己相距遥远的人或事的同情，则显得非常飘

---

① David Hume, "Why Utility Pleases", in *PW*, Vol. IV, p.292, note.

渺，这是事实。也正因为这样一个事实，人们在冷静的判断和讨论中，必须忽略这些差异，让我们的情感变得更公共、更合群。"自然明智地规定：私人关系通常战胜普遍的观点和考虑，否则我们的感情和行动就会因缺乏恰当的有限对象而烟消云散。因而，施与我们自己或我们亲密朋友的小恩惠所激起的爱和赞同，比施与一个遥远国家的大恩惠所激起的爱和赞同，要生动得多。但我们仍然要知道，这里和所有判断一样，通过反思矫正这些差异，记住善恶的一般标准——此标准主要建立在总体有用性之上。"①同情的范围扩大时，需要运用反思才能更加公正而不偏私。对于遥远的人或事，将冷淡的赞同转变成热烈的友谊和尊重，也需要这种同情，同情的力量在其活跃性中体现出来。因而，对于品性或风俗等的赞同与否，是借助对其有利或有害趋向的同情共感来实现的。

> 我们对品性和风俗的一般赞同，社会德性有用的趋向不是靠对自利的考虑而打动我们的，而是有着普遍、广泛得多的影响。看来，有利于社会福利的趋向，促进社群的和平、和谐和秩序的趋向，不总是靠影响我们构造中的仁慈秉性来使我们参与到社会德性的一边的。②

这种普遍广泛的影响是人们在历史和经验中认识到的，并可能随之发生改变。可以看到，休谟希望借助"普遍广泛的影响"来表达德性相对客观的效用，但无可否认，所有这些都难以衡量。或许，休谟根本就没有想过对这些效用有一个数值上的界定——虽然他总是抛却个人对于总体的主观认识，而只强调总效用、总利益。所以我们也只能说，对于效用的主观性或客观性，休谟都没有给出任何说明。或许，在他零星的举例中，能看到一鳞半爪的断言。

最后，从同情与效用的关系回到本文开头提出的问题，休谟的效用论与现代经济学的效用论有何关联？虽然休谟的效用论与现代经济

---

① David Hume, "Why Utility Pleases", in *PW*, Vol. Ⅳ, p. 294, note.
② David Hume, "Why Utility Pleases", in *PW*, Vol. Ⅳ, p. 295.

学的效用主义之间的确存在某些共同之处，但却完全不是后者意义上的。现代经济学强调"效用是一物满足人类欲望的能力"，而休谟将"效用"视为一种趋势，一种到达某种效果的趋势，它可能具有满足人类欲望的效能，但它并不一定得以实现。而且，这种"效用"还必须通过同情机制才能感受得到。如果一个"效用"在一个人身上的作用为 A，那么通过同情机制，另一个人是否能够同样感受到 A？如果同情只是单向的照射，那么另一个人的确会感受到 A。但同情是一个复杂的反射过程，在这个过程中，A 的影响会不断扩大和延伸，最终甚至会延伸到 B。主流经济学中所说的基数效用论和序数效用论，是否能够完全反映出人们准确的效用函数呢？尽管福利经济学也着手从心理机制来考虑人们的效用函数，但能够数据化的只是表现出来的效用值，而未表现出来的效用完全被忽略了。

如果当代经济学真正认识到休谟的效用论，那么他们的论断是不是应该考虑得更全面一些呢？

说不尽的休谟

高全喜

文学史上有句老话，叫"说不尽的莎士比亚"，其实，在西方思想史中休谟也是说不尽的。休谟这个人物很重要，在西方思想史中具有举足轻重的地位。众所周知，古典思想家的很多观点经常被不同时代的学者或者理论家们不断咀嚼、重新阐释，他们提出的一些永恒性的问题在不同时代总会给人以深刻的触动。尽管也许之后的思想家们在进行思考时所得出的答案与原创者的本意已经有所差别，但这条路径却是前人开辟的。休谟就是这样一位思想家。

关于休谟，美国保守主义思想家吉尔克（R.Kirk）做过这样的论断："如果要寻找 18 世纪西方精神的化身，休谟就是最好的代表。"对此，笔者深表赞同，笔者认为休谟的哲学集中体现了 18 世纪的保守主义、自由主义与古典主义三种因素的交集融汇。休谟身上集中体现了 18 世纪苏格兰人在社会转型时期对于市民社会的钟情，休谟承认人的自私，预设政府为恶，但又强调德性，主张法治秩序和自由经济，从主流英美社会的视角来看，他不啻为 18 世纪的精神化身，代表西方 18 世纪的精神气质。

休谟提出的几个重要的理论命题，尤其是事实与价值、实然与应然的区分这个命题，在哲学思想领域具有革命性的意义。这个命题是说，一个东西的因果性事实是这样的，并不等于它应该就是这样的，这个"应该"具有价值层面的意义。自然事物的因果联系没有什么价值，比如天冷、下雨等物理上的事实联系都是实然的东西，可以通过自然科学把它们内在的原理揭示出来。但是，应然的事情只有人类社会才有，这里面蕴含着人类社会的价值因素。那么应然的机制到底是什么，为什么会如此呢？休谟似乎认为，牛顿提出的自然力学解决了自然世界中的一系列事物的构造原理，关于自然世界的法则牛顿似乎已经做完了，自己不可能再做了，他要研究人类世界应然的东西。如果把人类世界的内在原理揭示出来了，那就是一个通达之人了！但是，应然世界的动因涉及人的内在情感，属于人性问题，是个比较难的研究课题。由于人的情感的发动，才有了外部世界，当人性转化为外部世界的时候，就出现了社会秩序，出现了经济生活，出现了政体结构，出现了人类历史。

要研究人性原理，休谟势必要成为一个综合性的思想家，按照今天的学科分类来说，休谟除了是一位哲学家、道德学家，还是一位法学家，一位政治经济学家，一位历史学家和一位美学家。历史是怎么演变的，不单纯是一个实然的东西，而是有很多的机运在里面，有很多人的主动因素在里面。休谟是一个温和的怀疑主义者，他觉得应该探讨人类社会的主动因素，但又不赞成当时占据主导的唯理主义的决定论。他认为，人的认识能力是有限度的，对于是否存在着绝对必然性的东西这类问题，人类是认识不了的，人只能在有限的知识范围之内来理解和把握道德世界。他所谓的道德世界就是精神世界，在 18世纪的西方思想界，"道德的"（moral）这个词是一个非常丰富的词汇，不是我们现在一般伦理学所说的那种狭隘的人与人之间的道德关系，它关涉着一个不同于自然世界的广泛的人类社会领域。道德世界的奥秘在于人性，休谟的核心思想体现在他的主要著作《人性论》之中，后来他又把《人性论》简化为两本书，即《人类理解研究》和《道德原则研究》。此外，休谟一生配合他的体系性思想，还撰写了六卷《英国史》，以及一系列关于政治、经济、文艺等方面的文章。

关于休谟的文章，此前国内有多种不同的版本出版，商务印书馆曾经有《休谟经济论文选》[①]、《休谟政治论文选》[②]两个版本的小册

[①] 大卫·休谟，《休谟经济论文选》，陈玮译，北京：商务印书馆，1984 年。
[②] 大卫·休谟，《休谟政治论文选》，张若衡译，北京：商务印书馆，1993 年。

子。另外，休谟的论文还包括道德哲学的内容，这些小品文的译本也非常多，比较全面的是《休谟散文集》①。说起来，这些译稿对于我们了解休谟的思想多有助益，但是，仅凭这些简约的译稿是远远不够的。休谟的小品文自 1741 年就开始出版，1752 年《政治论文集》（*Political Discourses*）出版。这本书在其生前就已经出版了十数个版本。在这些版本中，休谟也会经常做些改动，因而每个版本的注释也会多少不同。休谟去世之后，1777 年曾有《杂文与论文若干》［*Essays and Treatises on Several Subjects*，London，2 卷本，1985 年，米勒（Eugene E Miller）］根据这个两卷本的第一卷编辑成《论道德、政治、文学》（*Essays, Moral, Political and Literary*）。同时，休谟哲学选集的编辑也将这些小品文收录在册，1996 年 Thommes 重印了 1854 年的《休谟哲学选集》四卷本，政治经济论文和道德哲学论文分散在三、四两卷。同时，随着休谟研究的推进，注释版的休谟文集也出现了，1994 年剑桥大学出版社出版了哈孔森（Knud Haakonssen）编辑的《政治文选》（*Political Essays*），以休谟《英国史》的大量论据注解这些论文。现在张正萍博士和马万利博士综合这些版本将休谟政治经济和道德哲学的论文全部翻译出来，并根据 1985 米勒注释版、1994 年哈孔森注释版、1996 年哲学选集注释版等不同版本，择其所要做了不同注释，对于国内的休谟思想乃至苏格兰启蒙思想的传播和研究，无疑是一个很大的贡献，在此作为此文选译事的牵头者，笔者深感欣慰。

虽说休谟是说不尽的，但笔者利用此机会，还是想就休谟的政治、经济和文明思想陈述一二。

一、休谟的人性哲学

笔者在《休谟的政治哲学》一书中曾经对于休谟的政治和法律思想做过一个系统性的研究，在书中笔者完全赞同休谟的一个基本观点，即任何一种社会制度或者理论体系的产生都有一个人性基础。我

---

① 大卫·休谟，《休谟散文集》，肖聿译，北京：中国社会科学出版社，2006 年。

们现在时常谈到的社会理论或者自由主义，基本上都属于一种薄的理论，或薄的自由主义，所谓薄的自由主义就是以罗尔斯、哈耶克为代表的，不去探讨那些形而上学问题，不去探讨多元价值背后的深层人性问题，而只是就社会公共政治层面上的一些程序形式以及价值问题进行讨论。 关于人性的基础性的东西，是在他们理论的视野之外的，现代的自由主义基本上都是薄的自由主义。但是，这种薄的自由主义受到了一些理论思潮特别是社群主义的批判。社群主义认为，这种薄的自由主义只是构建了一个法律制度，一个社会基本的秩序，它的立足点在于价值中立，它强调的是一种形式正义、程序正义，不去过多涉及深层的人性论价值层面的问题。这种中立性的、与价值无涉的自由主义在现代西方社会导致的结果是个人的极端自私自利，个人之间、个人与社会群体之间的原子化分离，个人的纵欲，个人权利的泛滥。这种自由主义对社会、群体甚至对国家的忽视，产生了诸多的弊端，社群主义更多是从这个角度来批判现代的薄的自由主义。笔者认为，这种价值中立的自由主义只是现代的自由主义，实际上自由主义在古典时期，特别是在休谟、斯密他们所代表的苏格兰启蒙时期的自由主义那里，是有很多宝贵的理论资源的，他们非常强调德性论，强调道德、同情、友爱、仁慈这些东西，这些东西恰恰是被现代自由主义所忽视的。现代自由主义要应对社群主义的攻击，就有必要重温古典自由主义的这些传统，不要极端个人权利至上论，而要讲究德性问题，讲究社群关系，讲究仁义礼智信，这些与自由主义的个人原则是不矛盾的。

当然，从根本性上说，笔者并不赞同社群主义，休谟显然也不是一个社群主义者，这一点麦金太尔看得很清楚，所以他在多部著作中都对休谟提出了严厉的批判。麦金太尔有一个著名的观点，他认为，以斯密、休谟为代表的苏格兰启蒙思想是一种对于苏格兰德性传统的"英国化的颠覆"，这批启蒙思想家通过把当时苏格兰旧传统中保持甚好的道德礼俗纳入到已经发达的英格兰市民社会的体制内，从而颠覆了苏格兰本土资源中的优良传统，麦金太尔认为这是休谟等人的一个重大错误，是对苏格兰的背叛。在麦金太尔看来，苏格兰本土资源中的道德传统实际上接续的是亚里士多德的道德学说，甚至和欧洲中世纪的道德思想也有联系，这样一条脉络被休谟和斯密打断了，作为社群主义的代表，他认为应该重新恢复亚里士多德的德性传统，把休谟在苏格兰颠覆过去的东西再颠覆过来。

笔者认为麦金太尔看到了问题的症结，但是他对这个问题的立场是错误的。社群主义所鼓吹的亚里士多德的德性传统有一个前提，即古希腊的城邦国家是一个奴隶制社会。那时城邦里有公民资格的人才是讲美德的，相互之间才是互助友爱的，但是他们只是公民，不是市民，不是生产者，整个希腊社会之所以是一个美好的古典社会，在于从事生产的全是奴隶，奴隶把物质生产的问题解决了。而讲德性的城邦公民作为战士，他们追求荣誉，从事国家赋予的战斗职责，战斗胜利了以后分取掠夺来的财产和奴隶，他们自己不从事劳动，但他们的物质生活是有保障的，生产劳动是奴隶的事情，公民除了城邦贸易、战争掠夺，就是积极参与公共生活。这时公民的德性当然是很好的，因为他们要从事战争，如果战败了，整个国家的公民就全部变成奴隶了。所以，我们读古代著作的时候发现，那些公民非常爱国，非常英勇，因为国家一旦战败了他们就都是奴隶了，这个时候，德性传统是存在的。但是近代以来社会转型之后，一个社会秩序赖以建立的基本前提就是需要有人从事生产，从事财富的创造，要有人首先成为商人、成为劳动者，其次才是国家的公民。如果还是遵循过去古代的传统，社会成员只是承担城邦式的既是公民又是战士的职责，那么生产谁来做？一个没有了奴隶制的现代社会，如何解决社会物质生成的政治属性呢？我们看到休谟、斯密最大的贡献在于重建了一个市民社会的美德，在市民社会里面人们首先是市民，首先必须从事生产。作为一个商人或者工匠，首先要赚钱，首先要追求私利，制造产品，使产品进入交换、流通，这个过程完成了之后，才能成为政治公民，才能成为家庭成员，这时候才讲究国家的义务，才有美德。也就是说，社会转型到近现代之后，社会结构已经发生了本质性的变化，一个社会乃至一个国家最基本的问题是如何存在下去，如何使得个人幸福、社会繁荣、国家强大，如何为上述事业构建一个正义的秩序，只有在市民社会的社会财富创造的前提之下，才谈得上美德问题。自由主义不是说不要美德，而是说这个美德要在怎样的前提下建立，遮蔽这个问题，社群主义就是在唱高调，唱高调当然很好，但问题在于这样一个德性的东西如何能够得上现实的存在。

　　笔者之所以把斯密和休谟放在一起来研究，是因为他们虽然有些地方存在区别，但基本思想和观点还是一致的。现代自由主义只讲从事生产的方面，即市场经济以及相关的政治法律制度，不讲美德。但是18世纪的古典自由主义就非常高明，理论上也十分深刻，他们既讲市民社会的生产、交换，同时还讲道德情操，讲国家政治。斯密除了写了《国富论》，还写了《道德情操论》，休谟《人性论》中也大谈人的有限的同情，讲人们之间要仁慈友爱。如何在一个市民社会建立德性原则？社群主义的只唱高调是不行的，在一个现代工商社会形态之下如何建立或恢复德性传统，与此相关联的问题是，正义与德性哪一个更高？这个问题在古典时代一直是争论不清的。因为德性涉及的是一个人心性修养的卓越问题，而正义涉及的是人与人之间关系的制度正当性问题。正义落实的根本处是一个社会的法律正义和政治正义，德性最终落实的则是一个人自己的心性情感的归宿问题。在这种情况下，哪一个更重要呢？古代传统思想大多认为德性比较重要，但是这两者最终被亚里士多德统一起来了，他认为目的论最后通过正义达到自善，他通过目的论解决了这个问题。近现代以来，德性与正义到底哪一个更重要，这个问题又屡屡出现，社群主义和自由主义对此存在着尖锐的对立，笔者比较赞成休谟的观点——正义优先于德性。但是我们也不能忽略了德性，现代的自由主义有一个最大的不足，就是严重忽略了德性传统，过于强调个人的自由权利，过于主张方法论的个人主义，个人成为一个赤裸裸的原子，与个人密不可分的家庭、社会、社群、国家等内容被大大低估了。 也就是说，现代自由主义缺少了德性学说，而这些方面恰恰是能够从休谟、斯密的古典自由主义思想中大力学习和继承的。但是，像社群主义那样光有德性也是不行的，如果没有一个正义制度的基础，人与人之间只是靠血缘、亲情、友爱为纽带，这样的社会只能是一个封闭性的小社会，是无法扩展成为一个大社会的，是无法建立起现代社会的政治、经济和国际秩序的。应该指出，就世界范围内，就历史进程来看，现代社会作为哈耶克所谓的大社会，它的发育、形成与政治、经济、法律、文化等方面的全方位扩展是一个不争的事实，也是抗拒不了的，因此，对我们来说，不是拒斥，而是认识这个现代化进程，并且在它的前提下维护我们的传统，复活传统的德性美仪。

二、休谟的政治经济学

一说到政治经济学，大家首先会想到斯密，这很正常，但是笔者提醒读者不要忘了休谟。中国改革开放以来所引进的西方学术理论，经济学与法学一样，主要是现代学科分殊下的现代理论，但是笔者一直强调，我们现在处于一个转型时期，对应的是一个类似西方古典政治经济学框架下的历史时期。应该看到，现代经济学的各种理论，都是有前提的，这个前提就是现代的政治制度和法律制度。但我们现在还没有建立起一个成熟的制度，把那些东西拿过来以后，就会发现它们变形得非常厉害，所以制度环境是非常值得考虑的。笔者认为现代中国的经济学研究要注意两个方面的问题，一个方面是需要研究现代经济学，它们属于一些学科分类非常精细的微观或宏观经济学，其中不乏模型、图表、数据等，但是同时我们还要研究政治经济学，这个政治经济学就是社会经济秩序中的政治框架问题，属于一个宪法经济学问题，我们现在对这一问题的研究还相当不够。由于现实的诸多问题，最近学术界有一个政治经济学的回潮，但到底什么是政治经济学呢？其实是要说清楚的。古典政治经济学在休谟、斯密，特别是斯密那里，已经达到了很高的水准，斯密在他的《国富论》中建立了一个政治经济学的体系，被视为政治经济学的发源地。但笔者认为国内对于苏格兰古典政治经济学的理解是有偏差的，从英国古典政治经济学衍生出了三条路径：一条是从斯密到李嘉图再到马克思，这是一条大家熟悉的路径；第二条是古典政治经济学到现代的制度经济学，一直到布坎南所谓的宪法经济学；第三条是主观主义的通往边际效用学说的路径，这就与休谟有关了，从休谟的政治经济学到奥地利学派，这是一条主观主义的路径，休谟强调财富的个人感觉，个人的偏好，他指出私人财产权的产生机制是从想象力开始的，他的财产权的法学理论有一个内在的心理机制问题。所以，我们谈政治经济学不能仅仅知道马克思的政治经济学，尽管马克思的政治经济学确实是政治经济学的一种形态，但除此之外还有另外两条路径。说到中国现实问题，有人主张回到政治经济学，笔者比较赞同。但我们的视野要开阔一些，回到政治经济学并不仅仅意味着我们只有一条道路，笔者觉得 18 世纪英国的古典政治经济学，尤其是休谟和斯密所代表的苏格兰学派的政治经济学，可能对我们现在更有现实意义。

笔者认为在休谟、斯密他们的著作中实际上有两条线索，一条是写出来的显明的理论，另一条则是没有写出来的隐含的理论。众所周知，政治经济学从总的方面来说有两个基本问题，一个是国民财富的性质与原因，这是斯密《国富论》的书名所直接指出的，其中，"看不见的手"的机制、劳动分工、生产、流通、交换、分配等，构成了斯密乃至休谟经济学的一条主线。另外一条线索是政治法学的建构，休谟和斯密都谈到立法家，谈到法律制度对于经济活动的决定性影响，所谓政治经济学之"政治"，其实质是一个国家的政治与法律制度，国民财富的产生所必须依据的政治和法律制度，这是斯密、休谟政治经济学隐含的另外一条主线。这条主线和前一条主线是贯穿在一起的，但这条主线却被很多经济学家忽视了，他们只是谈国民财富的产生、发生的机制，而没有注意到这种机制必须建立在与之配套的一个法律制度和政治制度之上。例如财产权问题就不仅仅是一个经济学问题，更是一个法律问题，甚至涉及政府的体制问题。笔者曾多次指出，我们不能因为斯密的古典政治经济学只是论述了一个小政府，就认为他忽视了国家问题，国家问题是英美思想家们隐秘的主线，例如斯密《国富论》的下卷，殖民地问题就是一个国家问题，当然这个"国家"是放在国际社会的体系中来考察的，在当时英国就是一个帝国，这和现在的情况不一样。国家问题不一定仅是要放在国际体系中来讲，国内也有这个问题，它就是一个宪政制度下的国家问题。宪政国家与国外的丛林世界并不必然矛盾，帝国的形态也是变化的，大英帝国是近代的国家版本，当代美国的新帝国则是另外一个版本，对于这个国家问题，我们不能忽视。

三、休谟的财产权理论

关于财产权，在西方有三个路径或三种财产权的理论形态是比较重要的：第一个是洛克自然权利学说的财产权理论，第二个是黑格尔的自由意志论的财产权理论，这两个关于财产权的理论在西方是非常著名的，此外，第三个是休谟的法律规则论的财产权理论。应该指出，自然权利、自由意志、法律规则三者的含义是不同的，它们之间尽管有着密切的关系，都属于自由主义的理论谱系，但本质上是有重大差别的。休谟的规则论的财产权理论在西方过去也没有得到足够的重视，现代重视边际效应的经济学派以及布坎南的宪法经济学，以及哈耶克有关财产权规则的理论兴起之后，才开始引起人们的广泛关注。笔者在《休谟的政治哲学》一书中集中用一章专门来讨论这个问题。规则论的财产权理论与其他两种经典的财产权理论有什么不同？为什么值得我们来研究呢？

首先我们来看洛克、黑格尔、休谟他们三种理论形态之间的共同性。上述三种关于财产权的政治法律理论都属于近现代市民阶级的理论诉求，这是它们最大的共同点。封建制度解体之后，西方社会进入的现代社会或者现代性社会，是既不同于古代城邦国家的一元化，也不同于中世纪神权与政权二元分立的社会形态，它是一种新的市民阶级或资本主义主导的社会形态，作为市民阶级的核心利益诉求，财产权理论体现的是一种市民阶级对于财富占有的理论诉求，或者说是把这种利益诉求转化为一种法权性的理论表述，在表达市民阶级的正当合法的利益诉求方面，三种理论是基本一致的。这三种理论不同于罗马法中的财产占有理论，虽然从法学形式特征上可能有很多共同处，但是从精神实质上来说，这三种理论体现的是市民阶级对于财富占有的一种正当性的法权诉求，与古代罗马人对于财产权的认识是大不相同的。与古代法权理论相比，近代社会的市民性质是上述三种财产权理论的共同点。此外，笔者认为还有一个共同性，即上述三种理论都没有把私人财产权简单地视为一个属于私法领域或者部门法中的产权规定，而是都把它上升到了政治法的高度，把它视为是现代社会的一个最核心的组织单元或细胞，就是说，他们都认为构成一个现代社会的基石就是私人财产权，即私人对于财产的稳定占有以及这种占有的正当性证成，这是构成现代社会的一个最核心的东西。假如没有这一基点，那么现代社会的经济秩序、政治秩序和生活秩序也就都无法建立起来。在这个意义上说，上述三种财产权理论，不论是权利论的，自由意志论的，还是规则论的，都已经超出了狭隘的民法中财产权范畴的划界，而具有了政治哲学的内涵。从大的方面来看，上述两点是近现代三种财产权理论的共同性特性。

那么，三种财产权理论有什么不同呢？洛克的财产权理论当然是最著名的，影响最为深远。首先，洛克认为人类对财产的占有是一种自然权利，人作为一个人天然地具有对财产加以占有的权利，这个权利是先在的，不可剥夺的；其次，他认为人类对财产权的占有是人通过劳动把自己的力量体现在对象物中，这个物就变成了所有物，体现了人劳动的价值，这个基于劳动的财产权论证是洛克思想的核心。需要指出的是，洛克自然权利论的基于劳动的财产权理论与马克思的劳动价值学说在本质性上是不同的，马克思的劳动价值学说抽象出了一个所谓的"劳动一般"，马克思把劳动变成一个实体性的东西，并且是从剩余劳动的角度对资本主义的法权理论给予了全面的批评，而洛克是一个经验主义哲学家，他并没有把劳动上升到一个实体性的"劳动一般"，更没有剩余劳动的概念，洛克认为劳动是一种没有办法且非常痛苦的事情，人只有付出了辛苦的劳动，才能够占有对象物。在他那里，劳动没有异化，也没有美学，是一件迫不得已的权利，它为人赢得法权上的保障，使人获得自由，但终究是件无奈的事情。

黑格尔的财产权理论是一种自由意志论的法权理论，他认为，人占有一个物品，占有的不是物品本身，而是把人的人格附属上去了，人占有的是自己的人格，而不是外在的物品。这个人格在黑格尔看来就是一个自由意志，物品作为自由意志的对象而为人所占有，人在占有中实现了自己的自由意志。私人财产权从本质上说是一种自由权，即人通过人的活动或劳作，占有或实现了人的自由，人只有在对财产的占有中才能获得自由，没有对财产的占有，也就没有人的自由，因此，私人财产权是人类社会中最基本的属于人的自由权。在黑格尔那里，市民社会也好，伦理国家也罢，都必须建立在这个个人自由的财产权的基础之上。笼统地看，黑格尔与洛克的思想有很大的相同性，但仔细看他们之间是有区别的，黑格尔的私人财产权理论，强调财产占有中的社会性。黑格尔认为，脱离社会的自然人是从来就没有的，也不存在什么自然权利，占有自然物是离不开社会基础的，私人财产权作为一种法权，只有一个社会中的人才能够获得，离开社会的自由人格是不存在的。脱离社会的所谓抽象的个人是不能占有物品的，即使占有了也是没有价值的，没有法权保障的，与动物的占有没有什么两样，所以，财产权的建立需要先有一个政治社会、政治国家的支持，作为市民社会的财产权脱离不了法权的伦理性质，看来，财产权在黑格尔的理论中体现的是一种市民社会与政治国家的辩证法。

下面我们看休谟的私人财产权理论。首先，休谟是反对洛克的自然权利论和政府契约论的，他认为，人对财产物的占有是需要依附于社会的，他与黑格尔一样不同意洛克的个人占有理论，也反对通过社会契约来构成一个政治社会或者一个政府。在私有财产权问题上，休谟强调指出人的财产关系脱离不了传统，脱离不了社会、家庭的联系，只有在这个社会性的过程中人对物的占有才具有实质性的意义，这是他与黑格尔相同而与洛克不同的地方。其次，休谟与洛克和黑格尔两人的不同之处在于，他认为，财产占有的正当性不是通过所谓的劳动获得的，占有关系也没有体现什么自由的人格，在他看来，占有只是一种法律的界定形式，是一种权界的划分规则，与劳动并没有本质性的关系，即便是不劳动的占有，例如继承关系、时间或空间的先占等，也可以属于财产权的正当归属。因此，休谟并没有过多地论述或重视财产权的内容，而是强调财产权的规则形式，强调的是如何才能达到"稳定的占有"。而一旦涉及稳定占有，显然就需要一个重要的前提，即需要一个社会的、政府的稳定，因为只有政府的存在才能够使得个人对财产稳定的占有得到落实，或得到法律制度上的保障。

休谟在他的一系列著述中反复指出了人类社会得以存在的三个基本的正义规则：第一个是有关财产的稳定占有的规则，第二个是有关财产权的通过同意而得到转换的规则，第三个是承诺必须得到履行的诚信规则。其实这三个规则，第一个财产权规则是最基本的，后面的两个规则是从第一个规则中衍生出来的，这三个规则被休谟认为是构成一个社会最核心的原则。他认为，财产的占有不在于劳动和个人自由意志的体现，而在于占有财物是一种在法权中得到保护的稳定性占有的财产权，从占有的事实到财产权，这是人类历史上的一个标志性的推进，它意味着一个政治社会的产生。在休谟看来，稳定占有财物并不是人的自然权利所能保证的，洛克的所谓神学假设甚至通过人的参与劳动等理论，只是把占有限制在人的独立自主上，认为人能够凭着自己的先天权利而获得对物占有的持续性和稳定性，并由此证明其合法性，这在休谟看来是不可取的。休谟认为，人本身单纯依靠自然权利是不可能达到稳定占有的，即使一个自主的个人具有自然占有的正当性，他仍无法避免他人对自己财产的攫取，因此要获得稳定的占有必须人为地设计出一套补救的办法，这样就从一个自然社会进入到了一个政治社会。所谓的财产权理论不可能是一种自然权利的权利理论，只能是一种政治社会的规则理论，因为稳定的占有只有通过规则、通过人为设计的措施而得到保证。

休谟一再强调，财产的占有是通过政治社会自发演进或由立法者制定的一套规则而得到稳定的保障，并转换成为一种财产权，这样这种占有才因为法律而不被其他人侵犯，至于占有本身是不是体现了劳动或者体现了自由的人格，这些并不重要，体现也好，不体现也罢，问题是这种占有是否能够在法权上成为你的合法所有，由你自由支配。如果要成为你的合法所有就必须有一个政治社会、一个国家、一个政府，它们使得这样的占有稳定而不被其他人侵犯。所以，休谟强调的是占有规则，不是这个物上体现了什么，而是这个物是通过一种什么规则而为人所占有的，有了规则，占有才会存在，如果没有了规则，这个占有也就不会成为你的所有。所以，休谟认为人对物的占有的财产权关系是一种人的关系，是一种道德关系，而不是一个自然关系。实际上，笔者认为这里面存在着一个悖论，这个悖论是什么呢？一方面，政治社会要保障这样一个规则的实施，使得这个占有能够稳定地成为法权意义上的财产权；另一方面，政治社会是怎么产生的呢？它是建立在财产权基础上的，财产权是一个政治社会最基本的构成前提。从这个逻辑上大家可以看出来，占有需要政治社会、政府、国家对这个占有予以承认，并由此确立财产权这个规则；但是，一个政治社会如果没有私人财产权的基础规则，又是不可能正义地存在下去的，因为一个政府之所以不是一个强盗集团，在于这个政治社会存在着最基本的财产权规则。从逻辑上来说这是一个悖论。休谟不是一个在逻辑上非常缜密的思想家，读他的著作，有时候可能会发现很多的矛盾和悖论，但是休谟是一个经验主义的思想家，他提出了一个完全不同于洛克和黑格尔的政府起源理论，上述逻辑上的矛盾在他的经验论的论述中得到了有效的解决。

政府是怎么产生的呢？洛克有一套精细的契约论，在洛克看来，个人先天的就是一个自主性单元，他们相互之间通过订立契约而产生了政治社会，产生了政府和国家等政治与法律机构，这些机构的职责就在于通过权力来保护个人的诸多先天权利，其中包括财产权利，这番论证从逻辑上来说是很自洽的。但是，休谟指出，这个自洽的逻辑从来就没有存在过，世界上从来就没有任何一个政府是通过订立契约产生的，历史地看，政府是通过战争、掠夺、继承等五种方式产生的，因此，休谟对于洛克、霍布斯等人的契约论是持批评态度的，他说从来没有所谓先天的自然权利，也不存在人们相互之间通过订立契约来产生政府，说到底，任何政府都是枪杆子里打出来的。在历史的演变过程中，强暴的政府逐渐从不正义转变为正义的，仁慈的。为了统治的稳定性和持久性，统治者逐渐开始讲究仁义，讲究荣誉，讲究正当性与合法性。政府的权威也罢，政府的起源也罢，休谟对此的经验主义论证，大致就是这样的一个论证过程。

上面谈的是财产权与政治社会的关系，这只是休谟财产权理论的一个方面，下面还有另外一个方面，即财产权的正当性问题，也就是说休谟并不认为存在了一个合法的政府就可以一劳永逸地解决私人财产权的正当性问题，仅仅通过政府的权力是不可能完全解决财产权问题的，休谟对于财产权的正当性论证还有另外一个方面。休谟一再指出，私人财产权是一个正义的制度，为什么它是一个正义的制度呢？实际上黑格尔和洛克也认为私人财产权是一个正义的制度。洛克的论证方式主要是从天赋权利、自然正义的角度来考虑的，这里既有神学的印记，也遵循着传统的自然法精神。黑格尔也是从一个庞大的形而上学的法学体系来展开财产权的正义性论证的，先是抽象法，然后是市民法，最后是国家法，法律的表现形式体现了民族精神乃至绝对精神的演变，通过财产权体现人的自由意志，不仅如此，黑格尔认为，道德、艺术、宗教等也都是人类自由的体现。休谟与黑格尔、洛克的论证方式不同，关于私人占有财产之所以具有正当性，他试图从公共利益和个人利益的关系出发，提出了一个基于共同利益感的主观主义论证。

休谟对于人性提出了三个预设，首先，自然资料的提供是相对匮乏的，这个预设不像洛克那样认为自然资料是相对丰富的，也不像霍布斯那样认为是非常缺乏的，其他的两个预设是，人本性上是自私自利的，但又不是绝对自私的，休谟认为人还有一些有限的同情。在上述有关人性论的前提下，休谟所代表的苏格兰思想在论证财产权乃至政治社会的形成与合法性时，作出了一个巨大的理论贡献，他们有效地解决了公共利益与个人利益的关系问题，即认为个人追求私利能够促进公共利益的实现，这基本上是古典政治经济学的一个重要命题。这个命题说起来并不高尚，但在人类社会的实际生活当中却是普遍存在的。从曼德维尔到斯密、休谟，甚至现代经济学的公共选择学派，基本上都有这样一个假设，个人追求自己的私利，这在市民社会是没有错的，只要遵纪守法地追求就可以了。从道德上来说，可能会受到质疑，但也未必就全部有错，因为人不能仅仅靠着道德来生活，人首先要吃、穿、住。问题在于，在追求私利的个人活动中，私利导致了公共利益。这种公共利益到底是怎么产生的，产生的机制是什么？经济学上的论证是，由于大家都追求个人利益的最大化，最后认识到，由于大家都需要公共产品，公共产品的生产可能会有助于个人私利的最大化扩展。例如，我们的生意都需要公路，假如大家都不去建设公路的话，可能所有人的生意都会受到不良影响。这个大账算清楚之后，人们就会觉得公益的事情反而更能够促进个人利益的实现。

那么，到底什么是公共利益？这一问题特别值得重视。休谟认为，所谓的公共利益可能有很多，但其中最主要的是确立一套普遍抽象的规则，建立一套行之有效的法律制度，所谓正义的制度说到底就是能够实现公共利益的制度，能够使个人利益在公共利益中获得协调扩展的制度。休谟认为，私人财产权是公共利益和私人利益的一个有效的平衡，只有确立了私人财产权，每个人都可以稳定占有属于自己的私人财产，作为私人利益的追求者，人们才能够诉求公共利益，并由此生成出一套经济秩序、法律秩序和政治秩序，这就是最大的公共利益。这个公共利益休谟不是通过理性来论证的，在私人财产权的利益问题上，休谟与边沁等人的偏重于理性计算的功利主义不同，他强调的是基于共同利益感的规则形式。一般说来，功利主义有两种，一种是内容的功利主义，一种是形式的功利主义。所谓内容的功利主义主要是指边沁他们那一套功利主义，由此导致后来的实用主义，每个人都追求利益的最大化，最后的原则是大多数人的最大幸福，蛋糕做得越大分给大家的越多就越好，这是一个结果论的功利主义。但这个原则并不能保证最佳结果的实现，从某种意义上说，它是一种空想，因为它不注重规则，即便是一个大蛋糕，如果没有公正的分配规则，也无法保证上述原则的实现。形式的功利主义强调的是如何制定一套普遍抽象的规则，休谟认为提供一套正当行为规则，才是约束个人利益膨胀，促进公共利益的关键，财产权在他看来就是这类规则中最根本性的元规则，是公共利益的实质之所在。

四、休谟的文明政体论

17、18 世纪欧洲的社会政治思想处于一个所谓的启蒙时期，思想家们对于世界的认识不但有启蒙的眼界，还有历史的眼界，冲破神学束缚，开启民智，审视人类从野蛮到文明的发展历史，考察各个民族的风俗、礼仪、文化与制度，为本国的社会变革输入新的资源，这是当时思想家们的共识，因此有伏尔泰的《风俗论》、孟德斯鸠的《论法的精神》等一大批著述涌现。休谟作为苏格兰历史学派的代表人物之一，显然受到了那个时代的影响，他对于政体的看法渗透着时代的精神。但毕竟英国的精神不同于法国的精神，休谟有关文明与野蛮政体的观点，对于政府的起源与本性的看法，尽管与法国的思想有着密切的关联，与英国霍布斯和洛克的政治理论有着内在的呼应，但仍然呈现出理论的独创性。

休谟的政治理论有一个历史的维度，对于历史，休谟具有自己的理解，他并不赞同法国乃至英格兰前辈思想家的理性色彩较浓的历史观，他的历史理论是经验的，是建立在他的政治哲学和政体论的基础之上的，或者说他的历史意识服务于他有关人类政治事务的理论。通过对于人类历史状态的考察，休谟隐含地认为人类的历史大致经历了的四种基本的社会形态，第一种是野蛮的极少文明的社会，在那里还没有出现主权之类的事物，例如美洲的印第安人就是如此。第二种是古代希腊、罗马社会，虽然存在少许的贸易，但工业并不发达。政制形态有多种形式，公民平等，共和精神和民主意识都很强烈。第三种是封建社会，经济上主要依靠农业，封建等级普遍存在，但国家有统一的法律，在法律面前，人人平等。生产技艺落后，生活简陋，无高雅兴趣。第四种社会是近代以来的商业社会，有关这个社会的经济、政制与文明的内容是休谟论述的中心，他的一系列著述都是围绕着这个近代社会展开的。

在休谟的社会政治思想中，文明具有十分重要的意义，他有关政体的理论首先是一个有关文明与否的政制问题。尽管休谟考察了一系列不同形态的政体，在他的论文中涉及专制政体、自由政体、共和政体、混合政体、民主政体、绝对专制政体、君主政体、君主专制政体、民主共和政体、东方专制政体、温和政体、野蛮政体、僭主政体等，但是在我看来，休谟理论中的这些政体形式并不是平行排列的，如果仔细研究休谟的政体理论，就会发现其中隐含着一个内在的政治逻辑，即隐含着一个有关人类政治体制的二阶划分标准。笔者认为在上述大量的政体形式背后，休谟实质上做了二阶的层次划分，首先，野蛮政体与文明政体的划分是休谟政体论的一阶逻辑，在此之下，才有所谓二阶形态的政体区分，所以，有关野蛮与文明的政体划分在休谟的政体论中，具有基础性的意义。虽然，一阶划分在休谟的政体理论中是隐含的，而且就内容看，也不是休谟考察、分析与研究的主要对象，但我们不能因此就忽视了它的重要性，否则就不能准确地理解休谟的政体理论。

有关君主制问题的考察、分析是休谟政体思想的一个重要内容，也是他一系列论述中着墨最多、思考最勤、独创性最突出的地方，所以值得我们下工夫研究，我认为即便在现代这样一个民主政治占据主流的时代，休谟的思考对于我们仍然不无裨益。自从马基雅维里开启了近代的政治哲学和政体论之先河后，有关政体问题的探讨不绝如缕，随着民族国家的日渐突起，究竟采取何种政体治理社会，君主制、共和制还是民主制，一直是政治理论争论的要点，特别是 17 世纪启蒙运动肇始以来，随着人民主权和民主政治呼声的高涨，君主制似乎已成为明日黄花。但是，不可否认的是，欧洲的君主制在近代历史上有着深厚的基础，已融入传承相续的政治传统之中，并且在现实的政治事务中保持着强大的生命力，英国人民历经革命的洗礼最终仍然选择了君主制，便是最好的例证。休谟在他那篇《英国政体究竟更倾向于君主专制，还是更倾向于民主共和国？》的文章中提出了他的主张，在他看来，一味坚持君主制或民主共和制都是不妥的，问题的关键在于君主制是怎样一种君主制，民主共和制是怎样一种民主共和制，应该看到问题的复杂性，看到在政治制度里面蕴涵着更加本质性的东西。因此，他主张对不同的政体给予认真的分析和考察，特别是对于人们自以为熟知的所谓君主制，给予彻底的全面分析，探讨一下君主制有几种形态，究竟何种君主制最适合英国的国情与人民的习惯。这样一来，就涉及前面我们所指出的有关政体的二阶划分的问题，涉及自由君主制、专制君主制，以及有关专制程度、法治标准与政治自由等一系列复杂而又本质性的问题。

休谟有关政体的一阶划分是野蛮与文明政体两种形态的实质区分，野蛮政体的特征是绝对的专制暴力，统治者肆意无法，典型形态是古代东方社会的绝对君主制，如波斯等，以及希腊、罗马时期的变态政体，如僭主制等。而通常意义的君主制在休谟眼中，则基本上是属于文明政体的一种形态。亚里士多德在《雅典政制》与《政治学》中对于古代的君主制曾做过分析，认为君主政体大致有五种类型，总的来说是属于较好的政体，亚里士多德主要是从统治者的人数来看待君主制的，当时希腊的主流政体是民主制、贵族制与共和制，以及各种变体形式，君主制并非政制的主流。第二类君主制是近代以降的事情，随着近代民族国家的产生与发展，真正意义上的君主制国家出现了，马基雅维里是第一位系统论述君主制的政治思想家，他的《君主论》可谓近代政体论的开山之作。此后，但丁、博丹、霍布斯、孟德斯鸠等一大批重要的政治思想家都曾深入地探讨过君主制问题，遂使它成为近代政治学中的一门显学。休谟所处的时代，君主制问题不仅是一个重大的理论问题，更是一个严峻的现实问题。一方面，英国的光荣革命与英国君主制的命运息息相关，另一方面，法国的启蒙运动却使得法国的君主制风雨飘摇。君主制的命运如何？怎样看待君主制？英国与法国两种君主制是否存在着差别？英国是否适合君主制？适合何种君主制？……这一系列问题摆在了当时思想家们的眼前。休谟基于对英国现实问题的极度关切，对于上述问题均给予了深入的思考。

休谟首先把近代君主制视为一种文明政体。在他看来，欧洲的君主政体，特别是近代以来的君主制国家，不同于野蛮的君主制，它们属于文明社会的政制形态。欧洲的各类君主国（包括英国）无疑都是专制性的，特别是在欧洲大陆，君主专制的色彩普遍较为强烈，君主个人的意志在国家统治中占有重要的地位，例如，它在法国路易十四那里发展到顶峰，法国的君主制是一种典型的君主专制。但是尽管如此，欧洲的君主专制仍然不同于东方社会的野蛮专制政体，君主的权力是受到约束的，有限度的，而不是绝对的，无限度的，不但受到一定的法律制度的约束，还受到传统、习惯、荣誉、惯例等因素的限制。例如，像英国这样的君主制，其国王受制于法律与传统的约束自不待说，即便是法国那样的专制君主制，它的古制一直受到了各种力量和法律的制约也且不说，就是后来的所谓登峰造极的君主独裁，其权力也不是绝对的，相对于野蛮的绝对专制（absolute monarchy），仍是有限度的（limited sovereign）。所以，休谟认为近代君主制无论怎样都属于文明的政体，是一阶划分中的文明政体形态。

不过，在明确了上述基本前提之下，我们看到，休谟政体思想的深刻性在于他并没有满足于此，或者说他有关君主制理论的主要内容还在后面，他认为对于近代的君主制不能简单地一概而论，应该在二阶层次上做本质性的区分。为此就进入休谟政体论的第二个要点，即在文明政体这一前提下，休谟对于君主制又作了明确的区分，划分了两种君主制，一种是专制君主制，一种是自由君主制。以休谟之见，

115

自由之多少，而不是自由之有无，是区分近代君主政体之性质的一个关键。 而我们知道，休谟所说的自由，并不是民主制意义上的自由，而是法治意义上的自由，因此，这种自由与法律制度有着密切的关系。这样一来，我们可以从休谟的上述论断中得出这样一个结论：由于法治之自由的程度标准，君主制可以分为两种，少许君主制与自由法律的结合是自由君主制，以英国为代表；少许自由法律与君主制的结合是专制君主制，以法国为代表。

休谟有关区分两种君主制的思想，与孟德斯鸠的观点有很多一致之处。孟德斯鸠早期较为推崇共和政体，在《论法的精神》一书中他的思想发生了变化，他认为共和政体虽然总的来说优于君主政体，但并非全部如此，像威尼斯的共和政体就很糟糕，相比之下，像英国那样的君主政体不仅优越于大多数古代共和国，而且也优于现代的意大利诸国。在他看来，区分共和制与君主制的关键因素不在于统治者的人数，传统政治学的区分标准无法判断政体之优劣，以他之见，评价政体良莠的标准是"有无法治"。所以，无论是一人之治的君主国，还是众人之治的共和国，只要是建立在法治的基础之上，国家的权力在法的统治下相互制约、均衡运行，就是一个良好的政治宽和的政体。根据孟德斯鸠，特别是根据休谟的观点，我们综观一下近代欧洲国家的政治体制的演变过程是很有必要的，它们不但能够加深我们对于上述富有洞见的理论的理解，而且还有助于我们把握西方近代以来文明政体的演进轨迹及其本质性差异，从而理解当今世界政治文明的状况，促进我们作为一个政治民族的成熟，深思熟虑地选择适合于我们国情的自由政体。

我们看到，欧洲自近代政制发轫以来就呈现出两条政制道路，一条是欧洲大陆式的，它以法、德、俄为代表，在休谟那个时代，主要体现为法国的专制君主制。法国的君主制基本上延续了欧洲大陆传统的君主制的政治模式，在那里虽然也有某种法律之治，但国王的权力巨大，他可以根据自己的私人意志而决定国家的治理，在他身边的政府不过是一种附属性的行政机构，完全听命于他的个人专断。因此，以国王为中心，以巴黎为首都，形成了一个欧洲大陆的专制性的国家体系。相比之下，在德意志则是一群分崩离析的公国各自为政，虽有一个王制形式，但君主的权力是虚的，还没有像法国那样有一个统一的王权，只是后来俾斯麦推进的铁血政策促成了普鲁士王国的强大，并进而形成一个法治国的专制国家，但这些都是休谟之后的事情了。不过总的来说，从法国到德国直至苏联，18、19 乃至 20 世纪的政制演变基本上是一个国家主义的政治路线，尽管这个"国家"开始是以君主国的形式出现，后来逐渐为"人民"的民主政治所代替，但其实质仍然是一种国家绝对高于个人的国家主义当道。另外一条是英美式的宪政主义政治路线，在休谟的时代，集中体现为英国的立宪君主制。我们知道，早在英国的古制时期就有宪政的传统，而经过英国革命所确立的政治体制，是不同于法、德路线的一种以法治主义为核心的自由政制。尽管国王在英国的政体中一直保持到今天，美国宪法之下的总统从某种意义上来说，也可以称之为匿名的国王，但这种立宪君主制的政体形式，并不影响其自由政体的实质，并不影响它在本质上是一种与专制主义相区别的自由政体。细究起来，休谟在几乎所有的文章中一直把英国的君主制称之为"自由政体"、"自由制度"、"自由君主制"，斯密也多次指出英国是一种"自然的自由制度"，其原因也正在于此。

由此可见，政体形式尽管是重要的，但并不是最根本性的。政治学中一直有两个问题，一个是由谁统治的问题，另一个是如何统治的问题，"由谁统治"可以根据统治者数量之多少而区分为君主制、贵族制和平民制，以及怎样产生统治者的方式与程序之不同，而区分为直接民主制、代议制和一系列非民主制的政体，如僭主制、寡头制等，但这些都只是涉及政治学的政体形式问题，并不涉及根本问题。根本问题则是"如何统治"的问题，也就是说究竟是依据法律来统治，特别是依据宪法（未成文的与成文的）来统治，还是依据统治者（无论是君主一人、少数人还是大多数人）的意志来统治，这个问题触及自由与专制的实质性问题。相对来说，休谟更关注于后一个问题，并提出了一个二阶的政体划分理论。

野蛮与文明政体的一阶政体划分解决的是有关自由之有与无的问题，即绝对的专制政体是没有自由的政制，按照他的这个一阶分类，不但古代蛮族的绝对专制是野蛮政体，而且各种各样的近代乃至现代的绝对专制政制，如罗伯斯庇尔的人民专制、拿破仑的僭主制，特别是希特勒的独裁、斯大林的暴政等，都属于野蛮政体，它们是一种新的不同于古代野蛮政制的现代野蛮政制，用贡斯当的话说，它们是文明化的野蛮，其暴虐程度比古代有过之而不及。至于文明框架内的二阶政体的划分，则不是自由之有无，而是自由之多少，涉及专制的相对程度问题，为此休谟集中探讨了三种政体方式，即英国的自由政体、法国的专制政体和他理想中的共和政体。休谟认为究竟在英国是采取君主制还是共和制，这些争论是不重要的，重要的在于是否存在法治，是否保障了人民的财产权利，是否存在着自由，这才是最为关键的。休谟的上述思想在美国的联邦党人那里得到了继承和发展，联邦党人同样关注如何统治的问题，特别是法治与宪政问题，根据当时的情况，他们又特别警惕多数人的专制问题，这些思想受到了现代自由主义如哈耶克等理论家们的高度重视。

休谟的政治思想是深刻的，复杂的，而又丰富的，他并没有像当时的一些英国政治理论家们那样仅把目光局限在英国本土以及英国的政治传统，他对于欧洲大陆的政制考察也并不是仅局限在法国。固然英国的政治实践以及传统在休谟的理论中占有重要位置，法国的专制君主制也是他考察的一个主要对象，但是阅读休谟的一系列政治文章，我们发现，他还有另外一个值得注意的理论来源，那就是他对于欧洲历史上的共和制的分析与研究。古代希腊、罗马的一些小型城邦共和国的制度形态、政治德性以及自由精神时常出现在他的文章中，而近代以来的一些自治的城市共和国，如威尼斯、荷兰、苏黎世等则更成为他考察研究的要点，并且成为他分析英国和法国政体的理论参照。我们说休谟的政治思想是一种非体系化的复杂的深刻，他虽然对于英国的自由君主制推崇备至，认为它是最符合英国国情的一种明智选择，是一种良好的制度设计，但是在他的心目中其实还有另外一个标准，那就是他认为理想的国家制度最终乃是一个自由共和国的政体模式。

休谟的理论表现出他对于政治事务有着一种审慎的理解，这种理解与他的人性观和关于政治的正义理论有着密切联系。如果不了解他的政治哲学，就会产生很多的误解，甚至发现有些观点是矛盾的，例如，休谟的政治理论究竟是自由主义的，抑或保守主义的，就是思想史界一个聚讼纷纭的问题。但是，如果理解了他对于人性的复杂性的认识，理解了他所说的自私与同情在政治事务中的重要作用，理解了个人利益与公共利益在政治事务中的互动关系，我们就会发现他对于政体制度的分析，确实是展示了一个伟大的政治思想家所特有的那种把握人类事物的洞察力，这足以为我们解决当今的现实问题提供一些借鉴。

社会的自然史

——亚当·斯密论文明社会的起源

康子兴

　　"文明社会"（civil society）是一个相当复杂的概念，它脱胎于法理学，却占据了现代社会学话语的核心位置；它在不同时代、不同哲人的论述中表现为不同的样态、具有不同的意义。流变至今，这个概念具有三个主要要素：其一是由一套经济的、宗教的、知识的、政治的自主性机构组成的，有别于家庭、家族、地域或国家的一部分社会；其二，这一部分社会在它自身与国家之间存在一系列特定关系以及一套独特的机构或制度，得以保障国家与"文明社会"的分离并维持两者之间的有效联系；其三是一套广泛传播的文雅的抑或文明的风俗（refined or civil manner）。[①] 如果 Edward Shils 的总结无误，今人强调的重点便是在"society"，而非"civil"，它已经蜕化为一个纯然社会学的词汇。然而，在 18 世纪英国的政治话语中，civil Society 依然是一个法理学概念，相当于"政治社会"（political society），是一种与政府相联系的状态[②]。霍布斯、洛克等自然法学家把"文明社

---

① Edward Shils, "The Virtue of Civil Society", *Government and Opposition* , Vol. 26, No. 1, Winter, 1991. 中译本参见爱德华·席尔斯，《市民社会的美德》，李强译，载《国家与市民社会：一种社会理论的研究路径》，北京：中央编译出版社，1999 年，第 32 — 50 页。笔者在译文的基础上对照原文进行了相应修改。
② 本文将其译为"文明社会"，与"自然状态"的荒蛮、险恶相对；下文中的"文明社会"均指 civil society。

会"（civil society）与"自然状态"（natural state）对置，认为前者是对后者的克服与超越；在他们看来，civil society 与 society 是同一的，因为它们是同一个契约的产物。当亚当·斯密打破"自然状态——文明社会"的理论框架时，他便为"文明社会"赋予了一种动态的、历史的理解（dynamic historical understanding），使之展现为"四阶段"（four-stages）的历史进程。然而 "自然法理学"的启蒙意图又意味着他的政府理论是一种批判的历史叙事，必然将"自然"与"历史"的两套逻辑缠绕在一起。本文试图通过分析斯密的社会理论，从而展现出其自然法理学和道德哲学中"自然"与"历史"两个面相间的关系、社会与文明社会之间的关系。"商业社会"位于文明社会四阶段中的最高一级，它的法律和政府是文明社会最精致的体现，所以，对此概念内在逻辑的析解亦为勾连《道德情感论》和《国富论》的关键、贯通其道德哲学和政治经济学的关键。

一、自然与历史的重奏

亚当·斯密的道德哲学是一曲关于"自然"（natural）与"历史"（historical）的双重变奏。"自然"所指者何？以理性自然宗教（natural religion）为底色的神学体系、齐一的人性（human nature）论奠定了整个道德哲学体系的基础。何谓"历史"？斯密的道德学说并非关于道德教条的决疑式（casuistic）论述[①]，或者类似于文法规则（grammar rules）的精确而僵硬的表达，而是注重强调历史环境中行为的合宜（propriety）。所以，斯密既要阐释适应不同社会的道德德性的一般原理（general principles of moral virtues），又要辨析不同的社会习俗风尚对德性的影响。在《道德情感论》中，这曲变奏的高潮体现在第五部分《论道德习俗与时尚对道德赞许与谴责等

---

① 关于亚当·斯密对基督教决疑主义和 18 世纪之前的自然法理学的批评，请参见 Adam Smith, *The Theory of Moral Sentiments*, Liberty Fund, 1982, pp. 329 – 340. 亚当·斯密，《道德情感论》，谢宗林译，北京：中央编译出版社，2008 年，第 422 —435 页。

在下文中，笔者将用 TMS 来表示亚当·斯密的《道德情感论》，即 *The Theory of Moral Sentiments* (Liberty Fund, 1982) 。

情感的影响》。斯密将社会形态区分为野蛮民族（barbarous nations）和文明民族（civilized nations），由于风尚的不同，他们对德性的推崇亦表现出诸多差异：

> 在文明的民族中，以仁慈为基础的各种美德，受到的培养，多于以克己和禁欲为基础的美德。在未开化的野蛮民族中，情形刚好相反，各种克己的美德，得到比各种仁慈的美德更多的培养。在谦恭有礼的文明时代，人民普遍享有安全与幸福，没有多少机会磨炼培养藐视危险，以及耐心忍受辛劳、饥饿与痛苦的美德。贫穷很容易避免，所以，不在乎贫穷，几乎不再是一种美德。禁绝享乐的欲望，变得不那么必要，心灵比较可以随意放松他自己，并且在所有享乐事项上，纵容它的各种自然倾向。①

虽然在不同的时代和社会，人们对德性不同方面的重视程度总会表现出或大或小的差异，但这并不意味着社会习惯和风尚动摇了道德的自然基础。这也就是说，德性在不同社会中的差异只不过体现在最外在、最表层的、一些不太重要的事情之上。

> 关于这些不是很重要的事情，常常也有某个未被注意的情况，如果他受到注意的话，将可以向我们证明，社会习惯教我们归附给每一种职业的性格，当中含有与社会习惯无关的合宜成分。所以，假使是这样，我们便不能抱怨人类自然的情感受到严重的扭曲颠倒。②

既然人类自然的道德情感在不同的历史时代和社会中是齐一的，那么构成社会道德秩序最核心的原则便是普世有效的，不会陷入历史相对主义的囹圄。即便某种特殊不义行为可能在特定时期得到认可，

---

① 亚当·斯密，《道德情感论》，谢宗林译，北京：中央编译出版社，2008年，第254页。
② 亚当·斯密，《道德情感论》，谢宗林译，北京：中央编译出版社，2008年，第260页。

但也决不会使人们的一般行为风格（general style and character of conduct and behavior）受到如此严重的扭曲。斯密谈到了野蛮社会和古希腊的"弑婴"行为。古往今来，没什么行为比伤害一个婴儿更为残忍野蛮的了，但无论柏拉图还是亚里士多德均对此加以赞许，认为是地方民政长官应予鼓励的行为。尽管这些哲人比普通大众更加聪慧、正义、仁慈，但他们对此种可怕的行为却未加谴责。"如果对于一个如此可怕的违背人道的恶习，社会习惯都能给予认可，那我们便大可相信，几乎不会有什么特别粗暴的陋习是他无法认可的了。"①斯密随之笔锋一转，道出此种现象不可能出现的原因："任何这样的习俗都不可能存在。如果社会中人常见的品行风格，和我刚才提到的那种可怕的恶习属于同一种性质的话，社会绝不可能须臾存在。"②

斯密所下的这个断语道出了"社会"（society）在其整个道德哲学体系中至为重要、关键的地位。根据斯密，社会是道德的教师，客观的道德法则就蕴含在社会之中。而斯密关于道德哲学的所有论述均以"社会"为前提，若把斯密的道德哲学称作"社会哲学"亦不为过。所以，在斯密的理论体系中，社会本身便内涵着"自然"与"历史"的变奏，它既指具体的历史形态，又具有抽象的、形而上学的含义。

17世纪盛行于欧洲的政治、法学理论皆可归入某种"社会理论"，"社会和政府的起源"（the origin of society and government）是其所要处理的核心问题之一。值得注意的是，对于这个问题，这些对后世影响重大的政治社会理论普遍地采用了"自然状态—社会契约—政治社会"的解决方式。"社会契约论"均假设存在一个前社会的"自然状态"，这是一个纯粹由自然法所统治的世界，每个人都享有绝对的权利，享有执行自然法的绝对自由。因此，在这些现代自然法学家的想象中，自然状态要么是毫无秩序的战争状态，要么是相对温和、但却因为存在诸多不便而难以忍受。为了"和平、安全和公共福利"，人们必然需要逃离、超越自然状态，进入政治社会，组织国家和政府。在自然状态和政治社会之间的鸿沟仅能借助人的理性方能

---

① 亚当·斯密，《道德情感论》，谢宗林译，北京：中央编译出版社，2008年，第262页。
② 亚当·斯密，《道德情感论》，谢宗林译，北京：中央编译出版社，2008年，第262页。

得以超越。通过放弃在自然状态中所享有的自由和自然权利，人们缔结契约，接受政治社会的约束和保护。国家和政府是人造的生命，政治社会中通行的法律便成了"民约法"（霍布斯语），此人造生命的意志。

在亚当·斯密之前，"社会契约论"是思考社会的主要方式。事实上，自然状态和政治社会之间的区分如此僵硬和刚性，真正的"社会"毫无立锥之地。如果自然状态是一种纯然属于"个人"（individual）的状态，那么政治社会①便是一种纯然属于"国家"的状态，"社会"②为利维坦完全吞噬掉了。亚当·斯密与同时代的苏格兰哲学家（如大卫·休谟、亚当·弗格森等）一起抛弃了"契约论"的思考方式，他们在"道德哲学"中用一种历史的眼光来思考社会③，从而赋予"社会"以新的意义和生命。正因为如此，现代社会学一再将其源头追溯到苏格兰启蒙的道德哲学。④在斯密看来，社会并非人为之物，而是自然的存在，具有超越的意义。因此社会在历史中的衍化尽管遵循一定的逻辑，却非人类智慧设计所能左右，而是展现为某种"自然的历史"（natural history）——社会发展的四阶段论。

与霍布斯、洛克一样，斯密对社会的论述是在"自然法理学"（natural jurisprudence）的宏观语境之下展开。因此，若要准确把握斯密的意图，必须首先考察他对自然法理学的理解。

二、自然法理学与政府

《道德情感论》的结尾讨论的是"自然法理学"。斯密认为伦理学（ethics）和法理学（jurisprudence）是道德哲学中有用的两个部

---

① 根据洛克的措辞，civil society 和 political society 均表示政治社会的含义。
② 个人—社会—国家三级结构中的社会概念，特指一套自然自在的经济、道德秩序。参见 Edward Shils, "The Virtue of Civil Society", *Government and Opposition*, Vol. 26, No. 1, Winter, 1991. 中译本请见爱德华·席尔斯，《市民社会的美德》，载《国家与市民社会：一种社会理论的研究路径》，北京：中央编译出版社，1999 年，第 32—50 页。
③ 最典型表达了此种研究方法的著作为亚当·弗格森的《文明社会史论》。
④ Alan Swingewood, "Origin of Sociology: the Case of Scottish enlightenment", in *The British Journal of Sociology*, Vol. 21, No. 2, Jun. 1970, pp. 164–180.

分。伦理学是一门可以上溯到古希腊的古老学问，与其不同，法理学却是一门极为年轻的学说。在亚当·斯密的理论中，jurisprudence 具有特别的含义，特指他所谓的自然法理学，即"研究应该成为所有国家法律的普世原则的科学"①。这门科学并不包括自古希腊的斯多亚学派延伸到经院神学家的"自然法理论"（natural law theory），也不包括柏拉图、亚里士多德、西塞罗等哲人对习俗、法律所作的评述，因为它们要么是在"用处理其他美德的方式处理正义问题"，要么"所讨论的法律是公共政策的法律，不是正义的法律"②。直到 17 世纪③，荷兰人格老秀斯（Grotius）才创立了第一个规范的自然法理学体系，"为这世界提供一套应该贯穿所有国家的法律体系，并且应该是那些法律体系之基础的一般性原理"④。自他开始，才有人把法律哲学当作一门独立的、与任何个别国家特有的法律规制无关的学问来研究。

斯密认为每一套制定法（成文法）体系都可以被认为是尝试迈向一套自然法理学，或者尝试迈向一套列举周详的正义规则体系，所获致的一个或多或少不完美的结果。事实上，史上的法律学者们针对不同国家法律体系的评述已经引发了对自然正义规则（rules of natural justice）的探索研究。但是，为何这门学问直到 17 世纪，直到亚当·斯密开始在格拉斯哥大学讲座法理学的前 100 多年才得以创立？亚当·斯密也为之感到惊异，但他并没有进一步追问原因。他看到了古典的法律学说与格老秀斯之间的差异，但他并非站在一个中立的立场，去理解造成这种不同的原因：法律在各自体系中所具有的不同意涵，或者关于秩序的不同理解。他以一个自然法理学家的身份作出批

---

① Adam Smith, *Lectures on Jurisprudence*, Liberty Fund, 1982, p. 397. "Jurisprudence is that science which inquires into the general principles which ought to be the foundation of the laws of all nations." 在下文中，笔者将用 *LJ*（A）来表示亚当·斯密在 1762—1763 年的自然法理学讲义，即 *Lectures on Jurisprudence*（Liberty Fund, 1982）的第一部分（Report of 1762–1763）；*LJ*（B）表示他在 1766 年的自然法理学讲义，即 *Lectures on Jurisprudence*（Liberty Fund, 1982）的第二部分。
② 亚当·斯密，《道德情感论》，谢宗林译，北京：中央编译出版社，2008 年，第437 页。
③ 《战争与和平法》发表于 1625 年。
④ 亚当·斯密，《道德情感论》，谢宗林译，北京：中央编译出版社，2008 年，第437 页。

评，"在所有古代的道德学说中，我们找不到任何人尝试周详地列举正义的法则"①，尽管他们的确产生了一些成果；不仅如此，他甚至还批评格老秀斯（Grotius）的"战争与和平法"并非十全十美。他在这里所采取的态度与对古今诸道德哲学体系（systems of moral philosophy）所作的评述是一致的："每一个在这世上曾经有过任何名气的道德理论体系，最终也许都源自某一个或另一个我在前面努力表明的人性原理。"②斯密的道德哲学成为评判古今一切道德学说的标准，他所论述的人性原理便是普世的真理。根据此种道德哲学、人性观点发展而来的自然法理学亦成为检验古今一切法律学说的标准。这是一种自信满满、大无畏的启蒙精神：他不仅要为思考、论述道德原则提供一个最终范式，也要为历来的法律学说提供一个最终的思考范式，就像牛顿的"万有引力"为天体运动提供了一个终极的解决方案。斯密自信他已经找到了道德哲学和法理学中的"万有引力"。

既然"自然法理学"要提供一套高于世间一切实定法的普世标准，要为自古以来的法学体系作一个最终的总结，那么它所具有的普世意义就不仅是空间上的，也是时间上的。正因为如此，斯密为其自然法理学所制定的写作计划堪称宏伟。"我将在另一篇论文中努力说明法律与政府的普遍原理，说明它们在不同的时代与社会发展阶段所经历过的各种不同的变革，不仅在有关正义的方面，而且也在有关公共政策、公共收入、军备国防以及其他一切法律目标（objects of law）方面。"③

斯密的这段陈述可谓字字珠玑，不仅包含了"自然法理学"的定义、内容，还暗含了看似矛盾的两套逻辑：即自然和历史的逻辑。既然古人法学体系的缺陷之一是"用处理其他德性的方式在处理正义问题"，所以，斯密首先要做的便是廓清"法理学"的研究范围乃是正义的德性（the virtue of justice），并反复强调"法理学是研究法律和政府

---

① 亚当·斯密，《道德情感论》，谢宗林译，北京：中央编译出版社，2008年，第437页。
② 亚当·斯密，《道德情感论》，谢宗林译，北京：中央编译出版社，2008年，第340页。
③ 亚当·斯密，《道德情感论》，谢宗林译，北京：中央编译出版社，2008年，第437页。

的普遍原则的理论"①。 正如 Grotius 将权利区分为"完全的权利"
(perfect rights) 和"不完全的权利"(imperfect rights)，斯密也将消
极德性"正义"与其他诸种积极德性区别开来：仅有正义需要诉诸政
府的强力实施，其他诸德性则诉诸当事人的自由意志，否则"文明社
会将会变成一座流血混乱的舞台"②。 如此看来，法理学实质上就
是关于政府的理论，与霍布斯的《利维坦》、约翰·洛克的《政府
论》关注的是相同的问题。然而，与霍布斯、洛克的政府理论相区
别，斯密不仅要说明政府的原理，还要考察这些原理在历史上的变
革，从而使他的学说展现出历史的逻辑。

　　自然与历史逻辑的区分也体现在四大法律的目标中：正义代表着
自然的逻辑，表达的是法律和政府自然的伦理道德基础；公共政
策（police）、公共收入（avenue）、军备国防（arms）代表的是历史
的逻辑。在亚当·斯密的第一部传记、他逝世三年之后发表的《亚
当·斯密的生平和著作》中，Dugald Stewart 记录了斯密的学生
John Millar③ 的一段回忆和评述，"在他（亚当·斯密）讲课的最后
部分，他考察了那些并不是建立在正义的原则上，而是以权宜原则为
基础的行政法令，它们以促进国家的富裕、强盛和繁荣为目的。他从
这种观点出发，考察了商业、财政、宗教和军事建制有关的各种政治
制度。他在这个题目上的讲授内容包含着后来以《国富论》为题出版
的著作的主要思想。"④Millar 所谈的这部分内容正是斯密所谓的后
三个法律目标：政策、收入、军备。⑤ 所以，这部分内容遵循的

① *LJ*（A），p.5；*LJ*（B），pp.397，398；TMS，p.342.
② 亚当·斯密，《道德情感论》，谢宗林译，北京：中央编译出版社，2008 年，第435 页。
③ 亚当·斯密的学生兼朋友，格拉斯哥大学法学教授，苏格兰启蒙运动中的重要思想
家，作品包括 *The Origin of Distinction of Ranks* 和 *An Historical View of the English Govern-ment*。
④ Dugald Stewart，"Account of the Life and Writings of Adam Smith"，in *Essays on Philo-sophical Subjects*，Liberty Fund，1982，p.275. 中文版参见杜格尔德·斯图尔特，《亚当·斯密的生平和著作》，蒋自强等译，北京：商务印书馆，1983 年，第9 页。
⑤ 在 1790 年出版的《道德情感论》第六版中，亚当·斯密增加了一篇《告读者》，这
篇短文可以佐证 Millar 这段话所指的正是斯密所谓的法律的后三大目标："在《国富论》
中，我已经部分履行了这个承诺，至少就公共政策、公共收入与军备国防的部分而
言。"

是"权宜的原则",即在特定的历史环境中表现出来的审慎之道。

自然与历史并行的双重逻辑使亚当·斯密的法理学与前人比起来显得极为特殊,这也意味着他的政府理论必有别于传统,甚至具有根本的区别。1763 年,在开始他的法理学讲座之前,斯密选列了一个先驱者名单:Grotius, Mr. Hobbes, Puffendorf, Baron de Cocceii。在斯密看来,他们都是对自然法理学的著述作出重大贡献的著名学者(writers of note)。值得注意的是,在 1761 —1762 年的法理学讲座中并没有这份名单,它是斯密在 1763 年的讲座中新加上的。在同一年,他调整了"正义"(justice)部分的讲座顺序:将此前由"人作为人"(man as man)开始,到"人作为家庭成员"(man as member of family)、"人作为国家成员"(man as member of state)的讲座顺序颠倒,从"人作为国家成员"讲起,到"人作为人"结束。[1]如果将这两处变动联系起来,再结合斯密对四位自然法学家所作的评述,便不难看出这份名单的选定其实颇费苦心。格老秀斯是这门学科的创始人,《战争与和平法》(*De iure belli ac pacis*)开创了自然法理学的现代形式,并对之作出有史以来最为完备的论述。格老秀斯将国家之间的关系等同于个人之间的"自然状态"(state of nature),将对"不义"的防卫和矫正(defense and redress of injustice)视作法理学的核心。[2]霍布斯认为道德源自主权者的决策,而非个人的良心,因为在仅仅依靠后者的"自然状态"中,人与人之间相互为战。斯密称霍布斯的理论为"有害的德性学说"(pernicious doctrine concerning virtue),其批评不可谓不严厉。

普芬多夫是作为霍布斯的批评者出现的,因为他努力论证自然状态并非战争状态,而是社会可以得到维持的状态。遵照这样的原则,普芬多夫写出了他的鸿篇巨著(《自然法与万国法》)。第一部分的唯一目标就是要驳斥霍布斯。[3]斯密对普芬多夫与霍布斯之间的争论是颇感沮丧的,他随后写道,"尽管处理在自然状态下的法律,或者自

---

① Adam Smith, *Lectures on Jurisprudence*, Liberty Fund, 1982.

② 转引自 Knud Haakonssen, *Natural Law and Moral Philosophy*, *From Grotius to the Scottish Enlightenment*, Cambridge University Press, 1996, p. 135.

③ Adam Smith, *Lectures on Jurisprudence*, p. 398.

然状态下财产如何转移的途径毫无意义，因为并不存在这种状态。"①在批评普芬多夫与霍布斯的同时，斯密也间接地批评了格老秀斯，及其理论的"不完美"（with all its imperfection），因为他的理论同样以"自然状态"为前提。

这个主题的作家还有科西男爵，他是普鲁士人。他的著作用对开本刊印出来的共有五卷，其中许多部分特别是论述法律的部分写得很精巧、很明确。在最后一卷，他叙述了一些德国体系。②

根据 Knud Haakonssen 对德意志法理学背景的研究，柯西男爵与斯密的法理学体系有诸多类似之处，其中之一便是对自然状态的拒绝："在他对道德哲学最原创的贡献之一中，科西着手推翻自然法理论，认为它是社会性的法律。"③

在这份名单中，斯密唯独没有批评科西男爵，斯密仅仅介绍了他的著述情况，并未道出将其列入这份"著名自然法理学家"名单的原因。

据此，斯密的意图似乎变得明晰起来，他要拒绝的是传统政府理论中的"自然状态"假说。如果套用斯密的术语，那么"自然状态"对应着"人仅仅作为人"（man only as man）的状态。所以，在1763年的授课中，他对讲座顺序进行的调整也代表着他对"自然状态"更加明确的拒斥。在他看来，"社会的每一个阶段都存在着某种政权（regimen），司法范畴的形成，比如权利、公共权威的发展，比如裁判、惩罚的能力，以及战争与和平的能力，都是道德进展的一部分。"④斯密用社会发展的"四阶段论"代替了"自然社会—文明社会"的模型，用一套社会的历史逻辑替代了僵硬的"自然—人为"逻辑。与此同时，斯密也动摇了政治理论传统中"社会契约论"的基础，从而为政府的起源提供一套新的解释，而这必然是贯穿各个社会阶段的普遍原则。

---

① Adam Smith, *Lectures on Jurisprudence*, p. 398.

② Adam Smith, *Lectures on Jurisprudence*, p. 398.

③ Knud Haakonssen, *Natural Law and Moral Philosophy*, *From Grorius to the Scottish Enlightenment*, Cambridge University Press, 1996, p. 141.

④ Knud Haakonssen, *Natural Law and Moral Philosophy*, *From Grorius to the Scottish Enlightenment*, p. 136.

三、"社会契约论"批判

17 世纪的自然法理学都包括或者隐含了这样一个问题:"文明社会"如何从"自然状态"产生?霍布斯、洛克采取了相同的解决方式,他们假设了一个"契约时刻",人与人相互订立契约形成国家,由此进入文明社会(或者政治社会)。这是一个静态的转换模式,经由人为的契约,人类的生活状况实现了质的飞跃,这个过程就像切换两张互相独立的幻灯片。无论是前社会、前政治的自然状态还是政治社会都是一个相对僵硬、静止的理念形式,处于相对反的两个极端。在亚当·斯密看来,这种解决方案其实是对"自然正义"(natural justice)的否定。在霍布斯的学说里,"对主权者意志的遵从是一切德性的基础和本质"[1],所以在自然状态中,"没什么是不正义的,既没有对与错的观念,也不存在正义与不正义的观念"[2]。洛克修正了霍布斯的观点,把自然状态设想为一个纯粹由自然法统治的王国,而政治社会则成为一个权宜的设计和创造;为此人们需要放弃天然享有的自由和权利,包括"正义"的执行权。洛克仍然是某种程度的霍布斯主义者:自然状态与战争状态密不可分,由于没有共同的裁判者,战争状态随时都可能爆发,并且"一旦开始便会持续下去"[3];所以,自然状态是一种"尽管自由但经常充满恐惧和危险的状况"[4]。洛克便这样重复了霍布斯的逻辑:避免这种战争状态是人类组成社会和脱离自然状态的一个重要原因。[5] 如果自然法(natural law)恰是堕入战争状态的根由,那么它也就失去了神圣性和超越意义,从而必然走向自我否定。

"社会契约"在自然状态和文明社会划开了一道巨大的沟堑,两者互不相容,永远无法合拢,也无法通过桥梁实现连接。而洛克一方

---

[1] Adam Smith, *Lectures on Jurisprudence* ,p. 397.

[2] Thomas Hobbes, *Leviathan* ,Cambridge University Press, 1991, p. 90.

[3] 洛克,《政府论下篇》,叶启芳、翟菊农译,北京:商务印书馆,2005 年,第 13 页。

[4] 洛克,《政府论下篇》,叶启芳、翟菊农译,北京:商务印书馆,2005 年,第 77 页。

[5] 洛克,《政府论下篇》,叶启芳、翟菊农译,北京:商务印书馆,2005 年,第 14 页。

面强调两者的不相容性，另一方面又企图用自然法将它们贯通起来，从而使自然法处于一个极暧昧、极尴尬的境地。无论是霍布斯还是洛克，文明政府（civil government）的基础都是人为的契约、人类的理智设计，而非"自然正义"。所以，亚当·斯密既然致力于研究一切政府和法律的普世原则、把"自然正义"当作文明政府的基础，那他要做的一个重要工作就是批驳"社会契约"理论，洛克因此无可避免地成为他论战的标靶。

斯密赋予"正义"的使命再重要不过，它是社会大厦的主要栋梁，一旦缺失，人类社会"将在顷刻间土崩瓦解、化成灰烬"①。但"正义"并非源自实定法（positive law），并非源自主权者的意志，也不是"人为的德性"（artificial virtue）②。正义源自人类天然的道德情感、同情心和天然的社会性。人类趋向于社会乃是本性使然，是源自上帝的智慧，"只有在社会中才能生存的人，就这样被自然塑造成适合他要生存的那个环境里的人"③。

尽管正义是一切社会的基础，但人们对正义的追求并非出自它的效用，并非基于社会整体利益的考量。"当我们被自然的原则引导去增进某些凑巧是某一精巧开明的理智也会建议我们去追求的目的是，我们很容易把让我们得以增进那些目的的情感与行为归因于那理智（reason），把那理智当成是那些情感与行为的动因，乃至把事实上属于上帝的智慧造成的结果，想成是人类智慧的结果。"④ "社会契约论"的错误正是亚当·斯密批评的"唯理主义"。

休谟曾于1748年发表《论原始契约》专门批驳洛克和辉格党的政府理论⑤，斯密在《法理学讲座》中对"原始契约学说"（the doctrine of original contract）的批评很明显是借自休谟，不仅论据一

---

① 亚当·斯密，《道德情感论》，谢宗林译，北京：中央编译出版社，2008年，第104页。

② 休谟区分了自然德性和人为德性，认为正义产生于对社会效用的理性思考，源自人类的理性和经验。

③ *TMS*，p. 85.

④ 亚当·斯密，《道德情感论》，谢宗林译，北京：中央编译出版社，2008年，第105页。

⑤ 休谟，《论原始契约》，《休谟政治论文选》，北京：商务印书馆，1999年。David Hume, "Of Original Contract", in *Essays*, *Moral*, *Political*, *and Liberty*, Liberty Fund, 1985.

致，甚至举证的反例也完全相同。根据斯密，"原始契约"之所以不能作为政府和服从的基础，原因有三点：

首先，原始契约学说为大不列颠所仅有，但在人们从未听说过此学说的地方，政府也是存在的，比如波斯、中国、法兰西等地。甚至对大多数英国人民来说，契约学说并未得到很好的传授，大多数人并不知晓。

其次，即使在政府初创时期，开始把一些政府权力委托给某些人的时候，那些委托者的服从可能是基于契约，但他们的后代跟契约没有关系，不知道有这个契约，不受这个契约的约束。对于洛克强调的默认同意原则，其荒谬性也是显而易见的。"你要不要诞生在这个国家里，这并没有事先征求你的意见。况且你怎能离开这个国家呢？大多数人民除本国语言外不懂得别种语言，也不知道别国的情况，而且是贫穷的，不得不待在离出生地不远的地方干活糊口。"如果说这些人呆在一个国家就表明他们已经默认同意服从政府的契约，就好比是把一个睡梦中的人搬到船上，若要离船则只有跳海淹死，若留在船上就表示他已自由同意接受船主的统治。①

再次，在原始契约的假设下，你若离开这个国家，等于明白宣告不再是这个国家的人民，而且摆脱了对这个国家的义务。但是，每个国家都对统治下的人民提出要求，并因上述行为惩罚他们。如果契约论有理，那么政府如是要求便是最大的不正义。还有，如果存在原始契约，那么外国人到一个国家来，喜爱这个国家甚于其他国家，就是最明白地同意契约的表示了。但是，一个国家总是怀疑来自外国的人，认为他们不像出生在这个国家的人民那么可靠，所以没有一个外国人可以在英国政府中任职。对政治社会来说，与违约比起来，不忠和叛国是严重得多的罪恶，要遭受更加严厉的惩罚，所以，背约和不忠是建立在不同的基础上。②

拒绝了自然状态、否定了"社会契约"，社会起源（the origin of

---

① Adam Smith, *Lectures on Jurisprudence*, p. 403.

② 坎南编，《亚当·斯密关于法律、警察、岁入及军备的演讲》，陈福生、陈振骅译，第 38—39 页，北京：商务印书馆，2005 年。Adam Smith, *Lectures on Jurisprudence*, Liberty Fund, 1982, pp. 402–403.

society）的问题也就消亡了。但是在 17、18 世纪英国的政治话语中，"文明社会"（civil society）是不同于"社会"（society）的概念。依据霍布斯的措辞，"文明"（civil）乃是与一种政治的状态相联系，即与国家（common-wealth）联系在一起。"对于每一个臣民来说，'文明法'（civil law）就是国家以语言、文字或其他充分的意志表示命令他用来区别是非的法规；也就是用来区别哪些事情与法规（rule）相合、哪些事情与法规相违的法规。"①通过区分"自然法"（natural law）和"文明法"（civil law），霍布斯也相应地区分开 natural state 和 civil state，后者指的是一种政治的状态，也就是在利维坦统治下的状态。洛克在《政府论》中将"文明社会"等同于"政治社会"②，与自然状态和以家庭形式存在的（conjugal society）相区别。在写作《为自然社会辩护》（*A Vindication of Natural Society*）时，柏克（Edmund Burke）细致地区分了"自然状态"、"自然社会"（natural society）和"政治社会"（political society）。在自然状态中，没有任何联合（union），人们受制于诸多不便。两性之间，以及与孩子之间的欲望和感情引入了第一个社会的概念，这就是自然社会，它的基础是人的自然欲求和本能，而非任何实定的制度。但当许多家庭（或家族）通过法律联合成一个政治体，就产生了政治社会，这是国家（states）、"文明社会"和政府的起源。③亚当·弗格森（Adam Ferguson）著有《文明社会史论》，他所谓的"文明社会"指的是一种较少野蛮生活方式的社会、一种以艺术与文学陶冶精神的社会。

所以，与今天含义相反④，在当时的政治讨论中，"文明社会"

---

① 托马斯·霍布斯，《利维坦》，北京：商务印书馆，1997 年，第 206 页。Thomas Hobbes, *Leviathan*, p. 183.

② 洛克，《政府论下篇》，第 48 页，北京：商务印书馆，2005 年。Locke, *Two Treatises of Government*, Cambridge University Press, 1988. "真正的和唯一的政治社会是，在这个社会里，每个成员都放弃了这一自然权利，把所有不排斥他可以向社会所建立的法律请求保护的事项都交由社会处理。"

③ Edmund Burke, *Pre-Revolutionary Writings*, Cambridge University Press, 1993, p. 14.

④ 在当代的政治学和社会理论中，更加强调"文明社会"与国家相分隔的含义，而恰恰是亚当·斯密所强调的"society"的内涵。

指的是一种与野蛮、原始（savage）的社会状态相对的政治状态，总是与国家（state）、实定法（positive law）和政府（government）并举，甚至就等同于政府和政治社会。在亚当·斯密的法理学中，"文明社会"具有相同的含义，指代一种较为高级的社会：既强调其政治意含，具有实定法律、政府制度；又强调它有较开化的文明和劳动分工。既然"文明社会"并非与国家相区隔的"市民社会"，在下文中，如果没有特别指出，将一律翻译为"文明社会"。

亚当·斯密区分了社会和文明社会。社会是一个总体的（general）和抽象的概念，指代伦理意义上的人类秩序，具有形而上学的含义，是自然的存在。而文明社会则属于历史的范畴，是实存的、政治的制度。所以，斯密对"社会契约论"的批评也须就两个层面来理解：首先，社会并非源自人为契约和人类理智（human reason）[1]；其次，政府（文明社会）亦非源自"原始契约"，而是另有原则。

四、社会的历史逻辑与政府原则

把"文明社会"放到历史的视域中来，斯密就获得了一个阐释政府原则的动态的模型。Ronald L. Meek 经过细致考据之后得出结论：亚当·斯密是最早使用社会"四阶段理论"（four-stages theory）的思想家。有确切的证据表明，早在 1751 年爱丁堡大学的讲座中，斯密在就已经使用了此一说法。[2]所谓的"四阶段理论"指的是将社会的历史区分为四个阶段：狩猎社会、游牧社会、农业社会和商业社会。既然社会并非人为的造物，而是一个自然的生命，那么文明社会的发展就表现为一个自然生长的过程。在《文明社会史论》中，弗格森（Adam Ferguson）曾道出这种历史的生长逻辑："自然产物的形成往往是个渐进的过程……不仅个人要从幼婴阶段进入成人阶段，而且

---

[1] 对于这一点，斯密在许多地方都有强调，除了上文提到的斯密对"唯理主义"的批评之外，还包括对诸德之起源，以及"劳动分工的起源"的论述。

[2] Ronald L. Meek, "Smith, Turgot and the 'Four Stages' Theory", in *History of Political Economy*.

整个人类也要从野蛮阶段进入文明阶段（from rudeness to civilization）。"[①]文明社会是自然历史的产物，促使人类进入文明社会的动力便是寓于社会本身，或者人类社会本性中的内在原则，而非强加的外在契约。斯密把它们称为"权威原则"和"效用原则"。

"促使人们进入文明社会的有两条原则，我们称之为权威原则和效用原则（*principles of authority and utility*）。"[②]

身体与心灵上卓越出众的能力、高龄（superiour age）、古老的世系（ancient family）以及出众的财富（superiour wealth）似乎使一个人获得对其他人的权威（authority）。[③]所以在战争社会里，首领身强力壮，具有超人一等的体力；而在文雅开化的社会，杰出的心智力量是首领需要具备的资质。但亚当·斯密提醒我们，这只是"看起来如此"（seems to be）。权威原则的真正根源在于"同情"（sympathy）的社会心理——其道德哲学的核心概念，或者其理论体系的"万有引力"。

财富最能帮助产生权威，但这并非来自于穷人对富人的依赖，因为大部分穷人都是独立的。斯密让他的学生回顾已经在《道德情感论》中详细阐述过的原则。尽管穷人并不希冀从富人那里获得利益，但他们依然强烈倾向于尊重和歆羡富人，个中原因在于财富与显贵的生活更能获得人们的同情。人们羡慕他们的幸福，感受着他们的快乐，并因此在内心燃起追求财富与显赫地位的熊熊野心。的确，斯密对"权威原则"的阐释出现在《道德情感论》第一章的最后一节《论钦佩富贵与藐视贫贱的心理倾向腐化我们的道德判断》。在这篇文字中，他一再强调这种心理激情是社会秩序赖以建立和维持的必要条件。然而，尽管斯密在"法理学讲座"中未作进一步论述，但当他提醒学生注意《道德情感论》，其实也在暗示"权威原则"另一方面的效果："导致道德情感的腐败（corruption）。"

促使人们遵守政府官员（civil magistrate）的第二条原则是效用

---

① 亚当·弗格森，《文明社会史论》，林本椿、王绍祥译，杭州：浙江大学出版社，2010 年，第 1 页。

② Adam Smith, *Lectures on Jurisprudence*, Liberty Fund, 1982, p. 401.

③ *LJ*（*B*），p. 322.

原则。每个人都能认识到这个原则对维护社会正义和安宁的必要性。人们的生命、财产和安全得到政府制度的保护，正义因此得以维护。"即便是最贫苦的人得到最有钱有势的人的侵害时，也能够得到赔偿（redress），尽管在个别情况下并非完全符合正义的规范（irregularity），但是为了避免更大的邪恶（evils），我们还是对他们臣服。促使人们服从政府的正是这种公共利益的感知（sense of public interest），而非私人利益。"①斯密关于"效用原则"的论述似乎是受到了休谟政府理论的影响。正如休谟在"论政治社会"时所说："很显然，如果政府是完全无用的，它就绝不可能产生，忠诚（allegiance）这项义务的唯一基础就是它通过维持人类的和平和秩序而为社会所争得的好处。"②

如果我们仅凭两句引用就把斯密和休谟等同起来，未免过于简单和轻率。必须注意的是，斯密曾在《道德情感论》中对休谟的"效用主义"提出过批评，认为那不过是"事后之见"（after-thought）。所以，对于斯密所谓的"效用原则"尚需仔细斟酌。斯密用"sense of public interest"来诠释效用原则的含义，正是这种感觉判断使得人们服从政府。由于他的道德哲学是一种情感理论（the theory of moral sentiments），"sense"对斯密而言具有特定的含义，在某种程度上可以与"sentiments"互换，意指道德的认知能力。哈奇森（Hutcheson）就把人心中的道德官能称之为"moral sense"，并认为它类同于外在官能（external senses）。③随后所举的例证也说明他所谓的"效用原则"不过是对"同情"的另一种表达。

有些时候"我"的利益不在于服从政府，甚至希望政府倒台，但我认识到（sensible of）别人持有跟我不同的意见，也不会协助我的行为。"我"因此为了整体的利益（good of the whole）服从政府的决定。④

---

① 坎南编，《亚当·斯密关于法律、警察、岁入及军备的演讲》，陈福生、陈振骅译，北京：商务印书馆，2005 年，第 37 页。Adam Smith, *Lectures on Jurisprudence*, Liberty Fund, 1982, p. 401.
② 大卫·休谟，《道德原则研究》，北京：商务印书馆，2007 年，第 56 页。
③ Adam Smith, *The Theory of Moral Sentiments*, pp. 321–322. 斯密自己也多次使用 moral sense 的表达，另外还多次使用 sense of duty, sense of merit, sense of priority 等。
④ *LJ*, p. 402.

斯密通过描述社会心理（social psychology）来解释"效用原则"的产生过程。它被斯密将其称之为"同情"，既是"道德情感论"的基础，也是一切道德行为的基础：通过进入他人的情景，认识到他人的意见，以此反观并力求约束自己的行为。政府的原则与人们的道德生活遵循着同样的逻辑，信守着同一套秩序，源自同一个人性原理。所以亚当·斯密重新缝合了马基雅维里、霍布斯等现代思想家在伦理学和政治学之间撕开的裂口。但这并不意味着现代性在斯密的身上已经了无痕迹，斯密无疑是启蒙最坚定的支持者和实践者，在他身上所展现出来的启蒙的自信正是现代性最明确的标志。当斯密为"德性"（virtue）（以及道德）寻得一个不同于古典的人性基础①，他与古典学问之间的决裂便是根本上的。他一面强调自己与柏拉图、亚里士多德间的一致，一面解构了古典的学问；尽管他力求把古典德性、古典伦理学的内涵与精神重新融进他的理想秩序，但那已经是一个彻底现代的结构。自然法理学是古典世界不曾拥有的、全新的学问，而他为法理学的完善付出了一生的心力，这也足以成为他标榜"现代性"的旗帜。所以，他对伦理和政治的缝合必然是相当有限的，并非在古典意义上而言。在亚里士多德那里，立法学是政治学的一部分②；而在亚当·斯密这里却刚好相反：政府理论变成了立法学（法理学）的一部分，而法理学又仅仅是道德哲学的一部分。政府理论的范围便局限于正义原则的讨论，以及正义在历史环境中的实施，即政策、收入、军备等方面的内容。因此，在他的理论构想中，政府的职能便仅仅具有工具性的意义，是应效用而生的机构：

> 法律和政府的目的似乎只在于此：法律和政府为那些增加财产的人们提供保障，让他们能够安全地享用成果。法律和政府使不同技艺得到繁荣，并且由技艺所产生的财产的不平等也充分地得到保护。法律和政府保障国内的安全，使其不受外部的侵犯。智慧与德行也因它们有助于提高人类需求

① 在亚里士多德的伦理学中，"德性"是"逻各斯"（logos）的实现活动，而在亚当·斯密的道德哲学中，德性却是"同情"的产物。
② 亚里士多德，《尼各马可伦理学》，北京：商务印书馆，2003年，第316页。

而为人们所赞誉。①

正因此，亚当·斯密有意规避使用任何道德哲学的词汇作为政府与服从的原则，而用"权威"和"效用"作为"同情"的特殊表达。也正因此，尽管"权威"以虚荣为基础，可能腐败人们的道德情感，但这仍然不影响它成为政府的原则。"自然已经明智地判定，社会地位的差别，以及社会的和平与秩序，建立在显而易见的出身于财富差异上要比建立在看不见的、并且时常不确定的智慧与美德差异上更为稳固。绝大部分社会下层群众，即使它们没有什么分辨眼光，也能够充分看清前一种差异，而有智慧与有美德的人即使拥有明察秋毫的识别能力，有时候也需费尽千辛万苦才能分辨后一种差异。"②斯密区分了正义和其他积极德性，对政府能够提出的道德诉求仅有正义一项。而且，正义并非起源于政府，而是社会行为，政府不过是正义诉求的执行者和维护者，其责任在于维护健康的社会（society）。道德完善、幸福宁静（tranquility）的实现是个人生活的目的，而非政府的义务。斯密相信，凭借人性中的道德能力，通过蕴藏在社会和人心中三重法庭的审判，人能够认识并追求德性，实现幸福；而虚荣也自可在社会法庭和"无偏旁观者"法庭的审判中得到矫正。

虽然都源自"同情"的心理，"权威原则"和"效用原则"之间的差别也是明显的：前者源自对外在宏大优美的歆羡，后者则源自对社会利益的体察和认知。所以，虽然在每一个政府中，这两种原则都同时发挥着功效，但他们却因政体的不同而有所偏重：在君主国家里，权威原则占主要地位，在民主国家里，效用原则占主要地位。斯密比较了辉格党和托利党所信奉的政治理念，前者坚持"效用原则"作为政府的基础，后者则奉"权威原则"为圭臬。③从斯密对各种政

---

① Adam Smith, *LJ* (*B*), pp. 210–211; *LJ* (*A*), Vol. Ⅳ, pp. 18–19.

② 亚当·斯密，《道德情感论》，第 285 页。Adam Smith, *The Theory of Moral Sentiments*, p. 226.

③ Adam Smith, *LJ* (*B*), pp. 14–15.

体的描述中不难看出他更加偏爱共和政体；①根据《道德情感论》中对"系统精神"的论述，他对君主的骄傲自负十分谨慎。但是，在这两种政府原则的选择中，他并未因此而高扬"效用原则"。相反，他不但不顾"虚荣"的缺陷，还反复强调"权威原则"对于社会秩序的贡献。根据 Duncan Forbes 和 Donald Winch 的研究，斯密并非典型的辉格党人，他的学说抛弃了正统辉格派所采用的静态的分析方式，而是采用了一种动态的、历史的方法，因此他被称作怀疑论辉格党人（Sceptical Whig）。②

五、文明社会的起源

秩序的维系依靠两个王国的共同作用：一个是政治的王国，另一个是道德的王国。在现实的政治王国中，主权者颁布法律进行统治，施行赏罚；在道德的王国中也有主权者，有类似的法律和赏罚。上帝在人心中的代理"无偏旁观者"就是这个主权者，他颁布的法律就是在人们社会生活中形成的"普遍规范"，他的赏罚便是内心的满足、宁静或是羞耻。

在赞许或谴责任何受它们审查的情感或行为时，我们的道德能力，所遵循的那些普遍规范（general rule），也许有更好的理由被冠以法律的名称。它们与那些被正当成为法律的东西，即君主所制定的那些用来指导他的臣民如何立身处世的一般规范有更大的相似性。和后者一样，它们是指导人们自由行动的规范；它们，毫无疑问地，是由某位合法的上司规定的，而且也附带有奖赏与惩罚的约束力。在我们心里的那些上帝的代理人，从来不会忘记，以我们内心的羞愧折磨，以及自我谴责，来惩罚违反它们的行为；而另一方面，

① 君主政治是把最高权力和权能授予一个人。他爱怎样做就可以怎样做，可以媾和宣战，可以征课捐税等。参见 *LJ*（*B*），p. 18.
② Duncan Forbes, "Sceptical Whiggism, Commerce, and Liberty", in *Essays on Adam Smith*, p. 180. 唐纳德·温奇，《亚当·斯密的政治学》，南京：译林出版社，第 38 页。

那些代理人也总是会以我们内心的宁静、满足，以及自满，
奖赏顺从它们的行为。①

斯密在政治秩序和道德秩序之间建立起了一种相互呼应的关系，
认为两者之间遵循着同样的人性原理，因此也必然遵循着类似的发生
和治理逻辑。普遍道德规范的生成潜藏了一个长时间的演化过
程（process of evolution）②，就像人不可能天生就是谦谦君子，尽管
他天生就具有道德能力和社会欲求（desire of society）。所有的普遍
规范都是建立在个别的实际经验上，建立在我们的道德感或我们自然
的功过感与合宜感上，在许多个别的行为实例中赞许什么或者不赞许
什么的基础上③。 任何一条普遍规范，都是通过实际经验，发现所
有属于某一类的行为，或所有发生在某种情况的行为都受到责难或者
非难，而逐渐在我们心里形成的④。 一个年幼无知的孩子是在成长
的过程中，在家庭、学校、社会的交往中才逐渐学会自我克制，学会
对道德普遍规范的尊重⑤。

与道德规范一样，法律和政府的原则寓于现实行为（practices）
而非抽象的观念（ideas）。所以，文明社会也经历着同样的演化过
程，法律和政府只有经过漫长的历史阶段才能产生并且臻完善。任何
文明社会都要经历一个幼年的阶段，在这个时期，仅存在着最朴素的
政治行为。斯密将这个初级社会阶段称之为"狩猎社会"（nations of
hunters / society of hunters）。

在"狩猎社会"，猎人们完全依据自然法（laws of nature）生
活。这是一种最低级、最基础的社会形式，他们由分散在村庄里的家
庭构成，以田猎、捕鱼和采集为生。他们虽然生产方式低下、贫穷而

---

① 亚当·斯密，《道德情感论》，谢宗林译，北京：中央编译出版社，2008 年，第 200—
201 页。Adam Smith, *The Theory of Moral Sentiments*, pp. 165–166.
② 关于"道德普遍规范"的研究，参见 James R. Otteson, *Adam Smith's Marketplace of
Life*, Cambridge University Press, 2002. 加文·肯尼迪，《亚当·斯密》，北京：华夏出版
社，2009 年。
③ *TMS*, p. 159.
④ *TMS*, p. 159.
⑤ *TMS*, p. 145.

且脆弱，但已经完全具备了一个社会所应有的秩序：正义以及对不义的惩戒。他们尚不曾有常规的政府（regular government），但不意味着没有政府行为（governmental practice），尽管这也是偶尔的、间歇性的。在这里，财富以及世系的高贵不为人所知。一个人获得权威的来源仅限于他的年龄以及生产技能的卓越，而且影响相当有限，因为这两者随着个人的死亡一并消逝。所以，效用原则在"政府行为"中发挥着更大的作用。

在村落中，各个家庭为了共同的安全约定相守，但谁也没权统治谁。对任何侵犯行为，整个社会都休戚相关，如属可能，他们对有关方面进行调解；否则就把进行伤害的人赶出社会、把他杀死，或者交给受害的一方泄愤。

由于没有财产积累，在狩猎社会中不存在财产和经济冲突。只有那些严重危害到社会持续生存的罪行才受到惩罚：它们是懦弱、背叛，以及对家庭成员的身体伤害和谋杀。司法权以及宣战媾和的权利属于全体人民所有。

当一些人开始驯养动物，便开始出现了贫富分化，以前的狩猎对象变成了私有财产，狩猎社会的形态也随之崩解，从而进入畜牧时代（age of shepherd）。在斯密看来，这是一个最具革命性意义的时代：畜牧社会产生了真正的、常规的政府。社会摆脱了它的原始形态（savage society），从而进入真正的政治社会或者"文明社会"①。

对牛羊的占有就产生了财产的不平等。在狩猎社会中，人们对财产的意识仅限于即刻的拥有（immediate possession），在畜牧社会中，财产权扩大到饲养的牲畜，这成为引发巨变的关键因素。因为牲畜是可以储藏、积累的私有财产，由此产生了越来越大的财产不平等；有些人拥有了巨大的畜群，而有些人却一无所有。最穷的人需要依赖最富裕的人，后者便在群众会议中拥有更大的权能和影响。斯密

---

① 在本文中，区分是否为"文明社会"（civil society）的标准为是否具备常规政府。与弗格森不同，亚当·斯密更侧重 civil society 具有的政治意含，因此他有意区别了 civil society 和 civilized society，后者是根据社会分工程度进行区分的社会阶段，与 barbarous society 相对。所以，畜牧社会已经进入了 civil society，但依然是 barbarous society。为了与 civil society 进行区分，civilized society 将被翻译成"开化社会"。

特意指出，财富不均对游牧时代所起的作用比它对此后时期所起的作用大得多。因为在更为开化、奢侈品众多的时代，一个人可能把很大的财产花掉，却得不到从属者。但在游牧国家并非如此，因为他们无法过奢侈生活，只得把一部分财产分给穷人，他们对穷人拥有巨大的权力，使之在一定程度上成为他们的奴隶。①

财产在少数家族积聚起来，财富和影响力均成为世袭之物。出身和财富也因此成为权威最重要的两个来源，使他们的拥有者在社会分层（distinction of ranks）中身居高位。跟狩猎社会相比，由于生产方式的转变，畜牧社会变得更加巨大，拥有一个复杂得多的财产结构。这意味着社会冲突增多、变得日益复杂，亟需一个更加强有力的政府来执行司法职能。财产的不平等、贫者和富人之间的相互依赖使得社会联系得到强化，在外来侵犯面前更有能力作为整体行动。由于社会分工的深入，人们开始选举专门的会议来处理战争与和平的事务，富有、拥有权势的首领必将产生重大的影响。诸多因素的合力都使得政府权力稳步加强，更有能力在私人冲突中进行干预，对冒犯者施以惩罚，而不只是调停。②狩猎社会并不存在的立法权也随之诞生在畜牧社会中。

J.G.A.Pocock 称"斯密对社会自然史（the natural history of society）最大的贡献是他坚持畜牧阶段是对原始的狩猎、食物采集阶段的决裂……政府、财产、战争、阶层和性别的分化都首次产生"③。的确，对斯密的政制史来说，畜牧社会有着极为特殊的地位和重要性，几乎所有文明社会的创制都出现在这个阶段。

六、社会的自然逻辑

"文明社会"的起源与发展是关于法律和政府的历史叙事。然

---

① 坎南编，《亚当·斯密关于法律、警察、岁入及军备的演讲》，北京：商务印书馆，2005年，第44页。

② Knud Haakonssen, *The Science of a Legislator*, Cambridge University Press, 1982, pp. 157–158.

③ J. G. A. Pocock, *Barbarism and Religion*, Vol. 2, Cambridge University Press, 1999, p. 316.

而，亚当·斯密的历史书写并非"剪刀加糨糊"①似的拼凑堆砌。我们需要牢牢记住斯密对西塞罗和柏拉图等人的批评："他们的法律是政策的法律（law of police），而不是正义的法律（law of justice）。"②怎样书写历史、怎样思考历史才能不再重蹈古人的覆辙，超越政策的法律，洞见法律背后的正义？这样的路径恐怕只有一条，那就是通过"正义的法律"来审查、检视历史。历史成为批判性思考的对象，历史背后的"自然逻辑"也就随之汩汩流出了。"尤其重要的是思考引入不同政策法律的必要性真实与否，以及对国家来说是否继续具有生死攸关的重要性。如果答案是否定的，那么这条法律就落入了自然正义的范围，如果它与正义原则相冲突，它们就要受到批判。"③

正是透过这种批判的视角，自然法理学才能以历史法理学的面貌展现出来。④对个人来说，伦理秩序和自然正义永远只有在历史中才可能显现；因为斯密把道德哲学奠基在"同情"的人性基础之上，它本身就是一个社会活动。但是对社会（society）来说，自然正义却是天然存在的，因为正义不存，社会也就与之俱亡。个人在社会的互动中通过"同情"、通过"无偏旁观者"来认识德性的要求，如果我们把社会看做一个抽象的整体，在这个过程中，行为者只不过在用"社会"的眼睛审视自己。可以说，抽象意义上的社会（the abstract society）就是伦理秩序和自然正义的化身，两者是完全等同的。所以，文明社会史背后的自然逻辑其实就是"社会"的逻辑，历史的批判不过是"社会"对政府和国家的批判。

"社会"是自然的、抽象的，是一套普世的、完美的秩序原则。在《道德情感论》中，斯密通过思想实验展示了社会的两种理念形式（ideal form）。

只有在社会中才能生存的人，就这样被自然女神所造成适合他要生存的那个环境里的人。人类社会的所有成员需要互相帮助，但是所

---

① 柯林武德，《历史的观念》，北京：商务印书馆，1997 年。
② Adam Smith, *The Theory of Moral Sentiments*, p. 341.
③ Knud Haakonssen, *The Science of a Legislator*, Cambridge University Press, 1982, p. 154.
④ Knud Haakonssen, *The Science of a Legislator*, Cambridge University Press, 1982, p. 154.

有成员有可能相互伤害。如果社会成员互相提供必要的帮助，是基于爱、感激，基于友谊与尊重的动机，那社会一定繁荣兴盛，而且一定快乐幸福。所有个别的社会成员全都被令人愉快的爱与情谊的绳子绑在一起，并且仿佛被拉向共同的友好互助生活圈的中心。

但是，即使所有提供的必要帮助不是出于这样慷慨与无私的动机，即使在个别的社会成员间完全没有情谊，虽然社会并不幸福宜人，却不一定就会因此而分崩离析。社会仍可存于不同的众人间，只源于众人对社会的效用有共识，就像存在于不同商人间那样，完全没有什么爱或情义关系。虽然其中每个人都没亏欠其他任何人什么义务，或应该感激什么人，社会仍可透过、按照各种帮助的议定价值，进行商业交换而得到维持。①

第一段描述的是基于仁慈基础上，最温暖幸福的乌托邦；如果把一切仁慈友爱的德性从中挑拣出去，伊甸园式的社会就变成了第二段所描述的样子。但它仍然是一种理念的存在：一种纯粹正义的秩序。但是，在这人人正义的社会里，正义的规则（rules of justice）反而消失了。所以，对自然法理学的思考也只有唯一的路径，那就是对历史中政策法律的考察、对文明社会史中不正义行为的批判。正因此，亚当·斯密才会说，"每一套制定法体系，都可以被视为尝试迈向一套自然法理学，或尝试迈向一套列举周详的正义规则体系，所获致的一个或多或少不完美的结果。"②

亚当·斯密真正要说的是：自然法理学只存在两个地方，一个是"社会"，另一个是人心（或人性）。

---

① Adam Smith, *The Theory of Moral Sentiments*, p. 85.
② 亚当·斯密，《道德情感论》，谢宗林译，北京：中央编译出版社，2008 年，第435 页。

大卫·休谟与亚当·斯密

——两种反宗教策略的启蒙策略

陈正国

历史学家对 18 世纪欧洲思想面貌有许多不同的定性方式。有人称之为理性的时代,有人称之为怀疑的时代,有人称为世俗化的时代。此外也有许多史家提醒我们,尽管 18 世纪是个科学思想昌盛、理性抬头的时代,其间基督教信仰依然相当稳固、普遍。这些不同、甚至看似冲突的说法都有其道理,也都符合历史真相。两相对比,正可以再次映证史家们的常识:18 世纪欧洲社会的基督教信仰依旧普遍,却开始受到思想上的挑战。因此,如果历史学者要强调思想的创新、新风气、新风景、新倾向,多半会强调 18 世纪的怀疑主义或理性主义。如果从社会史的角度,或所谓心态史的角度理解欧洲,那许多传统价值与意识形态依然是表现欧洲社会的基本色调。而研究启蒙运动者,多半旨在论述思想的创新,也因此多半会强调其中反传统,甚至是激烈反传统的思想因子。例如 Peter Gay 早期影响启蒙思想研究甚巨的 *The Enlightenment: An Interpretation* (1967) 其副标题就是 *The Rise of Modern Paganism* 。这本杰作等于是讨论启蒙的渊源,以及自文艺复兴以来欧洲思想的流变。其中一项重要的流变,就是世俗思想,或所谓异教思想在 18 世纪的擅场。① 将启蒙运动视为欧洲现代性的分水岭，是许多当代思想史家所深信的历史诠释。② 从荷兰的拜耳（Pierre Bayle，1647—1706）、斯宾诺莎（Spinoza，1632—1677），到法国的伏尔泰（Voltaire，1694—1778）以及百科全书编辑与作家们都对基督教的神学或信仰基础进行思想的拆解。

从着重现代性的史学传统看，苏格兰启蒙运动显示了另一种价值。因为在 18 世纪苏格兰的思想发展里，人们似乎看不到"现代"与"传统"的明显对峙或生死搏斗。其实，许多苏格兰启蒙运动的重要人物具有深刻的基督教背景。例如被称为苏格兰启蒙的第一代人物的哈奇森（Francis Hutcheson，1694—1746）的父亲是长老教会牧师，他本人也受过完整的神学训练。第二代人物中的罗伯森（William Robertson，1721—1794）既是爱丁堡大学校长，更是长老教会的全国联合会主席。③ 布莱尔（Hugh Blair，1718—1800）是爱丁堡大学的修辞学教授，同时也是 St. Giles' 教堂的牧师。以《文明社会史论》闻名于当世的弗格森（Adam Ferguson，1723—1816）原是牧师，后来辞去神职工作专任大学教职。威瑟斯朋（John Witherspoon，1723—1794）在 1765 年出任新泽西学院（后来的普林斯顿大学）校长，影响北美的启蒙运动甚巨，④他曾经活跃于苏格兰长老教

---

① Peter Gay, *Enlightenment：The Rise of Modern Paganism*, p. 314. Jonathan Israel 近年陆续出版了几本有关启蒙思想的大书，其论述重点与 Gay 类似，在于强调启蒙思想中的创新与革命性因素，以及这些革命性思想的传播。Jonathan Israel, *Radical Enlightenment：Philosophy and the Making of Modernity 1650 – 1750*, Oxford, New York：Oxford University Press, 2001；*Enlightenment Contested：Philosophy, Modernity, and the Emancipation of Man 1670– 1752*, New York：Oxford University Press, 2006；*A Revolution of the Mind：Radical Enlightenment and the Intellectual Origins of Modern Democracy*, Princeton, N. J.：Princeton University Press, 2010.

② 近年来此种论述的重要作品包括 Jonathan Israel, *Radical Enlightenment：Philosophy and making of Modernity 1650– 1750*, Oxford：Oxford University Press, 2001；*Enlightenment Contested：Philosophy, Modernity, and the Emancipation of Man 1670– 1752*, Oxford：Oxford University Press, 2006；Charles Taylor, *A Secular Age*, Cambridge, Mass.：The Belknap Press of Harvard University, 2007.

③ William Robertson 被称为 18 世纪英国史学三雄，与 Edward Gibbon, David Hume 齐名。他在世时撰有 *History of Scotland*, *History of the Reign of Emperor Charles V*, *History of America*。

④ Roger Fechner, *Scotland and America*.

会，尤其对长老教会中的正统派相当有影响力。此外，正如 Richard Sher 等人所论，苏格兰长老教会中的温和派是苏格兰启蒙运动中不可忽视的重要力量。① 笔者无意挑战此一主流诠释，但笔者想指出，若将 18 世纪，尤其是苏格兰长老教视为传统，苏格兰启蒙思想其实是批判性地面对传统与意识形态的精彩展示。透过对休谟（David Hume）与斯密（Adam Smith）对宗教的批判，笔者企图说明苏格兰启蒙思想如何面对传统与现代的问题。笔者将论证，休谟采取了认识论上的反宗教策略，而斯密则采取了社会学的反宗教策略；虽然这两人都试图在理解人类社会行为与现象的过程中，尽量降低宗教与神学的面向，但他们并非彻底的无神论者。尤其是斯密，他其实在一定程度上认可了宗教的意义。笔者希望透过以下论证，可以得到一个延伸性的结论：苏格兰启蒙思想致力于意识形态的批判，却不是个反传统运动。

一、大卫·休谟的反宗教认识论

苏格兰作家中致力于宗教意识形态批判者，莫过于大卫·休谟。众所周知，休谟是 18 世纪英国最重要的怀疑论者。康德说他阅读了休谟著作之后，才从原本的独断论中惊醒过来。休谟所采取的反宗教策略，是认识论策略。②休谟在1748 年，出版了《人类理解力探论》（*An Enquiry concerning the Human Understanding*, *and an Enquiry Concerning the Principles of Morals*），其中有一节讨论到"奇迹"这个主题。对休谟而言，"奇迹"概念牵涉到宗教，尤其

---

① Getrude Himmelfarb, *The Roads to Modernity*: *The British*, *French*, *and American Enlightenments*, New York, 2004.

② 有关休谟的宗教思想可参考 David Norton, *David Hume*: *Common-Sense Moralist*, *Skeptical Metaphysician*, New Jersey: Princeton University Press, 1982；以及近期的 Terence Penelhum, "Hume's Views on Religion: Intellectual and Cultural Influences", in Elizabeth S. Radcliffe ed., *A Companion to Hume*, Oxford: Blackwell Publishing, 2008, pp. 323 – 337；Martin bell, "Hume on the Nature and Existence of God", in *A Companion to Hume*, pp. 338–352；Michael Levine, "Hume on Miracle and Immortality", in *A Companion to Hume*, pp. 353 –370.

是基督教，但也同时牵涉到他的认识论的基本假设：经验与观察。休谟对"奇迹"提出如下的定义："因出于神祇的某种特殊意念，或者肉眼所不见的行动代理者的干预，而造成某一自然法则的冲陷。"①休谟论道，从经验主义的角度来看，"奇迹"这个概念本身就是自我矛盾的名词。因为奇迹表示人对于惯例（亦即奇迹的反面）已经有了众所公认的经验事实。如果大家都在经验上同意一种现象的规律性，我们又如何确信那违反经验法则的单一事件、例外是奇迹？因为我们毕竟无法从经验法则推出奇迹，而经验法则却又是无人知识的唯一基础。

从文本内容来看，休谟《论奇迹》一文的目的在于批驳《圣经》的记载。换言之，他是将《圣经》历史化，视之为人类的活动与心智的一种记载。但这种历史载记有其特性，其本身是为了传教，所以此一目的使得《圣经》记载了许多错误知识。休谟在 1757 年陆续出版了六册的《英格兰史》，其中的主题之一，就是反对政治党派因为政党意识而左右了历史的解释。但在《论奇迹》一文中，休谟未对宗教意识进行分析，而仅就"自然法则"的概念反驳奇迹。他举例说，如果史家们都记载道，英格兰伊丽莎白女王卒于 1600 年，并且证实当时的御用医师已签字切结，证明女王已死。但在新王登基并接受国会认可之后一个月，伊丽莎白女王却重新出现。我（们）会对这事件啧啧称奇，却不会以奇迹来理解这件事，我（们）会毫不犹豫认为女王当初诈死。我（们）会相信，这一切都是佯装，而非真实。休谟说："这整件事会使我大惊，但我仍会强调，诈术与蠢笨原本就是人类普遍的现象；我会相信不可思议的事件会从因缘凑巧之中产生，但不会同意，这就自然法则被破坏的信号。"②

自然法则或自然秩序是欧洲近代早期逐渐擅场的观念。这个观念的上扬，正代表中世纪世界观的消退。对中世纪的一般人而言，奇迹、诡异、异象，甚至神的预警等并非事物秩序的例外。它们虽然称不上是规律性的存在，却无疑是自然的一部分。换言之，将自然看成

---

① Hume, *An Enquiry*, Oxford：Clarendon, 1894, p. 115.
② Hume, *An Enquiry*, Oxford：Clarendon, 1894, p. 128.

是有秩序，看成是必然有因果关系，必然可以提出人为解释的世界观，是近代早期以后的历史结果。[①] 休谟固然是这个理性化或科学革命的产物，但是近代基督教同样也顺应了科学革命的冲击，而转换了自身的一些神学论述。其中与笔者此篇最为相关的部分，应该是自然神论的建构。自然神论有复杂的历史，其指涉内涵也多少因人而异，因此笔者此篇实无法细述其中曲折。但自然神论者却有个共同的语言，就是将是上帝归为第一因（the first cause），而将上帝所创之世界现象归为第二因（the second cause, or secondary causes）。一般而言，自然神论者如莱布尼兹（Gottfried Wilhelm Leibniz, 1646—1716）、波普（Alexander Pope, 1688—1744）、牛顿（Issack Newton, 1643—1727）等人都相信，上帝本质为善，它将世界安排成有秩序的自然，呈现在第二因之中。上帝赐予人类理性，此理性虽非完美，但已足以透过第二因而掌握自然秩序，并加以利用自然而增进人类的生活。再者，在理解第二因的过程，体悟到上帝的存在、智慧与善。

休谟的知识论对自然神论的基本假设也提出了质疑。在《论奇迹》一文中，休谟接受自然神论者的预设，认为人类无法得知第一因本身，因为它既是全能者又是创造者，因此，被造物不可能知晓它的行为的属性。我们唯一所能诉诸的，还是只有经验。在我们的经验里，"人类的文献中对于真理的破坏"（the violation of truth in the testimony of men）显然比"奇迹对于自然法则的破坏"（the violation of the laws of nature by miracles）更为常见。当然，既然称之为奇迹，就不是经常出现的现象。因此，休谟以经验主义的概念"可能"（probability）来反驳奇迹，认为这是拿尺量水温的谬误。进一步言，休谟之所以讨论奇迹，其实是"项庄舞剑意在沛公"，其目的是要批驳神迹论述的知识论基础。但既然是神迹，就牵涉了神的意志，更非人类经验法则所能揣度。

休谟当然很清楚神迹论里有一层更为深刻的神学意义，并非奇迹

---

① Keith Thomas, *Religion and The Decline of Magic* ; *Studies in Popular Beliefs in Sixteenth and Seventeenth Century England*, Harmondsworth：Penguin, 1971.

一词可以言尽。基督教的基本信仰中有神恩（providence）一则。根据当时一般的神学见解，神恩可以分为普遍神恩以及特别神恩。而教会，尤其是新教，相当注重特别神恩。因为特别神恩代表了福音以及个人与神的特别关系。对休谟而言，在具体福音布道中，特别神恩不啻是神迹的神学说明。休谟在《论特别神恩以及来生》（"Of a particular providence and of a future state"）一文中对此加以批评。休谟再次以经验主义的观点，强调事证与推论之间必须完全对等。我们观察到自然秩序中有智慧与善（wisdom and goodness），我们可以推论其因素有智慧与善。但正如若有一人制作了一件美好物件，我们不能据此推论，他可以做出其他数百件美好物件；同理，我们对神祇或上帝的理解，只能从自然秩序（亦即第二因），也就是从经验观察中得出。就如同奇迹一样，特别神恩，也就是上帝的特别眷顾或意图，违反了自然秩序，违反了我们的经验法则。如果将奇迹列在史册，那是错误的记载或因为特别的理由而妄加杜撰的行径。而如果我们超出经验或自然秩序所能印证的范围，而推论出涉及直接接触、理解第一因的特别神恩说，我们无疑是将自己列于与上帝同等的地位。

> 吾人有关此题所犯的错误，以及恣意驰骋想象之来源，在于吾人默许自己处于至高者之位置上来思考事情。并且结论道，无论在何种情况下，至高者会与吾人之所为相同，正如同吾人若处于它之位会那般理性而合法地从事之。①

换言之，休谟并未全盘否定自然神论，而是否定过度的、经验上不可检证的宗教论述。这些不可检证的论述在休谟看来，就是宗教狂热的温床。休谟后来在《英格兰史》中，大力批评克伦威尔以及他同时代人的新教狂热。因为新教狂热的表现方式，常常是以神启、异象最为张本。

---

① Hume, *An Enquiry*, Oxford: Clarendon, 1894, p. 146.

二、休谟反宗教的社会意义

休谟从认识论出发，怀疑当时的神学知识与一般人的，不一定全盘否认宗教。许多现代史家同意，休谟的宗教论述主旨与其说是提倡无神论或否定上帝的存在，毋宁说是提醒信仰的本质在于情感而非理性。[①] 有些人认为休谟是无神论者，但这意见其实是当时一般人因为对休谟心生反感而加诸在他身上的错误判词。休谟自承道，关于"神圣的存在"（divine existence），他从未质疑过。[②] 那么，休谟为何甘冒天下之大不韪，为文批评基督教，尤其是基督教教会体制与神学论述？事实上，就在 1696 年的爱丁堡，距离休谟出生不过 15 年的光景，才有一位爱丁堡大学的学生 Thomas Aikenhead（1676—1697）被判亵渎宗教，而处以绞刑示众。此一案例是欧洲最后一件因宗教意见而被处死的案例。换言之，在苏格兰启蒙运动蓬勃兴起之前，该国的宗教意识形态依旧极为巩固。休谟自己也多次被长老教会训诫；而宗教法院甚至在 1756 年安排了听证会，打算将休谟逐出教会。[③]在种种不利、甚至险恶的环境下，休谟何以要不断讨论、批评当时的神学态度？首先，这当然与他个人的哲学兴趣息息相关。从希腊哲学精神，尤其是伊壁鸠鲁学派来论，哲学的基本态度就是诘难、质疑、对话。休谟本人曾经对此为文自我辩解。[④]但对笔者此篇而言，同样重要的理由是，休谟希望人对社会秩序、政治秩序、道德秩序的理解，都能从神学领域中解放出来。19 世纪的孔德曾经撰文将人类的历史发展分为神学时代、形而上学时代，最后进入科学或实证

[①] Genevieve Lloyd, *Providence Lost*, Cambridge, Mass.：Harvard University Press, 2008, p. 258. 本书对《关于自然宗教的对话》也有简短却精彩的分析，请参考 Lloyd, *Providence Lost*, pp. 265–274.

[②] Hume, *An Enquiry*, Oxford：Clarendon, 1894, p. 135. 当然，批评者仍可以进一步攻辩道，此处的神圣存在不必然指基督。

[③] E. C. Mossner, *The Life of David Hume*, Oxford：Oxford University Press, 1979, pp. 336–355.

[④] Hume, *Essays*, *Moral*, *Political and Literary*, Indianapolis：Liberty Fund, 1985, pp. 138–145.

学时代。其实，休谟早已经提出类似的人类心智进展历史。他以文本批判的方式，强调《圣经》的记载，是神学时代的产物，其中充满了每个民族在草昧阶段所共同呈现的"奇妙记述"（fabulous accounts, which every nation gives of its origin）。① 休谟希望，人类社会的自我理解可以从神学中解放，并以另一种路径着手。对此，他称之为人的科学（the science of man）。究竟休谟所谓人的科学为何，包含哪些内容，并不是容易回答的问题。笔者只想从伦理道德这个层面加以说明。并且希望联结到笔者此篇另一位主人翁，亚当·斯密的另类反宗教策略。

基督教作为一种体制，在形塑欧洲人的道德意识、风俗、乃至于法律，均有极为深刻的影响。休谟说，伊壁鸠鲁学派之所以不容于社会，尤其是政治人物，原因是因为很多人尤其是政治家相信，既然此派学说不相信上帝，不相信神的意旨，不相信来生或永生，他们就可能无所忌惮，因此会对文明社会的安定祥和造成负面影响。②换言之，将伦理道德与宗教信仰挂钩，如果不是草昧民族的心智结果，就是为政治人物的治理提供方便。休谟非常清楚地强调，基督教的本质是信仰（faith），而非理性（reason）。③如果宗教逾越了信仰，而进入理性的领域，对伦理道德、政府法律加以规范，都是危险而不具正当性的行为。例如，休谟很清楚地论道，想要理解正义课题并不需要神学的辅翼。正义的执行或实践，并不需要神学或宗教预设。④同理，在理解法律或归因责任之时，神学与宗教只会让问题失焦或复杂化。根据一般事物的常理，我们认为一个放火烧掉矿坑的人，必须为这事件的所有后果负责。我们或许会考量人的无知或无能，而替他减责。但"我们的创造者"却没有任何不完美存在。"他知道万事的前因后果，"休谟如是说道，"其实是他下令、预定了我们立刻确定为

---

① Hume, *An Enquiry*, Oxford: Clarendon, 1894, p.130.

② Hume, *An Enquiry*, Oxford: Clarendon, 1894, p.134.

③ Hume, *An Enquiry*, Oxford: Clarendon, 1894, pp.130–131.

④ Hume, "Of a particular providence and of a future state", *An Enquiry*, Oxford: Clarendon, 1894, pp.141–142.

罪犯的人的所有作为。"①换言之，第一因与第二因的神学思考或世界观，对我们的法律文化与秩序并无好处。

如果法律、政治秩序不能在神学中找到基础，那人类社会的秩序应该从何而来？休谟的人性论或人的科学，正是希冀能取代宗教、神学，为事物秩序找到基础。如果要论证休谟在人的科学议题上的基本假设、论证，将远超出本篇篇幅所能承载。此处，仅就其中的一些面向详加说明，以为例证。就像许多其他 18 世纪的思想家一样，休谟所关注的人类现象相当多端。但是比较有特色，同时也比较显著的课题，是今日史家所谓的文雅文化（polite culture）。从英格兰历史发展而言，文雅文化是反对过度物质主义、过度强调自利论，而强调古典主义，强调道德美感的态度。其中最重要的推手，应当是沙夫茨伯利伯爵（Antony Ashley-Cooper, the 3rd Earl of Shaftesbury, 1671—1713）。他认为人有种道德感观，能直接判断对错善恶。可称之为道德感官（moral sense）②的沙夫茨伯利伯爵的道德哲学在苏格兰因为哈奇森（Francis Hutcheson，1694—1746）的发扬而有相当大的影响。1707 年之后，苏格兰的经济条件逐渐从 17 世纪末的泥淖中抽身，商业社会逐渐形成，文雅文化的条件相对成熟。虽然休谟的道德哲学基本立场与沙夫茨伯利伯爵、哈奇森都极为不同，但是他们对文雅文化的推动之意，则无二致。文雅文化强调一种由文化生活所形塑的社会秩序。换言之，它所强调的是商业市民社会的某种质量。但在讨论质量之前，社会之所以能成为社会的基础，是休谟更为关切的课题。

休谟许多论著都在讨论社会何以成为社会。其中有两个概念特别值得提出，以帮助了解休谟反宗教的延伸意义。第一是人性论的基本假设。休谟同意霍布斯与洛克，认为人的行动初发来自于自我照顾，而非沙夫茨伯利伯爵与哈奇森的利他。但休谟更进一步，认为人之行动胎动于激情（volition）或恸感（passions），而非霍布斯或洛克所暗示的理性——人在自然状态便冷静地思考何者对自己的生存最为有

---

① Hume, *An Enquiry*, p. 100.

② Lawrence Klein, *Shaftesbury and the Culture of Politeness*, Cambridge：Cambridge University Press，1994.

利。所暗示的理性——人类在自然状态中就已经能够冷静地计算，并且明了社会契约对自己最为有利。但如果人的行为肇始于每个个体的激情恸感，社会如何成为可能？休谟认为，社会秩序同样不是来自人的理性，而是源于物质性、感受性的能力——共感能力（sympathy）。休谟说，传统教条，尤其是宗教诚命与教会教导中的美德如慷慨、人道、同情（compassions）、孝顺、感恩、无私等，都是共感的结果。我们会喜欢或不喜欢、同意或不同意某些人，都是源出于共感的作用。

相同的，我们对他人的共感不弱于我们对自己之强，对疏远者，又不弱于对邻近者之强，但我们在判断人的质量时，多半会忽略这中间的差异。此外，我们经常处在不同的情境之下。我们每天见到不同的人，他们的处境也与我们有所不同，如果我们一直采取同一态度、立场，对方绝对无法与我们做有效的沟通，（因为若如此）他们的情境对我们而言就会显得特别而古怪。因此，在社会里与在交谈中，情思的沟通交流让我们建立起不变的标准，曰我们借以赞赏或不苟同他们的个性或行为。①

三、亚当·斯密的社会学式反宗教论述

斯密的道德哲学，在许多层面上都是延续休谟的假设并加以精致化。例如他将休谟的共感论述加以理论化，发展出"公正的旁观者"（impartial spectator）概念。笔者认为，正如同"公正的旁观者"是将休谟心理哲学式的共感理论，放在社会情境中加以重新认识，斯密的反宗教策略也与休谟的认知论方式有所不同。虽然斯密与休谟一样，都希望将宗教的影响排除于社会知识与社会建构之外，但斯密并不再个人心理层面上反定宗教的意义。从个人心理而言，斯密认为，同情共感以及共感的社会形成有其极限。宗教就是在此极限之外的替代或安慰。从此点意义来看，斯密的宗教观其实有对休谟共感论的补正。

休谟对于宗教，尤其是教会，显然是随着年纪的增长而更形不耐。1757年，休谟出版了《宗教的自然历史》（*Natural History of Religion*），与此同时，休谟着手进行《关于自然宗教的对话》（*Dialogues*

---

① Hume, *A Treatise of Human Nature*, Oxford: Clarendon, 1978, p.603.

Concerning Natural Religion）的写作。休谟对话录里借由 Philo 这个角色论道：既然上帝代表"正义、慈悲、怜悯、严正"(justice, benevolence, mercy, and rectitude)，同时具有智慧与权柄，但人类却不幸福 (happiness)，这就表示上帝不愿赐给人类幸福。所以自然神论者将上帝视为慈善，将神的世界计划或神恩视为终极而整体的善，是诡异且缺乏经验事实的前提假设。①休谟甚至大胆地质疑道，与这些自然神论者的宣称正好相反，我们可以假设，人类的苦难（而非幸福）与上帝的存在是正相关的。②休谟原本要在生前就出版此书以及另一篇文章《论灵魂的不朽》，却都为斯密挡下。休谟辞世前不久，特别委托斯密，希望他能在自己去世后代为出版。而事实上，斯密也一直按住文稿未发。在宗教的议题上，虽然斯密更为谨慎，但我们不可因此就视休谟为激烈的反宗教论者。尤其是在当初欧洲的智识环境中，休谟更显的是位哲学化、理性温和的宗教质问者。1755 年，里斯本发生大地震，伏尔泰发表了激烈的反宗教宣传诗。伏尔泰的里斯本论述带有强烈的宣传性与挑衅，这是伏尔泰有意为之的写作风格与策略。反之，休谟的《关于自然宗教的对话》完全以普遍的语言陈述他的宗教理解。尤其是书中以对话录的形式表现，让不同观点有交涉、互为主体的可能。反之，伏尔泰的诗论，完全以第一人称表达主观与强烈的情思。③我们似乎可以确切地说，休谟所代表的苏格兰启蒙是更温和、更哲学化的思想创新。相较于休谟，斯密当然更温和。其中最主要的原因是因为斯密仍然承认、愿意给宗教的道德哲学一个合法的地位。

---

① A. W. Colver and J. V. Price (eds.), *David Hume on Religion* , p. 229.

② A. W. Colver and J. V. Price (eds.), *David Hume on Religion* , p. 230.

③ 关于休谟的宗教思想可参考 David Norton, *David Hume: Common-Sense Moralist*, *Skeptical Metaphysician* , New Jersey: Princeton University Press, 1982；以及比较近期的 Terence Penelhum, "Hume's Views on Religion: Intellectual and Cultural Influences", in Elizabeth S. Radcliffe (ed.), *A Companion to Hume* , Oxford: Blackwell Publishing, 2008, pp. 323 – 337；Martin Bell, "Hume on the Nature and Existence of God", in *A Companion to Hume* , pp. 338 – 352；Michael Levine, "Hume on Miracle and Immortality", in *A Companion to Hume* , pp. 353 – 370. 关于休谟的怀疑主义以及其怀疑主义与其写作策略及风格的关系，请见 Jerome Christensen, *Practicing Enlightenment*: *Hume and the Formation of a Literary Career* , Madison: University of Wisconsin Press, 1987. 有关伏尔泰与休谟对里斯本大地震的反应差异，可参考陈正国，《英国思想界对里斯本大地震（1755）的回应》，《台大文史哲学报》第 76 期，2012 年 5 月，第 161—213 页。

斯密延续休谟的意见，在社会层面上批判性地排除宗教的角色。斯密当然知道，实际上，宗教塑造了人类社会的现况。但事实并不就代表了事物自然的道理。斯密曾在《国富论》中以宗教因素，解释为何印度的经济发展会发生瓶颈。他说，印度教不准教徒于夜晚在恒河上点灯，连带影响了运河的经济效益。同样的，在古埃及以及印度，宗教教义严格要求克绍箕裘的伦理，否则儿子会被视为可怕的冒渎。工人职业的世袭制使得此地的工资一直无法达到它所应得的水平 (I.vii.31)。[1]很明显的，斯密此处所反对的，是宗教观念不当地进入不属于宗教所适用的领域并发生影响；换言之，就是宗教意识形态的作用。宗教意识形态对商业，尤其对利息的影响非常明显。斯密说道，在英格兰爱德华四世时期 (r.1461–1470，1471–1483)，"宗教狂热禁止所有的孳息获利"。斯密接着做了一般性的评论道："此一禁制，正如其他所有类似的禁止令一样，应该没有果效。而且很可能因此造成借贷之恶 (evil of usury) 的增长，而非减少。"[2]斯密认为经济活动自有其自然秩序。例如分工会造成时间成本的减少与技术的纯熟，因此产能增加。交换——以有易无——是人性，所以也是自然秩序的一部分。当然，只有自然秩序，并不足以保证人类经济活动的自然进步。凡是涉及人类集体行为的事务，都会牵涉到人的反身性或自觉性的问题：例如人是否自觉到自然秩序，对于自然秩序是否有共识，以及人的知识、品格是否能够随着自然秩序的进展而演化，与之和谐共进。斯密在《国富论》中非常强调教育经济学，例如强调基础教育应该由政府出面办理，以及高等教育人员的收入应该听由修课学生的人数多寡而定。此外，斯密本人是菁英社 (Select Society) 的社员。此社团的主要宗旨，就是提倡能让社会物质条件进展的各类知识。[3]

---

① Smith, *Wealth of Nations*，I．p. 80.

② Smith, *Wealth of Nations*，I．p. 106.

③ 菁英社与 Edinburgh Society for Encouragement of Arts, Sciences, Manufactures and Agriculture in Scotland 关系极为密切。它的前身是 1723 年由苏格兰中上阶层所组成的 Society for Encouragement of Arts, Sciences, Manufactures and Agriculture。关于市民社会社团与苏格兰历史之间的关系，请参考 Nicholas Phillipson and Rosalind Mitchison (ed.), *Scotland in the Age of Improvement: Essays in Scottish History in the Eighteenth Century*, Edinburgh: University Press, 1970. 关于菁英社本身的研究请参考 Roger Emerson, *The Social Composition of Enlightenment Scotland: The Select Society of Edinburgh, 1754–1764*, Oxford: Voltaire Foundation, 1973.

换言之，斯密以及他同时代的苏格兰智识阶层都极为关注知识的养成对于经济发展的重要性，也就是认知到经济自然发展必然具有人的反身性理解。简言之，经济发展的前提，不只是人必须"哲学地"明了自然秩序，也同时必须科学地明了事物与事物之间的因果关系。

斯密认知到，在历史上，宗教意识形态实际上曾经影响了人类的经济行为。但是，这是宗教，尤其是宗教教义的错置，不必是宗教本身的错误。[1]宗教，对斯密而言，其意义或功能在于对个人的安慰，而非对社会的发展。但是，值得注意的是，斯密所指的个人的慰藉，并非马克斯所批评的鸦片，或宗教社会学上所指的社会安全阀，避免不满的情绪泛滥而造成社会失序。所谓社会安全阀，是指转移了对社会正义议题的关注或不满。但斯密不认为宗教应该在正义的议题上扮演任何角色。正义关系到法律议题，它必然要寻求客观的判断与结果。但人类的判断范围远超出法律事实，也包含相当隐微的其他情思（sentiment），例如美丑、好恶等。斯密认为，宗教就是在这隐微的情思世界里有了一定的意义。

用最简单的两个概念，庶几可以概括斯密道德哲学的主要内涵，那就是同感（sympathy）与道德判断原则。有关斯密道德哲学的研究早已汗牛充栋。[2]笔者只能拣择其中有宗教相关的论述加以讨论。但是，因为斯密的道德哲学论证极为绵密，而且议题与议题之间的关系相当紧密，所以，即使只讨论宗教一则，也必须从一般性的同感与道德判断原则着手。

斯密认为，人类天生具备感知别人之处境、遭遇、心情的能

---

① 关于斯密对宗教如何错误地影响经济发展，最详尽的当代研究应该是 Peter Minowitz, *Profits, Priests and Princes: Adam Smith 's Emancipation of Economics from Politics and Religion*, Stanford: Stanford University Press, 1993, pp. 139–187.

② 在此罗列几本新近相关的研究以为代表。Ryan P. Hanley, *Adam Smith and the Character of Virtue*, Cambridge: Cambridge University Press, 2009; D. D. Raphael, *The Impartial Spectator: Adam Smith 's Moral Philosophy*, Oxford: Clarendon Press, 2007; Fonna Norman-Barzilai, *Adam Smith and the Circles of Sympathy*, Cambridge: Cambridge University Press, 2010; Michael Frazer, *The Enlightenment of Sympathy: Justice and the Moral Sentiments in the Eighteenth Century and Today*, Oxford: Oxford University Press, 2009; Jerry Evebsky, *Adam Smith 's Moral Philosophy*, Cambridge: Cambridge University, 2005; Charles Griswold, Jr., *Adam Smith and the Virtues of Enlightenment*, Cambridge: Cambridge University Press, 1999.

力。此能力作用在人的身上时，称之为"情思"（sentiment）。他说：
"即使是最大的恶棍，心肠最硬的社会律法之破坏者，也会有此情
思。"①但我们如何获得情思？主要来自我们对自身的反身性观察与
体会。我们假想自己身在他人处境，然后在脑中一件、一件跑过此人
所作所为：这是运用想象力，配合上天生具有的感觉能力而达到的体
察。此体察过程，即称之为同感（sympathy）；而体察之主体，称之
为"公正的旁观者"（impartial spectator）。真正的同感，并非只是受
到对象的情愫挑动，而是体察者自身的反思——设想自己处于当事人
情境下的情思为何。换言之，体察是在想象的客观环境中所从事的主
观心智活动。②"公正的旁观者"既是我们赖以理解、判断他人行为
的同感机制，也是我们理解自身的机制：我们必须学着用"公正的旁
观者"来审视我们自己的情思是否合理。

无论我们对自身行为的评价为何，这些判断都在实际上——或在
某种情况下——理论上来自他人的判断；或者，我们会想象是他人的
判断。我们努力试图以客观公正的旁观者的角度，检视自己的行为。
当我们将自己放在公正旁观者的位置上时，如果我们能完全进入影响
那行为的所有恸感与动机，我们会赞赏这行为，也就是对那位理当公
正的法官的赞许有了共感。反之，我们就进入了他的非难，并指责此
行为。③

表面上看，斯密的公正旁观者同时是休谟同感心理学的道德化与
社会化。对斯密而言，人的道德判断其实对他人与自己情思的同感程
度；同感强，即为认可，反之，即为否定。而道德判断，是在人与人
互动、互看的情境下所产生的。在社会中，公正观者取代了上帝的位
置，人的行为规范无须至高的立法者或最终审判来加以确认。斯密
说，如果一个人犯下罪行，即使他知道此事无人知晓，即使"他相信
没有上帝会报复他，他仍然会感觉到这两种情思（指嫌恶与憎恨——
作者按）将一辈子苦噬着他；他仍会视自己为其他人所痛恨、不齿的

---

① Smith, *Theory of Moral Sentiments*, p. 1.
② Smith, *Theory of Moral Sentiments*, p. 12.
③ Smith, *Theory of Moral Sentiments*, p. 110.

自然对象。"①

四、亚当·斯密的道德自律与宗教个人化

斯密的道德哲学提供了社会的、剧场式的道德判断形式，强调道德判断必须是情境式的理解，而非独断式的审理。但这种道德理知其实显露了一种潜在的困境——自我客观化的"公正的旁观者"与社会的"公正的旁观者"之间的评断可能出现歧异。歧异产生之时，宗教正可以扮演安慰的角色，安慰这歧异所带来的困扰与痛苦。其实，根据斯密的同感与公正旁观者理论，上述歧异几乎不可避免。第一，诚如斯密在《道德情思理论》开宗明义所言，我们无法真正经验他人的经验与痛苦。我们的同感，其实是以我们自身的经验为基础，透过想象而来。换言之，所有的同感、同情都不完美。第二，我们的道德判断透过公正旁观者，进入对方情境来设想，衡量自己在那情境中所产生的情思与所观察的情思是否吻合，借以判断对方的情思是否合宜、正确。但这种情境式判断要达到完美，必须是我们掌握了所有的情境细节，才能合理评断当事人的情思、行为是否合宜、正确。而要掌握所有的情境细节，无疑是像要求有人担任全知者的角色一样不可思议。斯密举了当时发生在法国南部图卢兹（Tolouse）的一个案例。1761 年，一名新教徒卡拉（Jean Calas）被法国法庭误判死刑。法院认为卡拉因为长子不满家中的新教信仰，想皈依罗马天主教，而心生不满并下手杀死自己的儿子。在伏尔泰的批评与奔走下，此案重审，最终还给卡拉清白。但是如果此案没有重审呢？这是斯密所要讨论的。显然，卡拉的"公正的旁观者"与社会的"公正旁观者"发生了极为明显而巨大的判断歧异。斯密接着评论道：

> 或许对于身处此种不幸遭遇的人而言，眼界只局限在此世的哲学并无法给予太多慰藉。所有能够让生与死带点光荣的事物，都已被取走。他们被诅咒去死，并永远背着污

---

① Smith, *Theory of Moral Sentiments*, p.118.

名。只有宗教可以给他们实质的安慰。只有她（宗教）可以告诉他们，人们如何看待他们的所最所为并不重要，宇宙全知的判官知道这一切。只有她可以指出另一座世界，一座比现下更诚实、人道、正义的世界；在彼世里，他们的清白将被宣告，他们的美德将得回报；而表面胜利的邪恶力量终将被这原则所震慑，也只有此一原则能够给受污名、受辱的清白者一个真正的（effectual）的慰藉。[1]

宗教在社会判断的不完美处出现。换言之，只有承认社会之不可能完美，宗教才有意义，而其意义，也不在弥补社会之不满，而仅仅是个人的信念与慰藉。社会是一面镜子，在众多陌生人中，我们越能自持、理性地看待自己。但是，我们对于他人，终究隔着心智之墙，无法真正体会他人的动机。因此，最理想的状况，是自我审视时，采取第三者、公正旁观者的眼光看待自己。迩来，越来越多学者注意到斯密区分称赞（praise）与值得称赞的内涵（praise-worthiness）之间的重大差异。[2]社会性的行为与判断，例如追逐成功多半是基于追逐赞赏，而非值得赞赏的内涵。[3]只有越贴近行为者的情境，亦即越依赖公正旁观者的眼光，我们才越能知晓行为背后有何值得赞赏的内涵。[4]斯密又称此为良心（conscience）、内在于我的人（the man within）或内在的法官（the judge within）等。在此，我们见到，《道德情思理论》其实不只强调社会性的判断与正义原则如何获致，也强调道德自律的重要。人类的判官是人类，而非上帝；这足以建立起正义与社会秩序，却未必是完美的审判。终究只能诉诸自己扮演公正旁观者的角色，在行动初发之时，就清明地审视自己。

循此，大自然的全知创造者教导人类必须尊重他的兄弟

---

[1] Smith, *Theory of Moral Sentiments*, pp. 120–121.

[2] 比较完整的论述可参考 Ryan Patrick Hanley, *Adam Smith and the Character of Virtue*, Cambridge：Cambridge University Press, 2009.

[3] Smith, *Theory of Moral Sentiments*, pp. 114, 126.

[4] Smith, *Theory of Moral Sentiments*, p. 114.

的情思与裁决；对他们的赞赏须或多或少表示欣慰，对他们的不苟同，须或多或少感觉受伤。容我这么说，他（创造者）使人成为人类的临场法曹。在此情况下，一如其他许多情况，他（创造者）以自己的形象创造人，并任命他为此世的摄政，对其人类弟兄的言行加以督正……虽然人依此被任命为人类的临场法曹，但也只是在一开始的时候是如此。他的判决会使人们向更高法庭提出上诉。此更高法庭就是他们自己的良知，是理当无私、熟知案情的旁观者，是在内心中的那个人，是他们行为的大法官与独裁者。这两个不同法庭的审判，虽然有所相似与亲近，但事实上极为不同。外面的那个人的审判基础，纯粹是希望得到实际的赞赏，避免实际的批评。而里面那个人的审判基础则在于希望得到值得赞赏的真实内涵，以及避免之所以遭受批评的真实内涵……如果他行事紧从对值得赞赏的内涵与值得被批评的内涵之感觉，他便适合他的神圣属性。但他如果发现自己竟然是因为无知贫弱的人的判决而惊吓蒙羞，他就发现自己其实是会毁朽的凡人，他属于人，不属于神圣的源头。

在此状况下，这卑微受苦的人只能再次向上抗告，才能获得慰藉。他诉诸更高的法庭，全观的世界法曹，他的眼睛不曾被蒙骗，他的审判从不会扭曲。①

追求值得称赞的内涵表示了自律而不是他律的道德情思。而宗教的意义，就在自律与他律不一致的情境下出现。

欧洲启蒙思想中的反宗教态度有不同的色彩、前提、理论假设。以休谟及亚当·斯密为代表的苏格兰启蒙反宗教态度，最深刻而特殊的思想应该是其中的怀疑主义。但此一怀疑主义的另一面积极态度，是相信人可以借由怀疑，重新建立起对于世界或事物秩序的建构。休谟怀疑理性主义，同时怀疑宗教热忱，认为对于人性的理解可

---

① Smith, *Theory of Moral Sentiments*, pp. 128–131. 斯密紧接着又说："在许多状况下，我们此世的幸福仰赖一个卑微的来世生之盼望，这是深深植根在人性里的盼望。"

以重新在科学或心理学的基础上建立。斯密的怀疑论引导他将宗教意识形态排除在社会与自然秩序之外。但是，正如休谟的怀疑论具有反身性思考一般——以理性怀疑理性的完美——斯密的怀疑论也让他在建构社会判断、正义的同时，体会到社会判断与个人良知的可能落差。那个被误判的良知不该沦为世俗的笑柄，而应该正当地得到超越的意义，斯密如是说。

亚当·斯密道德哲学中的规范性意涵

——论合宜性与德性

吴政谕

> 没有律法的外邦人，若顺着本性行律法上的事，他们虽然没有律法，自己就是自己的律法；他们显出那写在他们心里律法的功用，他们的良心同作见证，并且他们的思想互相控告或者也辩护。
>
> 《新约圣经·罗马书》2：14—15

一、前　言

亚当·斯密（1723—1790）以其于 1776 年出版之《国富论》（*An Inquiry into the Nature and Causes of the Wealth of Nations*）闻名于世，其中最为人所津津乐道的乃是其以"看不见的手"（an invisible hand）论证市场经济的运作机制。该论证往往被视作政治经济学古典自由主义之理论基础（Stigler，1971），[①]强调人性的自利与看似和自利原则相反的公共利益的关系并非是彼此冲突的；相反，人性的自利甚至"间接"促成了公共利益的发展，此种揭露隐藏在经验世界背后的"自然律"标志着"苏格兰启蒙运动"（the Scottish En-

---

① 如同 Stigler 将斯密的政治经济学理论形容为："一座树立在自利基石上的雄伟宫殿"（Stigler，1971：265）。

lightenment）与英国经验主义（empiricism）传统方法论结合的知识巅峰（C.Smith，2008：10-11）。①虽然斯密不是第一位以人性自利的观点论证自利与公共利益"不谋而合"的理论家（Otteson，2003：200）②，但其对"自利"本身予以道德正当性的辩护却使其被誉为政治经济学中古典自由主义理论之父，但此项名誉却也成为研究斯密学说沉重的包袱。

相较于《国富论》所享的盛名，斯密另一重要的著作《道德情操论》（*The Theory of Moral Sentiments*）逐渐为后世忽略；但对于研究斯密的学者们而言，反而是《国富论》的出现造就了所谓的"亚当·斯密难题"。③相较于早期斯密道德哲学中呈现以"同情"（sympathy）为主的人性原则，《国富论》中却"转变为"以"自利"为首的人性首要原则，对于斯密而言，人性的基本原则到底为何？强调市场关系的行为模式难道与其道德哲学理论脱节了？亦或，斯密于《国富论》中转而强调非规范性的市场行为基础？尤有甚者，所谓"经济理性"与"道德情操"的关系又为何？而看似对市场秩序的"解释性"理论与"规范性"的道德哲学论证毫无关联吗？种种关于《国富论》与《道德情操论》之间的理论关系，及其是否能构成一致的理论性讨论，标示着"难题"本身之复杂性。④相较于广为流传的"难题"，斯密的道德哲学中似乎亦存在着理论上难以化解的争论，亦即关于"合宜性"（propriety）与"德性"（virtue）不同规范性论证之论述。

---

① Craig Smith 认为，在当时的苏格兰学圈，受到牛顿于自然科学方法论领域的革新及其获得的显著成效影响，以休谟为首标示"人性科学"（the science of man）方法论的年代，将经验式的观察与归纳（induction）应用于人文学科的领域，反映了此种自然科学方法论的革新对于当时人文学科研究方法论之冲击，促使理论的方向朝向奠基于自然科学式的"经验观察"（empirical observation）发展。（C. Smith，2008：10）

② 于 1714 年出版的 *Fable of the Bees* 一书中，曼德维尔（Bernard Mandeville）即是用了此一概念写下"个人之恶乃公众之利"（private vices are public benefits）的名言。

③ 就出版年份而言，《国富论》的初版为 1776 年，相较于 1759 年第一版的《道德情操论》而言，其时序上是较晚的；即便就著书的年份来看，《国富论》的创作约始于 1755—1766 年间，其时序中的某阶段亦是晚于《道德情操论》的"初版"年份。关于此两本著作出版的历史性考察，可参见：Montes，2004：18。

④ 关于难题本身详尽的历史性爬梳可参见：Montes，2004。

斯密的道德哲学中，无论是关于合宜性与德性的问题，还是关于《国富论》与《道德情操论》更宏观的理论难题，这两组问题意识都是彼此相关的。就该立场笔者同意 Metha 的论证，认为关于"难题"的传统理解，乃是立基于对斯密人性论错误的理论问题意识上；亦即，传统讨论"难题"的问题意识，乃欲尝试推导出在斯密的理论中具有"优先性"（priority）的人性原理，并论证其余的人性内在原则与该优先性原理并不冲突。但 Metha 却认为，斯密的学说并非对人性持此种"阶序性"（hierarchically ordered）的理解方式（Metha，2006：248）；相反的，Metha 认为，斯密学说中的人性论乃是对人性持"异质性"（heterogenous）的观点，而非同情或自利的对立关系（Metha，2006：248）。因此，Metha 归结出，对于斯密而言，其人性论之问题意识乃是："在人性的原理中，什么使追求德性成为可能？什么使道德行动成为可能？是什么样的人性原理促使我们追求财富与名誉？"（Metha，2006：248）换而言之，斯密人性论的问题意识并非刻意推导出人性为何的概念定义，而是强调，无论该原理为何，人都具有进一步反思自我行为动机的能力，并据此展现出行动本质的多样性。正因如此，人类才有可能理解道德行动之所以会出现的内在原则，以及促使我们追寻财富名誉的原理又为何等的问题。而笔者将进一步应用此种集中于"行为者"（agent）的探讨途径，呈现"人性的原理中，什么使德性成为可能，什么使满足一般道德要求的合宜性成为可能"，并以此化解在斯密道德哲学中看似不可调和的概念冲突，以进一步强化此种途径对于理解斯密人性论的重要性。

在进入本文的论证之前，有必要厘清本文主题所欲处理的对象。首先，就"规范性"（normativity）的概念而言，本文之主旨并非处理斯密如何认知道德哲学中规范性之"后设伦理学"（meta-ethics）之议题。若欲深究其中，则势必首先厘清，受休谟"人性科学"方法论之影响，斯密是如何将经验观察的方法论熔铸于道德哲学"应然面"之建构的？此种方法论及后设伦理学之问题意识并非本文关注的焦点。其次，本文并无意采取单以概念定义的方式讨论斯密理论中关于"合宜性"与"德性"之论证，而是就其整体的道德哲学理论，探究概念与理论脉络之关系，并进一步推论出适当的理解方式。就本文之论证主旨所欲呈现的是：斯密用以证成"合宜性"与"德性"之规范性概念的方式，并非着重于给定关于合宜性与德性为何概念定义的问题；相反，斯密的理论重点在于指出，"道德行为者"（moral agent）如何透过"道德判断机制"（mechanism of moral judgement）的发展，进一步"认知"道德规范性本身的丰富内涵。因此，斯密道德哲学的主要问题意识在于强调，透过道德实践，道德主体如何进一步发展出对既有道德规范的认知，并寻求批判与自我超越（self-transcend）的可能，[①]而非提供在"合宜性"与"德性"间择一的逻辑。为了证成该诠释途径，本文之论证步骤分为以下几个部分：

首先，就理解斯密道德哲学的规范性意涵而言，如何理解其关于合宜性及德性之论述是至关重要的。在第二节中，笔者将呈现两种不同的诠释途径，用以指出对合宜性及德性之概念的不同理解会如何影响我们对斯密道德哲学的诠释。

斯密提出的"合宜性"（propriety），至少包含以下三种意义：第一，所指的是旁观者（spectators）与"当事人"之间"情感的一致性"（correspondence of the sentiments）（Smith，2002：18）[②]；第二，"合宜性"指的是人借由"社会化"的过程，透过观察与反思，逐渐归纳出一般行为准则，并体现在作为维系社会规范的"一般性法则"（general rules）（Smith，2002：190）；第三，作为构成德性的基本要素之一，合宜性的判断与"公正旁观者"的判断是一致的（Smith，2002：288）。因此，"合宜性"往往被视为外在社会道德规范"内化"（internalised）为人们所能"习惯性遵从"（habitual reverence）的一般行为标准。是故，以合宜性为基础的诠释策略便会强调斯密建构的"社会化之道德"，并在诠释脉络中，突显与其时代背

---

① 当代亦有诠释者将斯密的道德哲学问题意识与伦理学中"德性论"（virtue ethics）之问题意识联结在一起，例如：Hanley，2009。

② 本文所引用之《道德情操论》之校本，为剑桥大学哲学史系列丛书所编纂之版本，参考：Adam Smith，2002，*The Theory of Moral Sentiments*，ed. by Knud Haakonssen，Cambridge：Cambridge University Press. 为了区分版本间内文的差异，若所引版本为第六版新增之内容，于年份上会标示"1790"，其他版本以"2002"标示。

景相连的"商业社会"（commercial society）兴起的大环境氛围。①就晚近诠释斯密的学者而言，Forman－Barzilai 之诠释途径属于此面向之典型，透过重整 Barzilai 的诠释，主要观察点有二：第一，观察此类诠释途径如何理解"合宜性"概念；第二，透过 Barzilai 的诠释，使我们观察出斯密理论的新面向，亦即，其关于"避免政治之恶"之"正义"的论述，及"商业世界主义"（commercial cosmopolitanism）的面向。而关于此诠释途径之评价有待完整的呈现另一种诠释策略后再行综合性之评比。

---

① 就《道德情操论》之文本脉络而言，"商业社会"对于人类"道德情操"之养成而言，最大的冲击便是透过商品交易之普及使得市场行为中的利益交换成为我们与他者接触的方式，此处的"他者"被 Teichgraeber Ⅲ 恰当地形容为"一个陌生人的社会"（a society of strangers），此处"陌生人"之意涵于斯密的著作时代环境中有很重要的意义。跳脱罗马帝国时期所区分的"公民"、"非公民"，甚至是外来者（无论是透过战争被俘还是因灾害漂流至罗马境内的外来者）皆被视为与"我群"不同，而不得享公民之权利义务，而被归类为"奴隶"的标签；或是传统基督教思想中对于"异端"的论述传统，商业社会中的陌生人无法被此类非我族类的排他性道德语汇所消化。因此对商业社会的理论建构首要便面对"如何理解非我族类"的议题。对此问题的回答涉及斯密于《国富论》中如何讨论市场交易行为的本质问题，但限于篇幅，无法在此详述。但简单来说，斯密建构的市场利益交换行为并非论及人是"自私自利"（selfishness）的行为者，在《国富论》中的著名段落斯密提到："我们每天有得吃喝，并非由于肉商、酒商或面包商的仁心善行，而是由于他们关心自己的利益。"（Smith，1976：27），此处"关心自己的利益"往往被污名化为"理性抉择理论"之雏形，但斯密所言并非是"利益极大化"，而是一套受社会化道德秩序规范的"人性发展"历程。市场行为的本质不是"零和式"的算计，而是熔铸对规范性概念之认知，此种规范性认知意涵体现在"人性发展"历程之上时，以斯密的话可表述为："当他意识到以他者的眼光看待他自己时，他会看见，'自我'只不过是'众生之一'，在任何方面并未比他人来得优越。"（Smith，2002：97）（单引号为笔者所强调的）。"设想"他者如何观看自我，成为自我在他者面前的"内在规范"，透过此种内在规范机制，人与人之间的互动普遍牵涉到如何"认知"彼此的问题。市场行为所受的规范，便是透过此种"内在机制"发展出来自律的主体，如何透过"交换"满足彼此需求的行为模式。因此对于斯密而言，市场行为乃受制于社会道德规范内化的"判断机制"，进而要求在满足"正义"等规范原则的条件下所运作的。因此，与陌生人之应对，乃是涉及一套内在规范机制的运作，以新的规范性价值（诸如正义、法律规范的权利义务关系）重新理解商业社会中的"陌生人"，而非传统封建社会，或帝国时期对于非我族类之认知。基于此种理由，Teichgraeber Ⅲ 进一步声称："（在斯密理论中）某些'新的'规范预设值得特别注意；……斯密如何处理这些（新的）规范预设，代表着另一面，尽管往往被忽略，关于建立其真正意图的重要问题意识。"（Teichgraeber Ⅲ，1981：112）关于斯密"市场行为"之论述亦可参见：Fleischacker 2004：84-103，及笔者的硕士论文：吴政谕，2011：46-61；"陌生人"与国际贸易社会之兴起可参考：Hont，2010；Hill，2010。

　　第二种诠释途径便是 Hanley 近期（2009）所发展出来的。Hanley 将斯密的思想置于较少受到关注的脉络，亦即，非将斯密的道德哲学与曼德维尔或其师哈奇森（Francis Hutcheson）比较的传统策略，而是将斯密之思想企图与卢梭（Jean-Jacques Rousseau）作联结，让斯密与卢梭的思想进行更深层的对话。Hanley 认为，斯密对商业社会的评价并非如传统诠释所认为的一贯持拥护的态度，Hanley 发觉（某部分体现于斯密重视卢梭学说的原因①），在斯密的思想历程中，尤其是在斯密逝世后一年才出版的第六版《道德情操论》的增修篇幅中，出现斯密对于商业社会盲目追求财富与名誉的现象提出了身为道德哲学家的警告。而此问题意识更进一步体现在其所关注卢梭理论的面向。值得探讨的是，对于斯密而言，某种程度是如何重新申论了卢梭理论中的核心命题："文明社会对于自然人天性的腐化"？就此面向而论，Hanley 重新建构了斯密理论中追求财富与道德情操的关系。为了回应商业社会中"道德腐败"（moral corruption）的问题，Hanley 建构出斯密道德哲学对于此现象的重要规范性论证，亦即斯密论述"德性"的理论体系。Hanley 认为，斯密的道德哲学提供了一种理想道德主体的形象——"智德兼备者"（the wise and virtuous man），而斯密所论述的不同德性以彼此的辩证关系，最终被统摄入德智兼备者的行为准则中。若就斯密创作脉络的转变观之，强调德性的作用，其实正是来自身为道德哲学家的斯密，对商业社会无形中腐化人道德情操的普遍现象，一部"警世"之语。

　　笔者欲将对此两诠释途径之评价独立为第三节之内容，一方面得以使读者较清楚明白笔者反对的理由；另一方面，透过该评价，将可较完整地呈现出本篇文章对于斯密道德哲学中规范性概念的诠释途径。就大方向而论，以上两种诠释途径，无论是以"合宜性"还是以"德性"为诠释基础，皆可找寻出对各自有利的历史脉络支持其论

---

① 斯密于 1756 年投稿至期刊《爱丁堡评论》（*Edinburgh Review*）的文章中，是英语世界首次将卢梭的著作部分译成英文，并将其向英国的读者们介绍的重要文献，该文章目前收录于 1976 年于《国富论》出版后两百周年，由牛津大学与格劳斯贡大学（University of Glasgow）重新编纂的斯密著作集《哲学论文集》（*Essays on Philosophical Subjects*）中，参见：Smith，1980：242－254。

证。此处笔者不从事史学家的工作，深究该"脉络"究竟为何；必须指出的是，无论是以何者为基础理解斯密的规范性内涵，皆不免落入在概念上或类型学（typology）上二择一的僵硬分类，而忽略了在斯密理论中，建构关于合宜性与德性之间的"内在联系"。就定义而言，斯密的确为德性与合宜性的规范标准下了不同的定义，斯密尝云："美德是人品卓越，是某种非比寻常的伟大与美丽，是远高于庸俗与一般的气质。"（Smith，2002：30）而合宜性标准通常指的是"某种中庸的程度"（Smith，2002：32），不具备美德高尚的道德气息。但若以合宜性与德性"内在联系"的角度观察之，其实斯密并无意使此两种规范性概念隔着楚河汉界以剑拔弩张之势怒目相向。此处所云"内在联系"其实就是斯密理论中关于"公正旁观者"（impartial spectator）的论述。斯密证成道德规范性概念的手段并无针对合宜性与德性的分别，超俗德性的养成并非奠基在某种特殊的智识能力上，凡夫俗子之日常生活的行事为人，亦处处可见德性灿烂的展现。[①] 以公正旁观者作为合宜性与德性两种规范性标准的内在联系乃意图呈现一个关于道德判断实践重要的经验事实，在大部分的场合可以期待一般人所能满足的行为标准，并不排斥在某些情境下"人人皆可"绽放高尚德性的夺目光彩。此种趋近于"平等主义"的道德理想建构，乃是斯密与古希腊伦理学传统中"菁英论"式之论调重要的相异之处。因此，若单纯就概念定义的途径讨论此类规范性概念之意涵

① 相较于古希腊哲学传统中（尤其是柏拉图的思想，亚里士多德的思想在该议题上仍有些诠释的争议）强调哲学"冥思"（contemplation）生活的核心地位，斯密对于哲学思辨能力的陶冶与个人德性培养的关系持较怀疑的态度，在斯密的文本脉络中，我们也可以见到斯密以讽刺的修辞描述哲学家自恃的智识结晶，例如在提到罗马斯多葛哲学家奥理略（Marcus Aurelius）时说到："爱好沉思的哲学家，他的空想，无论怎样崇高，也不可能弥补他在现实层面即便是最轻微的责任疏失。"（Smith，2002：279）又如于《国富论》，斯密论及劳动分工的结果才是造成人与人之间的差异，而非天生的才能促使这样差异的存在时斯密提到："哲学家基于虚荣心而几乎不愿意承认他们之间（按：指的是挑夫）还有任何相似之处。"（Smith，1976：29）在斯密的著作中，其实可以很容易看见斯密对哲学所提倡的思辨生活持怀疑甚或戏谑的嘲讽态度，但这并非是承继休谟式的"怀疑主义"，认为，建构对于自然世界的确切知识是难以达到甚至是不稳固的看法，与其说斯密是质疑哲学的效用，倒不如说斯密是在呈现哲学家们往往用理性客观的外衣包裹住特定的情感偏好，使得我们在研究哲学理论时往往过度低估了特定的情感氛围对于哲学本身思想的影响。亦可参见：Schliesser，2006：330–331。

时，虽顾及了理论的周延性，却也忽略了一个斯密欲指出关于道德实践显而易见的经验事实。

就本文之立场而言，笔者倾向以"道德判断"的角度，重构斯密道德哲学理论中关于不同规范性概念的论证。因此在第四节将指出，作为斯密论及道德判断的核心概念——"公正旁观者"几个重要的意涵。第一，公正旁观者的重要性不仅在于转化人天性的自爱（self‑love），使之磨合成社会成员之一；在此层面，天性中自爱的转化更发展出独立于"舆论"的"内住的公正旁观者"的道德自律性（Smith，2002：150），斯密更进一步将此种"自律性"之特征视为是我们的"良心"（conscience）（Smith，2002：158）；第二，"良心的独立性"会衍生出一个重要的特征，亦即，透过想象与自我或特殊关系人之外"冷漠的"（indifferent）第三者，开启我们思考道德行为自身可被证成的道德理由。在斯密的理论中，便体现在"纯粹的赞赏"（praise）与"值得赞赏"（praise‑worthiness）的区分上。透过思辨"值得赞赏"的道德理由，亦开启了合宜性与德性的内在关联，甚至是更进一步激发出自我的道德潜能（moral potential）。

简言之，反对概念的二分使我们回到斯密论及道德判断的资源，填补概念歧异所可能带来的片面见解，而当焦点置于道德判断的核心概念"公正旁观者"时我们会发现，斯密的道德哲学并非仅意图呈现一套适于说明"市民道德"（civil morality）的社会化建构；虽然这是重要的理论面向，但对理解斯密的整体学说却是不够的。假使"市民道德"是斯密道德哲学主要关注的对象，则此种观点似乎难以说明1790 年《道德情操论》第六版的修订。假如此修订只是补充从第一版便可支持的"市民道德"与"合宜性"之论证，①斯密何以选择投注其余生最后的时光，致力于《道德情操论》的修订？承袭第四节以"道德判断"的角度可如何将斯密论及公正旁观者的概念与陶冶高

---

① 关于第六版修订篇幅最为明显之处莫过于斯密所新增的两个主要片段，分别是第一卷第二章第三段的"论道德情操之堕落：崇尚富贵与鄙视贫贱的心理"；以及全新的第六卷内容"论德性之特征"。虽然学者们关于第六版《道德情操论》之特殊性似乎仍看法分歧；但依本文的立场而言，第六版《道德情操论》之增修内容标志着斯密思想某些重要的转变，而并非仅仅是针对既有论证的补充说明。

尚道德情操的联系后；第五节将关注在斯密的理论中，其道德理想型的代表"智德兼备者"是如何借由保持自我与自我内在的"公正关系"（impartial relation）成为道德成熟的完满展现。并进一步探讨，此种内在的公正性关系如何呈现出本文所主张"平等主义式的道德理想"。而在第六版《道德情操论》的新增篇幅中，斯密更是加强了道德判断之理论及与"德性论"的关系，这反映出了斯密欲使其道德理想更具一般"市民"得以实践的平等主义的色彩。而在结尾处笔者欲进一步提出，如何透过此种"平民化"的道德理想重新理解斯密理论中关于"合宜性"与"德性"的规范性意涵。

二、市民之德与圣贤之德

假设读者们留意斯密在《道德情操论》中关于德性的论述会发现几种不同层次的规范性标准。首先，最趋近于道德完美主义的德性说；其次，一般社会大众皆可普遍达到的某些道德要求；最后，作为规范人与人之间权利义务关系的"正义"。或许最后一类较不宜被纳入至纯粹的"道德德性"中，但若就规范性标准的讨论而言，斯密的确在《道德情操论》中花了相当的篇幅建构正义的根本性、正义原则力求严谨明确，以及具强制之正当性等议题。本节之论证，先在既有的文献基础上，探讨学者们是如何理解斯密道德理论中关于此类不同规范性标准之间的关系，再进一步提出对这些诠释途径的评价。

首先，以"合宜性"为基础的诠释认为，斯密道德哲学之首要工作乃是建立一套证成"道德社会化"的理论，关注社会化的过程如何指引"道德情感"的发展，①而此处所指的社会形态即是"商业社会"。在商业社会的脉络下道德语汇有何特殊性？何以需要新的道德语言描述人与人在商业社会中的互动规范？

Barzilai 认为，斯密所言之"同情"虽为人类普遍之天性，但由

---

① 笔者在此要感谢陈正国老师的提醒，在中文的语境中有进一步区分"情感"与"情操"之间的必要。前者通常指的是情绪式的感觉，是一种仅将感觉本身描述出来的范畴；而后者则进一步指涉针对情感的"认知"。而认知问题便会牵涉到斯密理论关注的核心，亦即，情感自身以及关于情感"合宜的"表达方式等规范性的问题。

同情所延伸出的关怀他者的精神却极具限制，斯密以其"现实主义"的观点戳破人类对"仁慈"美德的幻觉，并认为"克服感情偏见"（affective bias）的道德关怀与跨越对"非我族类"之他者的"文化偏见"（cultural bias）是不同的（Barzilai，2006：99-100）。前者依赖道德家的劝说，后者却须诉诸具备强制正当性的"正义"作为规范人与人之间最基本的相待之道。正因如此，斯密的"同情"其实被限缩在具体的"社会"脉络中。正因为同情之限制，使得斯密转向具政治意涵的"正义"作为其整体理论的规范性核心。接着我们关注的焦点便是 Barzilai 是如何完成此论证大意，如何理解斯密学说中某些重要的核心概念的。

从斯密式的"自我"（self）出发，Barzilai 认为，斯密式的自我即呈现在"社会化"的过程中，个体如何透过与旁观者之间的互动，逐渐成为被社会认可的一员，Barzilai 将此种自我称为"冲突式的自我"（conflicted self）（Barzilai，2010：36），或是斯密式的"启蒙的自爱"（enlightened self-love）（Bavzilai，2010：44）。就冲突式自我最简易的表达形式便是，"人具有某种倾向，某种在其天性中的原理，与其更基本的，自私的情感（selfish passions）相冲突，亦即为了他者的幸福采取行动之倾向。"（Barazilai，2010：47）此种自然的情感原理，使斯密反对"以自爱的原理演绎人类所有情感的那些作者"①（Smith，2002：17），并于《道德情操论》开头即提到："人，不管被认为是多么的自私，人性中显然还有一些原理，促使他关心他人的幸福……"（Barazilai，2010：11）对斯密式的自我持"冲突"观点的解读点出了在斯密理论中一个重要的问题意识。斯密所提及的"道德"，必须是在"社会"的情境下才有意义；若是脱离社会的脉络，此种冲突式的观点便不会成立。因此 Barzilai 将斯密所建构的"同情"与此种"社会学式"的关怀联结，得出某种具社会化意义的同

---

① 在文本脉络中，斯密此处是反对霍布斯将人性简化为"自利"（self-interest），或 Richard Tuck 所诠释的"知识论上的唯我论"观点，将国家的建立视为是"理性反思"的结果（Tuck 1985：85）。但有关诠释霍布斯的命题并非本文所关注的焦点，因此仅透过呈现斯密所理解的霍布斯进一步厘清如何区分与此类理论家的差异以突显其学说的特色。

情内涵。在社会脉络中运作的同情机制受两个主层面的影响，分别是Barzilai 所云之"规训"（discipline）与"监看"（surveillance）之面向。就此两概念的原初形式而言，皆具备对某种潜在权力关系运作的描述，强调个人行为其实"不自觉"受某些外力形塑；但就个人的认知层面而言，此种潜移默化的权力表现形式，却"内化"为许多被我们视为理所当然的行为模式而成为一种习惯性的自我认识。在斯密的理论中，此种"潜移默化"的权力关系便体现在社会化过程中旁观者与行为主体的"观看模式"。

Barzilai 使用"规训"与"监看"并非指涉斯密理论中亦存在于对继受价值的批判，而是强调斯密理论中社会学式的经验性特色。斯密的理论论及社会化的最初过程乃在于"自然情感之转化"，而此正是斯密论证合宜性最初的定义。《道德情操论》中关于合宜性的初次定义是："当被关注的人原初的情感和旁观者同情的感觉完全一致时，对后者来说，那些原初的情感必然显得正当与合宜……"（Smith，2002：20）"合宜性"的观点不是来自于我们对自己情感的直接感受，而是来自于"旁观者"是否能够与我们有情感一致的感觉。因此，旁观者的观点成为人类透过"克制自我情感"而得以"社会化"的重要起点。① 透过社会的"监看"，以及自我意识到被监看的过程中，此种外部的监看逐渐被内化为"内在的规训"，使得即便

---

① 在斯密的理论中，此种"社会的天性"所关注的并非是人如何从"自然人"的状态成为"社会一员"的过程，相较于卢梭在《人类不平等的起源及其基础》所关注的命题，斯密的道德哲学体系已预设了"社会"是每个人所必须面对的情境，而道德在该情境中是如何透过我们"自然的情感"［斯密强调其是"先于成为被理性认知到的对象"的特色（Smith，2002：90）］发展出来的。在斯密的理论中，存在两组关于情感社会化过程重要的概念。其一是此处所提及的，由"对他者幸福关注"的自然倾向所发展出来的；其二为"渴望自己成为同胞喜爱的对象，并在他的同胞斥责他时会让他感到痛苦的原始欲望"（Smith，2002：135）。第二点所谈的其实是渴望"被接纳"为团体一员的欲望，此种渴望被接纳的心态在斯密理论中成为个体陶冶其道德自律性的重要基础；即，人的良心判断除了受社会所建构，也独立于社会规范而存在。

没有真实的监看情境，人亦可自我约束其行为举止。①

Barzilai 认为，"同情"在"社会实践"（social practice）的脉络中才具意义，斯密的道德情感极具限制，而无法作为一种规范与他者之间互动的伦理基础（Barzilai，2010：137）。若欲寻找斯密理论中作为规范人人之间关系有效的基础，那么此基础不是同情，而是"正义"。因此斯密理论的基础，应是建立在以合宜性为核心的规范性脉络上，旨在推导出"社会秩序的稳定性"，而非追寻高尚德性的陶冶。

Barzilai 在此处发现斯密理论的一个重要面向，亦即，斯密是"有意地"让"正义"成为规范跨社会、跨文化、跨种族的"我群"与"他群"的关系；而不是强调"公正旁观者"的理解模式如何规范此种跨文化的交往问题。② 正义之"普世性"（universality）涵盖两个主要面向。第一，"规范内容"的普世性；第二，之所以会依据正义的要求而行动的基础亦是普世的。而 Barzilai 的诠释主要集中于第二点的论证。③ 虽然斯密认为，人天生具有关注他者的倾向，但

---

① 此种自我约束的道德自律之表现，以斯密的话表述，即为："在所有场合，他人和我们自己的感觉与判断是否一致，对我们有多重要，端视我们对自己的感觉的合宜性，以及我们对自己判断的正确性，有多么不确定而定……"（此为第六版《道德情操论》新增的文字片段，参见：Smith，1790：142）该道德自律的发展过程即是以实际旁观者的判断为依据而行的自我判断，逐渐变成行为者对其行为自身的自我判断。

② 此处笔者同意 Barzilai 以"正义"取代"公正旁观者"作为跨文化（或国与国之间）的规范作用，亦即，正义得以作为跨文化规范的普世价值。但该命题仍未排除斯密的"公正旁观者"能够作为跨文化之间相互理解的核心。笔者认为，依现在之国际关系情势复杂，国际法的规范充其量只是规范国与国之间交往行动的最低要求。在很多情况，面临冲突时往往迫使我们必须去理解我们的敌人，而不是盲目诉诸法律体现的正义甚或是以歼灭或同化对方为目的。正因如此，在近期的国际关系理论也兴起了关于国与国之间相互理解的伦理意涵之重要性，许多理论家的理论均被视为重要的理论资源，进一步地被应用到国际关系的层次，诸如哈伯玛斯、高达美（Hans-George Gadamer）等；笔者认为，斯密的"公正旁观者"此一概念仍可被独立出来作为在此种强调"理解的伦理"中占据有重要位置的空间。关于强调"相互理解"的国际关系规范性理论可参见：Shapcott，2001，2010。

③ 关于正义之具体内涵，亦即斯密理论中"法理学"（jurisprudence）的关注课题，可参见：Haakonssen，1981。

此种倾向与每个人的"自爱"相比却是较微弱的；①因此斯密的同情是有"阶序"之分的。② 相较于"正义"而言，同情他者似乎只是"任凭我们选择的"（Smith，2002：91）。对于笔者而言，Barzilai诠释的主要贡献便在于透过说明正义普世性的基础，进一步将斯密的学说与当代政治哲学关注的议题相联结，进一步拓展理解斯密理论的视野。Barzilai 认为，正义之所以对斯密而言是普世的，其主要原因在于"我们对残酷暴虐的憎恨"（our horror for cruelty）（Smith，2002：384；Barzilai，2006：108）。

换言之，正义之普世性乃是建立在我们对某些"恶"之共同憎恨的情感，而非渴望共同追求普世之"善"。③ "对痛苦的恐惧"乃是正义具备普世性必备要件（Smith，2002：36）。斯密进一步将此种"恐惧"、"憎恨"描述为是一种"欲望"（appetite），是一种"被赋予爱惜生命以及害怕死亡，被赋予希望种族永久延续以及深恐其被彻底灭绝的念头"，凭着此种"原始与直接的本能"（original and immediate instincts），成为"守护与保障社会"的根基（Smith，2002：17，90）。④ Barzilai 认为，此种在人性中对邪恶的憎恨，相较于对他者幸福关系的倾向更为强烈；正是因为此种自然情感的基础，斯密的道德哲学其实是在呈现，商业社会中的社会形态，人与人之间的联系来自于"效益"（utility）之考量（Smith，2002：100），则此种"陌

---

① 如同斯密所言："如果他将在明天失去他的一根小指头，他今晚就会睡不着觉；但，即使有数以万计的同胞遭受灾难，……显然好像是一件比他自己更为不足到的不幸更不会吸引他的关注。"（Smith，2002：157）

② 参见：Barzilai，2005；Nieli，1986。

③ 就此观点而论，Barzilai 将斯密处理正义的问题意识与 Judith Shklar 论及"恐惧式自由主义"（liberalism of fear）联结，透过此种人类情感的共通性进一步提供理解斯密理论的视角。（Barzilai，2006：107–108）关于 Shklar 的理论可参见：Shklar，1990，1998。

④ 针对此议题，Haakonssen 曾说："然而，什么才得以算作是'伤害'（injury）并非是普世的；其可能是在不同社会型态间存在剧烈差异的。"Haakonssen，2002：Ⅸ。但在斯密的理论中，当其辩护"一般性规则"（general rules）的共通性时，其认为，此共通性的基础乃是来自于："对此一罪行的憎恨感，显然会不由自主地兴起（arise instantaneously），并且是发生在他以某种一般性规则检视自己行为之前（antecedent to）。"（Smith，2002：185）人对"善"、"恶"建立起一般性规则之前，所存在"各种不同的行为，在我们身上自然引起的那些不同的情感效应"而言，对于斯密来说，其实是人类情感先于理性思辨之前即存在的共同表征。

生人的社会"形态该如何建立起一般性且稳定存在的秩序？（Barzilai，2010：224）正因如此，Barzilai 突显了同情作为"自爱的社会化转化"的过程，并进一步指出此种情感的局限；而在斯密的理论中找寻另一种更具普世性的情感基础，亦即，"对恶行之憎恨"、"对惩罚之恐惧"的自然情感（Smith，2002：92）。依据此种自然情感出发，在商业社会的形态中，维系社会秩序稳定运作的关键不在于对他者同情的道德情操，即"积极的善"（positive goods），而在于避免及惩治邪恶之"消极的善"（negative good）。① 依此而论，斯密的学说的确是在为商业社会中"陌生人"的关系找寻适当的伦理基础，而斯密的理论点出了道德情操的局限，进而转向"避免普世之恶"的面向；此种避免普世之恶的倾向便成为斯密"社会哲学"（social philosophy）理论中旨在推导出社会一般性秩序的"合宜性"基础，② 而非对于美德的追寻。以下便透过另一种诠释途径，观察对斯密理论脉络的另一诠释策略，亦即，当焦点转向斯密所言之"德性"时，其理论外貌又会如何变化？

相较于 Barzilai 针对斯密所面对的大时代背景——"商业社会之兴起"为重要的历史脉络理解斯密的理论；Hanley 自斯密的"著作脉络"着手，更细致地挖掘出斯密对商业社会评价的转变如何反应在其创作轨迹的变化中。斯密"著作脉络"最明显的变化莫过于《道德情操论》六次改版与出版③，其中差异最明显的是第一版与第二版之内容，以及第六版新增的部分篇幅。④ 斯密对于《道德情操论》之修订并非偶然，此修订工作一直持续到斯密的晚年，尤其是意识到必须

---

① 此处"消极的善"乃指涉正义此一价值的特征，其"消极"意义体现于斯密所言的："纯粹的正义只不过是一种消极的美德（negative virtue），只是阻止我们伤害我们的邻人。……我们时常只要坐着不动、什么事也不做，便得以尽到正义所要求的一切责任。"（Smith，2002：96）关于斯密理论中"积极"与"消极"德性的区分，亦可参见：Haakonssen，2002：Ⅷ–Ⅸ。

② 关于"社会哲学"此一概念之建立，可参见：H. Mizuta，1975：114–119。

③ 其出版日期依序为 1759、1761、1767、1774、1781 以及 1790 年第六版之出版，其中第六版出版时斯密已撒手人寰。

④ 关于版本内容之变化，可参见：Raphael，2010：15–24。

放弃对其他作品之修正与出版的计划时。① Hanley 发现斯密的出版计划反映在其理论中其实是很有意义的线索，为何斯密在晚年刻意选择了放弃对其他理论之修正与著述，而是转向已有五版印刷的《道德情操论》？其中斯密放弃撰写的理论甚至包含了关于"法理学"的理论(Hanley，2009：83－84)。对于此转变之轨迹 Hanley 所提出的说明是，斯密对于商业社会所带来的"进步"逐渐呈现怀疑甚至出现批评的态度。

Hanley 认为，最直接的证据来自于第六版《道德情操论》中关于"道德堕落"(moral corruption) 及"论品格"(Of the character of virtue) 等新增篇幅的关系 (Hanley，2009：24－25，42－44，57－62)。为何"道德堕落"成为主要的关注焦点？其与斯密道德哲学之关系为何？此乃 Hanley 重新诠释斯密思想重要的历史脉络依据。相较于 Barzilai 的诠释，Hanley 的诠释认为，斯密道德哲学并非仅单纯的推导出在商业社会中，稳定的社会秩序是如何在"陌生人"之间被建立的；对于商业社会所带来"主体性"的堕落，乃是其道德哲学逐渐着重的面向 (Hanley，2009：33)。但对于 Hanley 而言，此种"主体性"的堕落所言为何，以及斯密的道德哲学如何回应此种堕落形式，便成为其诠释所阐明的主要对象。

在斯密理论中主要以两个面向论述"堕落"(corruption) 的本质。第一，从"政治"的视角理解堕落的本质；第二，从"心理学"之面向剖析堕落之内涵。前者往往指的是在商业社会兴起的过程中，市场所拓展出的"消极自由"领域与强调"参与"的公民德性间紧张的关系；其思想源头多以文艺复兴时期的"人文主义"与"共和主义"为主。② 后者则为关注商业社会对道德情操的影响。Hanley 透

---

① 此时斯密的出版计划尚包含了欲出版"关于法律与政府的历史"、"关于文学、哲学、修辞学等相关知识领域的哲学性著作"尤有甚者，一套完整的"法理学理论"皆在斯密的出版计划中。虽然斯密的有生之年并未出版一套关于法理学详尽的理论书籍，但有幸其于教职生涯中学生整理的上课笔记出版，使我们对于斯密的法理学理论亦有所了解。关于斯密的出版计划可参见：Smith，1977：287，以及为《道德情操论》一书所写序言之篇幅中。前者为 1976 年同为牛津大学所编纂的斯密著作集，其书名为：*Correspondence of Adam Smith*。

② 可参见：Pocock：1975，1985；Berkowitz，1999。

过斯密与卢梭思想的联系，进一步呈现，在斯密理论中论及商业社会中"道德堕落"的问题。1755—1756 年间斯密寄给《爱丁堡评论》（*Edinburgh Review*）的期刊编辑 Wedderburn 的书信中提到："此英国哲学之分支（按：指的是自霍布斯以降，在英国的哲学传统中关于人性之滔滔争辩），现在在英国看起来是渐形凋零，在晚近却辗转进入了法国。"（Smith，1980：250）在斯密眼里，当英国道德哲学凋零之际，卢梭的理论却承继了英国丰富的传统，提出了对文明社会尖锐的批判。在上一个诠释提到"自爱的社会化"给予行为道德之规范；在与卢梭联结的脉络中，"自爱的社会化"却转化为"道德堕落"的潜在因素。①

斯密认为，在商业社会中，透过"劳动分工"所产生市场上的"互赖关系"也催生出商业社会中主体性的道德危机：

> 他必须掌握或影响他人：他必须为了自己的好处装成某些样子，但实际上他却是另外一种样子。"真实的本质"（to be）与"表面的样貌"（appear to be），成为两种完全相异的事物，从该区分中产生了肤浅的夸耀（imposing ostentation），狡猾的诈术（deceitful guile），与那些所有自此衍伸出的恶行。②（Smith，1980：252；Rousseau，1997：170）

Hanley 发现，在斯密的著作中，除了以"改善自我处境"（better our condition）作为"追求财富"之积极动机外（Smith，1976：341），③追求财富亦隐含了可能腐化我们道德情操之潜在要素。在《国富论》中，具正面意义的"改善自我处境"在《道德情操论》中却转化为："吸引别人以同情、满足、欣羡的目光注视着我们，这是

---

① 以下回溯卢梭著作之文本，尽量以斯密有翻译的篇幅为限，透过关注斯密的诠释，得以进一步使我们了解其与卢梭之间的联系到底是如何。笔者将尽可能的对照出斯密所翻译的部分是出自于卢梭著作中的哪些章节，期待给予读者完整之对照。以下引用卢梭著作之版本为剑桥政治思想史系列丛书（Cambridge Texts in the History of Political Thought）编纂。

② 亦可参见：Hanley，2008：140；2009：28。

③ 本文所引之《国富论》版本为 1976 年由牛津大学编纂斯密之著作丛书。

我们得以从改善自我处境中得到的所有好处。我们在意的是'虚荣'（vanity）……虚荣总是建立在相信自己是应受他人注意与值得他人赞赏的基础上。"（Smith，2002：61）在《道德情操论》中，经济学家眼中追求财富的"自然权利"转变为道德学家眼中的"虚荣"。在前一个诠释中，强调自爱的天性发展为"互为主体"（intersubjectivity）的社会化过程；此处的自爱却转化为渴望突显自我"优越感"（love of distinction）的内在基础（Smith，2002：213）。为了满足此种"优越感"，斯密观察出，对财富与权势（rank）的盲目追求易使我们堕入仅在意"唬人的外表"（foolish imposition），而无视于我们是否真的应该拥有它；[1]卢梭理论中的"真实的本质"与"表面的样貌"成了商业社会中追求财富、权势的潜在威胁。这使我们的"自爱"被导向喜爱得到"不是我们应得的赞美"，而非"喜爱得到值得的赞美"（Smith，2002：365）。[2]

单纯地渴望得到赞美，与渴望得到"应得的赞美"产生自我的"内在"与"表象"之断裂；为了成为他者眼中所欣羡的样貌，人学会了使用"欺骗"（duplicity）、"狡诈"（flattery），"伪善"（hypo-critical）的一面（Smith，2002：61）；成了仅依靠"活在别人的观感"（in the opinions of other），甚至"对善恶间的真实差异也毫不在乎了"（Smith，1980：253）。"自爱"在 Hanley 的诠释中，被导向"道德堕落"的基础，产生自我的断裂；若以斯密的语言表达则为，"公正旁观者的缺席"（the absent of impartial spectator）（Smith，1790：169）。Hanley 认为，为了回应此种道德堕落之倾向，斯密的"德性说"乃在于提供某种规范性途径，以回应商业社会中道德堕落的问题。因此，斯密的"德性论"乃在于提供"道德教育"（moral education）的理想模板，并反对以"布尔乔亚式的德性"（bourgeois

---

① Hanley 此处关于斯密论及对财富与权势的追求可能稍嫌偏颇，因为同样于《道德情操论》中，斯密对于财富与权势的"优越"亦有不同的评价。斯密认为："地位差别，以及社会秩序，就是建立在人类倾向附和有钱有势者的所有情感此一基础上。"（Smith，2002：63）虽然对财富权势的追求，可能成为"道德堕落"的关键，但斯密在其道德哲学的著作中并非一味地指责此种情感，此种情感甚至是有助于"社会秩序之维系与稳固运作"。有关斯密对追求财富与权势的"矛盾"评价，可参考：Darwall，2010：106–123。

② 亦可参见：Hanley，2008：141。

virtues）观点，将斯密的德性论理解为仅意图建构"市场关系"的德性说（Hanley，2009：44）。①

Hanley 认为，斯密之所以持续修正《道德情操论》的意图在于企图回应商业社会中"道德堕落"的问题。简单而言，此种"道德堕落"源自于"真实的本质"（to be）与"表面的样貌"（appear to be）之断裂，并且为了维持其"表面的样貌"，而产生"对善恶间真实差异"的冷漠。斯密的德性论该如何回应此种道德堕落的问题呢？在斯密的思想中区分了我们自然"渴望得到他人的赞赏"（praise），甚至渴望得到"应得的赞赏"（praise-worthiness）（Smith，2002：132）；若仅受"渴望得到他人赞赏"的驱使，而无视此种赞赏是否为我们"应得的"，便成了"真实本质"与"表面样貌"的断裂，亦即堕落形式自爱的源头。②而斯密的德性理论尝试要将自爱天性潜在的堕落导向自爱健康发展的面向，将自爱从"单纯的渴望得到赞赏"，导向"渴望得到应得的赞赏"。（Hanley，2008：147）为了重新"导正"自爱的发展，斯密建构了"智德兼备者"（the wise and virtuous man）之道德理想型，作为"道德教育"（moral education）之理想样本（Hanley，2008：144）。

在 Hanley 眼中，斯密的"智德兼备者"为斯密呈现其思想中道德上"自我自足"（self-sufficiency）之典型。Hanley 认为，斯密德性论之架构，乃呈现德性间彼此的"辩证运作"（dialectic operate），以建构"智德兼备者"是如何实践斯密的"基本德性"（cardinal virtues）。③（Hanley，2009：90）此种德性间辩证运作的起始点源自斯密所谈的"审慎"（prudence）之德性。斯密将"审慎"原初的形式称

---

① 认为斯密的道德哲学乃在提供一套为市场关系辩护的观点，可参见：Otteson，2003：108–122。

② 斯密提到："在不应受到赞美的场合希望得到或甚至接受赞美，只可能是出自于最可鄙的虚荣心（the most contemptible vanity）作祟使然罢了。"（Smith，2002：136）

③ 一般来说，斯密的德性主要涵盖了："审慎"（prudence）、"仁慈"（benevolence）、"自治"（self–command）［与其更具道德高贵性的形式"刚毅"（magnanimity）］，以及较具政治意涵的"正义"（justice）。然而在《道德情操论》的文本脉络中，斯密是将正义独立出来，与其它德性分开论述之，因此，正义并未出现在第六版所新增的"论德性之性质"（Of the Character of Virtue）的篇幅中。有关此种编排方式可参见：Fitziboons，1995：104–108。

为"次佳的审慎"(inferior prudence);此种审慎德性关注的是"个人的健康、财富、地位与名望"(Smith,1790:249),因而又被称为"保存之艺术"(the art of preserving)。但由于此种"次佳的审慎"乃关注与自我幸福相关的事物,易落入于"不愿担起任何不是他的本分要求他必须承担之责任"(Smith,1790:253)。审慎之人的"谨慎"(circumspection)固然值得赞赏,但此种谨慎易陷于"自私"的泥淖中。因此,当审慎被拔高为超越谨慎关注个人福祉,与"英勇的气概、与广博强烈的慈悲心……"等德性结合在一起时,便成了审慎更为优越的表现形式(superior prudence)(Smith,1790:253)。然而,即便是此种审慎较为优越的形式,若缺乏对他人幸福的关心,或其"英勇"的表现形式过于极端,便易沦为"妄自尊大"(excessive self-admiration)的性格。以斯密的语言而论,此种"妄自尊大"之性格,充其量只不是极其盲目地索取"渴望得到的赞赏"。[1]妄自尊大的性格,使得这种性格的人与其"内在的公正旁观者"脱离,堕入受自我及他人尊崇的幻影中。因此,此种对自我幸福之关注便进一步转变为对他人幸福关注的德性"仁慈"(benevolence)。

"仁慈"作为一种德性,固然超越对他者同情的"合宜范围"(Smith,2002:31),仁慈亦是对他者幸福关注的卓越品格。论及到仁慈时,斯密说"智德兼备者随时都不会反对他自己的私人利益被牺牲掉,以成全他自己所属的那一个阶级或是团体利益"(Smith,2002:277)。[2]斯密的仁慈可区分为两个面向:第一,仁慈作为一种对他者幸福更为

---

[1] 如斯密论及此类性格的典型人物恺撒时说:"恺撒那颗健全的脑袋,并非如此完美无缺,以至未能阻止其以自居维纳斯女神的神圣血统而沾沾自喜;亦未能阻止其,在其称为曾祖母的神殿前,未起身离席,接见罗马元老院的全体成员前来递交某些政令,授予他最为过分的荣誉。此种倨傲的态度,加上其他简直是孩子气的虚荣举动,……致使想要暗杀他的那些人变得大胆起来,从而加快此阴谋的执行步骤。"(Smith,1790:294)

[2] 对于某些诠释者而言,斯密的仁慈具有强烈的"斯多葛式"(the Stocial)的色彩。在论及到斯多葛学派中,人性自然的自爱与其意识到"整体"之繁荣时,斯密尝言:"每当个人的繁荣和整体或多数人的繁荣无法两全时,个体的繁荣便应该,甚至是在我们能够自由选择的时候,让位给各种比它较为可取的多数之繁荣。由于发生在这世界上的事情,都是在一个贤明、有力与善良之神的眷顾下发生的,所以,我们可以相信,凡是发生的,都有助于整体的繁荣与圆满。"(Smith,2002:323)关于此种联系亦可参见:Vivenza,2001:65。

敏感的关注；①第二，作为理解"整体之目的性"而可置自利于不顾的品格（Hanley，2009：199-200）。依据该简单的定义可观察出，斯密论及的仁慈乃意图调和对自我福祉与对他人福祉之关注的德性，以作为"智德兼备者"对他人具备"更为细腻"之关怀情感。斯密之"智德兼备者"乃是对他人一种超越自然同情之阶序的关怀，以及透过对完美德性之认知体悟到自我的不足之处，愿意时时接受公正旁观者的督责（Hanley，2006：31）。智德兼备者熔铸关怀他人与自我之德性，并体认到"自我的不完美性"；前者展现于对于他人"积极作为的义务"，后者体现对卓越德性的爱好与追求。

综言之，Hanley 所诠释的斯密乃跳脱出传统"社会哲学"之脉络，②突显斯密道德哲学另一重要却也往往被忽略的意图，亦即对于商业社会中"道德堕落"之关注。正是因为该面向之独特性，迫使斯密回到道德哲学的范畴回应之。相较于"法理学"（jurisprudence）的理论目的，"伦理学"（ethics）之独特性何尝不在于其与法理学之分别；"一切鼓舞我们实践美德的效果（to animate us to the practice of virtue），都是由这门学问以此种陈述方式所做的"（Smith，2002：389）。

就合宜性与德性之规范性标准而言，并非是断裂且彼此不兼容的，透过"道德判断机制"发展的"内在联系"（尤指"公正的旁观者"），我们可以观察出斯密理论隐含的平等主义式之道德理想。

三、 两种规范性标准的抉择？

Barzilai 之诠释使我们看见"自爱的社会化"过程，透过强调"规训"与"监看"的社会学式面向，指出在"陌生人的社会"中，规范自我与他人权利义务的必要性，而此必要性乃是来自于"避免普世之恶"而非证成"普世之善"的"现代视野"。在 Barzilai 的诠释中，斯密关注的"合宜性"道德（Barzilai 将其称为"平等

---

① Hanley 将其称为"情感主义的同情与怜悯"，参见：Hanley，2009：199。
② 关于版本内容之变化，可参见：Raphael，2010：15-24。

式的中位概念",Barzilai,2010：109－112）仅在于重现与"正义"原则相似,具有"可客观规范"之一般道德基础;而其论证来自于斯密理论中强调"道德原则之实践性"与满足"人性之限制"。笔者对此脉络提出的第一个质疑是：假设斯密的道德哲学仅尝试推导出 Barzilai 所言的"中位式道德"（middling morality）,则将如何定位斯密关于《道德情操论》第六版之修正?[①] 若是欲满足"中位式道德",和与"正义"同样具备"一般性"的社会道德基础,并不需要第六版所新增的篇幅,前几个版本都足以推导出此类结论。而斯密又何以虚掷其"所剩宝贵的年岁",进行这些无关紧要的修正呢?（Smith,2002：4）依 Barzilai 之文本脉络可推知,Barzilai 并非无视于斯密《道德情操论》第六版之修订;但对于 Barzilai 而言,其修订似乎只是进一步指出其"关于道德实践之限制的现实观点"（Barzilai,2010：105）。而关于此"现实观点"所指的是其对人性抱持日益怀疑的看法。在同样式第六版之新增篇幅,Barzilai 引用斯密的话如下：

> 人被分派到一个比较卑微的工作部门（a much humbler department）,一个和他力量薄弱的程度,以及和他理解范围狭隘的程度,显然比较相配的部门;那就是照料他自己的幸福,以及照料他的家人,他的朋友和他的国家的幸福……（Smith,1790：279；Barzilai,2010：132）

此种观点似乎呼应了 Barzilai 以社会学的视野解读斯密论及"同

---

① 尤其是当斯密清楚的认知到："我知道,我所剩宝贵的年岁,假如没有任何意外的话,可能不太可能从事将其他作品修改到我满意的程度（按：尤指"法理学"）……我允许这些作品依其三十多年前的样貌出现……"（Smith,2002：4）在此,笔者同意 Hanley 的论述,针对《道德情操论》最后修正的选择绝不会是偶然的,尤其是斯密为其选择修正《道德情操论》之动机时说："如同我认为此生我的生命已迈入极度不确定的状态,我不太敢保证我是否能够活着完成其他已修改之部分作品,对我而言我能做最好的事,是将那些已出版的形是以目前足够完美及最佳的状态留诸后世。"（Smith,1977：311,亦可参见：Hanley,2009：84）是什么原因迫使斯密必须修订其"不甚满意"的《道德情操论》是读者们在重新省视斯密的学说时不可忽略的一环。

情的阶序"。① 但在文本中，斯密之所以强调"人性之局限"似乎在回应"斯多葛式的世界主义"（Stoical cosmopolitanism），而无证据显示，斯密认为人性之限制阻隔了认识到其所建构的道德理想性之可能。② Barzilai 对于第六版之新增内容似乎是"选择性"的引用以证成其所诠释的斯密道德哲学。对于关于"德性"的新增篇幅，与既有的"合宜性"之关联，Barzilai 似乎仅以"道德完美主义"与"中位式的道德"予以规避，并忽略了对于斯密修正第六版之"作者意图"应有所说明。Barzilai 的诠释，似乎无法进一步回应，假设第六版之前的内容已足够推论出"社会式的道德"，为何斯密最终仍会选择对《道德情操论》之篇幅进行修正？

　　笔者对 Barzilai 的第二个批评是，Barzilai 对"合宜性"的"中位式道德"与"德性"的"道德完美主义"极端的对立，似乎使此两概念在斯密的思想中看似水火不容的。笔者认为，Barzilai 的文本过度激化了"道德完美主义"，而忽略了其"平等主义"之特性。Barzilai 认为，斯密反对道德完美主义。此道德完美主义之类型包含了斯多葛式的世界主义，亦即，强调"冷漠"（apathy）超越自我之外的宇宙观。以及新奥古斯丁式的完美主义（neo-Augustinianism perfectionism）；在斯密的文本中，此即曼德维尔将所有的德性视为应与所

---

① 或其引用休谟的段落说明斯密的"同情"概念时说："同情，我们必须承认，相较于关注自我而言是更形微弱的，针对与我们距离遥远的他人之同情，较距离我们近或相邻之人来得微弱许多。"（Barzilai，2010：140）休谟之原文可参见：Hume，1983：49。

② 此种斯多葛式的世界主义与"自爱"之关系，可用 Barziali 的话表示为："作为一种定言令式（imperative），意于重整我们自然关怀的对象结构。"（Barzilai，2010：120）而以斯密的话可理解为："同情我们自己的程度就像我们自然同情他者那样。"（Smith，2002：160）对于斯多葛学派来说，"每一个人都被自然女神首先且主要托付给他自己照顾；每一个人无疑，在每一方面，都更适合也更有能力照顾他自己，甚于照顾其他任何人。"（Smith，1790：256）斯多葛认为，自爱乃人类的天性，此种天性迫使每一个人必须首先关注自己的幸福。但斯多葛学派却认为，此种自爱的情感是必须被克服的，必须被陶冶为对自我幸福的关注正如同我们对他人幸福关注的自然程度。以斯多葛语言表达即是："由于整体的繁荣，甚至对我们来说，也显得比像我们自己这么微不足道的部分的繁荣更为可取……"（Smith，2002：324）意识到"宇宙整体繁荣"的优先性，而牺牲对自我幸福之关注，对于斯密而言，乃是斯多葛式世界主义之核心论述。

有的情感隔绝，否则道德行动仅是在掩饰虚荣心的观点。[1]就理论体系而论，笔者同意斯密会反对此两种道德完美主义之论述；但 Barzilai 所刻意突显的"道德完美主义"并未切中关于斯密道德哲学中合宜性与德性之理论争辩要害。Barzilai 仅铺陈了两种对于斯密而言是显而易见的道德完美主义论述，借此使斯密的立场较偏近于其所诠释之"中位式道德"。此做法不但易使读者们误解道德完美主义本身更丰富之内涵；亦可能使读者们误解斯密思想中提出某些道德完美主义的规范性。就本文立场而言，斯密之道德完美主义乃具有平等主义的特征，若是依 Barzilai 的诠释策略，则不免淡化了其中平等主义的色彩，而深化了一般对道德完美主义过于理想之理论偏见。

Barzilai 欲将斯密的道德哲学勾勒为一般市井小民于其日常生活中皆可发现其已具备的道德素养；而该道德素养就其历史脉络而论，是尝试跨越受教会扭曲的商业行为。但斯密在此种市井小民的伦理学中开发出重要面向，亦即，针对商业关系普及化的社会，重新定义了哲学上对人性之理解，并透过此理解方式推论出适于商业社会之道德语言。但 Hanley 的诠释切入点则与 Barzilai 有所不同。Hanley 认为，若将斯密放置在此历史之大洪流中亦无不可；但斯密与其身处环境——"商业社会之兴起"的关系，似乎从斯密的著作脉络中可观察出某些更细微的变化。因此 Hanley 挖掘出了斯密思想中易被人忽视的一面，亦即，商业社会中的"道德堕落"与其道德哲学思想修正的关系。

Hanley 认为，斯密转化人自爱天性的方式，并非仅止于其"社会化"的面向。[2]而是将人自爱的天性导向对"道德高贵性"（moral nobility）的热爱（Hanley，2009：135）。因此，斯密第六版的《道德情操论》亦是针对"道德高贵性"此一概念而展开。然而，就本文之立场而言，虽然于历史脉络之取材较近似于 Hanley 之立场，但对

---

① 　如同斯密在评述曼德维尔的道德哲学体系时说："某些在他之前流行的苦行禁欲的学说，主张美德在完全根绝消灭我们一切的热情（passions），是此一善恶不分的理论的真正基础。"（Smith，2002：369）

② 　如 Hanley 所言："然而该面向（按：指的是斯密伦理学中社会哲学式的观点）于其计划中，虽然对于其（理论）体系乃至关重要的—其关于同情与道德判断以及道德社会化的自我观之学说明显地即针对此而发表的—然而这只是其学说的一部分而已。"（Hanley，2009：99）

于 Hanley 之诠释仍有些许质疑。

本文对于 Hanley 的主要质疑是，Hanley 虽然点出了在斯密学说中关于"合宜性"与"德性"两种规范性概念争辩之核心架构①，但笔者认为，其所提出的斯密式的"智德兼备者"仍落入了对道德完美主义的过度刻画。Hanley 认为，斯密之"智德兼备者"的道德理想型意图形塑某种良好的"道德典范"，欲透过将"自爱"导向陶冶自身高贵品格的方向达到"道德教育"之目的（Hanley，2008：144）。② 笔者同意此种以达道德教育目的之途径理解斯密提出此类道德理想型的理论目的；但针对 Hanley 诠释斯密的德性思想却是有异议的。Hanley 认为，斯密所论及的德性，诸如"审慎"、"刚毅"（magnanimity）、"仁慈"（benevolence）等，其彼此间具有"辩证"之关系，亦即，低阶的德性（例如"审慎"）会因其自身的限制而发展出其更高尚的表现形式，产生更高阶的德性。而所有德性辩证之顶点便是"智德兼备者"以其仁爱之心所展现对他者积极主动之关怀精神；然而，对于斯密而言，是否有意于将诸多德性理解为 Hanley 所思考的"上升式辩证"之关系是有疑问的。因为对于斯密而言，"利己"之德性，与"利他"之德性是否存有此阶序性的概念仍须进一步受到检证；尤有甚者，当 Hanley 以此种方式诠释"德性"与"智德兼备者"之联系时亦有必要进一步厘清斯密与"基督教伦理学"传统之关联，尤其是 Hanley 特别强调"智德兼备者"所展现的是"关怀"的德性（caring virtues），而非文艺复兴传统中所强调之"武德"（martial virtues）（Hanley，2009：175−181）。

而对德性自身的过度刻画，可能使得 Hanley 亦忽略了斯密的德性论与其"道德判断"之理论关系。若就"道德教育"而言，"道德理想

---

① 在 Hanley 的诠释中，其将"合宜性"之观点置入斯密对德性的讨论之中。认为其合宜性之概念可被理解为是为"布尔乔亚式德性"（bourgeois virtues）辩护。而此观点体现于斯密所拥护的诸如"审慎"、"节制"（temperance）等，与"商业行为"获取利润较为相关的德性；相对的，针对"仁慈"、"慷慨"（generosity）等相关德性的讨论却是较为隐晦的。而在 Hanley 的诠释中，"合宜性"与"德性"之争辩似乎亦转化为"布尔乔亚式德性"与"传统基督教德性"间的对立。

② 关于斯密理论中"道德理想型"与"道德教育"之联系尚可参见：Griswold，1999：210−217。

型"欲陶冶我们对于道德高尚之美的"鉴赏能力";进一步而论,在斯密的理论中,此"鉴赏能力"并非是仅透过某种知识论上的特意建构[如柏拉图界定哲学家之理性与"理型"(the from)间之关系]而获得的。斯密将此种鉴赏能力,或者,能够实践高尚美德的实践能力奠基于每个人心中的"公正旁观者",强调实践美德本身的"大众化"意涵,却是 Hanley 论及斯密的道德理想"智德兼备者"所欠缺的。

四、公正旁观者与高尚的道德情操

如同斯密以其"旁观者"(spectatorship)的途径证成道德判断之起源;德性行动之基础亦与"旁观者"息息相关。两者较显著的差异是,对于道德判断之起源而言,重点在于自我与他人间的关系;而对于后者而言,"爱好德性"的基础似乎与"自我的内在关系"有较大的联系。

传统诠释斯密论及公正旁观者的观点主要认为,公正旁观者之主要目的在于转化斯密论及人自爱的天性,使人理解到,自己在他人眼中也只不是"众多之一"(but one of the multitude)(Smith,2002:96),并无任何地方显得比他人尊贵或比他人值得受到更多的关注。此与每个人天性中的自爱——"自己微小的损失重要性总是大过他者"背道而驰(Smith,2002:156)。而"公正旁观者"正是此种将实际他人对自我的观感"内化"(internalisation),成为自我判断的重要源头(Campbell,1971:145)。①然而此种单纯的"社会学式"观点并非斯密论及公正旁观者之全貌。Raphael 早期之诠释作品已观察出,斯密之创作转变脉络,乃对此种社会学式之理解抱持趋于怀疑的态度。Raphael 观察出,在第一版与第二版的《道德情操论》中,内容最显著的差异,便是关于公正旁观者判断之独立性的建构(Raphael,1975:91)。斯密在回应 Gilbert Elliot 的信件中提到,道德理由本身可能不因受到众人的非难而被视为是错误的(Smith,1977:49)。而此更体现在斯密将公正旁观者之判断(相较于一般舆

---

① 如同 Campbell 所说的:"当提及到公正旁观者时仅意谓,当事人透过观察与其相处的旁观者们,所反映出特定社会团体成员之一般性态度,或社会整体习惯性之评价。"(Campbell,1971:145)

论对自身行为的评价），视为"地位远为重高的法庭"（a much high-er tribunal）（Smith，2002：150）。公正旁观者之判断或是个人"良心的判断"之独立性，在第二版后的《道德情操论》有更形巩固之趋势。① 但在斯密的理论中，公正旁观者除了其独立于一般"舆论"之重要性外，其亦成为我们陶冶高尚道德品格之基础。

斯密认为，道德行动乃源自情感的需求，此需求与斯密将其所理解的"自我"视为是镶嵌于"社会"中之经验事实所产生的；如同斯密所言："人，天生不仅希望被爱，而且也希望自己是值得他人喜爱的对象（to be lovely）。他天生不仅害怕被人怨恨，且更害怕成为应被怨恨的人。"（Smith，1790：132）斯密认为，就经验事实而言，不可否认人具有此种渴望与他者情感产生共鸣的倾向。无论此种倾向被理解为"渴望被爱"，还是自然而然会"关心他人幸福"的倾向（Smith，2002：48，11），透过他者满足的情感需求成为斯密理解"自我"（self）的重要的经验预设，而透过满足此情感需求亦产生道德行为重要的情感基础。斯密说："人不仅希望自己受到赞美(praise)，而且也希望自己值得赞美（praise-worthiness）……他不仅害怕自己受到谴责(blame)，而更害怕受到其应受的谴责（blame-worthiness）……"（Smith，1790：132）在斯密的理论中，满足社会性的情感仅是道德判断机制的"起源"，而道德判断机制的发展虽然同样奠基于类似的情感需求，但其间却产生了重要的转化。人成为道德主体，透过与他人的互动学习基本的人伦常情，而道德本身在此种社会脉络建构下逐渐发展。斯密认为，在道德判断机制的发展过程中可分为几个不同的阶段：第一，人天性中"未经教导与未经训练的"（untaught and undisci-plined）情感转化为"合宜的"表达形式(Smith，1790：171)。第二，此种合宜的表达形式不仅在于满足渴望为他者所赞赏；更在于满足其"渴望成为应该被赞赏的人"（Smith，1790：136）。第三，透过"反思"他者所习惯给予赞赏或谴责的倾向，"归纳"出约束自我行为的"一般性规则"，并据此成为判断自我行为的内在准则（Smith，2002：

① 如将公正旁观者之判断形容为"地位远为崇高之法庭"乃第六版的《道德情操论》所出现之修辞。

186）。从该制衡天性中自爱的脉络出发，亦延伸出对高尚道德情操之陶冶，进而拓展出关注斯密道德哲学的另一重要面向。

据此，斯密提到：

> 自然女神不仅赋予他一种愿望，使他想要被赞许，而且也赋予他另一种愿望，使他想成为一个应该被赞许的人……第一种愿望只会使他希望自己看起来适合社会。若要使他渴望自己真正适合社会，则他非有第二种愿望不可。第一种愿望只会促使他假装自己具有美德，促使他隐瞒自己的败德恶行。若要使他从心坎里真的喜爱美德，并且真的憎恨败德恶行，则他非有第二种愿望不可。（Smith，1790：136）

在人性论的层次，斯密区分了"赞赏"与"值得赞赏"的差异，透过此差异的呈现，斯密之用意在于推导出道德主体完满的道德判断形式，亦即，公正旁观者的自我判断。借由判断何为构成"值得赞赏"的道德理由，进一步培养出道德主体独立思辨的特性，从而使得道德判断本身脱离仅满足他人喜好的目的。如同斯密所言："在所有场合，他人和我们自己的感觉与判断是否一致，对我们有多重要，端视我们对自己行为合宜与否以及对自我判断之确信程度而定。"（Smith，1790：142）公正旁观者之判断，在该层面，发展出了成为独立的道德主体的可能，而该"独立性"亦成为"爱好美德"的基础。

就此而论，斯密道德哲学的工作不可仅被视为建构社会一般的伦理常情。假设将斯密的理论简化至此的话，则不免过度忽略了公正旁观者所隐含培养自我道德独立性的重要目的。若以道德判断的角度重新理解斯密的德性论，则此种公正旁观者判断的"独立性"如何成为"爱好美德"的基础？首先，斯密认为，就德性的本质而言，德性行为的基础是："注意我们自身行为是否合宜的敏锐专注能力，那种构成美德精髓的专注能力。"（Smith，1790：288）"注意自身行为是否合宜"的判断能力，在此亦成为拔高我们道德情操的基础，成为"爱好美德"的基础。但此并非意味"德性"与"合宜性"可被化约为相同的概念，因为在斯密的理论中，此两概念的确是可被区分开来的；正因为可如此区分此两概念的差异，故讨论其彼此的关系才成为有意义的课题。"德性"的本质指的是："人品卓越，是某种非比寻常的伟大和美丽，是远高于寻常和庸俗的性质。"（Smith，2002：30）就文本内容而论，斯密的确赋予"德性"某些高于"合宜性"的道德高尚意涵，且除了就概念本身的定义可区分此两者外，旁观者对于"德性"与"合宜性"之评价亦有所不同。例如，Valihora 的诠释将斯密论及对"合宜性"与"德性"之评价区分为"对同情的判断"（judgement of sympathy）亦即"对赞赏的判断"（judgement of admiration）。（Valihora，2001：142）

斯密证成合宜性之基础为旁观者与当事人之间情感的一致性，且该一致性除了涉及旁观者对当事人情感的理解，亦涵盖了当事人对旁观者"同情情感"的理解，因此该"一致性"之证成乃来自于情感"双向"沟通的结果："正如旁观者的同情感多少促使其以当事人的眼光看待他的处境，所以旁观者的同情感也多少促使当事人以旁观者的眼光看待自己的处境。"（Smith，2002：27）而透过"同情"证成的情感一致性更进一步成为社会秩序赖以建立的基础。① 然而，此种评价社会一般人伦常情的情感与对"美德"的评价却有显著的差异。我们对美德、对那些高尚道德情操的评价，并非仅止于我们对其的同情；对这些高尚道德情操的展现，往往会激起我们的"赞赏"

---

① 斯密说到："以往的经验（former experience）告诉我们，习惯性的尊敬（habitual reverence）行为的一般性规则，使我们能在所有的场合中做出几乎同样合宜的举动，并且防止人类难免会有的那些起伏不定的情感变化，……人类社会最基本的存在，靠得正是人类还遵守某些基本的义务（duties）；如果对那些重要的行为准则未怀有普遍尊敬的态度，则人类社会将土崩瓦解，消失得无影无踪。"（Smith，2002：190）人类社会秩序存在且稳定持续的原因，很大部分来自于个人与旁观者互动的过程中，所观察发现对某些行为认同或责难的倾向；此种"倾向"进一步在每位社会成员的心中形成规范行为的一般模式，使我们知道，旁观者的判断并非是武断的，是具有某种特定规则可供依循，于是个人顺从此种外在性的一般规则，将其"内化"为规范自我行为的一般性标准。而斯密更进一步将此种对一般性规则遵从的情感称之为"义务感"（a sense of duty）。我们满足一般规则的规范，即是出于此种"义务感"，而该义务感所指的是："有许多人的行为是端庄且正直，并在其一生避免了许多显著的错误，然而，这些人或许不知道旁观者们之所以赞许其行为的真正理由，但他们的行为仅出自于他们尊重那些既已立定下的概括性准则。"（Smith，2002：188）此种义务感并非指涉为了满足或博取他人的赞美而有的行动，义务感仅是出自于对"道德理由"本身的尊重，认为是对的便如此行，构成什么是"正确的"价值便是出自于"义务感"的行为基础。

（admiration）之情。正如斯密所说：

> 德性最完美无瑕的人，我们自然最敬爱的人，是这样的
> 人；他对自己原始自私的感觉，拥有几近完美的克制能力；
> 他对他人原始的感受拥有最细腻敏锐的同情能力。一个兼具
> 和蔼可亲（amiable）与优雅的美德，以及所有高贵可畏与可
> 敬的美德的人，毫无疑问地，必定自然是我们给予其最高的
> 爱慕与赞赏的适当对象。（Smith，1790：176）

此种"赞赏"与"同情"的评价情感最显著之差异在于，斯密认为"赞赏"的情感指的是："混合了惊奇（wonder）与讶异（surprised）而更为强烈激动的赞许，正是应当被称为赞赏的情感。"（Smith，2002：24）① "德性"或"高尚道德情操"本身具备的卓越性质似乎激发了人类探究道德理想性的知识兴趣；但对于斯密而言，"伦理学"（ethics）重要的目的乃在于"鼓舞我们实践美德"（Smith，2002：389）。除了"实践"之外，激发我们"高尚的道德情操"亦是斯密认为伦理学本身所不可忽略的理论目的。因此，透过强调Valihora对"对赞赏的判断"与"对同情的判断"的区分，可进一步归结出，斯密将专注于"公正旁观者"判断的能力，与合宜性——甚至是"爱好美德"联结，似乎亦在于呈现其思想中隐藏对道德理想普遍化的期许。透过该修辞方式，鼓舞年轻的贵族成员、新兴商人阶级之士莫低估了人性潜在实践道德理想的可能性。

斯密将德性行为的内在基础同样视为是"注意自身行为是否合宜"的判断能力；因此可观察出，斯密将"合宜性"与"德性"之内

---

① 关于"惊奇"（wonder）、"讶异"（surprised）、"赞赏"（admiration）等的情感，在斯密的理论中又被称为"知性的情感"（intellectual sentiments）；斯密认为"知性的情感"是作为推动人类知识进步的重要情感原理，亦即，满足人类"求知"的欲望。就传统的诠释，此等"知性的情感"与"道德情感"似乎是属于不同的情感范畴；但在此处斯密却将此种"知性的情感"与对高尚道德情操的评价彼此相连，似乎意有所指的暗示，对高尚道德情操赞赏的情感似乎也间接说明了人对道德理想性的"鉴赏"能力，使得我们进一步去探究此种高尚道德情操的本质。关于前者的诠释可参见：Griswold，1999：32，125。关于斯密"知性情感"的诠释可参见：C. Smith，2006：293–295。

在联系同样系于由公正旁观者所证成的道德判断机制上。就德性行为而论，斯密似乎将"爱好德性"的基础，与关注行为是否合宜的内在原理画上了等号。而在第六版的《道德情操》新增篇幅内，此种联系被斯密以更清晰的笔法描绘出其实质内涵：

> 智德兼备者，主要把他的注意力导向第一种标准，丝毫不差的合宜与完美的理想。在每个人的心中，总有一个这样完美的理想，逐渐在他对他自己与对他人品格的观察中形成。这个理想是心里面那伟大的半神半人，那个批评行为对错的伟大判官，缓慢、逐渐与累积的工作成果。（Smith，1790：291）

就上述所引之内容可轻易地观察出，对于斯密而言，德性行动的本质如何与"注意自身行为是否合宜"的判断能力联结在一起。在论及自爱的社会化过程中，斯密以"公正旁观者"对自爱的纠正证成社会一般的道德规范，认为此道德规范的基础不是在于"轻柔的人道力量"（the soft power of humanity），不是来自"自然女神在人类心中点起朦胧微弱的慈悲火花"（feeble spark of benevolence），而是来自"一股更强烈的力量……它是理智，是原则，是良心（conscience），是我们心里面的那个人（the inhabitant of the breast）……"（Smith，2002：158）[①]正是内住的公正旁观者时时警醒我们注意自己的妄自尊大，需意识到在他人眼中："我们自己只不过是芸芸众生的一员，在任何方面都不比其他人来得重要。"（Smith，2002：158）因此，社会一般道德基础便是奠定在我们以"旁观者"的眼光约束天性中未受拘束的自爱；但该面向仅是斯密提到"公正旁观者"的部分计划，若仅以此诠释斯密提及"公正旁观者"之用意，不免过度将斯密的哲学简化为社会一般道德背书。斯密还认为，公正旁观者克服自爱的目的尚包含了此处提及的培养高尚道德情操的部分。

虽然斯密将伦理学所专注的问题意识区分为：第一，"美德或美

---

① 该片段为斯密于《道德情操论》第二版所做有关论良心之独立性所增加的篇幅。

好的品性究竟是什么？"（wherein does virtue consist）以及，第二，
"这种品性，无论其内涵为何，究竟是被什么心灵的内在力量推荐给
我们，促使我们依此行动？"（Smith，2002：313－314）斯密而且认
为，就实践的目的而言，应首要关注的是前者而非后者（Smith，
2002：372）①；但斯密理论的特殊性却在于"斯密视其自身为综合古
典关于德性本质的论述，以及现代关于道德价值起源的研究途径。"
（Griswold，1999：181）若以"道德判断"的途径解构斯密的德性
论，可观察出，斯密"道德心理学"的理论同样可作为德性行动的基
础，其对于道德理想本身"平等主义式"的考量。在稍早引述第六
版《道德情操论》新增关于"智德兼备者"的篇幅中可发现，斯密强
调高尚道德情操的基础，并非奠定于某种特殊的知识论或形而上学立
场，而仅是"每个人心中"以"公正旁观者"所证成的道德理想。而
该"公正旁观者"之意象不仅作为证成社会一般道德的基础，更成为
陶冶道德品格的重要媒介。对于斯密而言，高尚道德情操的展现仅是
体现在"习惯于以这位安驻在他心中的伟人（of this great inmate）
的眼光来看待一切关系到他自己的事物。"（Smith，1790：169）或许
在一般的情况下，公正旁观者的观点易于被我们"忽略与漠视"
（Smith，1790：170）；但与公正旁观者的关系仍是"每个人"于其道
德判断发展的历程中所必须不断经历的课题。正因如此斯密才说，迈
向此种道德理想是"缓慢、逐渐与累积的工作成果"（Smith，1790：
291）。

　　理解道德主体自我与自我的"公正关系"便是斯密理论中通往道
德理想性的唯一路径；此道德理想并非如 Barzilai 所刻意突显的，属
于"斯多葛式的世界主义"或"新奥古斯丁式的完美主义"（或"德
维尔式的禁欲主义"）的观点（Barzilai，2010：116－131）。斯密论及
平等主义式的道德亦非止于"道德规则"的客观性建构。就本文为止
的篇幅足以指出，以"道德判断"之途径重新理解斯密的道德完美主
义其实可得出"平等主义"之不同内涵。

---

① 斯密将满足第二个问题意识的动机形容为"纯粹只是一种哲学上的好奇"；似乎与"
实践的目的"没有太大的关联。（Smith，2002：372）

五、"平民化"的道德理想

> 假设世上有两枚此类同样的魔法戒指，正义的人戴一枚，不正义的人也戴一枚；则我们无法想象任何人，其天性能够坚如铁石，始终坚持正义。如果人能够任意到市场上拿东西，或是进到别人家和喜欢的女子睡觉，或是随意杀人，或是到监狱里把囚犯放出来；其行动有如人群中隐而不显的神，就再也没有人不会染指不属于自己的东西了。
>
> Plato, *Republic*：360a

苏格拉底在《理想国》中与葛劳孔（Glaucon）讨论"正义的起源"时，葛劳孔提到上述所引著名的寓言——"吉哲斯的戒指"（ring of Gyges）。葛劳孔认为，当所有人都有机会戴上这枚会使人隐形的魔法戒指时，在没有任何人可以监督戴上戒指的人所作所为的情况下，有谁能够不违背正义、法律的规范而行事呢？这样的故事也很容易使我们想到斯密的道德哲学理论。在日常生活中与"实际的旁观者"互动过程中，人逐渐培养依道德要求行动的能力，并进一步认知到既存的道德内涵；但斯密认为，此种实际旁观者的判断能够"内化"成为每个人在检视自我行为时所诉诸的"想象的旁观者"；即便在实际旁观者缺席的场合，"想象的旁观者"仍能成为约束行为的主要基础。[1]对于斯密而言，当人有机会成为"在人群中隐而不显的

---

[1] 在斯密的理论中，此种"想象的旁观者"对行为人行为之约束力主要有两个面向。除了较常被提出讨论的"义务感"（a sense of duty）外，另外相对较少受到重视的概念则是人的"罪恶感"或"自责"（remorse）对行为本身的约束力。斯密并不认为，道德规范的效用仅来自于人的义务感所促使人们只因其是正确的便为之的面向；此面向另一具有约束能力的是来自于行为人以其"想象的旁观者"之观点检视自我行为时，"感觉到过去行为不当或不端正合宜而引起的羞愧；为过去行为的后果感到苦恼悲伤；为过去行为的受害者感到怜悯；以及由于意识到凡是有理性的人对其义愤都是正当的，而终日提心吊胆地害怕他们的惩罚。"（Smith, 2002：99）关于斯密理论中论及"罪恶感"或"自责"与道德行动的关联可参见：Olsthoorn, 2008：480-481。

神"时，人是否会如葛劳孔说的，不可期待其会选择行正义之事呢？而自对此寓言的探讨便延伸出本节所要关注的重点，在斯密的思想中，其所建构之道德理想——"智德兼备者"，对每一自律之道德主体而言，其自我内在之"公正性关系"为何？此公正性的内涵如何使我们不成为在《理想国》中戴上戒指的牧羊人吉哲斯呢？

就本节所关注"平民化"的道德理想命题而言，笔者欲利用剩余的篇幅，强调斯密第六版中"智德兼备者"及其"平民化"之特征。该"平民化"之特征表现于"智德兼备者"所体现自我内在之"公正性关系"及其所隐含道德自律之意义；对于斯密而言，此种自我内在公正性关系的重要性，乃是源自其视道德理想为不断透过道德经验之实践，陶冶每一位道德行为者的判断能力；简而言之，此处之所以着重以公正旁观者为内涵之道德判断途径，重新检视斯密德性论的原因在于，在斯密的理论中，"公正旁观者"不仅证成一般社会大众所能满足的道德标准，诚如第四节论证指出的，斯密亦透过此指向潜伏于一般道德主体内在实践高尚道德情操的重要基础。

对于斯密而言，"智德兼备者"的道德完满性的展现不在于达到理想的道德规范标准，而在于与该完美标准的关系，此关系便是本节所首要关注的道德主体自我内在之公正性关系。而理解此自我内在的公正性关系可区分为两个面向。第一个面向是第四节中业已提及的。在上一节的论证中指出，斯密从论及道德判断发展机制的角度，将道德情操两种层面（合宜性与德性）的展现相调和在一起；而激发我们道德情操展现的内在动机正是来自于斯密所区分纯粹"喜爱得到赞赏"与喜爱"得到应得的赞赏"的差异。第二个面向为本节主要关注的重点。就公正旁观者的判断与规范性概念的关系而言，斯密的公正旁观者与"智德兼备者"之联系乃呈现培养特定"道德倾向"以利于实践美德或高尚之道德情操。斯密之所以将重心放置于以道德判断的角度重新理解实践"高尚德性"的内在基础，乃意图呈现，实践此等高尚德性的能力其实与社会大众满足"一般规范"之道德基础并无二致；而认知合宜性与德性"内在联系"的目的在于，认知自我内在的"道德潜能"。

第一种特定道德倾向，指的是实践美德作为一种"习惯"（habit）。此处，实践美德的基础乃在于："习惯于以这位安驻在他心中的伟人的眼光（great inmate）来看待一切关系到他自己的事物。"
（Smith，1790：169）在某些诠释者的立场，会将斯密此处所提
及"习惯性"的概念与亚里士多德伦理学思想中"力行中庸的习惯"
（the habit of mediocrity）相联系（Smith，2002：319）；①然而，在
斯密的理论中，与"习惯性"相联系的乃是我们诉诸"公正旁观者"
的判断，尝试跨越受某种特定利益、偏见，或态度所挟制的"规范性
论证"。但对于斯密而言，此种"公正性"（impartiality）之内涵所指
为何呢？斯密认为，此种公正性观点指的是对于道德行为者而言，具
备以"超然客观"的角度行道德判断的能力，而此处所强调"超然客
观"的观点，其实是一种规范性的论述。斯密说，道德判断的本质是
一种 Griswold 所称之为"融合某种审议、理解"的特性（a blending
of deliberation，understanding）（Griswold，1999：88）。道德判断
并非是某种"不可误的"（infallible）判断；在斯密的理论中，道德
判断是透过"实践"与"经验"所不断培养的判断能力。斯密说，当
道德判断实际运作时往往会面临以下情境：

> 有两种见解同时存在他的心里。他的荣誉感，他的自
> 尊，指示他全心全意采取某一种见解。而他的自然的感觉，
> 他的未经教诲与未经训练的感觉，则不断地把他的注意力拉
> 向另一种见解。在这种场合他不见得完全认同其胸怀中理想
> 的人物，他自己并未以公正旁观者的观点看待自己的行为。
> （Smith，1790：171）

从以上这段话可观察出，就道德判断的"实然面"而言，斯密并
非单纯地认为公正旁观者的判断总是压抑住人的特性，与每个人关注

---

① 例如 Broadie 在其文章即提到，传统上倾向将斯密视为某种程度的斯多葛主义者，但
其实在斯密的思想中，与亚里士多德的联系可能比其与斯多葛的关系更为紧密。如
Broadie 所论证的，在斯密思想中占据核心地位的"合宜性"概念，与亚里士多德论
及"中庸"（the mean）的概念相似性，大过于在斯密的理论中与斯多葛思想的相似
性。且斯密所强调的"合宜性"与斯多葛强调"冷漠"（apathy）之间的对比，更突显了
斯密与斯多葛学派的差异。参见：Broadie，2009。

自我的程度相较，对他者的同情自然微弱许多（Smith，2002：101）。就此脉络而论，斯密的思想之所以呈现关于规范性议题理论上的类型差异，正是在于，斯密亦非单纯地相信，道德理想于实践中是"不可误的"。或许基本的"合宜"已可使我们的行为在某些场合看来得体，而在某些场合"正义"的规范以其强制力更有效地约束我们的行为，在某些场合，仍见高尚道德光芒的闪耀；所有此类在斯密理论中关于规范性不同类型的论证其实皆反映出其思考道德理论时特别关注"实践"的现实观点。但这似乎不意味着此类道德概念彼此相斥无法共存，迫使我们的道德行动必须面临非此即彼的选择方式。而对应实然面的关怀，公正性"应然面"之论述便强调"公正旁观者"所具备"超然客观"的特性。而此种超然客观的观点至少包含以下两个面向：第一，公正旁观者的判断不仅是使判断主体透过"想象力"与"自我克制"跳脱未经约束的自爱；公正旁观者更非单纯的仅是一般社会规范之内化。第二，斯密使用公正旁观者的概念作为道德判断理论的核心，其实预设了道德主体具有想象"客观性"存在的判断能力；但此客观性之内涵是否必然会一致，斯密并无过多的交待。但对于斯密而言，透过置身于客观第三者的观点判断自我行为，亦延伸出了以平等主义式的思维建构道德理想的理路。

此处提及的客观性概念亦须置于斯密论及情感的脉络上理解。在道德判断的脉络中，斯密并不认为客观性之概念是建构某些如哲学上"第一原理"（first principle）所揭示的关于事物本质的说明；亦非思考整体繁荣为何，以及个体与整体繁荣的关系应为何的斯多葛式观点。此处客观性所关注的面向乃是情感的表达应如何给予其客观的评价。斯密"情感理论"的基石便在于如何将自然的情感转化为具道德意义的判断基础；建构从单纯的受情感宰制而逐渐发展出的思考情感本身是否合宜，进而推论出道德判断自身的客观性为何的理论脉络。因此斯密同情的概念乃是强调"理解"，而非仅指涉对情感自身的认识。[①] 而欲对情感本身有客观的认识，则必须进入引发情感的"脉络"，深究情感的表达与引发情感的原因（cause）是否相

---

① Smith，2002：22，39。

称。如斯密所言："如果我们审视人性中所有不同的情感，我们将发现他们被视为得体或不得体，恰好与一般人比较容易或较难对其产生同情是平行一致的。"（Smith，2002：33）就如何判断情感本身是否合宜的命题而言，便是此处所关注的客观性问题；而正是来自对客观性的关注，使得斯密论及"公正性"的概念特别强调"冷漠的旁观者"（indifferent spectator）（Smith，1790：175）。"冷漠"的概念并非毫无情感可言，相对的，公正旁观者的冷漠仅展现在"不涉及情境中各特别利益的判断"（disinterestedness）①，或是 Otteson 将其形容为"球赛中的裁判"（Otteson，2002：63）。不限于成为判断他人行为的裁判，于判断自我行为时亦是如此。斯密将此"不受自爱"挟制的自我判断过程描述为："我们绝不可能观察到自己的情感与动机，也绝无可能对其作出任何批评；除非我们仿佛离开了自己的身体（unless we remove ourselves），努力从某个与我们有段距离的地方来观察它们"②（Smith，1790：128）。"距离"的产生，来自于对自我行为进行判断时，斯密说的自我被区分为"审判者"与"被审判者"的关系（Smith，2002：131），作为审判者的部分，成为公正旁观者以检视作为被审判者的行为；而在斯密的理论中，作为审判者的公正旁观者评判行为所援引的规范行标准之间的关系便可进一步延伸出其道德理想的平等主义内涵。

斯密认为，公正旁观者的判断不等同于单纯的将社会一般价值内化的结果，相对的，人除了具有反思此既有规范存在的能力之外，于道德实践中，依据何种标准检视自我行为并非是陷入"合宜性"与"德性"零和式的选择逻辑。斯密在此于概念上的确并未否认"合宜性"与"德性"所隐含不同的规范性标准：

---

① 参见：Griswold，1999：136。

② 在 Griswold 的诠释中，将斯密理论中论及的"距离"理解为是某种"剧场关系"（theatrical relation）（Griswold，1999：108），认为道德判断的起源来自旁观者的"看"与行为人从事其行为的"做"所产生的（Griswold，1999：82）。就道德判断的发展机制而言，Griswold 将此种型为主体的概念称之为"说服式的自我"（Griswold，1999：50），亦即，当斯密证成道德判断的理路理解为是由"自然的情感"到"情感合宜性"的过程时，在该过程中，"旁观者"与"行为人"其实是进入一个"相互说服"的过程，以证成斯密所关注合宜性的基础："情感的一致性"的问题。

当我们决定什么行为似乎该得到责难或掌声时，我们往往采用两种不同的标准。第一种标准是某种完全合宜与完美的想法，是在那些困难处境中，没有什么人的行为曾经或有能力达到的完美标准；和这种标准相比，所有人类的行为必定永远显得该受责备与不完美。第二种标准是大多数人通常达到的那个多少和完全合宜或完美有一段距离的程度。凡是超过这个程度的，不管距离绝对的完美有多远，似乎都该得到掌声喝彩；而凡是未达到这个程度的，则似乎都该受到谴责。（Smith，2002：32）

在这段引文中，斯密提及了对规范性标准的两种不同的评价。第一，超过了"大多数人通常达到的那个多少和完全合宜或完美有一段距离的程度"，而达到这个程度的，似乎是值得我们的"喝彩"（applause）；第二，未达到大多数人通常可达到的合宜性标准，则似乎都该受到谴责。前者指的是德性，后者指的是不合宜的行为。将此段话进一步搭配斯密论述"合宜性"的某些论调，易得出斯密实际上所辩护的仅是欲证成满足"市民之德"的道德规范理论。例如，在论及满足一般规范性原则的"义务感"时斯密举例说道，一位出自于对丈夫的热爱而表现出温柔的侍奉的妻子，必定会使旁观者为妻子对丈夫的爱感到赞许；而一位仅出自于身为妻子所应尽义务的原因而服侍着丈夫的妻子，相较于前者，似乎就不是那么值得赞许的对象。虽然她"不是最好的妻子"，但就维持夫妻关系而言却也"谨慎地履行每项义务"；虽然只是"次佳的妻子"，但对某种概括性原则的尊重，使得这位妻子对丈夫的举动在大部分的场合或许还是"合宜的"。（Smith，2002：189）据此，斯密说："构成大部分人类的那种粗劣的泥土……透过训练、教养与榜样，几乎可以……使他的举动在多数场合都尚可称为端庄合宜。"（Smith，2002：189）因为若诉诸"德性"的标准检视"一般人"的行为，或要求大多数人的行为皆满足德性的标准，似乎是不切实际的期待；因此在斯密的理论中，我们很容易看见，对于满足合宜性标准便已足够的修辞。且在多数的场合，以合宜性的标准检视多数人的行为，似乎也是对多数行为人合理的期待，故斯密才会将"不合宜"的行为视为"应受谴责",而非将达不到德性的要求视为应受责备的。

但值得注意的是,在斯密的思想中,"合宜性"与"德性"便于概念分析的区分方式,于道德实践的脉络并未导致两者的相互冲突。相对的,斯密认为,就道德判断的实践而言,并非是一味地选择仅满足合宜性便已足够,或非得要满足德性的标准不可。在1790出版第六版的新增篇幅中,出现了这么一段话,回应了早期第一版对于德性与合宜性的评价:"不同的人,甚至同一个人在不同时候,分给这两种标准的注意力,常常是不平均的。"(Smith,1790:291)但"在每个人的心中,总有一个这样完美的理想,逐渐在他对他自己和对他人的品行观察中逐渐形成。"若"同情"在斯密的理论中成为道德判断的基础,其要素莫过于先前提到的"理解"或"审议"的面向;道德判断的本质除了是"公正性"与"褊狭"(partiality)的"审议关系"外,另一重要的本质是关于"合宜性"与"德性"的"审议关系"。此处,"智德兼备者"代表的道德理想,并非满足难以契及的道德标准,仅是在多数场合,"把他的注意力导向第一种标准;丝毫不差的合宜与完美的理想。"(Smith,1790:291)在此斯密并非强调道德理想完美的展现,反而是指出"智德兼备者"另一重要的道德态度——"谦逊"(humble):

> 当他把他的注意力导向第二种标准时(按:指合宜的标准)……他可能感觉得到他自己确实比别人优越。但由于他主要的注意力均被导向第一种标准,所以他因与此标准比较变为谦逊的程度,必远甚于他与前一种标准比较而变得洋洋得意。(Smith,1790:292)

斯密于此并非强调作为道德理想的智德兼备者得以满足完美的道德标准,相较于一般人,智德兼备者仅是习惯性地以"德性"所蕴含的完美标准检视自我的行为;相较于一般人,智德兼备者由于深知更高尚的道德内涵,反而更认知到自身的不完美性。就此一重要的篇幅以可得知,对于斯密而言,道德理想并非以某种特定难以达到的规范性标准呈现，例如其所理解的"曼德维尔式"的禁欲主义，或斯多葛式的宇宙观；相反的，斯密所论及的道德理想仅是某种与高尚道德情操联系的道德判断机制的发展历程。据此，其道德理想的主体——"智德兼备者"乃是带有浓厚的平等主义式的色彩。而此平等主义体现在，以"公正旁观者"所延伸出关于高尚道德情操的陶冶，以及"智德兼备者"并非作为德性完美的彰显，而是着重于其某些特定的道德态度，激发我们实践高尚道德情操的渴望。

六、结论：重新看待"市民之德"

《道德情操论》唯一明显提及斯密所关注的"道德情操"与市场上追求"自利"的交易行为之联系处如是：

> 只要有最粗俗的教育便可教会我们，在所有重要的场合，秉持某种公正（impartiality）对待我们自己与他人的态度和行动，甚至寻常的尘世商业买卖关系，也能够将我们主动的情感原理修正至某种合宜的程度。（Smith，2002：160）

就传统对斯密思想的诠释而言，为了回应"亚当·斯密难题"，往往在《道德情操论》与《国富论》中找寻可彼此联系的桥梁，借以使得斯密的理论更趋一致。例如 1976 年重新编译斯密的著作《道德情操论》的学者们即认为，斯密于道德哲学中为"自利德性"的辩护，与《国富论》中论及累积财富所具备"规范性"的考量其实是兼容的。[1] 或许是为了回应斯密政治经济学著作的企图，强化以商业社会为特殊脉络理解其道德哲学的面向。笔者在此并非反对此种诠释策略，而仅是欲借此指出，或许是因为该重建意图，使得诠释者们以往在探讨斯密道德哲学中关于规范性标准的论证时，过度激化了"合宜性"与"德性"之间的对立，认为，在商业社会中的特殊脉络中，实践

---

① 参见：Raphael，Macfie，1976：8-9。

一般人皆可满足的道德标准，已是斯密道德哲学主要关注的对象。①

　　但笔者在此的质疑是，假若仅欲满足证成"合宜性道德"的一般内涵，或本文所使用的"市民之德"一辞，在 1790 年第六版出版前的《道德情操论》各版本已可满足此规范论证的需求，何以斯密于其决定完成修正《道德情操论》第六版内容后提到："我在第五部分后新增了一个全新的第六部分，包含了道德的实践体系，名为论德性的特质。""很遗憾我不断延迟我的出版计划，因为相关议题不断在我脑海中增长。"（Smith，1977：320）②据此，笔者反对 Otteson 将斯密于第六版修正的《道德情操论》之篇幅视为仅是"补充性质的修正"（Otteson，2002：14）。就斯密自身论及到对版本间差异的看法时，此种观点是站不住脚的。就斯密的书信看来，1785 年间斯密已版好出版第六版《道德情操论》的准备，斯密当时曾信誓旦旦地告之出版者："如果新的版本有再版的必要，我仅需针对几处做些修正，但对结果并不会有太大的影响。"（Smith，1977：281）但于 1785 年的出版计划却不断拖延至 1789、1790 年间才完成；1788 年，斯密提及其修订第六版的篇幅时说："针对《道德情操论》的各个部分，我已做了许多的增订与修正。"（Smith，1977：311）就斯密自身的创作脉络来看，关于第六版修订的内容，从与理论大抵无抵触的细微修正，到针对各部分明显的修正，直至 1789 年的书信中所说的"全新的第六部分"，斯密于第六版《道德情操论》新增的篇幅绝不是某种偶然或仅止于补充性说明先前已出版篇幅的目的。依斯密于其私人信件论及关于第六版的修正而论，本文的立场是认为第六版的《道德情操论》在斯密思想中呈现了某些关注焦点的转变，即使没有任何严格意义上"新增"的想法，仅从新修订的篇幅而论，就可以观察得出斯密对某些议题的刻意强调。

　　就 Hanley 关于第六版变化的诠释，主要着重于斯密论及的"道

----

① 例如：Phillipson，1983；Hont & Ignatieff，1983；Pocock，1985；Otteson，2002；Alvey，2003。

② 此为斯密私人书信的信件内容，信件日期为 1789 年 5 月 9 号，欲寄给当时出版《道德情操论》第六版的出版者的信件。

德堕落"与其德性论问题意识的联结；①或者如 Dickey 的诠释指出，相较于先前的版本，第六版的《道德情操论》其实呈现斯密对于"大众之德"趋于怀疑、保留的态度。② 而本文之所以在出版年份上着重区分是引自第一版（1759 年出版）或是第六版（1790 年出版）的原因亦在于，若依斯密个人谈论其创作脉络相关历程的书信看来，第六版的《道德情操论》的确值得学者们予以关注，并检视斯密思想是否有转变的重要文本依据。而本文所强调第六版的修正内容，乃是着重反驳误将斯密的"道德完美主义"视为某种"菁英论"的论点，而从道德判断的角度重新建构出该道德理想性隐含的"平等主义式"内涵。任何支持以"市民之德"或"合宜性"为基础的诠释，似乎忽略了斯密对第六版《道德情操论》的关注；况且，此种观点亦无法回应，何以斯密有必要灌注如此多的心血，重述自初版至第五版已足够支持的为市民之德辩护的论证？笔者认为，斯密式的平等主义的道德理想其实指出了，并无必要刻意高估高尚道德情操的展现。在斯密的著作中，援引说明此类高尚道德情操展现的例子皆是我们在日常生活中亦不难见的经验。例如"装有木制义肢的男人"（a man with a wooden leg），对于其缺少一条腿所带来的生活不便着实会令旁观者们感到同情。但假若旁观者观察出这位装有义肢的残障人是以其乐天的态度克服了先天的障碍，活出了生命精彩的一页时，不免也会赞叹，要表现出此种乐观的态度需要对其所遭受的痛苦呈现多少的克制

---

① Hanley，2008，2009。

② 例如 Dickey 所依据第六版的文本证据中显示，斯密应用了更多批判的笔法，重新描述"关注自我幸福的德性"，例如以往被视为联结《国富论》重要的规范性基础，"审慎"（prudence）。在第六版的篇幅中，斯密于论及"审慎"此一德性时，将审慎区分为"较优越的审慎"（superior prudence）与"一般的审慎"；并认为，仅止于满足"自我保全"的审慎观易落入仅在意个人的幸福，而对于他人或公共的利益而言可能只是冷眼旁观的态度。在此，斯密对此种审慎观点的评价是："（审慎）绝不会被认为是一种最令人喜爱，或是使人尊敬的美德。它会博得一定程度的冷静尊重，但似乎没有资格接受热烈的敬仰或赞赏。"（Smith，1790：253）虽然在斯密的著作中，对于追求个人财富易堕入对"公共福祉"或"他人幸福"冷漠的批评并非首次出现在第六版的《道德情操论》，如在1766 年间的《法理学讲稿》中，斯密以提及"商业社会"是如何削弱人的"公共精神"（public spirit）（Smith，1978：540）。但在第六版的《道德情操论》，假设斯密的目的是巩固其为"市民德性"的论述，何以在某些新增的特定篇幅中，反而看见了斯密对此类德性之批评？参见：Dickey，1986。

力！但也许人类的软弱不见得总是会使每一个人在相同情境都显得乐天知命，可是这位成为生命教育模板的主人翁在斯密的眼里仅是展现了：

> 他不再像一个软弱的人起初也许偶尔会感到的那样，为他自己的处境感到苦恼或悲伤。他对那位公正的旁观者的见解已变得如此彻底的习以为常，以至于无须任何努力，更不用说是尽力，他也绝不会想到要以其他任何见解去审视他自己装有义肢的不幸。（Smith，1790：172）

"自我克制"作为一种德性，以超越一般寻常见解的方式展现，并非专属于磅礴的史诗或壮士断腕的情节；即便只是一般人，在日常生活中我们的确有很多面临道德抉择的情境容许我们展现高尚的道德情操。甚至对于英雄的歌颂往往不在于君王将相，可能一位士兵断腕的决心，其壮烈的牺牲亦足以成为值得效法的楷模。（Smith，1790：278）

就此等平等主义的意涵而言，斯密以其夸张的修辞所润饰的，并非仅满足市民之德的型态样貌，而是为这些在道德实践的过程中，选择承担，或展现更高尚道德情操的小人物们的歌功颂德。即便正义的要求已足以维系社会主要规范的延续，但"伦理学"毕竟不同于"法理学"的关注，一个恪守本分、奉公守法的好公民或许值得我们"一定程度的冷静尊重，但似乎没有资格接受热烈的敬仰或赞赏。"若依本文的讨论或许可合理地推论出，斯密修正《道德情操论》的意图，可能亦涵盖了唯恐读者们将其思想简化为仅为一般市民之德背书，而忽略了实践高尚道德情操的重要面向。

参考文献

中文部分

吴政谕，2011，"亚当斯密道德哲学研究"，高雄：中山大学政治所硕士论文。
康绿岛，2011 "译者序"，《道德情操论》，亚当·斯密著，康绿岛译，竹北：狼角舍文化事业有限公司。

陈正国，2012，"陌生人的历史意义—亚当·斯密论商业社会伦理"（草稿，未出版）。

陈正国，2004，"从律他到自律：哈奇森与斯密经济思想兼的转折"，《政治社会哲学评论》，10 期，第 1—31 页。

贾旭东，2004，《利己与利他：亚当斯密问题的人学解析》，北京：北京师范大学出版社。

罗卫东，2005，《情感、秩序、美德：亚当斯密的伦理学世界》，北京：中国人民大学出版社。

外文部分（一手文献）

Adam Smith, 1976, *The Theory of Moral Sentiments*, eds. by D. D. Raphael and A. L. Macfie, Oxford: Liberty Fund.

Adam Smith, 1976, *An Inquiry into The Nature and Causes of The Wealth of Nations*, Vol. 2, eds. by R. H. Campbell and A. S. Skinner, Oxford: Liberty Fund.

Adam Smith, 1977, *The Correspondence of Adam Smith*, eds. by E. C. Mossner and Ian Simpson Ross, Oxford: Liberty Fund.

Adam Smith, 1978, *Lectures on Jurisprudence*, eds. by R. L. Meek, D. D. Raphael and P. G. Stein, Oxford: Liberty Fund.

Adam Smith, 1980, *Essays on Philosophical Subjects*, ed. by W. L. D. Wightman, Oxford: Liberty Fund.

Adam Smith, 2002, *The Theory of Moral Sentiments*, ed. by Kund Haakonssen, Cambridge: Cambridge University Press.

Aristotle, 2000, *Nicomachean Ethics*, ed. by Roger Crisp, Cambridge: Cambridge University Press.

Bernard Mandeville, 1924, *The Fable of the Bess, or Private Vices, Publick Benefits*, ed. by F. B. Kaye, Oxford: Oxford University Press.

David Hume, 1983, *An Enquiry Concerning the Principles of Morals*, ed. by J. B. Schneewind, Cambridge: Cambridge University Press.

Francis Hutcheson, 1971, *The Collected Works of Francis Hutcheson*, ed. by T Mautner, Cambridge: Cambridge University Press.

Jean-Jacques Rousseau, 1997, *The Discourses and Other Early Political*

Writings, ed. by Victor Gourevitch, Cambridge: Cambridge University Press.

Jean-Jacques Rousseau, 1997, *The Social Contract and Other Later Political Writings*, ed. by Victor Gourevitch, Cambridge: Cambridge University Press.

Plato, 1992, *Republic*, eds. by G.M.A.Grude and C.D.C.Reeve, Indianapolis: Hackeet Fund.

Thomas Hobbes, 1996, *Leviathan*, ed. by Richard Tuck, Cambridge: Cambridge University Press.

外文部分（二手文献）

Alexander Broadie, 2006, "Sympathy and the Impartial Spectator", in Kund Haakonssen ed., *The Cambridge Companion to Adam Smith*, Cambridge: Cambridge University Press, pp.158−188.

Alexander Broadie, 2009, "Aristotle, Adam Smith and the Virtue of Propriety", *The Journal of Scottish Philosophy*, 8 (1): 79−89.

A.L. Macfie, 1967, *The Individual in Society*, London: George Allen and Unwin Published.

Ann Firth, 2007, "Adam Smith's Moral Philosophy as Ethical Self-formation", in Geoff Cockfield and Ann Firth eds., *New Perspectives on Adam Smith's Theory of Moral Sentiments*, London: Edward Elgar Publishing, pp.106−123.

Aristide Tessitore, 1996, *Reading Aristotle's Ethics: Virtue, Rhetoric, and Political Philosophy*, Albany: State University of New York Press.

Athol Fitzgibbons, 1995, *Adam Smith's System of Liberty, Wealth, and Virtue: The Moral and Political Foundation of The Wealth of Nations*, Oxford: Clarendon Press.

Charles L.Griswold Jr., 1991, "Rhetoric and Ethics: Adam Smith on Theorizing about the Moral Sentiments", *Philosophy and Rhetoric*, 24 (3): 213−237.

Charles L.Griswold Jr., 1999, *Adam Smith and the Virtue of Enlightenment*, Cambridge: Cambridge University Press.

Charles L.Griswold Jr., 2006, "On the Incompleteness of Adam Smith's System", in Vivienne Brown and Samuel Fleishacker eds., *The Adam Smith Review*, Vol.2, London: Routledge Published, pp.181—186.

Charles L.Griswold Jr., 2006, "Imagination: Morals, and Arts", in Kund Haakonssen ed., *The Cambridge Companion to Adam Smith*, Cambridge: Cambridge University Press, pp.22—56.

Charles L. Griswold Jr., 2010, "Smith and Rousseau in Dialogue: Sympathy, Pitie, Spectatorship and Narrative", in Vivienne Brown and Samuel Fleishacker eds., *The Adam Smith Review*, Vol.5, London: Routledge Published, pp.59—84.

Craig Smith, 2006, "Adam Smith on Progress and Knowledge", in Leonidas Montes and Eric Schliesser eds., *New Voices on Adam Smith*, London: Routledge Published, pp.293—312.

Craig Smith, 2008, "The Scottish Enlightenment, Unintended Consequences and the Science of Man", *The Journal of Scottish Philosophy*, 7 (1): 9—28.

Daniel Diatkine, 2010, "Vanity and the love of system in Theory of Moral Sentiments", *European Journal of History of Economic Thought*, 17 (3): 383—404.

D.D.Raphael, 1975, "The Impartial Spectator", in Andrew S.Skinner and Thomas Wilson eds., *Essays on Adam Smith*, Oxford: Clarendon Press, pp.81—99.

D.D.Raphael, 1976, "Introduction", in Adam Smith, *The Theory of Moral Sentiments*, ed. by D. D. Raphael and A. L. Macfie, Oxford: Liberty Fund, pp.1—52.

D.D.Raphael, 2007, *The Impartial Spectator: Adam Smith's Moral Philosophy*, Oxford: Oxford University Press.

D.D. Raphael, 2010, "The Virtue of TMS 1759", in Vivienne Brown and Samuel Fleishacker eds., *The Adam Smith Review*, Vol.5, London: Routledge Published, pp.15—24.

David M.Levy and Sandra J.Peart, 2008, "Adam Smith and his sources: the evil of independence", in Vivienne Brown and Samuel Fleishacker eds., *The Adam Smith Review*, Vol.4, London: Routledge Published, pp.57—87.

Dennis C.Rasmussen, 2006, "Does 'bettering our condition' Really Make us Better off Adam Smith on Progress and Happiness", *American Political Sci-*

ence Review, 100 (3): 309–318.

Dennis C. Rasmussen, 2008, *The Problems and Promise of Commercial Socie-ty: Adam Smith's Response to Rousseau*, Pennsylvania: the Pennsylvania State University Press.

Douglas J. Dun Uyl and Charles L. Griswold Jr., 1996, "Adam Smith on Friendship and Love", *The Review of Metaphysics*, 49 (3): 609–637.

Emma Rothschild, 2001, *Economic Sentiments: Adam Smith, Condorcet, and the Enlightenment*, Cambridge: Cambridge University Press.

Emma Rothschild, 2004, "Dignity or Meanness", in Vivienne Brown and Sam-uel Fleishacker eds., *The Adam Smith Review*, Vol.1, London: Routledge Published, pp.150–164.

Fonna Forman-Barzilai, 2000, "Adam Smith as Globalization Theorist", *Critical Review*, 14 (4): 391–419.

Fonna Forman-Barzilai, 2005, "Sympathy in Space (s): Adam Smith on Proximity", *Political Theory*, 33 (2): 189–216.

Fonna Forman-Barzilai, 2006, "Smith on 'Connexion', Culture and Judg-ment", in Leonidas Montes and Eric Schliesser eds., *New Voices on Adam Smith*, London: Routledge Published, pp.89–114.

Fonna Forman-Barzilai, 2010, *Adam Smith and the Circles of Sympathy: Cos-mopolitanism and Moral Theory*, Cambridge: Cambridge University Press.

Gloria Vivenza, 2001, *Adam Smith and the Classics: the Classical Heritage in Adam Smith's Thought*, Oxford: Oxford University Press.

Henry C. Clark, 1992, "Conversation and Moderate Virtue in Adam Smith's 'Theory of Moral Sentiments'", *The Review of Politics*, 54 (2): 185–210.

Hiroshi Mizuta, 1975, "Moral Philosophy and Civil Society", in Andrew S. Skinner and Thomas Wilson eds., *Essays on Adam Smith*, Oxford: Claren-don Press, pp.112–131.

Michael Ignatieff, "Smith, Rousseau and the Republic of Needs", in T. C. Smout ed., *Scotland and Europe, 1200–1850*, Edinburgh: John Donald Publishers, pp.187–206.

Istvan Hont, 2010, *Jealousy of Trade: International Competition and the Na-tion-State in Historical Perspective*, Cambridge: Cambridge University

Press.

James E. Alvey, 2001, "Moral Education as a Means to Human Perfection and Social Order: Adam Smith's View of Education in Commercial Society", *History of the Human Science*, 14 (1): 1–18.

James E. Alvey, 2003, *Adam Smith: Optimist or Pessimist*, London: Asghate Published.

James E. Alvey, 2007, "The 'New View' of Adam Smith and the Development of His Views Over Time", in Geoff Cockfield and Ann Firth eds., *New Perspectives on Adam Smith's Theory of Moral Sentiments*, London: Edward Elgar Publishing, pp.66–83.

James R. Otteson, 2002, *Adam Smith's Marketplace of Life*, Cambridge: Cambridge University Press.

Jean-Pierre Dupuy, 2006, "Invidious Sympathy in the Theory of Moral Sentiments", in Vivienne Brown and Samuel Fleishacker eds., *The Adam Smith Review*, Vol.2, London: Routledge Published, pp.98–123.

Jerry Evensky, 2005, *Adam Smith's Moral Philosophy: A Historical and Contemporary Perspective on Markets, Law, Ethics, and Culture*, Cambridge: Cambridge University Press.

Jerry Z. Muller, 2002, *The Mind and the Market: Capitalism in Modern European Thought*, New York: Knopf.

John W. Danford, 1980, "Adam Smith, Equality, and the Wealth of Sympathy", *American Journal of Political Science*, 24 (4): 674–695.

Karen Valihora, 2001, "The Judgement of Judgement: Adam Smith's Theory of Moral Sentiments", *British Journal of Aesthetics*, 41 (2): 138–161.

Kund Haakonssen, 1981, *The Science of a Legislator: The Natural Jurisprudence of David Hume and Adam Smith*, Cambridge: Cambridge University Press.

Kund Haakonssen, 2002, "Introduction", in Kund Haakonssen ed., Adam Smith, *The Theory of Moral Sentiments*, Cambridge: Cambridge University Press.

Kund Haakonssen, 2006, "The Legacy of Adam Smith", in Kund Haakonssen ed., *The Cambridge Companion to Adam Smith*, Cambridge: Cambridge University Press, pp.366–394.

Laurence Dickey, 1986, "Historicizing the 'Adam Smith Problem': Conceptual, Historiographical, and Textual Issues", *The Journal of Modern History*, 58 (3): 579–609.

Lisa Hill, 2006, "Adam Smith and the Theme of Corruption", *The Review of Politics*, 68 (4): 636–662.

Leonidas Montes, 2004, *Adam Smith in Context: A Critical Reassessment of Some Central Components of His Thought*, London: Palgrave Published.

Maria Alejandra Carrasco, 2004, "Adam Smith's Reconstruction of Practical Reason", *The Review of Metaphysics*, 58 (1): 81–116.

Maria Alejandra Carrasco, 2007, "Adam Smith on Morality, Justice and the Political Constitution of Liberty", *The Journal of Scottish Philosophy*, 6 (2): 135–156.

Martin J. Calkins and Patricia H. Wherane, 1998, "Adam Smith, Aristotle, and the Virtues of Commerce", *The Journal of Value Inquiry*, 32 (1): 43–60.

Maria Pia Paganelli, 2008, "The Adam Smith Problem in Reverse: Self – interest in the Wealth of Nations and the Theory of Moral Sentiments", *History of Political Economy*, 40 (2): 365–382.

Nicholas Phillipson, 1983, "Adam Smith as civic moralist", in Istvan Hont and Michael Ignatieff eds., *Wealth and Virtue: The Shaping of Political Economy in the Scottish Enlightenment*, Cambridge: Cambridge University Press, pp.179–202.

Norbert Waszek, 1984, "Two Concepts of Morality: A Distinction of Adam Smith's Ethics and its Stoic Origin", *Journal of the History of Ideas*, 45 (4): 591–606.

Peter Berkowitz, 1999, *Virtue and the Making of Modern Liberalism*, Princeton: Princeton University Press.

Peter Olsthoorn, 2008, "Honour, Face and Reputation in Political Theory", *European Journal of Political Theory*, 7 (4): 472–491.

Pratap Bhanu Mehta, 2006, "Self – interest and Other Interests", in Kund Haakonssen ed., *The Cambridge Companion to Adam Smith*, Cambridge: Cambridge University Press, pp.246–269.

Richard Teichgraeber III, 1981, "Rethinking Das Adam Smith Problem", *The*

Journal of British Studies, 20 (2): 106–123.

Russell Nieli, 1986, "Spheres of Intimacy and the Adam Smith Problem", *Journal of the History of Ideas*, 47 (4): 611–624.

Ryan Patrick Hanley, 2006, "Adam Smith, Aristotle and Virtue Ethics", in Leonidas Montes and Eric Schliesser eds., *New Voices on Adam Smith*, London: Routledge Published, pp.17–39.

Ryan Patrick Hanley, 2008, "Commerce and Corruption: Rousseau's Diagnosis and Adam Smith's Cure", *European Journal of Political Theory*, 7 (2): 137–158.

Ryan Patrick Hanley, 2009, *Adam Smith and the Character of Virtue*, Cambridge: Cambridge University Press.

Samuel Fleishacker, 1991, "Philosophy in Moral Practice: Kant and Adam Smith", *Kant –Studien*, 82 (2): 249–269.

Samuel Fleishacker, 1999, *A Third Concept of Liberty: Judgment and Freedom in Kant and Adam Smith*, Princeton: Princeton University Press.

Samuel Fleishacker, 2004, *On Adam Smith's Wealth of Nations*, Princeton: Princeton University Press.

Stephen Darwall, 1999, "Sympathetic Liberalism: Recent Work on Adam Smith", *Philosophy and Public Affairs*, 28 (2): 139–164.

Stephen Darwall, 2010, "Smith's ambivalence about honour", in Vivienne Brown and Samuel Fleishacker eds., *The Adam Smith Review*, Vol.5, London: Routledge Published, pp.106–123.

T.D.Campbell, 1971, *Adam Smith's Science of Morals*, London: George Allen and Unwin Published.

V. M. Hope, 1989, *Virtue by Consensus: The Moral Philosophy of Hutcheson, Hume and Adam Smith*, Oxford: Clarendon Press.

Vivienne Brown, 1994, *Adam Smith's Discourse: Canonicity, Commerce and Conscience*, London: Routledge Published.

麦迪逊宪政思想与苏格兰启蒙运动

孙于惠

  美国宪政是最早最成功的民主宪政的典范，麦迪逊则是 1787 年联邦宪法的重要推动者，被誉为"宪法之父"，他不仅仅是一个审慎的政治家，更是那个时代最伟大的政治哲学家之一，他遗留给美国的政治思想可谓一笔宝贵财富。但是相比其他国父，关于麦迪逊的研究起步相对较晚。[①] 直至 20 世纪 70 年代末期，学界才开始反思美国宪法，同时开始关注苏格兰启蒙运动对美国的影响。80 年代以来的研究主要集中在 70 年代已开辟的具体领域，但是研究更深入，分析也更透彻。其中对宪法的反思进入了深度阶段，学者们纷纷投入，视角更加开阔：既针对麦迪逊具体宪政思想进行反思，又对宪法的部分设计进行再阐释，并重新认识制宪者的贡献。这一时期先后有多部著作对共和国理论进行阐述。新世纪的研究有回归古典的趋势，学界着眼于探讨麦迪逊思想的源泉，并将麦迪逊思想与古典时期及启蒙运动时

[①] 20 世纪上半期陆续出现研究麦迪逊的著作，主要从宏观层面介绍他，这可从著作的名称中窥见一斑。例如：Gailard Hunt, *The Life of James Madison*, 1902；Edward McNall Burns, *James Madison：Philosopher of the Constitution*, 1938；Lrving Brant, *James Madison：Father of the Constitution (1787 – 1800)*, 1950. 这一时期的文章也多是与之相关的书评，着眼从整体上对麦迪逊进行阐释。50 年代中后期，学术界开始对麦迪逊进行较为详细的研究，注重于微观分析。50—70 年代，学术界对麦迪逊的分析聚焦于他的具体思想，如共和主义、自由主义等，这一时期也开启了关于《联邦党人文集》具体篇章的研究。值得一提的是，70 年代的著作多关注麦迪逊执政时期的思想以及政策，尤其深入地分析了 1812 年英美战争。总体说来，20 世纪 70 年代以前的研究对麦迪逊本人及其思想进行了总体的概括，同时也开启了部分具体领域的研究，但是有待继续深入完善。

期的思想进行分析比较。

目前国内关于麦迪逊的研究为数不少，主要从其共和主义、联邦制以及分权制衡思想入手，但大多忽视了苏格兰启蒙运动对麦迪逊思想所产生的深远影响。虽然麦迪逊在其著作中很少直接提及苏格兰启蒙思想家，但是从其早年教育及早期政治实践中可以发现，麦迪逊与苏格兰启蒙哲学联系紧密。若再将麦氏思想与苏格兰启蒙思想进行对比分析，则可发现两者之间除了上述那种表面的联系外，还存在内在思想的一致性。这无疑有助于深入研究麦迪逊思想及苏格兰启蒙运动对美国制宪的影响。但是这一问题目前还没有受到中文世界的应有关注。笔者在此尝试探讨麦迪逊与苏格兰启蒙运动之间的关系，希冀探求苏格兰启蒙运动对麦迪逊思想的影响，借以推动麦迪逊思想的探源。

一、麦迪逊与苏格兰启蒙运动

（一）"宪法之父"麦迪逊

费城会议的一位代表曾这样描述麦迪逊，他写道："每一个人似乎都承认他是个了不起的人物。他既是一位学识渊博的政治家，又是一位学者。会议中，在每一个重大问题的处理上，他显然都是带头的。尽管他不是一位雄辩家，但他是一位很受欢迎的、很有口才和使人信服的演说家……对于美国的事务，他了如指掌，并了解联邦政府中的任何一个人。"在议会辩论中麦迪逊是发言最积极的人，尽管他的细嗓子使他的辩论不那么完美，但是他用缜密的逻辑思维使许多人接受了他的思想。在制定宪法时，他最积极活跃，脑子里对政府已经勾画了较为完美的蓝图，而且对古今联邦制度进行了透彻的研究，他想用他的思想感染每一个人，那次立宪会议开了86天，有71天他讲了话。有时他过于激动，为了防止这一点，他特意请一位朋友在这个时刻拦他一把。不过，他一演讲起来，又激动万分了，他的朋友目瞪口呆，看着他忘情而又投入的样子，无论如何也不敢做这种事，事后他的朋友告诉他说："我宁愿触摸闪电，也不敢阻止你辩论。"①

麦迪逊享誉"美国宪法之父"的头衔，绝非偶然，这是因为他从22岁就开始沉迷于宪法的问题。他写信给他在费城的刚刚着手法律工作的朋友：

> 政府的原则和方式至关重要，它们不应该被好追问的人忽视。我认为它们值得所有健康和有时间的学生给予严格的检验。如果你能制订一个计划，在计划中你确定了你的研究课题、将要阅读的书目和阅读的顺序，那我将会非常高兴；当你对国家宪法有了足够的洞察，而且能够以此为乐，就请给我送一份最初的基本的立法原则的草案。②

我们现在完全可以把这些字句（而他当时并不能）看成他注定成为大立法者的命运的暗示。

或许年轻的麦迪逊早已熟知休谟的训导："立法者不应将一个国家未来的政体完全寄托于机会，而应提供一种控制公共事务管理机构的法律体系，传之子孙万代。种何因必得何果，贤明的律令在任何共和国中都是足以留传后代的最宝贵的遗产。"③在费城会议上，麦迪逊竭力为美国人民制定一部平衡的宪法；在宪法批准的过程中，他加入联邦党人阵列，为宪法奔走呼号；随后，麦迪逊又致力于宪法的修改，转而支持反联邦党人的要求，不遗余力地推动《权利法案》的通过。

（二）苏格兰启蒙运动④

当我们谈及18世纪的启蒙运动时，我们通常只会想到

---

① 李富民、李晓丽主编，《美国总统全传》（上），第99、110页。
② 加利·威尔士，《美国宪法之父——詹姆斯·麦迪逊传》，刘红、冉红英译，合肥：安徽教育出版社，2006年，第32页。
③ 休谟，《休谟政治论文选》，张若衡译，北京：商务印书馆，2010年，第13页。
④ 尽管1900年就有了"苏格兰启蒙运动"这一新词，尽管大卫·休谟、亚当·斯密、亚当·弗格森等人一直是思想史上的耀眼"明星"，但很少有人将他们作为一个整体与苏格兰启蒙运动联系起来。在西方，这种冷清的局面一直持续到20世纪六七十年代才开始得到改观。参见项松林，《苏格兰启蒙思想家的市民社会理论研究》（博士学位论文），2009年，第1页。

法国的启蒙运动，但与之同时发生在苏格兰的启蒙运动其实与法国理性主义者所开创的启蒙在很多方面一样举足轻重。确切地说，（在这一期间）法国都没有产生能与休谟比肩的哲学家与心理学家，也没有能与亚当·斯密相媲美的经济学家，而弗格森却与孟德斯鸠旗鼓相当——作为社会哲学家与研究罗马的历史学家。并且法兰西的哲学家们对当代社会科学的思想与方法方面的贡献也不能与苏格兰启蒙运动同日而语。[①]

——Harry Elmer Barnes

苏格兰启蒙运动是 18 世纪启蒙运动的另一极，它的起止时间有各种不同的版本。但基本上都认同其高潮时期是大约 1740 年（休谟的《人性论》第三卷的出版）至 1790 年期间（斯密的《道德情操论》第六版即最后一次修订）。[②] 苏格兰启蒙运动的产生与苏格兰当时特殊的政治社会背景紧密相连。1603 年，女王伊丽莎白一世去世后，苏格兰的詹姆斯六世即成为英格兰的詹姆斯一世，王宫也从爱丁堡迁到伦敦。苏格兰和英格兰统一为一个王朝国家，王朝的合法性在于国王詹姆斯的斯图亚特家族血统。苏格兰与英格兰的合并原封不动地保存了苏格兰的政治机构，苏格兰议会和法院继续行使苏格兰事务的管辖权。直到 1707 年，即詹姆斯七世（英格兰的詹姆斯二世）死后的第六年，苏格兰和英格兰才完全合并，建立起单一的英国政府。而苏格兰的议会则被撤销。合并使苏格兰享有与英格兰进行自由贸易的特权，最终为苏格兰带来了经济好处……1707 年后，爱丁堡的政治重要性一去不返，到 18 世纪下半叶，爱丁堡出现了艺术、文学、科学和普遍的思想繁荣，成为影响深远的苏格兰启蒙运动的中心。[③] 苏格兰与英格兰的合并不仅推动了苏格兰的经济发展，更使苏格兰知识分

---

① Harry Elmer Barnes，"Review on Man and Society：The Scottish Inquiry of the Eighteenth Century"，*The American Historical Review* ，Vol. 51，No. 3 （Apr.，1946），p.497.

② 参见项松林，《苏格兰启蒙思想家的市民社会理论研究》（博士学位论文），第 3 页。

③ 彼得·赖尔、艾伦·威尔逊，《启蒙运动百科全书》，刘北成、王皖强编译，上海：上海人民出版社，2004 年，第 158 — 159 页。

子远离了英格兰的王党之争，成就了苏格兰在思想文化等领域的辉煌。

关于苏格兰启蒙运动，哈耶克曾比照法国启蒙运动而作过深入的分析：英国自由传统主要是由一些苏格兰道德哲学家所阐明的，他们当中的杰出者首推休谟、斯密和弗格森，以及同时代的英格兰思想家塔克、伯克等。这些思想家所利用的思想资源主要是植根于普通法理学中的思想传统。与其观点相反的乃是以笛卡尔、卢梭和百科全书派为代表的法国启蒙运动的传统。英国传统为一种经验主义且非系统的自由传统，法国传统则为一种思辨的唯理主义的自由传统，两者的根本分歧在于经验主义的演化论与唯理主义的设计理论。唯理主义传统假定，人生来具有知识和道德的禀赋，这使人能够根据审慎思考而形构文明；演化论者则认为文明乃是经由不断试错、日益积累而艰难获致的结果，亦即经验的总和。① "在苏格兰哲学家那里，尽管他们同样持有类似于法国启蒙哲人关于人性和社会的科学规划，但是他们中没有一个人接受无限改善是可能的和进步是不可避免的观点。"② "他们的目标是建立能给所有的人以自由的制度。而不是像他们的法国同代人所希望的那样，建立一种只给'善良和聪明的人'以自由的极受约束的制度。"③苏格兰启蒙学者承认，自爱是人的天性，追求个人利益是天性使然；他们还注意到，对个人利益的追求并不一定损耗公共利益，两者之间不存在绝对冲突。相反，通过相应的制度设计既可以协调利益间的冲突，还可以促使个人在追求自我利益的同时有效地增进公共利益。

（三）麦迪逊与苏格兰启蒙运动之关系

倘若苏格兰启蒙运动曾对麦迪逊产生影响，那么，一系列问题将

---

① 高力克，《严复的伦理观与苏格兰启蒙哲学》，载《哲学研究》，2009 年第 2 期，第 62 页。

② 约翰·格雷，《自由主义》，曹海军、刘训练译，长春：吉林人民出版社，2005 年，第 29 页。

③ 哈耶克，《个人主义与经济秩序》，贾湛等译，北京：北京经济学院出版社，1989 年，第 12 页。

迎面而来：苏格兰启蒙运动为什么能对麦迪逊产生影响？是因为 18 世纪的美国与苏格兰在政治社会背景方面相似？抑或因为国父们所面对的社会历史情境与苏格兰启蒙思想家所面对的情况相似？若是存在这样的相似性，麦迪逊求助于苏格兰启蒙思想亦合情合理。然而，这种相似性还不足以表明麦迪逊可以乞援于苏格兰启蒙运动，除非他对后者非常熟悉，否则实难及时准确地求助于苏格兰启蒙思想家。

1. 17—18 世纪的苏格兰与 18 世纪的美国

罗杰·爱默生指出："17 世纪末，苏格兰的形势日益恶化，这迫使苏格兰人反思招致这些恶果的种种原因。战事频发仍在一定程度上导致了贸易的长期低迷。苏格兰也因此无力应付作为独立国家所必需的庞大开支。其实，由于苏格兰与英格兰共侍一主，苏格兰实际上也不可能完全脱离英格兰而拥有真正的独立。除此以外，苏格兰国内的教派争斗也远未平息。"① 复杂的政治经济环境迫使苏格兰陷入步履维艰的境地。巧合的是，18 世纪的美国也陷入相似的困境之中：1783 年随着战争结束，要求统一的紧迫感开始消失。在各州内部，债权人同债务人之间的冲突日益尖锐。打败英军并不意味着外国威胁的消失，英国、法国和西班牙包围着这个新成立的国家，而这个国家——内部分裂，又没有强大的中央政府——也就成为诱人的战利品。② 用汉密尔顿的话来形容，当时的美国已经达到"蒙受耻辱的最后阶段"③。了情势的恶化迫使美国人不得不齐聚费城商讨制宪事宜。但是该采取何种应对之策呢？前人是否提供过可资借鉴的经验呢？

为了挽救国家的危机，苏格兰人曾纷纷就国家的前途展开讨论。到 1707 年，很多苏格兰人已经清醒地意识到，只有与英格兰合并才能解决当时苏格兰迫在眉睫的困境。或许苏格兰友人的做法启发了美国国父。笔者注意到，在《联邦党人文集》第 5 篇中，杰伊摘录

---

① 罗杰·爱默生，《苏格兰启蒙运动的背景》，亚历山大·布罗迪编，《苏格兰启蒙运动》，贾宁译，杭州：浙江大学出版社，2010 年，第 9 页。

② 詹姆斯·M. 伯恩斯、杰克·W. 佩尔塔森、托马斯·E. 克罗宁，《民治政府》，陆震纶等译，北京：中国社会科学出版社，1996 年，第 10 页。

③ 汉密尔顿、杰伊、麦迪逊，《联邦党人文集》，第 71 页。

了安妮女皇在 1706 年 7 月 1 日致苏格兰议会的信中关于英格兰和苏格兰合并的重要意义的论述：

> 全面而完整的合并，将是持久和平的牢固基础。它将保护你们的宗教、自由和财产，消除你们之间的仇恨，以及我们两国之间的嫉妒和分歧。它必然会增进你们的力量、财富和贸易；通过合并，整个岛屿友好地联合在一起，免于利益不同的一切忧虑，能够抵抗一切敌人。

杰伊指出："没有任何东西比我们内部的团结、强大和有效的政府更能保护我们免遭威胁了。"[1]美国人民明智地选择了联合，并意识到有必要建立一个有效的全国政府。因为它是解决国家内忧外患的良药，既是"和平的保卫者"及"商业和其他公益的保护者"，还可以适当地医治党争的弊病。[2] 显然，无论是社会政治背景还是对于困境的解决之策，苏格兰与美国无疑有着很大的相似性，这种相似性使麦迪逊可以向苏格兰启蒙思想家们寻求援助，但是能否如愿，还取决于麦迪逊对苏格兰启蒙思想的熟悉程度。

2. 麦迪逊早年教育及政治实践

早在 1979 年就有学者提出不要忽视麦迪逊的政治社会理论与苏格兰启蒙运动的相似关系。[3]然而，麦迪逊本人很少直接提及前辈思想家，他在《联邦党人文集》中并没有提及苏格兰启蒙思想家，在《辩论——美国制宪会议记录》中也仅有一次提及休谟，这无疑为研究增加了很多困难。但是深入研究麦迪逊的早年教育会发现，他有充足的机会阅读苏格兰启蒙思想家的著作。

制宪者们十分熟悉苏格兰社会科学。1750 年以后，苏格兰社会科学在美国各学院课程中占有很重要的地位。其中苏格兰哲学家中成就最为显著且最富盛誉的弗朗西斯·哈奇森、大卫·休谟、亚当·斯

---

① 汉密尔顿、杰伊、麦迪逊，《联邦党人文集》，第 19—20 页。
② 汉密尔顿、杰伊、麦迪逊，《联邦党人文集》，第 65 页。
③ Roy Branson, "James Madison and the Scottish Enlightenment", *Journal of the History of Ideas*, Vol. 40, No. 2 (Apr. – Jun., 1979), p.235.

密、托马斯·里德（Thomas Reid）、卡姆斯勋爵（Lord Kames）、亚当·弗格森（Adam Ferguson）等人的著作在殖民地后期的美国大学成为标准教材。在普林斯顿大学、威廉玛丽学院、宾夕法尼亚大学、耶鲁大学、国王大学以及哈佛大学，1776 年因战争而离去的年轻人都接受过苏格兰式社会科学的训练。并且，有 9 名制宪会议成员毕业于普林斯顿大学，该大学是在苏格兰人约翰·威瑟斯朋（John Witherspoon）担任校长期间复制爱丁堡大学而建成的。[①]威瑟斯朋本人还是《独立宣言》和《邦联条款》的热情拥护者，曾对美国革命一代产生了深远的影响。

早年在寄宿学校时，麦迪逊的老师唐纳德·罗伯逊（Donald Robertson）就是苏格兰人，他给麦迪逊讲授了当时爱丁堡大学的有关课程。后来麦迪逊又跟随普林斯顿毕业生托马斯·马西学习。在马西的影响下，麦迪逊进入普林斯顿大学，这对于他的一生影响深远。[②]在普林斯顿，威瑟斯朋为学生们提供了来自苏格兰的最新的且富有启迪性的课程，当时他给学生推荐的书单中就包括休谟、斯密及弗格森等人的著作。[③]通过威瑟斯朋，麦迪逊接触了丰富的苏格兰启蒙思想，他尤为欣赏那种从历史的研究中寻找人性的普遍性，并在此基础上推进制度完善的研究方法。[④]麦迪逊在两年之内就完成了普林斯顿的常规课程。之后，他又在那里多留了一年，私下跟随威瑟斯朋继续学习。[⑤]毋庸置疑，威瑟斯朋对年轻麦迪逊的思想的塑造产生了重要影响。

年轻的麦迪逊不仅广泛涉猎了苏格兰启蒙思想，而且深受其影

---

① Douglass Adair, " 'That Politics May Be Reduced to a Science'：David Hume, James Madison, and the Tenth Federalist", *Huntington Library Quarterly*, Vol. 20, No. 4, Early American History Number（Aug., 1957）, p.345. 道格拉斯·阿代尔，《〈政治或可化约为一种科学〉——大卫·休谟、詹姆斯·麦迪逊和〈联邦主义文集〉第十篇》，陈舒婕、韩亚栋译，载《政治思想史》，2010 年第 4 期，第 179 页。

② James Conniff, "The Enlightenment and American Political Thought：A Study of the Origins of Madison's Federalist Number 10", *Political Theory*, Vol. 8, No. 3（Aug., 1980）, pp. 383-384.

③ See Roy Branson, "James Madison and the Scottish Enlightenment", pp. 235-236.

④ A. E. Dick Howard, "James Madison and the Constitution", p. 82.

⑤ 加利·威尔士，《美国宪法之父——詹姆斯·麦迪逊传》，第 8 页。

响，这种影响在他随后的政治实践中得以体现。正如汤普森所言："在任何时代，包括我们这个时代，成长中的一代人主要受到在他们成长岁月中出版的书籍的影响。他们在年轻时也即在上大学时阅读这些书籍。当他们这一代人成长起来后，表达在这些书籍中的主张就可能反映在曾研读它们的男女领导者的行动中，那时，他们会像孩子一样地寻求指导……"①1783年，大陆会议拟议建立国会图书馆，作为筹划委员会负责人的麦迪逊向国会提交了一份书单②，这份书单上处处可见苏格兰学者的名字。其中"政治"一栏有休谟的政治论文，斯密的《国富论》以及亚当·弗格森的《文明社会史论》等，并且还可在书单上找到休谟与弗格森的其他著作。③在费城制宪会议上，麦迪逊还将苏格兰学派的社会政治思想发挥到了极致。④显然，麦迪逊受到了苏格兰启蒙思想的熏陶，至于他所受到的具体影响，还需深入探讨两者思想上的关联。本文将重点讨论休谟与斯密等启蒙学者的思想与麦迪逊思想之间的关系。

需要指出的是，麦迪逊求助于苏格兰启蒙思想具有可然性却不具有必然性。这种可然性只能表明麦迪逊与苏格兰启蒙运动之间存在联系，但并不意味着他在设计宪法之时曾受其影响。要寻找两者间的必然性，就必须深入研究两者的思想。麦迪逊与苏格兰启蒙学者共同面临一个核心问题——自爱之人如何组成政治社会？围绕这一问题，笔者选取了三个部分对两者的思想进行分析比较：首先是关于人的合理阐释，其次是大共和国理论，最后是调和思想。可以说，这三点既是麦迪逊思想之精髓又是苏格兰启蒙之成就。若能从这三点中寻找出两者间的联系，那么，麦迪逊的宪政思想与苏格兰启蒙运动之间的联系就是毋庸置疑的。

---

① 肯尼思·W.汤普森编，《宪法的政治理论》，张志铭译，北京：生活·读书·新知三联书店，1997年，第45页。

② 此份详细的书单可参见 Fulmer Mood, "The Continental Congress and the Plan for a Library of Congress in 1782–1783. An Episode in American Cultural History", *The Pennsylvania Magazine of History and Biography*, Vol. 72, No. 1 (Jan., 1948), pp. 20–24。

③ Roy Branson, "James Madison and the Scottish Enlightenment", pp. 236–237.

④ Douglass Adair, "'That Politics May Be Reduced to a Science': David Hume, James Madison, and the Tenth Federalist", p. 348.

二、关于人的合理阐释

约翰·格雷指出："更普遍地说，《联邦党人文集》的精神与法国启蒙运动的精神大相径庭，因为联邦党人的著作弥漫着一种人类不完善的感觉，而正是这种感觉激发了他们所有的宪政建议。在强调人类的不完善性这一点上，美国的宪政主义者与对他们产生过重大影响的苏格兰启蒙运动的思想家们（尤其是亚当·斯密）倒是一脉相传的"。[1] 休谟曾坦言："由于每个人爱己胜于爱人，他自然会全力以赴地尽可能增加他的收益；除了理性和经验，别无什么可以约束这种倾向。"[2] 在斯密看来，自爱是人的第一天性，除了自爱之外，人还具有同情之感、仁爱之心，同时还受到内心那个"公正的旁观者"的约束。"斯密的学说构建起一个理论框架，拥护具备道德调节机制的个人主义，促进了作为启蒙运动一大创造的全新人学。"[3] 麦迪逊关于人的阐释与苏格兰启蒙思想家的观点颇为相似：他一方面高呼"野心必须用野心来对抗"，"如果人都是天使，就不需要政府了"，另一方面又承认"人类本性中还有其他品质，证明某种尊重和信任是正确的"。[4] 那么，麦迪逊是否曾受其影响呢？本章将对两者的人学思想进行详细的研究，以寻找其中的深度关联。

（一）同情与自爱

1. 因同情[5]而积极行为

在休谟看来，"同情是人心天然具有的一种情感，其本质是一种与他人的同胞感（fellow-feeling with others），或者毋宁说是作为我

---

① 约翰·格雷，《自由主义》，第 35 页。
② 休谟，《休谟政治论文选》，第 132 页。
③ 彼得·赖尔、艾伦·威尔逊，《启蒙运动百科全书》，第 182 页。
④ 汉密尔顿、杰伊、麦迪逊，《联邦党人文集》，第 264、286 页。
⑤ 这里的同情是一个含义广泛的词汇，不等同于对于一个处在不幸状态中的人所发的那种同情的情感，而是一种设身处地地考虑自己与他人同在一种状况下的那样一种同情的感情，或者说是一种由己推人的共同的情感。参见高全喜，《休谟的政治哲学》，北京：北京大学出版社，2004 年，第 104—105 页。

们人的本性的'人性'或'人道'（humanity）；它把社会性的自然情感和人为设计的有用性或公共效用同每一个人的快乐和不快的感受相联系而引发出快乐或不快的情感，由此而使他们获得作为社会性的德性的价值，并使单个人与单个人之间、单个人与社会之间达到沟通、和谐和秩序具有一个可靠的基础"。① 据说，"人天生具有一种对社会的热爱，希望人类为了自身的缘故而保持团结，即使他自己没有从中得到好处。对他来说，有秩序的、兴旺发达的社会状况是令人愉快的。他乐于见到这样的社会。相反，无秩序和混乱的社会状况成了他所厌恶的对象，他对任何造成这种无秩序和混乱状态的事情都感到烦恼。他也意识到，自己的利益与社会的繁荣休戚相关，他的幸福或者生命的维持，都取决于这个社会的秩序和繁荣能否保持。因此，种种原因使他对任何有损于社会的事情都怀着一种憎恨之情，并且愿意用一切方法去阻止这个如此令人痛恨和可怕的事情发生。不义行为必然有损于这个社会。所以……他会尽力去阻止这种行为的进一步发展，如果任其进行下去，就会很快地葬送他所珍视的一切"。② 显然，人们会因对公益的同情而采取对社会积极有利的行为。

对于同情理论，麦迪逊并没有直接给予正面的阐述，但在《联邦党人文集》第55篇中，麦氏承认："人类有某种程度的劣根性，需要某种程度的慎重和不信任，所以人类本性中还有其他品质，证明某种尊重和信任是正确的。共和政体要比任何其他政体更加以这些品质的存在为先决条件。如果我们当中某些人的政治嫉妒所描述的图景与人类特性一模一样，推论就是，人们没有充分的德行可以实行自治，只有专制政治的锁链才能阻止他们互相残杀。"③他进一步解释道：共和国的价值恰好在于让无私的发言人在公正仲裁方面为某一种利益自觉地做他所能做的一切事情。当麦迪逊和他的弗吉尼亚跟随者选出仲裁官去裁决争端时，他们依赖于其绅士方式；麦迪逊说，一般公民能够超越他们狭隘的利益，相信他们的代表能协调好他们和其他人的要

---

① 休谟，《道德原则研究》，曾晓平译，北京：商务印书馆，2001年，第11—12页。
② 亚当·斯密，《道德情操论》，蒋自强等译，北京：商务印书馆，1997年，第108—109页。
③ 汉密尔顿、杰伊、麦迪逊，《联邦党人文集》，第286页。

求，为他们作出最好的裁决：

> 我坚持这一伟大的共和国的原则，人民有德行和智慧在他们中间选出有德行和聪明才智的人。我们中间没有美德吗？如果没有，我们就处在肮脏的环境中。没有任何理论，任何政府形式可以拯救我们。在人民没有美德的基础上去设想任何政府形式来维护自由和幸福，都是空想。如果社会中有足够的美德和智慧，就会在选举中起作用，所以，我们不用依赖于长官的美德，或者寄信任于他们，而是要依赖那些选出他们的人。①

可以说，责任、感恩、利益、抱负本身，都是约束他们忠于并同情人民群众的媒介。也许这些都不足以约束人的任性和邪恶。但是难道这些东西不全是政府所承认和人们的谨慎所能够设想出来的吗？难道这些东西不是共和政府用以为人民的自由和幸福作准备的真正的和特殊的手段吗？② 这些手段概括说来属于同情的范畴，它们不但避免了人们无限地追求个人私利，而且促使人们采取有利于社会的行动，为社会提供了必要的保护。但应当承认的是，虽然同情与自爱相伴而生，但自爱之心的诱惑远超过同情之心，因此后者对人的约束力非常微弱。并且，同情之心所产生的社会效用也不尽如人意，因为"人类的心灵是很富于模仿性的。任何一群人经常交往而不互相濡染、不互相感染彼此的善善恶恶，是不可能的事。一切有理性的生物结伴和结社的倾向很强。给予我们此一倾向的这种本性，使我们能互相深入了解彼此的情绪，并使相似的感情和意向像感染一样传遍整个俱乐部或人群"③。"民众暴动、党派热情、对宗派领袖的忠诚服从，这些都是人类本性中这种社会性的同情的一些最明显、尽管较不可称道的结果"④。麦迪逊所指的党争根植于人性，其在很大程度上也与此处所

---

① 参见加利·威尔士，《美国宪法之父——詹姆斯·麦迪逊传》，第 30—31 页。
② 汉密尔顿、杰伊、麦迪逊，《联邦党人文集》，第 292 页。
③ 休谟，《休谟政治论文选》，第 88—89 页。
④ 休谟，《道德原则研究》，第 75 页。

提及的同情相关。

2. 因自爱而自我收敛

亚当·斯密在《国民财富的性质和原因的研究》中阐述了这样一个非常有趣的观点：在商业社会中，"各个人都不断地努力为他自己所能支配的资本找到最有利的用途。固然，他所考虑的不是社会的利益，而是他自身的利益，但他对自身利益的研究自然会或者毋宁说必然会引导他选定最有利于社会的用途"①。这种现象该如何解释呢？斯密将答案引向了"看不见的手"②。他指出："在这场合，像在其他许多场合一样，他受着一只看不见的手的指导，去尽力达到一个并非他本意想要达到的目的——他追求自己的利益，往往使他能比在真正出于本意的情况下更有效地促进社会的利益。"③这里"看不见的手"能够发挥作用，除了理性的考虑之外，还与人的社会性相关。人类共同生活于社会之中，他们相互之间缺乏爱与感情，为了生存，他们既可以互相帮助，亦可能相互伤害，这两者之间并不矛盾。前者的"帮助"并不是出自无私的慷慨，而是出于自爱的考虑；后者的"伤害"亦会因自爱而自发地限制在一定范围之内。这是因为人类已深刻地意识到了社会的作用，出于个人的考虑都不会轻易地去破坏它。正如斯密所言："虽然在这一社会中，没有人负有任何义务，或者一定要对别人表示感激，但是社会仍然可以根据一种一致的估价，通过完全着眼于实利的互惠行为而被维持下去。"④这样，人类在"看不见的手"的指引下，由自爱转变成了合作。在人类社会的政治生活中，斯密坚信也存在一只"看不见的手"协调着公私利益。

---

① 亚当·斯密，《国民财富的性质和原因的研究》（下），郭大力、王亚南译，北京：商务印书馆，1974年，第25页。

② "看不见的手"是个比喻的说法，指无节制的资本主义市场体制中维持均衡和共同利益的法则和力量。这只"看不见的手"还被描述为对财富的追求或获取欲。这种获取欲是从荣辱之心一类的私利出发的，是受人们的个人感情和爱好驱使的，但是，人们在这只"看不见的手"的指引下追求狭小的私人目的时，却始料未及地实现着增进人类福利的更大的社会目的。参见彼得·赖尔、艾伦·威尔逊，《启蒙运动百科全书》，第182页；亚当·斯密著，《道德情操论》，序言，第17页。

③ 亚当·斯密，《国民财富的性质和原因的研究》（下），第27页。

④ 亚当·斯密，《道德情操论》，第106页。

麦迪逊可能早已知晓斯密对于"看不见的手"的解读，因为在《联邦党人文集》中可以发现，麦迪逊将那只"看不见的手"悄悄地运用到了宪法的设计之中："众议员和选民之间的联系，由于种种性质上更加利己的动机而加强。他的骄傲和自负，使他依附一个有利于他的要求而且使他分享荣誉和名声的政体。不管少数胸怀大志的人有什么希望或打算，通常必然发生的是，大多数由于在人民中具有影响而飞黄腾达的人们，对保持这种有利地位所抱的希望，会超过对政府实行破坏人民权力的革新的希望。"自爱的考虑阻止了众议员的侵民倾向。除此之外，麦迪逊还对政治中那只"看不见的手"进行了最巧妙的设计，即决定将各州众议员的人数与各州的纳税采用同一标准，这将产生极其有益的效果："各州就会有相互对立的利益，互相约束，互相平衡，从而产生必要的公平。"[1]因为，如果各州代表的份额是与其人数成比例，那么他们就会自然地倾向于多上报人口；如果各州分摊的税额与其人数成比例，那么相反的诱惑就会促使他们尽可能地少上报人口。但是若各州代表的份额与其分摊的税额同时要求与各州人数成比例，那么各州为了自身的利益，就自然倾向于尽可能真实地上报人口。其实，这种合作亦是出于自爱的考虑，只是与"因同情而积极行为"的情况不同，此处是因自爱而不得不有所作为。

3. 以自爱克制自爱

休谟曾经声称，许多政论家已将下述主张定为一条格言：在设计任何政府体制和确定该体制中的若干制约、监控机构时，必须把每个成员都设想为无赖之徒，并设想他的一切作为都是为了谋求私利，别无其他目标。我们必须利用这种个人利害来控制他，并使他与公益合作，尽管他本来贪得无厌，野心很大。不这样的话，他们就会说，夸耀任何政府体制的优越性都会成为无益空谈，而且最终会发现我们的自由或财产除了依靠统治者的善心，别无保障，也就是说根本没有什么保障。因此，必须把每个人都设想为无赖之徒确实是条正确的政治格言。[2] 这正是有名的"无赖假设"——在设置一种政体的制约和

---

① 汉密尔顿、杰伊、麦迪逊，《联邦党人文集》，第291、281页。
② 休谟，《休谟政治论文选》，第27页。

控制措施时，有必要利用利己者对于担任公职的贪得无厌和勃勃野心，并使他们为了公众的幸福而合作。① 简言之，就是以自爱克制自爱。

宪法制定者们意图遵行这一点，《弗吉尼亚计划》②的发起者们提供了运用上述一般原理的机会。他们建议发给将来国会的议员们丰厚的薪金，但是，他们否认议员们有资格被任命担任合众国权力下的任何职位，除非这些职位分别专属于立法两院。这种建议一交付讨论，富兰克林就站起来告诫人们不要设置既有利可图又令人尊敬的职位。③ 他说："世上有两种激情，总是对人间事务产生强有力的影响。这两种激情就是野心和贪婪：爱权和爱钱。分开来说，其中任何一种都有巨大的力量，促使人们采取行动；若把两者结合起来，看待这同一个问题，它们就会在许多人的头脑中产生出最为暴烈的效果。在这些人眼前设置一个荣耀的职务，同时又是一个有利可图的地位，就足以使天上地下都趋之若鹜。"④虽然常理认为"鱼与熊掌不可兼得"，但是却忽略了一点：不可兼得才会催生无限贪念。因此，富兰克林的担忧显然是不必要的，因为正是人的自爱才使人们有机会充分利用这种自爱来控制他。

在《联邦党人文集》第51篇中，麦迪逊将"以自爱克制自爱"诠释为"野心必须用野心来对抗"。在他看来，应该"这样来设计政府的内部结构，使其某些组成部分可以由于相互关系成为各守本分的手段"。因为"用相反和敌对的关心来补足较好动机的缺陷，这个政策可以从人类公私事务的整个制度中探究。我们看到这一政策特别表现在一切下属权力的分配中，那里一成不变的目的是按这样的方式来划分和安排某些公职的，以便彼此有所牵制——使各人的私人利益可以成为公众权利的保护者"⑤。麦迪逊在宪法的设计中

① 肯尼思·W.汤普森编，《宪法的政治理论》，第33页。
② 麦迪逊是《弗吉尼亚计划》的主要执笔人。
③ 肯尼思·W.汤普森编，《宪法的政治理论》，第33页。
④ 麦迪逊，《辩论——制宪会议记录》（上），尹宣译，沈阳：辽宁教育出版社，2003年，第42—43页。
⑤ 汉密尔顿、杰伊、麦迪逊，《联邦党人文集》，第263—265页。

引入了丰富的"制衡机制"：外部设立复合共和制，以防止联邦政府与州政府互相侵权；内部采用分权制衡，以保证三权可以健康独立地运行。为了进一步防止立法机构的侵权，宪法采用了参众两院制。这样一来，美国宪法就呈现出一幅各个权力机构之间相互掣肘的图景：总统可以提案，但是必须国会批准；总统可以否决国会议案，但是参议院可以启动弹劾总统；国会可以立法，但是法院可以宣布法律违宪；法院虽然独立判案，但是大法官由总统提名；总统虽然可以提名法官，必须国会批准提名……这种"你虽然拽住了我的头发，但是我踩住了你的脚，他虽然扭住了你的胳膊，但是你拧住了他的脖子"的复杂格局使得任何一个权力机构都不敢轻举妄动、任意妄为。① 它不仅有效地预防了暴政，保证了各个机构理性运行，还使宪法自身具有相当的自我纠错能力，为宪法注入了持久的活力。

（二）"公正的旁观者"

斯密直言："当我努力考察自己的行为时，当我努力对自己的行为作出判断并对此表示赞许或谴责时，在一切此类场合，我仿佛把自己分成两个人：一个'我'是审察者和评判者，扮演和另一个'我'不同的角色；另一个'我'是被审察和被评判的行为者。第一个'我'是个旁观者，当以那个特殊的观点观察自己的行为时，尽力通过设身处地地设想并考虑它在我们面前会如何表现来理解有关自己行为的情感。第二个'我'是行为者，恰当地说是'我自己'，对其行为'我'将以旁观者的身份作出某种评论。前者是评判者，后者是被评判者。不过，正如原因和结果不可能相同一样，评判者和被评判者也不可能全然相同。"我们只有站在旁观者的角度，离开一定的距离再去看待自己的情感，那样才可能对它们作出较为全面的评述。正如斯密所言："假定自己是自己行为的旁观者，并且用这种眼光来尽力想象这种行为会对我们产生什么影响。在某种程度上，这是我们能用别人的眼光来检查自己行为合宜性的唯一的镜子。"② 如果个人的

① 刘瑜，《民主的细节》，上海：上海三联书店，2009 年，第 15 页。
② 亚当·斯密，《道德情操论》，第 140、139 页。

行为符合那个"公正的旁观者"的要求，旁观者就会迁就其行为，否则他就会遭到旁观者的愤恨。斯密解释道：

> 他们（指公正的旁观者）不允许作出不光明正大的行为。对他们来说，这个人在各方面同他们相差无几：他们不会同情那种自爱之心，这种自爱之心使他热爱自己远胜于热爱别人；并且也不赞成他伤害某个对手的动机。因此，他们乐于同情被伤害者自然产生的愤恨，伤人者也就成为他们憎恨和愤怒的对象。他意识到自己会成为这样一个人，并感到上述那些情感随时从四面八方迸发出来反对自己。①

为了避免成为"众矢之的"，自爱之人多会遵从内心那个"公正的旁观者"，这无疑有助于自爱之人行为的收敛。麦迪逊很可能受此启发，他在论述参议院时指出："在举棋不定的情况下，特别是在国家机构为激烈情感或眼前得失所左右时，了解乃至设想一下外界的舆论，可能成为可以遵循的最佳指南，因为旁观者清。"②麦氏此处的论述与斯密的"公正旁观者"理论颇为相似，与斯密不同的是，他将旁观者理论予以拓展，使其从个人自省的镜子上升为国家或机构自省的手段。

斯密的"公正旁观者"也具有缺陷，因为心中那个公正的旁观者时常会受到现实旁观者的影响而表现出犹疑不决。对于这一缺陷，麦迪逊不可能不知晓。在麦氏看来，仅仅诉诸"内心深处那个公正的旁观者"显然不妥，因为它会时常显示出不确定性。如果能够将其直接移植到现实中，那无疑将是一个有效的补救之策。麦迪逊将这一重任委于参议院。因为存在这样的情况："在处理公共事务的某些个别时刻，或为某种不正当情感及不法利益所左右，或为某些私心太重的人狡诈歪曲所哄骗，人民也可能一时主张采取一些措施，而事后则极为悔恨并予以谴责的。"如果在这种关键时刻，"公正的旁观者"可以

---

① 亚当·斯密，《道德情操论》，第103页。
② 汉密尔顿、杰伊、麦迪逊，《联邦党人文集》，第319页。

及时发挥作用，那结果将大不一样。正如麦迪逊所言："如果竟有由某些公民组成的一个稳健可敬的机构加以干预，防患于未然，以免人民自作自受，以便理智、正义、真理得以重新掌握民心，岂不十分有益么？"①这里麦氏在某种程度上将参议员视为"公正的旁观者"，希冀其可以充分发挥斯密"公正的旁观者"的作用。

哈耶克曾坦言："斯密及其同代人所提倡的个人主义的主要价值在于，它是一种使坏人所能造成的破坏最小化的制度，而对于这一点则很少有人谈及。这种社会制度的功能并不取决于我们发现了它是由一些好人在操纵着，也不取决于所有的人将都比他们现在变得更好——一样的制度利用人们的多样化和复杂性来发挥其作用。"②麦迪逊深谙其中真谛，他继承且拓展了苏格兰前辈思想家的观点，并将从苏格兰启蒙人学中汲取的营养充分地运用到了宪法的设计之中。

三、大共和国理论

美国人民追求自由，爱好自由，从根本上无法接受专制政体，而只钟情于共和政体。在麦迪逊看来，"显然再没有其他政体符合美国人民的天性"③了。但是，以往经验表明，共和政体没有在像美国那样的一个大国中实践过。并且，孟德斯鸠也明确指出："民主共和国政府需要人民的参与，其范围必须要小；只有在专制政府下，国土的范围才可以尽其所能的辽阔；相比之下，君主国的范围则以中等为宜。"孟氏的这一理论在 18 世纪可谓广为人知，它对于知识精英们也极具吸引力，以致反联邦党人认为，在当时十三个州以及西部广袤的土地上建立联邦共和国是不可能的。④如此一来，制宪者们就面临着巨大的困难：美国人民要求共和政体，而以往的经验表明共和政体只适合于狭小的区域。若是美国坚持建立共和政体，那无疑只能将美利

---

① 汉密尔顿、杰伊、麦迪逊，《联邦党人文集》，第 321 页。
② 哈耶克，《个人主义与经济秩序》，第 12 页。
③ 汉密尔顿、杰伊、麦迪逊，《联邦党人文集》，第 192 页。
④ Andrew J. Reck, "The Enlightenment in American Law II: The Constitution", pp. 745–746.

坚划分为几个区域或者直接建立十三个小共和国。但是，这又背离了费城制宪的初衷。在此种困境之下，麦迪逊果断地提出大共和国方案。但是，小共和国理论已被普遍接受："人们普遍认为所有政体的内在稳定性及抵制外来力量的能力有赖于人民团结——而这要么需要平民同类，要么需要压制有组织的党争。"大共和国方案与小型共和国理论恰恰相反，麦迪逊高呼："在大型共和国内，人口差异及数量繁多的党争有利于促进共同利益。"①当时麦迪逊的观点无疑违背时代潮流，反对之声可想而知。但是，大共和国理论并非麦迪逊首创，苏格兰启蒙哲学家大卫·休谟早有论述。道格拉斯·阿代尔直言，"麦迪逊曾求助于休谟以寻求关于一个扩展的共和国的建议来发展其新颖理论。"②两者的关系究竟如何呢？本章将对麦迪逊的大共和国与休谟的完美共和国进行详细的比较分析，寻求其中的思想关联。

（一）小共和国并非完美

休谟认为：比之于大国，一个城市欣然赞同相同的政府概念，产权的自然平等就会有利于自由，而居住的临近就会使公民可以互相帮助。甚至在专制君主统治下，所属城市的政府通常都是共和国，而郡政府和省政府则是君主制的。但是城市有利于建立共和国的这种情况同时也使得其体制脆弱和不稳。③居住的临近无疑为民众力量的经常聚集提供了方便，为暴民政治的滋生提供了温床。麦迪逊当然深谙休谟反复强调的这一困境："在一个富人和穷人相邻而居的城市，穷人若取得投票权，必会以此剥夺富人。同时，富人总是共和国中有自我意识的少数派。他们总是为恐惧所驱使（即便危机实际上并不存在），从而采取攻击和压迫性的手段，以驱除对他们权力、地位和财富最为轻微的威胁。"④可以说，这是小共和国的内忧之所在。除此

---

① 斯科特·戈登，《控制国家——西方宪政的历史》，应奇、陈丽微、孟军、李勇译，南京：江苏人民出版社，2001年，第394页。
② 道格拉斯·阿代尔，《〈政治或可化约为一种科学〉——大卫·休谟、詹姆斯·麦迪逊和〈联邦主义文集〉第十篇》，第181页。
③ 休谟，《休谟政治论文选》，第173页。
④ 道格拉斯·阿代尔，《〈政治或可化约为一种科学〉——大卫·休谟、詹姆斯·麦迪逊和〈联邦主义文集〉第十篇》，第183页。

之外，小共和国还存在外患。在休谟看来，虽然"小型共和国本身是世界上最幸福的政体，因为治理者对一切了如指掌，但它却可能被外部强大的武力征服"①。 因此，小共和国并非众人所想象的那般完美，它存有致命的硬伤：内部为潜在的暴民政治所困扰，外部为强大势力所侵扰。

休谟虽然承认小国易于建立共和政体，但是无法回避小共和国内忧外患的困境。为了突破这一困境，他大胆地断言——大国也存在成功实行共和制的可能。他写道："许多人认为像法国或大不列颠这样的大国绝不能塑造成为共和国，有人认为这种体制的政府只能产生于一个城市中或一个小国中。看来情况很可能与此相反。"②麦迪逊颇为赞同休谟的这一见解，在他看来，"把共和政府只限于一个狭小区域的错误看法……似乎主要由于把共和政体和民主政体混淆起来，并且把根据后者的性质得出的推论应用于前者。"③在民主政体下，要保证人民可以亲自参与管理政府，国家的范围自然需要界定在一定的区域内，以保证最远的公民也可以因公务而经常集合；但是在共和政体下，人民不需要亲自管理政府，而是通过代表行使权利，这样，共和政体的范围就可以扩展至一个大的区域，只需保证此区域内的人民代表可以因管理公务而集合即可。可见，共和政体并不是小国的专利，大国亦可以建立共和政体。这一见解颠覆了孟德斯鸠以来的小型共和国理论，推动了政府理论的发展。

（二）大共和国并非"异类"

在休谟看来，大国不仅适于建立共和政体且独具优势：在幅员广阔的国家中建立一个共和政府虽然比在一个城市中建立一个这样的政府更为困难，但这样的政府一旦建立却更易于保持稳定和统一，不易发生混乱和分裂……在巧妙建立的大国政府中，从允许参加共和国初选和初步计划的底层民众到知道一切活动的高级官员，均有改进民主制的充分余地。同时，由于各个部分相距甚远，不论是阴谋、成见或

---

① 休谟，《休谟政治论文选》，第 171 页。
② 休谟，《休谟政治论文选》，第 172—173 页。
③ 汉密尔顿、杰伊、麦迪逊，《联邦党人文集》，第 66 页。

激情都很难促使他们联合采取措施，反对公众利益。① 大共和国显然已成功地医治了小共和国的致命硬伤。这里休谟的评述或许过于概括，但麦迪逊却不吝笔墨："在一个组织良好的联邦能够保证的许多利益中，再也没有比制止和控制狂热分裂的趋势值得更正确地加以发挥。"② 无论是休谟还是麦迪逊都凸显了大共和国在医治党争及抑制暴民政治方面的优势。需要指出的是，正因为对党争问题的密切关注才催生了麦迪逊的大共和国方案，可以说，寻求党争问题的解决之道即为麦迪逊大共和国理论的设计理路。

1. 党争问题

在麦迪逊看来，"党争就是一些公民，不论是全体公民中的多数或少数，团结在一起，被某种共同情感或利益所驱使，反对其他公民的权利，或者反对社会的永久的和集体利益。"③ 对休谟而言，党争问题无疑是社会的一大痼疾，虽然他的完美共和国不像麦迪逊的大共和国那样起因于党争，但是休谟在一系列政治论文（如《论政府的首要建基原则》、《论议会的独立性》以及《概论党派》）中详细地讨论了党争问题。他直言"派别的创建者应受到蔑视和憎恨"④，因为派别纷争会在人们心中播下敌意的种子，既扰乱社会又危害国家。更可恨的是，派别纷争一旦产生就极难铲除，它们会世代繁衍，直至其所植根的政体垮台。派别纷争无孔不入，即使专制政体也不能幸免，但必须承认，它对自由政体的侵害最甚。在党争问题上，麦迪逊与休谟无疑存在着共鸣，但是两者的关注点却不尽相同：休谟聚焦于党争的原因及危害，而麦迪逊则关心党争的解决之道。

休谟将派别（党争）分为情缘派别和实在派别，即分成建立在个人亲疏恩怨上的派别，包括那些形成敌对的党派，以及建立在某些实在意见或利益分歧上的派别。在他看来，情缘派最易在小共和国中产生。因为"在那里每项家庭争吵都可以成为邦国事务。爱情、虚荣、竞赛，任何感情以及野心、憎恨，都可引起公众纷争"。只要些许的

---

① 休谟，《休谟政治论文选》，第 173 页。
② 汉密尔顿、杰伊、麦迪逊，《联邦党人文集》，第 44—45 页。
③ 汉密尔顿、杰伊、麦迪逊，《联邦党人文集》，第 45 页。
④ 休谟，《休谟政治论文选》，第 39 页。

实际分歧，就可以促使人们趋向情缘派。休谟对党争进行了深入的剖析，他将党争的原因归于人性："假若人类不是天生强烈倾向于分成派系，社会上其他人的冷漠对待定然久已压抑了这种愚蠢的敌对。这种敌对如果无人火上加油，增添什么新的利害冲突和新的创伤，无人同情和反对，自然会消失。可惜当整个国家分裂成两个势均力敌的派别时，这一切确实必然会发生的。"[①]并且，党派纷争早已在人们内心深处埋下了敌意的火种，这种敌意又助长了党派的狂热。因此，企图借助于调和之道、缓和之法来解决党争问题已经不现实了。休谟的分析为麦迪逊所接受，这可以从《联邦党人文集》第十篇中得到印证，只是麦迪逊将休谟的分析进行了高度的浓缩与概括："党争的潜在原因深植于人性之中……人类互相仇恨的倾向是如此强烈，以致在没有充分机会变现出来时，最琐碎、最怪诞的差别就足以激起他们不友善的情感和最强烈的冲突。"[②] 休谟的分析无疑有助于麦氏寻找党争的解决方法。既然党派的狂热行为拒绝缓和的手段，那么是否可以诉诸暴力呢？这一提议立刻得到汉密尔顿的支持，在他看来，大共和国的优势之一在于拥有强大的势力可以镇压暴乱和党争。但是，麦迪逊提出了异议：既然党争源于人性，那么对于党争的压制就违背自然，并且这一举动也不符合共和国的自由准则。压制并不是解决党争的最佳途径，只能另辟蹊径。

消除党争危害有两种方法：一种是消除其原因，另一种是控制其影响。消除党争原因也有两种方法：一种是消除其存在所必不可少的自由，另一种是给予每个公民同样的主张、同样的热情和同样的利益。党争的原因显然不能消除，因为消除自由无疑是饮鸩止渴，危害更甚；并且，只要个人拥有充分的自由，那么就会形成不同的意见，不可能保有同样的主张、热情及利益。因此，只能通过控制党争影响的方法来求得解决。"用什么方法才能达到这个目的呢？显然只能用两个方法当中的一个。要么必须防止大多数人同时存在同样的情感或利益，要么必须使具有同样情感或利益的大多数人由于他们的人数和

---

① 休谟，《休谟政治论文选》，第 39 — 40 页。
② 汉密尔顿、杰伊、麦迪逊，《联邦党人文集》，第 46 页。

当地情况不能同心协力实现损害他人的阴谋"。那么，纯粹的民主政体显然无法制止派别斗争。因为"几乎在每一种情况下，整体中的大多数人会感到有共同的情感或利益。联络和结合是政府形式本身的产物；没有任何东西可以阻止牺牲弱小党派或可憎的个人的动机。因此，这种民主政体就成了动乱和争论的图景"①。但是，代议制的共和政体的情形就不同了：它是通过人民选举出来的代表组织和管理政府，可以管辖较大国土范围内的公民，但是代表仅局限于少数公民。这样，共和政体就成功地避免了民主政体那种动乱的图景。至此，麦迪逊将党争问题的解决之道自然地引向了共和政体。但是要突破当时小型共和国理论的局限，还需要进一步的努力。

虽然代议制的共和政体在控制党争方面优于民主政体，但不可否认的是，"在一个其体制使得强大的党派能很容易联合起来压迫弱小党派的社会里，老实说，无政府状态会像在未开化的野蛮状态下一样占有优势，在那里弱者不能保护自己免遭强者的侵犯；因为在后一种情况下，就连强者也由于他们情况的不稳定而被迫受制于一个不仅能保护他们自己也能保护弱者的政府；所以在前一种情况下，更强大的党派也会由于同样动机而逐渐希望有一个能保护所有软弱和强大党派的政府。"②麦迪逊深知，"在一个共和政府里，多数人一旦联合起来，总能找到机会"。为了避免少数人的权利因多数人的联合而遭受威胁，麦氏指出："唯一的补救办法，就是扩大治理范围，把整个社会划分成为数众多的利益和党派。这样，第一，多数人不大有可能在同一时间形成那种背离整体利益和少数利益的共同利益；第二，万一他们形成了那种利益，也不大可能联合起来追求那种利益。因此，我们义不容辞的责任，就是设法寻求这种补救办法。怀着这种想法，我们设计一套共和政府体制时，就要符合这种标准，具备这种形式，控制人们过去经历过的所有罪孽。"③共和政府能比民主政府管辖更为众多的公民和更为辽阔的国土，主要就是这种情况，使前者的派别联合没有后者那么可怕。社会愈小，组成不同党派和利益集团的可能性

---

① 汉密尔顿、杰伊、麦迪逊，《联邦党人文集》，第 45—46、48—49 页。

② 汉密尔顿、杰伊、麦迪逊著，《联邦党人文集》，第 267 页。

③ 麦迪逊，《辩论——制宪会议记录》（上），第 76 页。

就愈少；不同的党派和利益集团愈少，发现同一党派占有多数的情况就愈多；而组成多数的人数愈少，他们所处的范围就愈小，他们就更容易结合起来，执行他们的压迫人民的计划。把范围扩大，就可包罗种类更多的党派和利益集团；全体中的多数有侵犯其他公民权利的共同动机可能性也就少了；换句话说，即使存在这样一种共同动机，所有具有同感的人也比较难于显示自己的力量，并且彼此一致地采取行动。除了其他障碍以外，可以指出，即使意识到不正当的或卑鄙的目的，相互交往也往往由于需要赞同的人数相应地不信任而受到阻挠。①至此，麦迪逊将党争问题的解决之道与大共和国完美地结合了起来。

有趣的是，斯密在《国民财富的性质和原因的研究》中关于宗教派别也有类似的阐述，只是没有将其与大共和国的理念联系起来。斯密认为应该鼓励更多教派的发展，因为这样一来，他们之间的冲突会降低单个教派的危险系数。如果一个社会"有两三百或是几千个小的宗教派别"，那么宗教领袖们的狂热也就不再那么危险，到最后甚至还会被"坦率和节制"所取代，因为每个教派不得不与众多其他教派竞争来赢得信徒②：

> 小教派教师，因为觉察到自己几乎是独立无助的，通常不得不尊敬其他教派的教师，他们彼此相互感到便利而且适意的这种互让，结果可能使他们大部分的教义，脱去一切荒谬、欺骗或迷妄的夹杂物，而成为纯粹的、合理的宗教。这样的宗教，是世界各时代贤智之士最希望见其成立的宗教。③

宗教团体的遍地开花使其中任何一个都不能一家独大从而威胁整个社会，也使每个团体都不得不使用高尚而正派的方法以便能公开地进行交流。因此，为了赢得信众而进行的教派竞争比任何官办的教会更能给社会带来增益。可见，斯密关于宗教派别的论证在结构上与麦

① 汉密尔顿、杰伊、麦迪逊，《联邦党人文集》，第 50 页。
② 塞缪尔·弗雷斯切克，《对美国的影响：苏格兰哲学与美国建国》；[英] 亚历山大·布罗迪编，《苏格兰启蒙运动》，第 310 页。
③ 亚当·斯密，《国民财富的性质和原因的研究》（下），第 351 页。

迪逊关于政治派别的论证极为相似，只是麦氏把斯密的《国富论》（即《国民财富的性质和原因的研究》）中关于宗教派别多会带来好处的观点类推到政治层面。① 如果说休谟的完美共和国理论是麦迪逊大共和国方案的一个合理的理论源泉，那么斯密关于派别问题独特的解决之道则是麦迪逊走向大共和国的一个助推器。

2. 多数暴政

在休谟看来，党争的最大危害莫过于导致多数暴政。"假如一颗骰子偏向某一面，不论这种偏向多么微小，也许在几次投掷中看不出来，但在多次掷骰中必然会表现出来，使得比数完全倒向那一面。同样，如果任何原因在某一个时候和某一群人中引起了某种特殊的倾向或激情，虽然其中还有许多人未受这种情绪感染而仍受其本人特有的感情支配，但整个群体肯定会受这种共有激情的控制，一切行动均会受其支配"②。麦迪逊对此早有应对之策，他的大共和国思想不仅能有效处理党争问题，还可以成功地抑制多数暴政。

首先，在大共和国内，很难想象一个党派在数量上会超过其他党派。因为，党派种类的繁多，不仅有效地防止了"一党独大"局面的产生，还促使各党派之间展开竞争与合作，调和之道已逐渐地取代了狂热之举。其次，大共和国的辽阔国土为少数非正义之士的密谋创造了障碍。并且，在大共和国内，还可以"选拔见解高明、道德高尚，因此使他们能超出局部偏见和不公正计划的代表。不能否认，联邦的代表最可能具有这些必要的才能"③。因为，"共和国无论多小，为了防止少数人的结党图谋，代表必须达到一定数目；同时，共和国无论多大，为了防止人数过多的混乱，代表必须限于一定数目。因此，在这两种情况下，代表人数并不同两个共和国的选民人数成比例，在小共和国所占的比例就大一些。结果是，如果大共和国的合适人选的比例并不小于小共和国，那么前者将有较大的选择机会，从而就有较大可能作适当的选择。"并且，"由于选举每一个代表的公民人数，

① 塞缪尔·弗雷斯切克，《对美国的影响：苏格兰哲学与美国建国》；亚历山大·布罗迪编，《苏格兰启蒙运动》，第310页。

② 休谟，《休谟政治论文选》，第62—63页。

③ 汉密尔顿、杰伊、麦迪逊，《联邦党人文集》，第51页。

大共和国要比小共和国多，所以不足取的候选人就更难于成功地采用在选举中常常采用的不道德的手腕；同时由于人民的选举比较自由，选票也就更能集中于德高望重的人的身上。"①这样一来，民众也就不容易为争权夺利的领袖所煽动了。综上所述，麦迪逊的大共和国方案可以成功地医治多数暴政。

通过仔细对比麦迪逊及休谟的思想，可以发现，休谟的"完美共和国"的结尾部分肯定引起过麦迪逊的注意。在这一部分，休谟推翻了孟德斯鸠的小型共和国理论，并断言"如果在一个大的范围内建立自由政府，那么它将是稳定的，并且免受党争的危害"②。休谟的话无疑启发了麦迪逊，直接将其引向大共和国的方向。正是这一部分使得麦迪逊可以在"世界某个遥远的地方将人们组织起来，建立一个全新的政府"③。若非麦迪逊对大共和国思想早已熟悉，他实难及时准确地发生这一转向。麦迪逊的大共和国基本达到了休谟对于"完美共和国"的设想——兼具大小共和国的一切优点。但是，麦迪逊的大共和国也并不完美，它只是削减了党争的危害，并没有消除党争。具有讽刺意味的是，在华盛顿任期内，麦迪逊还与杰斐逊创立了民主共和党与汉密尔顿的联邦党相抗衡。需要指出的是，麦迪逊并没有照搬休谟的思想，他的大共和国方案与休谟的完美共和国的设计不尽相同。休谟的出发点是为了探寻最完美的政体，他直言："在一切情况下，了解一下哪种政体最为完美，使得我们只需通过温和的改革和革新便能将现有的一些政治结构或体制变得与之甚为近似而又不致引起过大的社会动荡，这毕竟是有益无害的事。"④而麦迪逊的出发点并不是寻求十全十美的政治体制，而是为美国人民寻求一种切实有效且最为适用的政体，以挽救当时正走向失败边缘的美利坚。并且，如前所述，寻求党争问题的解决之道是麦氏大共和国理论的设计理路。在党争问题上，麦迪逊与休谟也各有偏重：休谟偏重于剖析党争的原

---

① 汉密尔顿、杰伊、麦迪逊，《联邦党人文集》，第49—50页。
② Douglass Adair, "'That Politics May Be Reduced to a Science': David Hume, James Madison, and the Tenth Federalist", pp. 349–351.
③ 休谟，《休谟政治论文选》，第161页。
④ 休谟，《休谟政治论文选》，第161页。

因，他用了 5 页的篇幅将党争分为三类进行详细探讨；麦迪逊则更注重于寻求党争的解决之道，在这里他很可能曾向斯密求助过。虽然两者之间存有差异，但是麦迪逊仍从休谟处汲取了营养，他将零散而不完整的片段构建成了自己的理论框架，为美利坚留下了宝贵的政治遗产。

四、调和思想

> 一位贤明的元首绝不会根据一些假定的论据和哲学干预政治事务或据以进行试验，他总是尊重那些带有时代标志的事物，虽然也可能为了公众利益试图作出一些改革，却尽可能将自己的革新与古老的组织相协调，完整地保存原有体制的主要支撑。[①]
>
> ——大卫·休谟

麦迪逊指出："在人类中间，为了调和不一致的意见、减少相互嫉妒和调整各自利益的所有重大会议和协商的历史，就是一部党争、争辩和失望的历史，而且可以列入显示人性的懦弱和邪恶的最黑暗和卑鄙的景象之中。"[②]但是，美国费城制宪会议则是个例外，它成就了至今仍为人所称道的 1787 年联邦宪法，这主要归因于国父们的调和思想。这一思想在制宪会议上的一大体现是"大妥协"。当时大州与小州因国会两院的代表制问题争论不休，几乎影响了会议进程，若不是麦迪逊的调和思想及时扭转了这一局面，恐怕无法成就美利坚的神话。最终，美国宪法将国会巧妙地设计为众议院与参议院，众议院直接由人民选举，采用比例代表制；参议院则由州议会选举，采用平等代表制，不论大州小州，每州各选两人。众议院保证了大州的利

---

① 休谟，《休谟政治论文选》，第 160 页。
② 汉密尔顿、杰伊、麦迪逊，《联邦党人文集》，第 183—184 页。

益，参议院则应和了小州的呼声，参众两院既彼此合作又相互牵制，有效地保证了人民的利益与要求。

有趣的是，在苏格兰启蒙学者的政治思想中，也有着浓郁的稳健、渐进、调和的政治风格。① 大卫·休谟坦言："至于我自己，我总是喜欢宣扬节制甚于宣扬狂热。"②并且，"所有的政治问题都极为复杂，几乎从来没有任何一种选择纯粹是好的，或者完全是坏的。可以预料人们所采取的每种措施都可以得出许多预见不到的后果"。他一再指出："两极常易相遇，殊途每可同归。"他欣赏政治上"犹疑、含蓄、悬而不决"的作风，认为这是明智、公正的哲人应有的情调……③亚当·斯密的道德哲学亦具有浓厚的调和取向，他认为，"他（立法者）会尽可能地将他的公共事务管理与民众现已确立的社会习俗与偏见相调和。对于那些造成民众不便而不为民众所接受的法则法规，他则尽可能地加以修改。当他不能够建立正当或正义的秩序时，他也会试图改进或改变不正当或不正义的秩序。就像梭伦（古雅典立法家），当他不能够建立一个最好的法律制度时，他就会努力建立一个人民能承受的最好的制度"。④ 他还写道："党派间的争执，不发脾气，不走极端，这是自由民族社会道德上至关重要的事情。"⑤那么，麦迪逊是否曾受其影响呢？本章将对麦迪逊及苏格兰启蒙思想家的调和思想进行分析比较，以探寻两者间的思想关联。

（一）温和的人性观催生平衡政府

通常情况下，人们多用悲观主义来形容联邦党人的人性观。之前学术界认为《联邦党人文集》中体现的人性观是激进的悲观主义，即认为人是自私的、易怒的，充满幻想又反复无常且持有偏见，并且人的理性非常脆弱以致在政治上可以将其忽略。但是，近年来，这种激

---

① 项松林，《苏格兰启蒙运动的历史、思想及其现实意义探析》，载《浙江社会科学》，2009 年第 11 期，第 88 页。
② 休谟，《休谟政治论文选》，第 15 页。
③ 休谟，《休谟政治论文选》，译者前言，第 V 页。
④ 唐纳德·温奇，《亚当·斯密的政治学》，褚平译，南京：译林出版社，2010 年，第 164—165 页。
⑤ 亚当·斯密，《国民财富的性质和原因的研究》（下），第 333 页。

进的人性观趋向缓和，这里的悲观主义不再是激进的或者说绝对的，而是温和的——对于人类的智慧与道德，他们给予了充分的尊重，但既没有陷入空想的境地也没有走向绝望。[1]或许麦迪逊的格言能更准确地形容这一切，即"将悲观主义与乐观主义相结合来赋予试验中的共和国以活力"。麦迪逊理论的成功在很大程度上是基于对人的合理阐释。[2]其实促成他对人进行合理阐释的正是其调和思想。

虽然麦迪逊没有系统阐释过他对人的理解，但从其著作中可以窥见一斑。他的理解非常复杂，还会给人一种相互矛盾之感。[3]麦迪逊对人一直存有怀疑乃至悲观主义的情绪，他晚年越发强调政府以及法律对人的约束。但是，他又承认人是自由而平等的，不论个体还是群体都拥有能力过独立而正义的生活。他还信任人的美德及智慧，相信人有自治的能力。显然，麦迪逊对人的理解既不像加尔文教那样认为人是卑鄙而堕落的，也不像卢梭那样对人充满了浪漫主义情怀。[4]相反，麦迪逊对两者进行了调和。他进一步指出，"既然人性不可靠，那么掌握权力的人就可能滥用权力，因此必须限制政府。但是，尽管人性不可靠，人类的创造性及美德又足以推动政府体系的运行"[5]。麦迪逊的考虑与他在普林斯顿的恩师约翰·威瑟斯朋的想法不谋而合。后者相信：人既有罪性又天然地具有社会性，需要引入社会契约组成社会。为了保证社会契约的有效，人类建立了政府，但是既然人性是有缺陷的，就需要为政府结构进行详细而周密的考虑以阻止权力的滥用。最终，威瑟斯朋诉诸"均衡准则"，在他看来，调和各方的利益最终可以达到"行星绕轨道运转的和谐状态"[6]。在此，威瑟斯朋展

---

[1] James P. Scanlan, "'The Federalist' and Human Nature", *The Review of Politics*, Vol. 21, No. 4 (Oct., 1959), pp. 657–658.

[2] Neal Riemer, "James Madison's Theory of the Self-Destructive Features of Republican Government", *Ethics*, Vol. 65, No. 1 (October, 1954), p. 42.

[3] Ralph L. Ketcham, "James Madison and the Nature of Man", *Journal of the History of Ideas*, Vol. 19, No. 1 (Jan., 1958), p. 62.

[4] Andrew J. Reck, "The Enlightenment in American Law II: The Constitution", p. 753.

[5] Ralph L. Ketcham, "Notes on James Madison's Sources for the Tenth Federalist Paper", p. 20.

[6] James Conniff, "The Enlightenment and American Political Thought: A Study of the Origins of Madison's Federalist Number 10", pp. 384–385.

现了他从对人的理解出发对政府设计所进行的深思熟虑。在恩师的指导下，麦迪逊意识到建立平衡政府的必要性，这对于美国宪法的设计影响深远。

（二）自由与权威并驾齐驱

麦迪逊坦言：在制宪会议遇到的困难中，一个很重要的困难必然在于把政府需要的稳定和能力与对自由和共和政体应有的神圣的关注结合起来。共和政体的自由的性质，似乎一方面要求不仅一切权力应当来自人民，而且通过短期的任职，使被授予全权的人始终依赖于人民；而且即使在这短时期内，权力也不应该委托给少数人，而应该委托给许多人。可是稳定却要求被授权的人的掌权时间要持久。经常选举造成经常更换人选；经常更换人选又造成措施的经常改变。而政府的坚强有力不仅需要权力的某种持续，而且需要由一个人执行权力。① 瞬间共和政体所要求的自由与政府所需要的稳定似乎形成了对立，但实质上两者并不矛盾。虽然政府是危险的社会存在，但必须承认它是"必要的恶"。为了使它可以完满地实现公众的期望，进而造福人民，必须赋予它相应的权力。若同时能对该权力加以控制，公众的自由未必会受到威胁。

其实，麦迪逊的"困难"，休谟早有论述："在所有政府内部，始终存在着权威与自由之间的斗争，有时是公开的，有时是隐藏的。两者之中，从无一方能在争斗中占据绝对上风。在每个政府中，自由都必须作出重大牺牲，然而那限制自由的权威决不能，而且或许也决不应在任何体制中成为全面专制，不受控制。"他进一步解释道：必须承认自由乃是文明社会的尽善化；但仍必须承认权威乃其生存之必需。因此，在两者之间经常发生的争斗中，后者可以博取优先。或者，我们可以说（而且可以颇有理由地说），权威这种为文明社会之生存所必需的事物，必须经常自维生存，较之自由，更需要人们多加维护，少怀嫉妒；自由这一事物仅致力于本身的完善，而人们由于疏

---

① 汉密尔顿、杰伊、麦迪逊，《联邦党人文集》，第 180 页。

懒，或由于无知，常易忽视它。① 但是，只有自由与权威达成某种妥协才能促成社会的健康发展，关于这一真谛，相信麦迪逊早已深谙于心。

联邦党人对"多数人暴政"颇有怀疑，而倾向于精英治国，所以在制宪时特别处处提防"州权"和民意的直接冲击，着力于通过复杂的制衡机制为"直接民主"设置障碍，并主张建立相对强大的联邦中央政府。反联邦党人则认为暴政的主要来源是"联邦政府"和"政治精英"，主张一个社会越贴近自治越好，所以处处维护"州权"、人权，极力缩小联邦政府的权力范围。② 虽然存在分歧，但是美国的制宪者们并不怀疑自由与强大的国家之间的兼容性，一位学者曾这样评论道："从口袋里拿出一枚硬币，你就会注意到麦迪逊主要关心的自由和华盛顿主要关心的统一或联合，怎样在历史上形成并行不悖的两种思想。"③如何调和自由与大的空间范围呢？"自由要求局部或地方水平上的参与，而幅员辽阔的国家则需要强有力的中央权威以维系庞大的政治体，这样一来，你又怎么能调和它们两者呢？"麦迪逊对这种传统智慧提出了挑战，他声称调和自由与大的空间范围是可能的，但是，为了做到这一点，我们就必须提出一种新的想法。这种新想法就是联邦共和国理论，也即麦迪逊所谓的"大范围共和国"(the extensive republic)。换言之，人们可以划分权力，把管理全国性事务的权力交由全国性政府行使，而把管理地方性事务的权力交由州政府行使。它们各自都得不到某些权力，同时也存在某些交叉的管辖权。④显然，对于制宪者而言，美国的自由与强大的国家之间无疑具有兼容性，但两者之间的兼容度需要运用调和思想进行相应的调整。

如何具体运行大共和国方案则是能否真正同时保有自由与权威的关键所在。为此，美国宪法的设计采用了复合共和制与联邦制的有机结合。"在美国的复合共和国里，人民交出的权力首先分给两种不同

① 休谟，《休谟政治论文选》，第 26 页。
② 刘瑜，《民主的细节》，第 5 页。
③ 詹姆斯·M.伯恩斯、杰克·W.佩尔塔森、托马斯·E.克罗宁，《民治政府》，第 4 页。
④ 肯尼思·W.汤普森编，《宪法的政治理论》，第 8—9 页。

242

的政府，然后把各政府分得的那部分权力再分给几个分立的部门。因此，人民的权利就有了双重保障。两种政府将互相控制，同时各政府又自己控制自己"①。并且，新宪法授予联邦政府的权力很少而且有明确的规定，各州政府所保留的权力很多但没有明确的规定。前者行使的对象主要是对外方面的，如战争、和平、谈判和外贸；征税权多半与最后一项有关。保留给各州的权力，将按一般的办事程序扩充到同人民的生命、自由和财产以及州的治安、改良和繁荣等方面有关的一切对象上。联邦政府的作用在战争和危险时期极为广泛而且重要，州政府的作用在和平与安定时期极为广泛而重要。② 总之，"联邦政府和州政府事实上只不过是人民的不同代理人和接受委托的单位；它们具有不同的权力，旨在达到不同的目的"。"人民完全是自己命运的主人。权力几乎总是互相敌对的，全国政府随时准备阻止州政府的篡夺，州政府对全国政府也有同样的设置。人民倒向哪一方面，必然会使哪一方占优势。如果人民的权利遭到一方的侵犯，他们就能利用另一方作为解救的手段。"③这样的制度设计非常巧妙地调和了自由与权威之间的张力问题，使两者不仅可以并行不悖，而且还由先前的对立转变为现在的合作，为社会的健康发展提供了有效的保证。

调和思想来自于启蒙运动的道德哲学，而麦迪逊所运用的均衡理论可能最早来自于他在普林斯顿的恩师约翰·威瑟斯朋。④虽然作为联邦宪法主要推动者的麦迪逊从没具体阐释过他的调和思想，但是，如果熟悉他的著作，会发现在他的思想中处处存有调和的痕迹。前文也曾提到过，麦迪逊思想中既有很多看似自我矛盾之处（对人的阐释），同时也存在很多闪光之点（大共和国理论），至于其中缘由，或许只有调和思想才可以作出解释。值得一提的是，美国宪法设计留有缺陷，它不是一个完美无缺的政治体制设计。它的不完美或许是因为当时条件所限；又或许是国父们故意为后世所设计的宪法缺口，以便后世在已有的框架内不断探索以求完美；但可以肯定的是，国父们的

---

① 汉密尔顿、杰伊、麦迪逊，《联邦党人文集》，第 265—266 页。
② 汉密尔顿、杰伊、麦迪逊，《联邦党人文集》，第 238—239 页。
③ 汉密尔顿、杰伊、麦迪逊，《联邦党人文集》，第 240、139 页。
④ Andrew J. Reck, "The Enlightenment in American Law Ⅱ: The Constitution", p. 751.

调和思想是导致宪法不完美的原因之一。因为，美国宪法是其"政治形势特点所不可或缺的互相尊重忍让，友好敦睦精神"的产物。对此，汉密尔顿作出了进一步的解释："一切经过集体讨论制订的方案均为各种意见的混合体，必然混杂每个个人的良知和智慧、错误和偏见。将 13 个不同的州以友好、联合的共同纽带联结在一起的契约，必然是许多不同利益与倾向互相让步的结果。此种原料安能制出完美无缺的成品？"①

五、结语

有学者曾指出："可以毫不夸张地说，如果麦迪逊在 1790 年去世而不是半个世纪之后，那么后人会给他更高的荣誉。"②麦迪逊对美国历史的最大贡献无疑是联邦宪法及《权利法案》，他的思想精髓也集中于这段时期。在他执政之后，麦迪逊的政治实践并不乐观，尤其是 1812 年的英美战争使他的声誉遭受重创。但不能忽视的是，麦迪逊兼具政治家与学者的双重身份。正如道格拉斯·阿代尔所言，"他的伟大之处在于能将个人的有限知识置于其他年代的人类经验的大背景下，从而扩展其政治建构的洞察力"③。因此在对麦迪逊的政治思想进行评价之时不能因为其政治实践中的失误而有失偏颇。

麦迪逊的政治思想自成一体：对人的合理阐释是其理论的基点；大共和国理论无疑是他贡献最大、影响最为深远的思想；调和思想既是麦迪逊思想得以形成的工具又是其思想中不可或缺的一部分。综观麦迪逊思想，可以发现，其思想与苏格兰启蒙运动之间有着千丝万缕的联系，他的思想脉络还与某些苏格兰启蒙思想家的主张惊人地相似。毋庸置疑，麦迪逊曾广泛涉猎苏格兰启蒙思想，并且对其中一些思想家颇有研究；他的很多思想都可以在苏格兰启蒙哲学家那里得以发现。也许丹尼尔·沃克·豪（Daniel Walker Howe）的评述就足够

---

① 汉密尔顿、杰伊、麦迪逊，《联邦党人文集》，第 314、437 页。

② A. E. Dick Howard, "James Madison and the Constitution", p. 88.

③ 道格拉斯·阿代尔，《〈政治或可化约为一种科学〉——大卫·休谟、詹姆斯·麦迪逊和〈联邦主义文集〉第十篇》，第 181 页。

说明这一切："苏格兰学者准备了一桌丰盛的知识大餐，美国人可以东尝西尝，任取所需，然后大快朵颐。"[①]

与法兰西启蒙运动不同的是，"苏格兰启蒙运动是一场政治转型和宗教改革已然完成的后革命启蒙"[②]，它关注的不再是政治革命而是社会与经济的发展。为了改善因恶劣的地理环境所造成的困顿，平衡苏格兰高地与低地之间的差异，洗刷苏格兰落后于人的耻辱，社会各界纷纷将实现苏格兰的全面振兴作为奋斗的目标。苏格兰的这一特征深深地吸引了美国制宪们，使两者之间产生了共鸣，苏格兰的经验无疑可以作为美国的范例。并且，辽阔的美利坚还成为某些苏格兰启蒙思想的"试验田"，使麦迪逊可以在"世界某个遥远的地方将人们组织起来，建立一个全新的政府"。[③]毋庸置疑，苏格兰启蒙思想启迪了麦迪逊的制宪思想，麦迪逊则通过制宪实践进一步推广了苏格兰启蒙思想。

然而，麦迪逊并没有简单地复制苏格兰启蒙思想，而是根据美利坚的现实需要加以调和与拓展。在对人的阐释方面，麦迪逊改进了斯密的"公正的旁观者"理论，使其"自省"的范围由个人上升至国家。并且，他还将心中那个"公正的旁观者"移植到了宪法的设计之中，以此规约其固有的不确定性。至于大共和国理论，虽然最初的灵感可能源于休谟，但是麦迪逊大共和国的设计理路与休谟的完美共和国不尽相同。麦迪逊是在探索党争问题解决方法之时才转向大共和国的，并且推动这一转向的是斯密。在斯密看来，党派越多，危害越小。这一论述无疑给麦氏以启发。如果说休谟是麦迪逊大共和国方案的一个合理的理论源泉，那么斯密关于派别问题独特的解决之道则是麦迪逊走向大共和国的一个助推器。

必须承认，为操作性的政府体制设计一部宪法，不可能是任何单

---

① Daniel Walker Howe, "Why the Scottish Enlightenment Was Useful to the Framers of the American Constitution", *Comparative Studies in Society and History*, Vol. 31, No. 3 (Jul., 1989), p. 580. 参见塞缪尔·弗雷斯切克，《对美国的影响：苏格兰哲学与美国建国》；亚历山大·布罗迪编，《苏格兰启蒙运动》，第 317 页。
② 高力克，《严复的伦理观与苏格兰启蒙哲学》，第 62 页。
③ 休谟，《休谟政治论文选》，第 161 页。

一价值最大化的结果。因为，"政治制度设计必须满足多项设计标准的要求，设计标准之间既不是完全相互兼容，也不是完全相互矛盾的。整体的各个组成要素之间从来不是能够充分整合的，也不是完全独立、相互排斥的"[①]，而是有关基本要素之间的妥协。虽然从整体上很难界定哪一个苏格兰启蒙思想家对麦迪逊的影响最大，但是笔者认为，麦迪逊终身受用的是来自威瑟斯朋的调和思想。这一思想使他得以兼容并包众多思想家的观点，然后通过调和拓展形成其自己的思想。因此，今日当我们细细品味麦迪逊的思想之时，会发现众多苏格兰前辈思想家的影子。这里需要指出的是，虽然苏格兰启蒙运动对麦迪逊产生了深远影响，但它并不是唯一的影响因素。据《联邦党人文集》以及《辩论——美国制宪会议记录》中引用的内容来看，孟德斯鸠无疑对那个时代的美国政治思想家们产生了广泛影响，但是因为这一点已经得到学术界的公认，无需赘言。

---

① 文森特·奥斯特罗姆，《复合共和制的政治理论》，毛寿龙译，上海：上海三联书店，1999 年，第 69 页。

争　　鸣

Necessity · Appetite · Liberty

——英国现代早期的"勤勉"话语 [①]

周保巍

一、Industry 观念的兴起与对 Industry 的修辞

作为现代话语及价值体系中的一个"关键词",industry 直至 15 世纪才出现在英语中。作为一个外来词,industry 最初的语义相当含

---

① 在当代的思想史研究中,"discourse"是一个重要的概念,最早为米歇尔·福柯和昆廷·斯金纳所援用,指围绕着某一核心概念或论题在历史进程中重复出现的各种不同叙述或论述。这里所说的"勤勉"话语是指现代早期的英国围绕着"勤勉"观念和"勤勉"问题而展开的各种叙述或论述。在这篇论文中,我所采用的是一种"概念史"(conceptual history)的方法,这种方法由斯金纳和考斯莱克(Reinhart Koselleck)等人的大力推介,在近 20 年间逐渐成为西方"思想史"研究中的主流范式(paradigm)。在这种研究范式中,"概念"不再是实在论或本质主义意义上的那种凝固性、绵延性的概念,而是建构主义意义上的那种流动的、变动不居的概念:一方面,概念作为现实的某种表征(representation),它随着现实的变化而变化,在这个意义上,一些核心概念的出现、变化预见并折射着社会的变化;另一方面,概念又不仅仅是现实的、"被动的"表征,它至少也是现实的、"能动的"一个组成部分,概念可以建构现实,在这个意义上,一些核心概念的出现和变化可以引导并塑造社会变迁。于是,在这种研究范式的影响下,研究现代早期的一些核心概念(如 state, self-interest, luxury, civilization 等)与社会变迁之间的互动遂成为近年来最具活力的一个学术研究领域。关于这方面的论述见 Quentin Skinner, Language and Social Change, in *Meaning and Context: Quentin Skinner and His Critics*, edited by James Tully, Oxford, 1988; Terence Ball and J. G. A. Pocock (eds.), *Conceptual Change and the Constitution*, Kansas University Press, 1988; Reinhart Koselleck, *The Practice of Conceptual History*, Stanford University Press, 2002; Melvin Richter, *The History of Political and Social Concepts: A Critical Introduction*, Oxford: Oxford University Press, 1995. 卡瑞·帕罗内(Kari Palonen)著,李宏图、胡传胜译,《昆廷·斯金纳思想研究:历史·政治·修辞》,上海:华东师范大学出版社,2005 年。

糊。①但随着时间的演化，在现代早期的语言实践中，industry 的语义逐渐固化下来。一方面，它意指"生产或交易的一套机制"，也就是工业。虽然在当代语言实践中，industry 的这层意涵最广为人知，但在现代早期，作为"工业或工业体制"意义上的 industry 只是在17、18 世纪之交才为人们所使用，且使用的频率不高。在现代早期的语言实践中，industry 使用频率最高的是它的第二层意涵，也就是作为"人类勤勉之特质"这层意涵。在这个意义层面上，industry 与labor，diligence，assiduity 相近，而与 sloth，dullness，idleness 相反。Industry 作为"人类勤勉之特质"这层意涵可以从现代早期其形容词 industrious 的用法中可以清楚地看出：

> Let our just censures
> Attend the true event, and put we on
> *Industrious* soldiership.
>
> Shakespeare

> The *Industrious* perforation of the tendons of the second joints of fingers and toes, draw the tendons of the third joints through.
>
> More

> Frugal and *industrious* men are commonly friendly to the established government.
>
> Temple

> He himself being excellently learned, and *industrious*

---

① 埃利奥特在 1531 年写道："industrie 在英文里使用的时间，不像 providence 这个词那么早。因此，这个词用起来相对而言不那么熟悉，需要清楚地加以说明。"见雷蒙·威廉斯，《关键词》，北京：生活·读书·新知三联书店，2005 年，第 237 页。Industry 的最早的拉丁词源是 "industria"，其最近的法语词源是 "industrie"，在现代早期的英语实践中，人们曾直接援用 industrie 这个法语词，如在托马斯·孟的《贸易论》(*Discourse of Trade*，1621) 中有这样一句话，"To stirre up our minds, and diligence, to help the natural commodities of this Realme by industrie, and encrease of Arts"，转自 Quentin Skinner, *Visions of Politics：Regarding Method*，Cambridge University，2002，p.154.

to seek out the truth of all things concerning the original of
his own people, hath set down the testimony of the ancients
truly.

Spenser

To vice *industrious*; but to nobler deeds
Timorous and slothful.

Milton

Observe carefully all the events which happen either by
an occasional occurrence of various causes, or by the *indus-
trious* application of knowing men.

Watts

从塞缪尔·约翰逊为解释 industrious 而征引的这些例句中，我
们可以看出，industrious 意指 diligent, laborious, assiduous，标识
着一种"勤勉于一般人生事务的习惯或者执著于某一专门目标的工
作职守"①。作为一个承载着道德伦理内容的"描述一评价性词
汇"（evaluative-descriptive terms），industry 及其形容词 industri-
ous 在现代早期的出现和在文本中的高频率援用不是偶然的。按照
昆廷·斯金纳的说法，它的出现是社会转型过程中"新生"的社会
阶层——以谋取利润和财富为目标的社会群体——所使用的一种修
辞策略，其目的是为其工商业活动谋求"合法性"。也就是说，他
们铸造了 industry（及 industrious）这个新词，然后用这个词来"
描述"和"修辞"那些在追求财富的活动中孜孜不倦、不眠不休的
人们，并试图启动这个词的"评价性"功能以赢得人们的肯定、赞
许，从而达到影响人们的道德认同并革新意识形态的作用。② 在这

---

① Samuel Johnson, *Dictionary*, from T. James (ed.), *Samuel Johnson*, London: Rout-
ledge, 1995, pp. 132–133.
② Quentin Skinner, *Visions of Politics: Regarding Method*, pp. 145–157. 在其中，斯金纳
还考察了 frugality, discerning, penetrating, ambition, shrewd, providence, religious 等诸多
词语语义在社会转型过程中的演化和转变。

个意义上，作为一种道德原则，industry 与现代早期的社会变迁紧密地交织在一起，并折射出人们"财富观"的变化：随着世俗化的民族国家在现代早期的崛起，财富不再是一种罪恶，而变成了一种美德和福祉。① 如意大利人文主义者莱昂纳多·布鲁尼（Leonardo Bruni）在亚里士多德《经济学》的译本前言中写道，"就如健康是医疗的目的一样，财富是家务管理的目的。财富不仅可以为其所有者增光添彩，而且在获取美德的斗争中大有助益。"②而在 18 世纪的英国，艾迪生更是观察到："在今日的英国，语言中出现了一种礼节用语。当我们想要说人好的时候，我们会说'他们是有条件的人……'对于财富的考虑已经占据了我们的整个大脑；正像我经常抱怨的那样，在我们的头脑里，贫穷和富裕已经代替了有罪和无罪。"③ 正是在这种社会观念背景下，labor，特别是标识着良好劳动态度的 industry，由于其在创造价值和财富过程中的功用④而为人们所日益看重。于是，作为一种独特的伦理品质，"勤勉"与"节俭"、"人道"、"诚实"、"守时"等一道首次成为西方社会的核心价值，围绕着"勤

---

① 我们必须把这种新型的劳动伦理与传统基督教的劳动伦理区别开来。我们知道，传统基督教的劳动伦理也反对"懒散"，并把它视为"七宗罪"之一，但是反对"懒散"并不意味着传统的基督教劳动伦理也以"勤勉"为目标。因为在传统基督教那里，反对"懒散"，只是意味着对于自足生活的追求，而并不指向以追求财富为目标的"勤勉"，实际上，传统基督教的劳动伦理反对把大量的时间花在辛勤劳作上，认为这样会减少人们侍奉上帝的时间——也就是说占用了人们上教堂和进行祈祷的时间。在某种意义上，传统基督教的劳动伦理是一种主张"闲暇"的伦理。后来，随着以"勤勉"为目标的新型劳动伦理的兴起，宗教的节日和庆典也就大大减少，这在某种意义上也印证了传统基督教劳动伦理的隐忧，也即辛勤劳作会减少人们侍奉上帝的时间，故而是不可取的。当然，传统的基督教中仍然包含着肯定劳动的积极因素，不然清教的"勤勉"伦理也难以顺利地兴起。

② Diana Wood, *Medieval Economic Thought*, Cambridge University Press, 2002, p. 51.

③ 拉斯基，《思想的阐释》，贵阳：贵州人民出版社，2001 年，第 159 页。

④ 在 18 世纪，许多作家出于其创造财富的功用而对"勤勉"大加颂扬。约翰·贝勒斯（John Bellers）写道："经常劳动的人们是王国最大的财宝和力量。"而丹尼尔·笛福写道："带来财富的唯一东西，使贸易对国家有利的唯一的东西，是人们的劳动和勤勉。"而汤升德也写道："一国的财富常取决于被雇佣的人们的数量，这是不容置疑的公理。一国的财富也是从向外国市场输出的人们的劳动中产生的。如果我国的羊毛在国内加工，则我国人民全部会被雇佣，而他们的工资将由外国人支付。因此，一切国家的贫民是最重要的阶级。他们的勤勉对一切国家来说都是财富的唯一源泉。"见 E. Furniss, *The Position of the Laborer in a System of Nationalism*, 1957, New York, pp. 25, 16, 22.

勉"涌现出大量的修辞性文本。对于"勤勉"的修辞是围绕着两个方面展开的，一方面是对于 idleness（或 sloth）的无情鞭笞，一方面是对于 industry 的热烈颂扬，这两个方面互为表里，相互支撑。新教经典文本中关于"industry"的修辞，马克斯·韦伯在《新教伦理与资本主义精神》中已进行了众多的阐述①。在这里，我们仍无妨再征举两例，著名的清教神学家里查德·巴克斯特写道：

> 公共福利或众人的福利应当放在我们自身福利之上。因此每个人必须尽其所能为别人谋福利，尤其要为教会和共和国谋福利，而这不是靠懒惰所能做到的，必须靠劳动！②

而 18 世纪初的一个清教神学家则在布道中说道：

> 现在，可以确定无疑的是，只有一个国家的美德才能使它变得富足：因为勤勉（industry）、节制和节俭是最取之不尽、用之不竭的宝藏，并且向公众做出最可靠的馈赠——如果不是最丰厚的馈赠的话；而奢侈、挥霍和懒散（idleness）则以公众为其捕猎的对象，每日通过对公众的敲骨吸髓而使之趋于衰弱。③

而在现代早期的重商主义文献中，对于"industry"的修辞也是俯拾皆是，不一而足。在《论英国得自对外贸易的财富》中，托马斯·孟多次把荷兰、热那亚以及托斯坎尼的繁荣富庶归结为其国民的"勤勉"④，而把英国人民的"行骗，诉苦，盗窃，吊死，乞

---

① 韦伯，《新教伦理与资本主义精神》，北京：生活·读书·新知三联书店，1987 年，第 123、126、132、227、230、234、248 等页。

② 埃德蒙·惠特克，《经济思想流派》，上海：上海人民出版社，1974 年，第 32 页。

③ Maurice Goldsmith, *Private Vices，Public Benefits：Bernard Mandeville 's Social and Political Thought*，Cybereditions Corporation，2001，p. 29.

④ 托马斯·孟，《英国得自对外贸易的财富》，北京：商务印书馆，1965 年，第 72、75、52、17 页。参照英文译文有改动，见 Thomas Mun, *England 's Treasure By Foreign Trade*，http：// socserv2. socsci. mcmaster. ca/ ~ econ/ugcm/3ll3/mun/treasure. txt.

求，憔悴和死亡……"归结为"邪恶的懒惰"（lewd idleness）①，他呼吁其国人改正"懒惰恶习"（vicious idleness），并激发他们的"心智和勤劳"，力争以"勤勉（industry）和提高技艺"来为自然产品增殖。② 而另一位重商主义作家约瑟亚·柴尔德（Josiah Child）也写道：

> 我所知道的是，懒人们（idle person）花费得少，劳动得也少，他们既不为自己的花费而四处奔忙，也不劳其筋骨、动其脑筋为这个王国的蜂巢带来蜂蜡和蜂蜜；只是用别人额前的汗水和大脑中的妙思来中饱私囊。不言而喻的是，对于任何国家而言，如果要遭受这种吮干勤勉（industry）的胸膛的懒散（idleness）是多么的有百害而无一利啊！③

对于 industry 的修辞也出现在洛克的著作中。在《教育片论》中，洛克向孩子们所传授的核心美德之一就是"劳动和勤勉的（industrious）经营"。④ 在一篇有关雇佣穷人的咨议性报告中，洛克写道：

> 如果考察和探究这种邪恶（也就是那些无所事事的闲散人口的数量的日益增长）的起因，我们将会羞愧地发现，这种情况的出现既不是源于供给的匮乏，也不是源于缺乏对于

---

① 托马斯·孟，《英国得自对外贸易的财富》，第72页。译文有改动。

② 托马斯·孟，《英国得自对外贸易的财富》，第84页。译文有改动。

③ Josiah Child，*A New Discourse of Trade* (1668)，in Henry C. Clark（ed.），*Commerce，Culture and Liberty：Reading On Captalism before Adam Smith*，Indianapolis：liberty Fund，p. 48.

④ 纳坦·塔科夫，《为了自由：洛克的教育思想》，北京：生活·读书·新知三联书店，2001年，第三章。同时参见《教育片论》的编者导言（1989年牛津大学版本）。在导言中，编者罗列了洛克心目中"值得称颂的品性"和"不良品性"的条目，其中，"勤勉（industry）"与"自我克制"、"仁爱"、"谨慎"等一道名列"值得称颂的品性"之中，而"懒散（或怠惰）"则与"伪善"、"说谎"、"鲁莽"等一道名列"不良品性"之中。见约翰·洛克，《教育片论》，上海：上海人民出版社，2005年，第26—27页。

穷人的雇佣，既然上帝的良善已把丰足赐福于我们的时代……穷人的增长必定别有原因，除了训诫的松懈以及礼俗的腐化外，没有其他的原因：美德和勤勉（virtue and industry）是一对孪生兄弟，而邪恶和懒散（vice and idleness）则是另一对孪生兄弟。①

对于"勤勉"的修辞更是在 18 世纪的古典政治经济学作家那里臻至高峰。以休谟为例，在其作品中，我们到处可以检索到 industry 以及对于 industry 肯定性修辞。在《英国史》中，每当休谟对其所敬仰的人物进行描述时，industry 是他最喜欢援引的一个词。例如，对于亨利七世，休谟写道，他个性中"充满了活力、勤勉和严谨，在所有的计划中，他均能未雨绸缪，而对于他所想达到的每一个目标，他均不急不躁，谨慎以求"。对于亨利所选用的两个能臣，教士约翰·莫顿、里查德·福克斯，休谟称赞则他们"勤勉、警醒而有能力出众"（industry，vigilance，and capacity）。对于托马斯·克伦威尔，休谟称颂他"是一个审慎、勤勉而有能力出众的人（prudence，industry，and abilities），值得有一个更好的主上和一个更好的前程"。在对于艾塞克斯伯爵的赞扬中，休谟这样写道，他"拥有诸多高贵的美德，他慷慨大度、真诚无欺、重视友情、富有勇气、雄辩且勤勉"。而对于议会领袖汉普顿，休谟则写道："他的谈话总是令人心情欢愉；他的争辩总是温和、雄辩而又富有技巧；他的劝告总是循循善诱而又明辨是非；他的行为总是勤勉、警醒而又孜孜不倦。"对于爱尔兰总督伊莱顿，休谟写道，他是"一个值得缅怀的人物，对于他的警醒、勤勉、才能……人们多有敬重"。对于维斯康特·哈里法克斯，休谟写道，他"天赋极高，学富五车、雄辩且勤勉"②。

从以上的人物品藻中，我们不难看出，在休谟的价值体系中，industry 显然雄踞高位。正如他所写的，"根据人类的情感可知，判

① James R. Martel, *Love is a Sweet Chain：Desire*, *Autonomy and Friendship in Liberal Political Theory*, London：Routeledge, 2001, p.53.
② David Hume, *History of England*, Indianaplois：Liberty Fund, 1983, Vol.3, pp.45, 8, 184；Vol.4, p.237；Vol.5, p.295；Vol.6, pp.25, 233.

断力、勇气、良好的礼仪、勤勉（industry）、审慎和天才是个人价值中的基本部分"①。与崇尚骑士"勇武"的封建古风不同，休谟认为，"勤勉、知识和文雅"才是每个民族所应培植的良好风尚和习惯。他写道，"我们可以看到：在各种民族的素质中，勇敢精神一般说来是最靠不住的，因为它仅偶尔发挥出来，而且在每个民族中都是由少数人体现的，而勤勉（industry）、知识和文雅则可以经常和普遍地应用，经过数个世代还可以成为全体人民的习惯。"②

这样，到了18世纪，在对"勤勉"的修辞中，人们近乎达到了一种"劳动崇拜"的境地。在1777年获奖的一篇论文中，阿贝·马尔沃克斯（Abbe Malvaux）写道："人们长久以来所寻找的'哲人石'已经被找到，它就是劳动。"③而且，在这种劳动崇拜的社会氛围中，对于industry的修辞也开始由经典文本深入到大众文化。18世纪初叶，小说家兼画家的威廉·霍加思（1697—1764）出版了一组风靡一时的雕版讽刺画，其中一幅名为《勤勉与懒散》（Industry and Idleness，1747）。该画以一组四幅画的形式表现了两个学徒的迥然有别的人生——一个勤勉敬业，最终娶了东家的女儿、继承作坊产业并最后当上了伦敦市长；而另一个则懒散游惰，最后沦落为罪犯并被送上绞刑架。只要对这组讽刺画稍加观瞻，人们就不难体会出其中浓郁的扬"勤"戒"懒"、惩恶扬善的"劝世"和"讽喻"色彩。④

既然"勤勉"由于其创造财富的"功用"而具有无上的伦理价值，那么，人们如何才能臻至"勤勉"的状态呢？显然，对于正在向现代商业社会转型的欧洲国家而言，这是一个事关国运、生死攸关的棘手问题，而对于现代早期的启蒙知识分子而言，这是一个繁难、复杂而又充满致命魅惑的问题，诱使他们殚精竭虑，力图对之进行解答。这样，在现代早期，围绕着"勤勉"问题以及对于该问题的回答

---

① David Hume, *Essays Moral，Political，Literary*，Indianapolis：Liberty Fund，1987，p. 333.

② 休谟，《休谟政治论文选》，北京：商务印书馆，1993年，第97页。

③ Mark Neocleous, *Fabrication of Social Order：A Critical Theory of Police Power*，London，2000，p. 18.

④ Clive T. Probyn, *English Fiction of the Eighteenth Century：1700-1789*，London，Longman，1987，p. 5.

形成了一种独特的话语体系——"勤勉"话语。但是，对于这种"勤勉"话语以及其背后的逻辑演进和社会变迁，不仅在中国，就是在当代西方的学术研究中均缺乏系统、全面而深入的探讨。① 下面，我就探讨这种"勤勉"话语在现代早期的演进，以及从中所衍生出来的"现代性"观念。

---

① 就笔者有限的了解而言，在当代西方和中国的学术界，专门探讨社会转型视野下的"勤勉"观念变迁的专著或研究性论文还没有。但是，在不同问题背景下，涉及"勤勉"观念的论述还是相当多的。这也成为笔者这篇论文的重要的学术资源。如在重商主义的语境下，涉及"勤勉"的著作有：E. Furniss, *The Position of the Laborer in a System of Nationalism*, New York 1957；Mark Neocleous, *Fabrication of Social Order：A Critical Theory of Police Power*, London，2000；R. C. Wiles, The Theory of Wages in Later English Mercantilism, *Economic History Review*, 21.2：113–126. 在古典政治经济学（特别是苏格兰的古典政治经济学）的背景下涉及"勤勉"的著作有：Neil Hargraves, Enterprise, "Adventure and Industry：the formation of 'commercial character' in William Robertson's History of America", *History of European Ideas*, 29 (2003), pp. 33–54；A. Brewer, "Luxury and Economic Development：David Hume and Adam Smith", *Scottish Journal of Political Economy*, 45.1 (1998)：78–98；M. G. Marshall, "Luxury, Economic Development, and Work Motivation：David Hume, Adam Smith, and J. R. McCulloch", *History of Political Economy*, 32.3 (2000)：631–648；Tatsuya Sakamoto and Hideo Tanaka (eds.), *The Rise of Political Economy in the Scottish Enlightenment*, London，2003；迈克尔·佩罗曼：《资本主义的诞生——对古典政治经济学的一种诠释》，桂林：广西师范大学出版社，2001 年；大河内一男：《过渡时期的经济思想——亚当·斯密与弗·李斯特》，北京：中国人民大学出版社，2000 年。在"国民性"的背景下涉及"勤勉"的著述有：Roberto Romani, *National Character and Public Spirit in Britain and France, 1750–1850*, Cambridge University，2002. 在清教的背景下涉及"勤勉"的有：马克斯·韦伯，《新教伦理与资本主义精神》，北京：生活·读书·新知三联书店，1987 年。在这部著作中，韦伯详细而深入地探讨了新教的"勤勉"话语。虽然 industry 在现代早期的语言实践中被广泛征用，但其首次获得关键词或核心概念的地位还仰赖于韦伯匠心独运的研究，仰赖于韦伯对于 industry 概念的"再发现"。在《新教伦理与资本主义精神》中，韦伯把 industry 与 frugality, punctuality, honesty 一道列为"资本主义精神"，并视之为西方的理性资本主义兴起的导源性力量。而且，韦伯还从知识谱系的角度，把清教的"勤勉"观念追溯到修道士的"禁欲主义"以及古代的"加图、瓦罗 (Varro) 和 Columella"等人的"industria"学说。在韦伯看来，新教，特别是清教的"勤勉"话语的核心是"信仰"，即通过把"劳动"和"勤勉"视为"为上帝增添荣耀"，视为"灵魂得救"的有效途径，使劳动和勤勉获得了一种超越性的价值，一种非工具性的本体价值，如新教教义所宣扬的"劳动非为生存，生存却为劳动"。但是，这些研究都只是从不同的侧面零星地涉及"勤勉"观念中的一个面相，而对于现代早期"勤勉"话语内部的逻辑演进，以及由之所反映出来的社会内容却缺乏系统而深入的梳理。这样，人们便缺少了一种整体的视野和洞见。在这里，我还要感谢"自由在线图书馆"(The Online Library of Liberty)，它为我系统检阅现代早期西方思想家经典著作中关于"勤勉"的论述提供了极大的便利，没有这种便利，这篇文章是难以完成的。

二、Necessity 与 Industry

在现代早期的 industry 话语中，necessity 是一个绕不开的核心概念。necessity 意指"必然"，"必需"（或必需品），"迫不得已"，指一种特定的、不可变易的外在情势。necessity 之所以与"勤勉"建立起密切的关系，并成为"勤勉"话语中的一个核心概念，无疑与现代早期的"荷兰神话"息息相关。在 17 世纪，荷兰以其褊狭的疆域和贫瘠的土地所取得的辉煌经济成就震惊了世人。但在对于荷兰的经济成功表示艳羡和震惊之余，人们不仅要问，荷兰何以成功？其成功的原因是什么？围绕着这个问题，现代早期的欧洲思想家纷纷给出了自己的答案。这些答案有的是来自于内部的内省式体验，如德·拉·考特（Pieter De La Court）的《荷兰的政治信条》（*Political Maxims of the State of Holland*，1662），有的是来自于外部的切近观察，如威廉·坦普尔的《对尼德兰联合省的观察》（*Observations upon the United Provinces of the Netherlands*，1688）。但是，无论是内部的内省体验，还是外部的切近观察，他们都得出了一个相近的答案，那就是荷兰的富强大多是源于其国民"节俭"（frugality）①和"勤勉"（industry）的秉性，于是，在现代早期的欧洲历史上，一个"节俭而勤勉"的荷兰人的"形象"就被人们修辞和建构出来。如德·拉·考特就称其国民为"勤勉而又勤劳不辍的居民"，"这些人是最为勤勉和最具创造才能的"，"富有远见和勤勉的荷兰人"。②但紧随这种"勤勉"形象而来的又是另外一个问题，那就是何以荷兰人最为"勤勉"呢？对此，德·拉·考特写道：

---

① 关于荷兰人"节俭"（frugality）的禀性，在 1688 年刊行的《对尼德兰联合省的观察》中，威廉·坦普尔（William Temple）写道，荷兰"有无数的奢侈，他们却从未消享；有无数的逸乐，他们却从未品尝"。正是由于荷兰人对于奢侈和逸乐的弃绝，他们的"普遍勤勉和节俭"才使得他们进口少于出口，大大地增进了公共财富。而柴尔德爵士在其《贸易论》也把荷兰富强的主因之一归结为其"吝啬而俭省的生活方式"。见 Christopher Berry，*The Idea of Luxury*，Cambridge University Press，1994，p. 107.
② Pieter De La Court，*Political Maxims of the State of Holland*，1662，转自 Henry C. Clark (ed.)，*Commerce*，*Culture and Liberty*，pp. 24，33，34.

　　我们常常说，必需（necessity）使一个老妇人变得迅疾，饥饿使野豆变得甘甜，而贫穷则激发智巧。此外，众所周知，荷兰现前被征收如此繁重的捐税，与其他民族相比，它承受着更为沉重的负担，他们没有渔业、制造业、交通和船运业，只有依靠他们的勤勉（industry）、敏锐、勇敢和节俭他们才能得以维生。①

　　显然，在德·拉·考特看来，荷兰之所以勤勉，全在于其所置身的 necessity，在于其由于繁重的捐税而造成的"饥饿"和"贫穷"。这种 necessity 可以促发勤勉，而"富足"和"丰赡"则可以诱发懒惰和邪恶的观点在威廉·坦普尔那里得到了重申。在《对尼德兰联合省的观察》中，威廉·坦普尔爵士把荷兰人的 industry 完全归因于其所置身的、源于恶劣自然条件的 necessity，为来阐明这一点，坦普尔把荷兰的情况与爱尔兰作了鲜明的对照。他写道：

　　在爱尔兰，由于地广人稀，一切生活必需品十分便宜，一个勤劳的人只要干两天活，挣的钱就足以维持一个星期的生活。这种得天独厚的有利条件，我以为正是爱尔兰人所以懒散（laziness）的根由。须知好逸恶劳是人的天性，如果优哉游哉就可聊以卒岁，人们决不肯出力流汗的；但是，要是人们由于必需（by necessity）一旦养成了勤勉的习惯，勤勉也就成为一种有益于人们健康的生活乐趣，因而不可须臾离了。使人们好劳恶逸，这种改变也许并不比好逸恶劳更困难。②

　　这样，在现代早期的勤勉话语中，necessity 便与 industry 紧密地联系在一起，并成为激发"勤勉"的源动性条件。在对 necessity 的隐喻性使用中，我们可以看到，necessity 之所以能促动 industry，在于

---

① Pieter De La Court, *Political Maxims of the State of Holland*，转自 Henry C. Clark（ed.），*Commerce，Culture and Liberty*，p. 33.

② 休谟，《休谟经济论文选》，北京：商务印书馆，1983 年，第 75 页。同时见 David Hume, *Political Essays*，edited by Knud Haakonssen, Cambridge University Press，1994，p. 162.

人们为了"维生"的目的而对外界的不利情势或处境——如恶劣的自然条件、饥饿、贫穷和繁重的捐税——所作出的"被动性"反应。也就是说,为了摆脱不利的自然条件、饥饿、贫穷和繁重的捐税,人们不得不终岁劳作,并养成"勤勉"的习惯。于是,作为一种 necessity,"贫穷和不足"就具有了促发"勤勉"的正面意义,正是在这个意义上,托马斯·孟写道,

> 因为富强使一个民族沾染恶习和没有远虑,所以贫穷和不足就要使一个国家的人民变得智巧和勤勉(industry)。关于后者,我可以举出许多基督教国家做例子,虽然它们在自己的领土里边几乎可以说是一无所有,可是他们竭力想法与外国进行贸易,因而获得了极大的财富和力量,现在其中最引人注意和最负盛誉的就是低地国的联合省了。①

在 18 世纪,necessity 可以促发勤勉的观点得到进一步的流传、演绎和发挥。休谟就坦承,"正是这种困难(difficulties,指自然条件的恶劣)常常有助于激发一个民族的勤勉(industry),并使他们与那些享受极大自然优越性的民族相比变得更加富裕和勤劳(render them more opulent and laborious)。"然后,他列举出了"推罗、雅典、迦太基、罗得岛、威尼斯、荷兰"作为这种观点的强有力的佐证。② 与此同时,休谟又以日常生活经验为佐证,对 necessity 或 difficulty 可以促发勤勉的观点进行了阐述:

> 通常可以观察到,在歉收的年岁里,如果不是太严重的话,穷人将投入更多的劳动,并且其生活实际上过得比丰年要好,因为在丰年里,他们易于坠入怠惰和放纵(idleness and riot)。一个大制造商曾告诉我,在 1740 年,当面包和各种衣食供给价格均十分昂贵时,他的工人们不仅生活得相

---

① 托马斯·孟,《英国得自对外贸易的财富》,北京:华夏出版社,第 74 页。
② David Hume,*Political Essays*,p. 161.

当如意，而且还偿还了他们在前些年所借的债务。①

在《论商业》中，休谟又以该理论为基础，进一步对热带地区的蒙昧落后给出了自己的解释：

> 为什么居住在热带地区的人一直技术落后、无所教化、不修内政、军队涣散，而少数地处温带的国家却一直没有这些弊端呢？形成这一现象的原因之一可能是：热带地区长年为夏，衣服和住房对当地居民来说不是非常必要，因而部分地失去了这种必需（necessity）；但这种必需却正是激起一切勤勉和发明创造的巨大动力。必需增进人的才智。不用说，任何国家的人们享有的这种物品或财产越少，人与人之间造成纷争的可能性就越小，从而组建治安或正规的政权来保卫他们不受外敌侵犯和内部损害的必要性也就越小。②

而在《英国史》中，休谟又进一步强调，在社会转型的过程中，要改变一个民族先前的怠惰习惯，并提高他们的劳动水平，necessity是必不可少的。

> 在英格兰，那些不那么容易改变其旧习的人们的劳动仍然保持在与古代相近的水平上。并且穷人抱怨他们不再能以自己的劳作来维持自己的生活，只有付出额外（或加倍）的辛劳和勤勉，他们才可能维持自己的生存。尽管这种勤勉的

---

① David Hume, *Essays Moral, Political, Literary*, p. 358.
② 休谟，《休谟经典文存》，上海：上海大学出版社，2002年，第70页。关于气候和怠惰或勤勉之间的关系，在米拉（David Millar）那里也有诠释，他写道："在可以影响社会进化（improvements）的几种环境中，气候的差异是最为显著的。在温暖的国家，土壤常常是非常肥沃的，只要稍加培植（culture），就可以生产出满足维生之所必需的物质。与此同时，在极端酷热的太阳暴晒下，劳作也是极其烦人而劳累的。因此，这些国家的居民——尽管享受着一定程度的自足（affluence），并且由于气候的温和而免除了许多的不便和匮乏（inconveniences and wants）——很少进行勤勉的劳作（seldom disposed to laborious exertion），因而养成了一种怠惰的习性（habits of indolence），并变得沉迷于感官的享乐，且易于染上由懒散和怠惰所养成的孱弱（infirmities）。" David Millar, *The Origin of the Distinction of Ranks*, 1771, http://socserv2.socsci.mcmaster.ca/~econ/ugcm/3ll3/millar/rank.

增长最终成为当前形势下的一种效果，并且这种效果对社会
极为有利，然而，要改变一个民族的先前的那种怠惰的习惯
是相当困难的，并且，只有必需（necessity）才可以迫使他
们勤勉地施展其各种能力和才干。①

而在 18 世纪的另外一位启蒙作家看来，不仅自然属性的 necessi-
ty 具有促发 invention 和 industry 的作用，而且由习俗和想象所形成
的 necessity 也具有促发 invention 和 industry 的作用。他写道，

> 必需（necessity）是发明之母，关于必需（necessity）
> 的想法和意见也是发明之母。对于那些无论是由于其自身本
> 性而成为人类所必需的物品，还是那些由于习俗和想
> 象（custom and fancy）而成为人类所必需的物品，我们总
> 是想方设法去获取它们；在那些不能由暴力和掠夺攫取这些
> 必需品的地方，他们只能诉诸于发明和勤勉（invention and
> industry）。这就是艺术和科学之源泉。②

为了更加有效地论证 necessity 和 industry 之间所存在必然性因
果联系，现代早期的作家还援用了 17、18 世纪广为流行
的"自然神论"，以作为自己的理论基础。自然神论认为，作为上帝
的"智巧"设计，世界万物均各有其位、各尽其用，善与恶、有利与
不利、完善与不完善、福和祸都是相互依凭、相互为用的，并统一于
整个宇宙的完美和谐与秩序之中③。曼德维尔正是从这个观念出发阐

---

① David Hume, *History of England*, Vol. 3, p. 248.
② Trenchard and Gordon, *Cato 's letters*, Indianapolis: Liberty Fund, 1995, Vol. 2, pp.
159–160.
③ 近代早期的"自然神论"的核心内容是，作为上帝的造物，大自然是一个和谐的整
体，出于上帝的有目的的智巧的设计，万物皆有其用。其中最为著名的陈述是亚历山
大·蒲伯的《论人》，其中有这样的诗句："一切都只不过是一个硕大无匹的整体的一部
分，它的躯体是自然界，它的灵魂是上帝。一切不协调，都包含在和谐之内，一切局部
的恶，全都是普遍的善；在错误理性的恶意之中，尽管也有傲慢，这一真理是明显的：
凡是存在的，都是对的。"见卡尔·贝克尔，《18 世纪哲学家的天城》，北京：生活·读
书·三联书店，2001 年，第 2 章。

明了 necessity 与 industry 的关系。在他看来，necessity 虽然是一种"不利"、"不完善"，甚或是一种"祸"和"恶"，但它却包含了"至善"——也就是"技艺、勤勉和劳动"——的种子：

> 各种必需（the necessities），人性的邪恶和不完善，以及气候和其他条件的严酷中间已包含了所有技艺、勤勉和劳动（all Arts, Industry and Labour）的种子：正是极端的冷热、节侯的变幻无常和恶劣，风向的不定和变幻，水的宏力与变节……以及土地的贫瘠与板结均在拷问和折磨着我们的发明创造能力……饥渴以及裸露（nakedness）是迫使我们奋起的第一个暴君。此后，骄傲、懒惰、好色和变幻无常是佑护及增进所有技艺和科学、贸易、手工业和各种职业的最大恩主；而必需（necessity）……作为最大的监工，使每个社会成员趋向劳动，并使他们愉快地接受他们景况中的辛劳，就连国王和王子们也概莫能外。①

与曼德维尔相近，休谟也把以 necessity 驱策 industry 看成是"上帝"意志的自由表达和"大自然"的智巧设计，其目的在于驱迫人类由"粗鄙"走向"精雅"，由"野蛮"走向"文明"：

> 在大自然对待人和其他动物的作为中，存在着一种明显的资质上的不同。它赋予前者一种崇高而神圣的精神，让他具有与最高存在相近的特性，大自然不允许这些高贵的才具处于昏睡或懒散的（in lethargic or idle）状态，而是通过一种必需（by necessity），驱策他们处处施展他们最大程度的技艺和勤勉（art and industry）……大自然所提供的材料仍然是粗鄙而原始的，只有那种积极而富有智巧的勤勉（industry），才使它们从一种粗陋状态（brute state）中变得精

---

① Bernard Mandeville, *The Fable of the Bees*, Indianapolis：Liberty Fund, 1988, Vol. 1, p. 332.

雅（refine），并使它们变成人们的有用品和便利品。①

在《自然宗教对话录》中，休谟的这种观点又得到了进一步的发挥：

> 几乎人生中所有道德上的以及自然的恶都自怠惰（idleness）而生；假如我们人类，能够由于他们的结构的原来的组成，便摆脱了这个罪恶或缺陷，那么，紧随之而来的就是土地的完善的垦殖，艺术和工业的进步，每一职务和责任的准确的执行；而人类就立刻可以完全达到一种社会情况，这种社会情况是即使管理得最好的政府也不能完善地达到的。但是，勤勉（industry）既然是一种力量，并且是最有价值的力量，自然似乎就依照了她的通常的准则，决定用很吝啬的手将它赋予人类，并且宁可为了人在这方面的缺陷而处罚他，却不为了他在这方面的成就而酬赏他。她这样设计好他的结构，使得只有最强烈的需要（the most violent necessity）才能逼使人去劳动；她利用所有他的其他的需要去克服，至少是部分地克服勤勉的缺乏……②

除了为 necessity 与 industry 的关系奠定一种"自然神论"的哲学基础外，18 世纪的作家还对 necessity 进行了二元区分，一种是 natural necessity，指由自然条件所造成的、非人类意志所能改变的必然情势，如由土地的贫瘠、气候的恶劣等造成的"不足和匮乏"；一种是 artificial necessity，指由非自然的人为因素所造成的必然情势，如由统治者的"低工资"和"高税收"这种人为政策所造成的"不足和匮乏"。在现代早期的"勤勉"话语中，我们将会发现，这种关于 natural necessity 和 artificial necessity 的区分成为勤勉话语向实

---

① David Hume, *Essays Moral*, *Political*, *Literary*, pp. 203–204.
② 休谟，《自然宗教对话录》，北京：商务印书馆，1996 年，第 78 页。译文略有改动，见 David Hume, *Dialogues Concerning Natural Religion*, ed. by James Fieser, 1997, p. 75. http：//www. netlibrary. com/Reader.

践转换过程中的重要一环，因为它使"necessity 可以驱策勤勉"这一理论观点具有政策操作层面上的意义。因为虽然各种 natural necessity——如荷兰的贫瘠和褊狭——具有促发勤勉、创造财富的功用，但由于它是自然天成的，因而无法复制、无法仿效、无法推广，所以不具有实践和政策层面上意义。而 artificial necessity 观念的"发明"则彻底地扭转了这种局面，并为这种观念勤勉话语向实践层面的转化开辟了道路。虽然在实践中人们早已观察到繁重的捐税可以增进勤勉（如前引德·拉·考特的话），但休谟是第一个以抽象化的方式将 artificial necessity 与 industry 联系普遍化的人。在《论赋税》中，休谟第一次把 natural necessities or disadvantages 与 artificial burdens① 对举，并指出在促进勤勉方面，它们具有同等的效果和功用，他写道，"既然贫瘠的或不利的自然条件（natural necessities or disadvantages）可以被认为有利于促进勤勉（favorable to industry），那么为什么人为的负担（artificial burdens）就不可以有同样的作用呢？"② 随后，休谟又以提高捐税为例，来证明 artificial necessity 的这种功用。

> 如果对黎民百姓的消费品征收捐税，其必然后果看来不外乎两条：穷人不是节衣缩食，便是提高工资，以使课税负担完全转嫁到富豪头上。但是，紧随着赋税而来的往往还有第三种后果，即：穷人提高他们的勤勉，完成更多的工作（the poor encrease their industry, perform more work），以保持原先的生活水平，此外便别无他求。③

在休谟那里，artificial necessity 或 artificial burdens 虽然具有提高勤勉的效用，但其效用是有限度的。休谟认为，只是在"一定的限

---

① 虽然休谟没有直接使用 artificial necessity 的提法，但是，从他把 necessity 与 difficulty, disadvantage 等同混用以及把 natural necessities or disadvantages 与 artificial burdens 对举中可以知道，artificial necessity 与 artificial burdens 可互换，为同义或近义。

② 休谟，《休谟经济论文选》，北京：商务印书馆，第 74 页。David Hume, *Political Essays*, p. 162.

③ 休谟，《休谟经济论文选》，北京：商务印书馆，第 73 页。David Hume, *Political Essays*, p. 161.

度内"，该政策才有"理性和经验的基础"，而且就其本性而言，这种政策"最容易被滥用，因而更加危险"①。但在现代早期，特别是在重商主义的理论和实践中，人们对于"提高赋税可以增加勤勉"这个信条表现出异乎寻常的崇拜，他们深信："每一种新的税收都会在臣民中创造出一种新的承受能力，并且公共负担的每一次增加，均会相应地提高人民的勤勉程度。"②他们认为，只有通过对劳动阶层的日常生活品征收消费税，从而把日用品价格，特别是谷物价格，维持在一个较高的水准上，贫苦的劳动阶层才会为生活所迫而勤勉劳作，如果日常用品价格低廉，那么谋生就变得相对容易，并因此纵容了懒惰。一位 18 世纪的作家写道："谷物价格低廉时，雇主感到进行纺织和其他作业很困难。因为贫民们用两天或三天的工资就可以购入足以维持一星期生活的物资，剩下的时间他们也许会完全浪费在游荡和饮酒上……相反，如果谷物价格昂贵，贫民们就必须全周劳动，因而雇主很容易完成预定的工作。"③

在现代早期，除了"高税收"外，人们还试图以"低工资"来制造 artificial necessity 并增进"勤勉"。人们坚信，"提高工资会诱发怠惰"，而低工资则可以迫使劳动阶层为了"维生"的需要而维持勤勉不辍的劳动习惯并免于犯罪。无论是"高税收"，还是"低工资"，作为一种手段，其目的都是试图通过人为地制造 necessity，也就是"不足和匮乏"，来驱策勤勉。正是在这样的背景下，"贫穷"的功用的学说（或 necessity 的功用的学说）得以兴起。该学说认为，人类天性怠惰④，只有在自然的或人为制造的"贫穷"的驱迫下才会勤

---

① David Hume, *Political Essays*, p. 161.

② David Hume, *Political Essays*, p. 161.

③ Joshua Gee, *The Trade and Navigation of Great Britain Considered*, 1730, p. 37；转自大河内一男，《过渡时期的经济思想——亚当·斯密与弗·李斯特》，北京：中国人民大学出版社，2000 年，第 200 页。

④ 这种政策的一个前提认定是人，特别是穷人天性是好逸恶劳的：如法国 1686 年的一份皇家饬令写道，如果穷人不去工作，他们便会"投身于乞讨、沉湎于懒散、抢劫以及其他的犯罪中"。*Fabrication of Social Order：A Critical Theory of Police Power*, p. 17. 而约翰·霍顿（John Houghton）更是毫无隐晦地宣扬道，"大部分穷人都大手大脚而且懒惰成性，尤其是制造工人"。见 *A Collection for Improvement of Husbandry and Trade*, 1698, 转自拉斯基，《思想的阐释》，贵阳：贵州人民出版社，第 159 页。

勉。正如阿瑟·扬（Arthur Young）所宣扬的："除了傻瓜，每个人都知道，下层人民必须保持贫困，否则就永不会勤勉。" 而哈奇森（Francis Huctheson）也认为："如果一个人没有养成勤勉的习惯，廉价的生活必需品是会怂恿懒惰的。最好的办法是提高对所有必需品的需求……懒惰至少应该用短期的奴役状态来进行惩罚。" ① 约瑟夫·汤升德（Joseph Townsend）则说道："饥饿将驯化最凶残的动物……一般而言，只有饥饿驱使穷人去劳作。"②对于现代早期"贫穷"的经济学说，帕特里克·科洪（Patrick Colquhoun）1806 年写道：

> 没有大比例的贫穷，就不会有富足；因为财富是劳动的成果，而劳动只能产生于贫穷的状态。贫穷其实是社会中的一种状态和条件，即没有剩余劳动力供应，或换言之，即没有物质的财产和手段，只有从生活中各种不同职业的不断的工业活动中可以得到的东西。因此，贫穷是社会中最必须和不可或缺的成分，没有了它，国家和社会就无法以文明的状态存在下去。③

与此同时，只有 artificial necessity 或贫穷才会驱迫人们勤勉的观点也成为现代早期的社会管制政策（police policy）的理论基础。重商主义的代表性人物科尔伯 1667 年的一份咨议中写道，"既然富足总是源于劳作（labour），贫穷总是源于懒散（idleness），最重要的任务就是要寻找到规制穷人并促使其去工作的方法。"④ 而塔克（Josiah Tucker）也建议道："防止一个竞争民族获得你的贸易的唯一可能的措施是，不要让你的人民比对手更闲散和堕落……因而，在这方面能获得成功的唯一战争，就是对闲散和堕落开战。这场战争

---

① 迈克尔·佩罗曼，《资本主义的诞生》，桂林：广西师范大学出版社，第 5 页。
② Peter Jones （ed.），The "Science of Man" in the Scottish Enlightenment，Edinburgh University Press，1989，p. 27.
③ 拉斯基，《思想的阐释》，贵阳：贵州人民出版社，第 207 页。
④ Mark Neocleous, Fabrication of Social Order: A Critical Theory of Police Power, London: Pluto Press, 2000, p. 18.

中所用的不是军舰和武器，而一定要用适度的税收和明智的条例，以便将私人的自爱导入公共利益的渠道。"①由此可见，用税收和行政条例（如工资条例等）来制造贫穷并规训穷人，驱迫他们勤勉劳动成为 police 政策的首要目的和动力，对此，伏尔泰以其一贯的机智和幽默写道，所谓的 police 政策，就是"所有的富人让所有的穷人工作的秘密力量"②。而福柯对于 police 政策的定义更是一针见血："police，就古典时代所给予它的精确意义而言，是指使工作对于所有那些除了工作便不能维生的人成为可能或成为必需的所有措施的总和。"③既然人们天性怠惰，那么这就需要政府当局采取一种强制性的手段，对劳动者进行规训，让他们处于一种不劳动就无以为生的necessity 境地，进而驱迫他们走向勤勉。正是在这个意义上，威廉·布莱斯通在其《英格兰法评论》（1769）中把使公民变得"正派、勤勉和安于现状"界定为"公共治安"（public police）首要目标。④

这样，在现代早期的欧洲，在"财富"的名义下，为了"勤勉"的目的，中世纪的宗教慈善和救济体系遂逐渐坍塌，而与之相应的是那些针对流浪和游惰的血腥的治安条例的出台，以及对穷人进行劳动规训的特有场域——精神病院、监禁所和贫民工厂——的出现；在意识形态领域，斥责穷人的过高要求，主张通过高税收和低工资永远把他们困囿于贫穷状态的呼声也愈益高涨。而所有这一切都是建立在necessity 可以促发 industry 这一观念之上。

三、Appetite 与 Industry

在现代早期的"勤勉"话语中，appetite 是紧随 necessity 之后出现的又一个核心概念。appetite 意指欲望、欲求或情欲，与 desire，want 和 passion 相同或相近。在现代早期的欧洲思想中，appetite 具有无可替代的重要地位：可以毫不夸张地说，正是由于对它的"再发

---

① 迈克尔·佩罗曼，《资本主义的诞生》，桂林：广西师范大学出版社，第 5 页。

② Michel Foucault, *Madness and Civilization*, Routledge, 2001, p. 43.

③ Michel Foucault, *Madness and Civilization*, p. 43.

④ Mark Neocleous, *Fabrication of Social Order：A Critical Theory of Police Power*, p. 131.

现"和"价值重估",现代商业社会的"人性"基础才得以确立。无论是在古典哲学中,还是在中世纪的宗教哲学中,"欲望"都一直是被贬斥的对象,被视为是"理性"和"善"对立面,是动物和奴隶所具有的属性。但自近代以降,随着自然科学中所兴起的"实验推理"方法在"人的科学"研究中的应用,"欲望"遂被重新发现和肯定,如一位启蒙作家所言,"我们都曾听到过这样的说法:我们有责任制服我们的欲望,灭绝我们的激情。但是秉持这种说法的人立即就显示出他对于人性的无知……"①在现代早期的启蒙思想家看来:第一,欲望是人的内在本性,是人类幸福的根本,与人的生命相始终。"旧道德哲学家所说的那种极终的目的和最高的善根本不存在。欲望终止的人,和感觉与映象停顿的人同样无法生活下去,幸福就是欲望从一个目标到另一个目标不断地发展,达到前一个目标不过是为后一个目标铺平道路。"②第二,"欲望"是无限的。"欲望"更多的是一种"心灵"的属性,而非仅仅是一种"身体"的属性,它永远是得陇望蜀,没有终点。"欲望意味着匮乏(desires implys want):它是灵魂的欲求(the appetite of the soul),正如饥饿对于身体是自然的一样,欲望对于灵魂也是自然的。心灵的需求是无限的,人们是自然的、得陇望蜀的,并且随着其心灵的提升,人们的感官也变得愈加精雅,愈加可以获得快乐;他的欲望愈加扩大,他的需求(wants)——指那些能满足其感官、餍足其身体并增添生活的闲适、快乐和壮丽的稀有之物——也随着他的希望(wishes)而增加。"③第三,欲望是行动和勤勉的依据和动力。欲望意味着"缺乏"或"对象的不存在"④,而缺乏则可以引发不安和不快,而要消除这种不安和不快,必须采取行动以获取欲望所指向的对象。

---

① Trenchard and Gordon, *Cato 's letters*, Vol. 2, p. 23.

② 霍布斯,《利维坦》,北京:商务印书馆,1985 年,第 72 页。

③ Christopher Berry, *The Idea of Luxury*, p. 112.

④ 对于霍布斯而言,欲望(desire)意味着其对象的不存在或缺乏。"爱(appetite)和欲望(desire)便是一回事,只是欲望指的始终是对象不存在时的情形。"(《利维坦》,第 36 页)

　　　　一种事物在我们当下享受它时，如果能产生出愉快的观念来，则它不在时，亦可以引出一种不安来。这种不安之感就是所谓欲望；因此，欲望之大或小就是看不安之感之或强或弱而定的。在这里我们正可以说，不安之感纵不是人类勤苦（industry，应翻译为勤勉）和行为的唯一刺激，亦可以说是它们的主要刺激。①

　　而一旦人们消灭了欲望，也就是摆脱了"不安之感"并处于"完全满足"的状态时，人们勤勉、行动和意欲（industry，action and will）的动机就完全消失了。

　　　　一个人如果完全安于自己的现状，如果完全感觉不到一点不快，那么他除了想着继续在那种状态下过活而外，还能有什么勤勉、行动和意欲（industry，action and will）可以留下？……因而，全知的造物主，既然明晰我们的身体组织，而且知道什么能决定意志，所以他就使人发生了饥渴的不快，以及其他种种自然的欲望，这些自然欲望总是适时而至（return at their seasons），以来促进人们的意志，使他们保持生命，维系种属。②

　　在17、18世纪之交，正是这个无限的、作为人之本性以及行动和勤勉之驱策力的 appetite 逐渐取代了 necessity，成为现代早期"勤勉"话语中的又一个核心概念。与试图通过 necessity，也就是通过自然或人为的强制性的必需来驱迫人们"被动的"劳动不同，Appetite 的出现意味着现代早期的"勤勉"话语出现了取向上的重大调整：人们试图通过激发人类内在的欲望来实现自主的"勤勉"。在16世纪英国的一个重商主义作家那里，我们看到了这种策略的最早

---

① 洛克，《人类理解论》（上册），北京：商务印书馆，1959年，第200页，同时见 John Locke, *Essay Concerning Human Understanding*, Indianapolis：Liberty Fund，1985，p.225.
② 洛克，《人类理解论》（上册），第222页，译文有所改动。参见 Locke, *Essay Concerning Human Understanding*，p.245.

萌芽：

> 我们应该懂得，在共同体内，不应当用法律的直接制裁来强制或约束人们去做一切事情；但是有些事情可以如此，而另外一些事情则宁可通过诱导或奖励的手段。因为，有什么样的法律能够强使人们勤出远门，劳其身体或者刻苦钻研任何科学或心理知识呢？如果那些勤勉和艰苦奋斗的人们能够从艰苦勤勉中获得很好的报酬，而且能够忍受艰辛来获取利得和财富作为其勤勉的报酬，这些事情是可以通过善为启发、鼓励和诱导让他们去做的。①

而在重商主义向古典政治经济学转型的过程中，这种以"欲望"激发自主的"勤勉"的观点得到了不少作家的回应。在《贸易论》中，诺斯写道：

> 贸易或者说勤勉和智巧（industry and ingenuity）的主要的推进器是人类的无尽的欲望（exorbitant appetites），对于这种欲望的满足，人类是不辞辛劳的，正是这种欲望，而非别样东西使他趋向劳动。因为如果人们仅仅满足于生活必需品（bare necessities），那么，我们所拥有的只能是一个贫乏的世界。②

不仅如此，诺斯还对重商主义限制消费的做法提出了批评。他认为，一旦消费欲望和消费空间受到了限制，人们"勤勉"的动力也就消失了，并因之陷于贫穷。

> 那些制定有禁奢令的国家，一般而言都是贫穷的；因为当人们由于这些法律而被限定于狭窄的消费空间时——假使

---

① 埃德蒙·惠特克，《经济思想流派》，第46页。
② Dudley North，*Discourses upon Trade*，1691，转自 Henry C. Clark（ed.），*Commerce, Culture and Liberty*，p.119.

没有这种法律，他们原本可以——同时，他们的勤勉和智巧（industry and ingenuity）也得不到鼓励（而被消极了），而这种勤勉和智巧本来可以用来支持他们获取他们的欲望所渴望的广泛的花费。①

同样，在洛克看来，人类怠惰的自然品性源于缺乏"行动的两大动力，远见和欲望"，因此，要改变人们的自然怠惰，使人们变得勤勉，必须培植人们的"远见"和"欲望"，而后者尤为重要。因为"没有欲望就没有努力"。洛克举例道，如果要改变儿童的怠惰天性，家长就必须找出儿童的"欲望"——譬如追求别人的赞扬、追求玩乐、追求华美的衣服等，然后以"欲望"作诱饵，对症下药来鼓足儿童的干劲。②

这种力主以"欲望"驱策"勤勉"的观点在 18 世纪得到了进一步的阐发，并升格为一种社会主流思潮。在曼德维尔看来，人是"各种激情（passions）的复合体"。其中，怠惰（idleness）是人类本性所固有的一种激情。要治愈"怠惰"并激发"勤勉"，不能依靠统治者的"强力"或人类自身的"理性"，而只能依靠另一种激情，如贪婪、嫉妒、虚荣、野心等③。在《蜜蜂的寓言》中，曼德维尔写道："要医治懒惰（Sloth）或顽劣，金钱是最好的药物。""妒忌和虚荣本身，皆是勤勉的传道人。""野心、贪婪以及经常产生的必需，乃是使人勤勉（industry）的马刺，往往会使一些人在成年后从懒散怠惰中

---

① Dudley North, *Discourses upon Trade*, 1691，转自 Henry C. Clark（ed.），*Commerce, Culture and Liberty*, p. 119.

② 纳坦·塔科夫，《为了自由——洛克的教育思想》，第 324—325 页。

③ 在西方现代早期的政治哲学传统中，有三种管制"激情"的途径：第一种路径是建立一种政治体系以压制（repress）激情；第二种路径是建立一种政治体系以羁勒或驾驭（harness）激情；第三种路径是以一种激情来矫正另一种激情。显然，曼德维尔属于第三种路径，属于这种路径的还有培根、斯宾诺莎、休谟和霍尔巴赫以及美国的宪制主义者。见 Pierre Force, *Self-Interest before Adam Smith*, Cambridge University Press, 2003, pp. 144–145.

奋起……"①显然，在曼德维尔那里，贪婪、嫉妒、虚荣、野心等"激情"或"情欲"成了治愈"懒惰"的灵丹妙药。对于人类因为缺乏"欲望"而陷入的毫无生气的死寂状态，曼德维尔有着形象的比喻："人若没有欲望的驱使，便绝不会奋斗：当人们在睡眠的时候，任何东西都不能使他们奋起，其优异和能力永远也不能被发现，人这部怠惰的机器若没有人的激情的影响，可以被恰当地被比作一台没有受到风力影响的巨大风磨。"②因此，统治者要想激发民众的"勤勉"，必须以人们的"欲望"为突破口：

> 当人们不是由于骄傲或贪婪的驱迫而劳动的时候，所有的人都趋向于闲逸和安乐（ease and pleasure）而不是劳作（labour）；并且那些以日常劳作为生的人很少受到骄傲和贪婪的强力影响，因此，除了他们的欲望，没有什么东西能激励他们为别人服务，对于他们的这种欲望，缓解乃是明智之举，但扑灭则是愚蠢之举。所以说，能使这些劳动者变成勤勉之人的，乃是数量适当的金钱，按照劳动者的脾气，若是金钱过少，则会使他们灰心丧气或陷于绝望，若金钱过多，则会使他们变得怠惰（indolent and lazy）。③

正是从欲望是勤勉的"传道人"或"马刺"的意义上，曼德维尔认为，毁灭"勤勉"的不是"懒散"，而是"满足"，他写道："满足与勤勉的对立，更甚于懒散与勤勉的对立。"作为"勤勉的毒药"，"满足……使蜜蜂们自得于他们贫乏的储藏，不寻求也不贪求更多的

① 曼德维尔，《蜜蜂的寓言》，北京：中国社会科学出版社，2002 年，第 522、18、513 页。Bernard Mandeville, *The Fable of the Bees*, Indianapolis：Liberty Fund, pp. 353, 112, 413.

② 曼德维尔，《蜜蜂的寓言》，第 141—142 页。Bernard Mandeville, *The Fable of the Bees*, p. 218.

③ 曼德维尔，《蜜蜂的寓言》，第 150 页。Bernard Mandeville, *The Fable of the Bees*, p. 223.

东西"。① 这里的"满足"是指一种心意的"平静和安宁",由对自己当下"幸福"状态的积极体认而产生的"满足感":

> 我将心意平静和安宁称为"满足"。人们认为自己很幸福时,便会产生这种满足感,并且会安于这样的状态。这意味着目前的环境对我们很有利,意味着一种安宁平静,而只要人们还热衷于改善自己的处境,便极少能产生这种安宁平静的感觉。②

通过把"满足"而不是"懒散"界定为"勤勉"的对立面,曼德维尔对于 industry 的内涵进行了深入的开掘,并对人们普遍把 industry 与 diligence 混同起来的做法提出了批评:

> 勤劳(diligence)与勤勉(industry)常被混用,用以指同一种事物,但这两者之间却迥然有别。一个贫穷的倒霉鬼既不勤劳,亦不聪慧,虽能俭省与吃苦,却根本不去奋力改善自己的境况,安于现状。而"勤勉"则指许多种品质,其中之一是对于收获的强烈渴望,还有一种是要改善我们处境的不懈欲望。人们或想到自己从事的行业的传统收益,或想到自己所占份额甚少的生意中分红,往往通过两种方式去赢得勤勉的名声:他们或者必须依靠足够的勤劳,去发现那些不同寻常、尚未得到承认的办法,去扩展生意,增加收益;或者必须加倍地干活,以获得勤勉之名。一个生意人若悉心经营自己的店铺,恰当地照顾顾客,他便是他那个行业里的勤劳者。然而除此之外,他还真正苦心致力于使自己出售的、同等价格的商品比其邻人更好,或者依靠善待顾客或其他良好品质,结交了许多朋友,以此来招徕顾客,我们便可以称他为勤勉者。一个处于半失业状态的船夫,却从不玩

---

① 曼德维尔,《蜜蜂的寓言》,第 191、27 页。Bernard Mandeville, *The Fable of the Bees*, p. 117.
② 曼德维尔:《蜜蜂的寓言》,第 188 页。

忽自己的行当，一旦有活便去完成，他就是个勤劳的人。然而，他无活可做时若也做其他差事，甚至去擦皮鞋，或是去做守夜人，他就理当获得勤勉的称号。①

从曼德维尔对于 diligence 和 industry 的区分中我们可以看到，diligence 只是满足于当下状态的"安故守常"，缺乏一种明显的"内驱性"的劳动冲动；而 industry 则源于一种强烈的"内驱性"冲动，即"对于收获的强烈渴望"以及"要改善我们处境的不懈欲望"。Industry 概念中所包含的"欲望"特质在 18 世纪德国著名的官房学派的代表人物尤斯蒂（Justi）那里也得到了呈现。受菲利浦·彼得·戈登发表于 1768 年的获奖论文《勤勉之策或论鼓励大众努力的方法》（"Polizey der Industrie, oder Abhandlungen von den Mitteln, den Fleiss der Einwohner zu ermuntern"）的启发，尤斯蒂把"勤勉"被定义为国民的一种"天赋"，"一种精神能力"，特指人们"渴望通过技能、勤勉和能力而出人头地"的强烈愿望。②

沿着曼德维尔的路径，法国的古典政治经济学家梅隆（Melon）也把"欲望"视为"勤勉"最为有效的驱策力。对于爱尔兰民众的"怠惰"，梅隆不再把其归结为自然条件的"得天独厚"，因而缺少某种 necessity，而是归结为缺少"欲望"，缺少对生活便利品和奢侈品的嗜好。

在这里，我们可以观察到，就如同高卢人在其第一代国王时期所过的生活一样，爱尔兰的普通民众过着一种悲惨的生活（wretched life）。人们一般均承认，制造欲望（the creating of wants）是在一个民族中创造勤勉（produce industry）的最为稳妥可行的办法；并且，如果我们的农民习惯于吃牛排和穿鞋子，他们可能会更加勤勉。看起来这正是所有那些希望爱尔兰兴旺起来，使其下层人民能过上舒适的

---

① 曼德维尔，《蜜蜂的寓言》，第 190 页。
② 哈特穆特·莱曼等编，《韦伯的新教伦理》，沈阳：辽宁教育出版社，2001 年，第 46—47 页。

生活的人所干的事。那些上层人士将很快会发现这样做的好处。为穷人提供丰足的生活，实际上就如同喂养根本，而这些营养物质将传送到枝叶，使其处于最高处的枝梢更加繁茂。①

而作为英国古典政治经济学的开拓者，休谟也坚守这种以"欲望"驾驭"勤勉"的信念。休谟写道，"作为勤勉的驱策力（spur to industry），贪欲（avarice）是一种极其顽强的激情（is so obstinate a passion）"②。在休谟看来，既然"贪欲"可以激发自主的勤勉，那么，统治者最为稳妥、也最为有效的办法就是大力发展工商业，为"贪欲"提供可欲的对象，并由此激发"勤勉"。

> 世上的每一种东西都是用劳动来购买的，而我们的激情（passions）则是劳动的唯一动机。一个国家工业产品丰富、机械艺术发达，那么其土地所有者和农民均把农业作为一门科学来研究，并且奉上双倍的勤勉和关心。因为他们劳动的多余产品并没有浪费，而是用之来交换他们所垂涎的奢侈品（luxury）。③

正是从"欲望"可以激发"勤勉"的立场出发，休谟对"奢侈"进行了卓有成效的辩护。所谓的奢侈，就是指由商业和机械艺术的进步所带来的"满足感官需要的日益讲究"。在休谟看来，如果没有发达的工商业，人们的"欲望"便失去了确当的对象——奢侈品，而一旦人们的"欲望"失去了确当的对象，那么劳动的驱策力和热忱便会丧失，人们便会陷入一种怠惰的状态。对于由缺失工商业和奢侈品而造成的后果，休谟是这样描述的：一旦农民"不能用那部分剩余产品换回那种可供他们消遣或满足他们虚荣心的商品，他们的生产情绪低

---

① Jean-Franchois Melon, *A Political Essay upon Commerce*, 1734, from Henry C. Clark (ed.), *Commerce, Culture and Liberty*, p. 261.

② David Hume, *Essays Moral, Political, Literary*, p. 66.

③ David Hume, *Political Essays*, p. 99.

落，也不会有兴趣提高劳动技能。懒惰的习性便乘虚而入，蔓延滋长，指使大部分田地无人耕耘而荒芜。至于有人耕种的土地，其产量也因为农民不肯尽心竭力而达不到应有的高水平"①。正在这个意义上，休谟虽不像曼德维尔那样把最放纵无度的奢靡也视为社会的福祉，但仍然认为，即便是最邪恶的奢侈也比"怠惰和懒散要好，因为怠惰懒散通常是比较难以根除的，并且对个人和社会都比较有害。如果怠惰占了统治地位，一种低劣的、未开化的生活方式将在个人中间盛行，既没有社交，也没有任何享乐可言"。因此，对于那些鼓吹铲除奢侈的人，休谟讥讽道："除掉邪恶的奢侈（vicious luxury）而没有治愈怠惰（sloth）和对别人的漠不关心，你只不过是削弱了这个国家的勤勉（industry），而对于人们的仁爱和慷慨毫无增益。因此，我们还不如满足于这样的观点：在一个国家里，两个对立的恶可能比单单只有其中之一要好些。"②

在鼓吹以"欲望"驾驭"勤勉"的同时，休谟对那些意欲仿效斯巴达，试图以"公益精神"（public spirit）来激发"勤勉"的做法提出了批评。

> 如果我们可以把一座城市转化为一座坚固的军营，在每个人的身上培养一种真正的战斗精神和军事天赋，以及执著于公共利益的激情，以使每个人愿意为了公共的利益而忍受最大的困苦和艰辛，那么，古代和现代均已证明，这些高尚的情感独自就可以成为勤勉的最大驱策力（a sufficient spur to industry），足以支撑起整个社会共同体……但是考虑到这些原则太过大公无私，极难得到人们的拥护，因此必须通过其他的激情（other passions）来统治人们，以利禄在于勤勉，技艺即是奢侈激励他们。③

在现代早期的"勤勉"话语中，Appetite 的出现意味着，在古典

① 休谟，《休谟经典文存》，第 78—79 页。
② 休谟，《休谟经济论文选》，第 27—28 页。
③ Hume, *Essays Moral , Political and Literary* , p. 153.

政治经济学家看来，"勤勉"问题最终不是重商主义作家所鼓吹并实施的社会管制政策——就是通过创造人为的 necessity 来驱策勤勉——所能解决的。由 necessity 所促发的勤勉是被动的，是由外在的情势所强制施与的，它只是一种消极的习性（passive habit）。而要使勤勉成为人们的习性或内化为一种品格，也就是说，要使勤勉成为一种"积极的习性"（active habit），仅有外在的强制性力量是不够的，因为一旦这种强制性的力量失去了，人们必然重新返回到怠惰的老路上去①。因此，必须有一个内在的、主动性的动机来激发人类。这种内在的、主动的动机就是人的"欲望"，也就是"改善我们的处境"、并过一种为我们的"先辈所未曾享受过的更美妙的生活方式的欲望"②。从这个意义上讲，"勤勉"问题最终是一种社会经济发展样式的问题，也就是说，一国国民是"懒散"还是"勤勉"，在很大程度上取决于该国是否拥有发达的工商业，是否能够为人们的欲望提供足够大的消费空间和足够多的消费对象——便利品和奢侈品。如安德森所说，"如果没有商业和技术，农夫们有什么耕种的动机呢？在这种情况下，每个人只希望种植他生存所需的农作物，不会更多了……因此，一个依靠农夫的国家是懒惰和悲惨的。"③而尤斯蒂写道，"人们可以观察到，在那些商业和手工制造业兴盛发达的地方，孩子们在其童稚时期就被激发的趋向于勤勉和勤劳"。④正是在这个意义上，休谟把"industry"视为是现代商业社会所独具的伦理品质："人们根据理性和经验认为"，"勤勉、知识和人道"这三者"是比较辉煌的年代、既通常称为崇尚奢侈的盛世的特征"。⑤

四、Liberty 与 Industry

在现代早期的"勤勉"话语中，liberty 是继 necessity，appetite

---

① 对于休谟关于消极的习性和积极的习性的区分，见休谟，《人性论》，第462页。

② 休谟，《休谟经济论文选》，第13页。Hume, *Political Essays*, p. 101.

③ 迈克尔·佩罗曼，《资本主义的诞生》，第170页。

④ James Van Horn Melton, *Absolutism and the Eighteenth-Century Origins of Compulsory Schooling in Prussia and Austria*, Cambridge University Press, 1988, pp. 114–115.

⑤ 休谟，《休谟经济论文选》，第19—20页。

之后出现的又一个核心概念。在 18 世纪以降的启蒙思想家那里，liberty 与 industry 是两个密不可分的概念。詹姆斯·斯图亚特（James Steuart）就认为，只有"在自由羽翼的卫护之下"，"勤勉原则"（the principle of industry）才能出现。因而在斯图尔特历史叙述中，作为"现代精神"的"勤勉"的出现与"自由政府"的出现总是并辔而行的。在"自由的商业社会中"，每个人既是"自由的和独立的"（free and independent）"，又是"勤勉的"（industrious）；而在与"自由政府"相对应的"封建体系"中，每个人则既是"奴役性的、依附的"（servile and dependent）"，又是"怠惰的"（idle）。① 而在休谟那里，industry 与 liberty 这两个概念更是常常"纠结"在一起。 在《英国史》中，休谟写道，弗吉尼亚殖民地后来之所以"冠绝所有的欧洲民族"，在于其建立在"自由和勤勉这个高贵的原则之上"。而伊丽莎白女王时期所成立的独占公司"不仅摧毁了所有的自由，而且灭绝了所有的勤勉"。"通过把那些参加起义的城市联结为一个同盟"，尼德兰的奥伦治王子"奠定了这个著名的、作为勤勉和自由之源的共和国的基础"，在这个共和国里，"自由是如此幸福地扶助着勤勉"。同时，休谟还把英国整体经济实力的提升归结为"自由、勤勉和善治的结果"（the effects of liberty，industry，and good government）②。

　　作为一个重要的变量和影响因子，Liberty 在现代早期的勤勉话语中的出现不是偶然的，它意味着人们在发掘"勤勉"内在动力机制的同时，也开始关注到"勤勉"外在的制度性安排和政治保障。发达的工商业虽然可以提供丰富的便利品和奢侈品、并从而为"欲望"机制的发动提供了合理的预期，但是，一旦这些合理的预期因为制度性原因而落空，那么，"欲望"机制就会失效，"勤勉"就会受到顿挫。所以，"勤勉"问题不仅关系到社会经济发展样式的问题，而且关系到公民体制的问题，关系到政治统治样式问题，关系到"自由"与"奴役"的问题。

　　与"勤勉"相关联的、作为一种政治制度的"自由"，按照高

---

① Ramon Tortajada, *Economics of James Steuart*, London, Routledge, p. 108.
② David Hume, *History of England*, Vol. 4, p. 148；Vol. 4, p. 99；Vol. 4, p. 115；Vol. 5, p. 283；Vol. 4, p. 267.

登（Gordon）的说法：

> 以我的理解，"自由"这个词就是指每个人对其行为所具有的自主权力，以及他享受自己的劳动、技艺和勤勉的成果的权利，只要他这样做没有损害到社会共同体及社会中的其他任何成员利益……根据天赋的和永恒的平等，每个人的诚实的勤勉（honest industry）的成果是这种勤勉的正当的奖赏。①

这种"自由"实质上就是财产安全，就是"每个人享受自己的劳动、技艺和勤勉的成果的权利"。如果勤勉的成果——财产安全得不到保障，那么"欲望"的激勉机制也就无从发挥，那么"勤勉"也就更加无从谈起。正是从"安全"的意义上，"自由"才在现代早期的"勤勉"话语中具有无可替代的意义。也正是从这个层面上，高登才把"自由"称颂为"所有人类幸福的源泉"，并写道，"哪里财产少有安全，哪里就少有勤勉；这就如同哪里的美德是危险的，哪里就少有诚实。"②"要想使人们趋向勤勉（to be industrious），安全地占有我们勤勉的成果乃是最为有力、也最为合理的激勉……但是，哪里的财产有危险，哪里的勤勉就将消失。"③对于"勤勉"的这种制度性保障，现代早期的启蒙作家多有关注。霍布斯就曾说过，在自然状态下"勤勉"之所以无法存在，是"因为其成果不稳定"。④ 而洛克之所以把"财产权"神圣化，在很大程度上也是出于激发勤勉的考虑。18世纪的一位作家乔治·布莱威特（George Blewhitt）写道："没有什么能像安全一样给予勤勉——贸易的生命线（the life of trade）——以如此大的促进和刺激（encouragement）了，而所谓安

---

① Trenchard and Gordon, *Cato's letters*, Vol. 2, p. 129.
② Trenchard and Gordon, *Cato's letters*, Vol. 2, p. 21.
③ Trenchard and Gordon, *Cato's letters*, Vol. 2, p. 132.
④ Hobbes, *Leviathan*, Cambridge University Press, 1991, p. 89. 黎思复等译本把 industry 翻译为"产业"，不确。见《利维坦》，北京：商务印书馆，第94页。在霍布斯著述的时代，industry 作为"产业"的概念还没有确立，在霍布斯的用法中，industry 多与 labour 连用，指身体和心灵智巧的经常性施用——"勤勉"。

全，就是指一个人的所得决不会被别人从他那里夺走。"①

如果说"自由"是"勤勉"的最大激勉和保障的话，那么"奴役"和"专制"则是"勤勉"的最大顿挫和障碍，是怠惰和邪恶之源。"奴役"意味着不自主，意味着绝对的依附和屈从地位，意味着无法安全地享有自己的劳动成果，而这必然造成怠惰，诚如大卫·米拉（David Millar）所言，"奴役总是不利于勤勉的"②。这在欧洲中世纪的封建制度中得到鲜明的体现。附庸和普通民众因其人格不独立，故而怠惰，凡事漠不关心，用斯密的话来说，即"食必求其最多，作必望其最少，什么也不关心"③。所以在休谟的笔下，总是有"idle servants and retainers""idle retainers""the common people ……maintained in vicious idleness by their superiors"④这样的描写。而"专制"则是这种"奴役"状态的普遍化、制度化、政治化和合法化。对于这种专制统治，启蒙思想家们有着形象的描述和界定：

> 专制统治必定依赖于力（stand upon force），并且专制统治的法律只是一个人的无常的意志和捉摸不定的欲望，这种意志和欲望是在每一个小时内都会衍生出无数的变化的；在专制者的偶发的激情和变幻的癖性中，是没有任何对与错的定则的。尽管专制者有时也可能会惩罚罪恶，但是这更多的是出于愤怒而不是出于正义，而且其带来的更多的是对无辜者的迫害和压迫；为了正当地保护一个人，他常常对成千上万的人残酷地加以损害。⑤

显然，当"法律"只是"专制者偶发的暴怒，持续的荒唐和无定

---

① George Blewhet, *An Enquiry Whether a General Practice of Virtue Tends to the Wealth or Poverty, Benefit or Disadvantage of a People*, 1725, from Henry C. Clark（ed.）, *Liberty, Commerce and Culture*, p. 232.

② David Millar, *The Origin of the Distinction of Ranks*, 1771, http：//socserv2. socsci. mc-master. ca/~econ/ugcm/3ll3/millar/rank.

③ 斯密，《国民财富的性质和原因的研究》（上卷），北京：商务印书馆，1972年，第354页。

④ David Hume, *History of England*, Vol. 1, p. 132；Vol. 3, p. 46；Vol. 3, p. 46.

⑤ Trenchard and Gordon, *Cato's letters*, Vol. 2, p. 136.

的邪恶"的时候，民众"诚实的勤勉"的成果是没有任何"安全"可言的，"就专制政府的本性而言，人们是绝不可能享受任何安全和保护，也绝不可能免受暴力的侵害"①。而安全的缺失必然会阻碍勤勉，所以休谟断言，对于"顿挫勤勉、好奇心和科学来说"，没有比"专制政府"的做法"更为一劳永逸了"②。

对于"勤勉"的制度性关注也体现在"勤勉"内涵的变化和重新界定上。在上一节中我们看到，曼德维尔曾从"欲望"层面揭示了 industry 与 diligence 的区别，而在这里，詹姆斯·斯图亚特则从自由制度层面揭示出 industry 与 labour 的区别，他写道：

> 勤勉是自由人的一种有智巧的劳动的施用，其目的是以一种交易的方式来获取一种适合满足自己各种欲望的等价物……勤勉（industry）的内涵要远比勤劳（labour）的内涵丰富。就我对这个词的理解，勤勉必须是主动的（voluntary），而勤劳（labour）则可以是被迫的……勤勉只能由自由人所展现，而勤劳则可以为奴隶所展现。③

在斯图亚特那里，勤勉是"自由人"为了获得欲望的满足而进行的一种"主动的"、创造性的"智巧劳动"。在缺乏"自由"的地方，在劳动成果无法"以一种交易的方式来获取一种适合满足自己各种欲望的等价物"的地方，只存在"被动的勤劳"，不存在"主动的勤勉"，因为"勤勉只能由自由人所展现，而勤劳则可以为奴隶所展现"。这样，从对 industry 与 labour 的区分中，斯图亚特揭示了"勤勉"的制度依赖性。

对于"勤勉"问题的制度性焦灼在 18 世纪的"国民性"话语中得到了充分的呈现。随着现代民族国家在欧洲的确立，随着国家间交

---

① Trenchard and Gordon, *Cato 's letters*, Vol. 2, p. 140.

② Hume, *Essays Moral*, *Political and Literary*, p. 349.

③ Ikuo Omori, "The 'Scottish Triangle' in the Shaping of Political Economy：David Hume, Sir James Steuart, and Adam Smith", in Tatsuya Sakamoto and Hideo Tanaka (eds.), *The Rise of Political Economy in the Scottish Enlightenment*, London, 2003, p. 106.

往的日益深入以及国民身份认同的确立，人们对于"国民性"问题产生了浓厚的兴趣。人们开始注意到，在不同的社会中，国民的秉性是不同的：如果说荷兰人的"勤勉"是令人印象深刻的话，那么爱尔兰人的"怠惰而骚动的习性"也是令人触目惊心的。在苏格兰启蒙思想家看来，导致这种"国民性"差异的除了物质环境和社会经济发展样式外，最重要的、起决定性作用是一国的政治制度。在《国富论》中，斯密写道，"形成一国国民之性格的，是政府的本性"[1]，而在《修辞与文法讲演录》中，斯密在描述国民性时又写道，在塑造一个人的独特秉性以及轮廓风貌方面，"政府可以以同样的方式被看做是一个人的空气"[2]。他认为，德谟西尼斯（Demosthenes）和西塞罗的演说风格可以从他们所分属的民主和贵族政府的本性中寻找到根由。在《欧洲的社会发展》中，罗伯逊写道："国民的性格取决于国民所置身其中的社会状态，取决于在国民中间所建立的政治制度。"[3]对于政治制度在塑造"勤勉"等"礼俗"方面的作用，18 世纪初叶的一位苏格兰作家——阿隆（Anon）有着详细的解说。在《改良苏格兰渔业和亚麻制造业的理由》（1727）中，他写道，就自然秉性而言，人类是懒散的和不规范（irregular）的，那么要想铸造"劳动和勤勉" 这样的"礼俗和习惯"，只能依靠一种制度上的保证——也就是"不偏不倚和始终如一地执行良法和生活的确当规则"：

> 有一些公允的作家证明，所有的人类就其本性而言是恶的，是法律使我们良善。如果这个观察是确当的，那么勤勉（industry）、生活和礼俗的规范（regularity），不能说是为某一民族和社会所独具或特有，而是懒散和不规范的禀性为人类所共有；所以，事业心、勤劳和刻苦，生活和礼俗方面的规范，管理私人事务方面的节俭和节约，在与外人或陌生人打交道时的诚实与正直（probity），对于法律的尊重和服从，必定是良好习惯的后果，而这种良好习惯是通过不偏

---

[1] Roberto Romani, *National Character in Britain and France*, 1750–1850, p. 173.
[2] Roberto Romani, *National Character in Britain and France*, 1750–1850, p. 173.
[3] Roberto Romani, *National Character in Britain and France*, 1750–1850, p. 184.

不倚（impartial）和始终如一（steady）地执行良法和生活的合适规则（proper rule of life）而塑造。①

既然"国民性"是由政府的性质所决定的，那么一国国民是"勤勉"还是"怠惰"只能从制度上寻求原因。对于"勤勉"的制度性反思也引发了对爱尔兰"国民性"的反思。对于爱尔兰人"异乎寻常的怠惰"（extraordinary indolence），除了自然的（如坦普尔）和社会经济发展的（如梅隆）因素外，人们开始寻求制度层面上的原因，并开始把它归结为英国殖民政府的"奴役性的统治"所造成的恶果。针对爱尔兰民众"怠惰、放纵和骚动不安的"脾性，作家爱德华·威克菲尔德写道，"压迫熄灭了心灵和精神中的每一种慷慨的情感，并激发了冷漠和懒散；懒散是匮乏之母，而匮乏则产生不满，而不满则产生专制、对法律的抵抗和反叛。"②而另一位作家乔治·库伯在其《关于爱尔兰民族的信》中也写道，通过引入"良好的政府和正义"，爱尔兰农民中的怠惰、放纵不法等道德缺陷可以被根除，并在"道德和智识都可以达到最大的完善"③。而麦金陶什（Mackintosh）更是写道：

> 人类，如果你以正义的方式来对待他，那么他只可能是正义的；那些被别人轻贱，被别人视为奴隶的人，也必定把他们的主人视为是专制暴君。通过征服人类心灵中的活力，通过把心灵中的活力转变成毁灭性的狂怒、低贱感和不安全感，灭绝了勤勉。④

---

① Gentaro Seki, "Policy Debate on Economic development in Scotland: the 1720s to 1730s", in Tatsuya Sakamoto and Hideo Tanaka（eds.）, *The Rise of Political Economy in the Scottish Enlightenment*, p. 28.

② Roberto Romani, *National Characte and Public Spiritr in Britain and France*, 1750–1850, p. 209.

③ Roberto Romani, *National Character and Public Spirit in Britain and France*, 1750–1850, p. 208.

④ Roberto Romani, *National Characte and Public Spirit in Britain and France*, 1750–1850, p. 205.

一些启蒙作家更是从比较政府制度的角度分析了"国民性"勤勉与否的原因。在这方面，巴贲（Barbon）首开先河，他在政制区分——专制的"土耳其式的和哥特式的君主国"和自由的"英国式的君主国"——的基础上提出了一个著名的命题："那些民众最为自由、并在享受其劳动成果方面最高枕无忧的民众是最勤勉的。"他写道：

> 看起来有两种既定的或已确立的政府形式：土耳其式的和哥特式的君主国。或英国式的君主国：他们都建立在地产之上。在第一种政府形式之下，财产和立法权为君主所独占；而在后一种政府形式下，财产和立法权为君主和人民共同握有。一个最适合进行军事上的征服，因为根据战争的不同运气和偶然性，君主在下命令的方面的权力必须是绝对的；而另一个最适合于贸易，因为在那些民众最为自由、并在享受其劳动成果方面最高枕无忧的民众是最勤勉的（most industrious）。[1]

巴贲的"专制政体"有利战争和征服，而"自由政体"则有利于贸易和"勤勉"的观点，在休谟那里得到了进一步的发挥。休谟认为，欧洲大陆的绝对君主政体，由于"门第"成为"区别的主要来源"，所以"消极萎靡的心灵耽于傲慢的怠惰"（in haughty indolence），因而利于培养"武德"；而在英国这个"共和政体"中[2]，"财富"却成为"主要的偶像"，因而有利于培养"勤勉之德"。休谟写道：

> 在欧洲大多数国家，门第，亦即打上君主授予的头衔和徽章的印记的世袭财富，是区别的主要来源。在英国，则更注重现有的富饶和富足……在出身受尊敬的地方，消极萎靡的心灵耽于傲慢的怠惰，一心梦想的只是血系和谱系；慷慨

---

[1] Nicholas Barbon, *A Discourse of Trade*, 1690, in Henry C. Clark（ed.,）, *Commerce, Culture and Liberty*, p. 86.

[2] 休谟认为，英国是君主制与共和制的混合体，但其中"共和"部分占据主要地位，所以，休谟常常把英国称为"共和国"。

而有抱负的人追求荣誉和权威、名誉和特权。在财富是主要偶像的地方，腐败、贿赂、劫夺盛行；技艺、制造业、商业、农业兴盛。前一种偏见有利于武德（military virtue），更适合于君主政体。后一种偏见是勤勉的主要动力（the chief spur to industry），更适合于共和政体。①

此外，休谟还从"君主国"与"共和国"内部的利益运作机制方面分析了"勤勉"之所以能在"共和国"、而不能在"君主国"生发的原因。

尽管在文明君主国或在一个共和国里，人民都享有财产安全，然而在这两种政治制度下，那些掌握最高权力的人手中都有许多大名大利的东西可以处置，它能激起人们的野心和贪欲。唯一的差别在于：在共和国，想往上爬的人必须眼睛向下才能得到人民的选票；而在君主国里，他们的注意力必须朝上，用讨好逢迎来求得恩惠和大人物的宠爱。在前一条道路上想得到成功，一个人必须靠自己的勤勉、能力和知识（industry, capacity or knowledge），使自己成为有用之才；在后一条道路上想得到荣华富贵，他就必须凭自己的机智、恭顺和文雅（wit, complaisance or civility），使自己成为讨人喜欢的人。②

同时，休谟又从"荣誉"的角度分析了"绝对政府"对于"勤勉"的顿挫：

以我的观点，商业之所以易于在绝对政府中腐溃，不是因为那里没有更少安全，而是因为那里更少荣誉。对于君主制的维系而言，一种依附性的等级制度是绝对不可或缺的。与勤勉

---

① 休谟，《道德原则研究》，第 100 页。Hume, *An Enquiry Concerning the Principles of Morals*, ed. by Tom L. Beauchamp, Oxford, 1998, pp. 57–58.

② Hume, *Essays Moral, Political and Literary*, p. 83.

和富裕相比，出身、名号和地位必然会受到更大的敬重，被赋予更大的荣誉。而一旦这些观念得以流行，那些家产殷实的大商人将倾向于抛下他的商业营生，转而购买出身、名号和地位，因为这些东西是与特权和荣誉相联结的。①

当启蒙作家把"勤勉"与"自由"联结起来的时候，这表明，勤勉不仅关系到社会经济的发展样式，而且关系到政治制度的安排。既然人性研究已表明，人类天生是怠惰而懒散的，人类的"欲望"——"改善自己的处境"，占有生活"便利品和奢侈品"是"industry"的唯一内在驱动力，那么如何安排一种制度框架，使自然生发的欲望机制得以自如地、不受干扰地运转便是至关重要的了。因为工商业的发展只是为欲望机制提供了可能性——提供了欲望的对象，而要把这种可能性转换为现实性，就要有制度安排：即使勤勉者充分地、不受剥夺地享受自己的劳动果实。

这就向以前的 police 政策提出了挑战。它意味着以前建立在 necessity 基础上的社会管制政策终将被建立在 appetite 基础上的自由政策所取代，意味着以前建立在"惩懒"基础上的"低工资"和"高税收"政策终将被建立在"奖勤"基础上的"高工资"和"低税收"的政策取代。因为"低工资"和"高税收"政策意味着劳动成果的不安全和被剥夺，意味着"不自由"，意味着欲望机制的顿挫，意味着怠惰。而"高工资"和"低税收"政策则意味着劳动成果的安全和充分保障，意味着自由，意味着欲望机制的发挥，意味着勤勉。一句话，勤勉不能由"惩罚"而获得，只能由"奖赏"而获得。"那种以他们的怠惰（idleness）为由而惩罚他们，并由此驱迫他们劳动的想法是毫无用处的。只要对世事稍有经验，你就会发现，这种努力不会有任

---

① Hume, *Essays Moral, Political and Literary*, p. 66. 对于赋予每个职业的"荣誉"对于职业的影响，托马斯·孟也有阐述："既然我们最为富有的商人们的声名在他们死后即将消灭，承袭了遗产而成为富翁的儿子，也就看不起他父亲的职业，以为做一个乱花产业的绅士（虽然只不过是虚名），也比继承父业做个勤恳的商人（industrious Merchants）来维持和增进他的家产更为光荣。"见托马斯·孟，《论英国得自对外贸易的财富》，第 4 页。

何效果，激发农民勤勉的唯一手段只能是对他们的劳动进行奖赏。"①

在这个理论框架内，自由思想家们对于具有浓厚重商主义特色的"高税收"和"低工资"政策提出了批评，因为它们不利于勤勉的真正发挥。休谟就认为，高税收和不均衡的税负使法国的"农业成为一种乞讨式的、奴隶般的营生"，因而"那些农民的勤勉（industry）受到了极大的顿挫"②休谟虽然肯定了捐税的适度提高有利于增进勤勉，但对于苛税和横征暴敛，他一直保持高度的"警醒"。他写道："捐税如果变成横征暴敛（arbitrary），最为有害，一旦出现，势必成为对勤勉（industry）的惩罚；而且由于不可避免的征课不均，这些征课比真正的税收负担更令人难以忍受。"③"太过苛重的（exorbitant）税收，像极端的 necessity 一样，由于制造了绝望，最终破坏了勤勉（industry）……人们担心，全欧洲的税收已繁多到这样的一个程度，以至于它将摧毁所有的技艺和勤勉（industry）。"④同样是从激发"勤勉"的立场出发，斯密坚定地支持"高工资"的政策。在《国富论》中，斯密写道："充足的劳动报酬，鼓励普通人民增殖，因而鼓励他们勤勉。劳动工资，是勤勉的奖励。勤勉像人类其他品质一样，越受奖励越发勤奋。丰富的生活资料，使劳动者体力增进，而生活改善和晚景优裕的愉快希望，使他们益加努力。所以，高工资地方的劳动者，总是比低工资地方的劳动者活泼、勤勉和敏捷。"⑤而工资的高低则取决于制度安排，取决于"生产基金"和"消费基金"的比例⑥，如果生产基金大于消费基金，那么劳动者就能充分地享受自己的劳动成果，故而勤勉。如果消费基金大于生产

---

① David Millar, *The Origin of the Distinction of Ranks*, see http：//socserv2. socsci. mc-master. ca/ ~ econ/ugcm/3ll3/millar/rank.

② David Hume, *Essays Moral*, *Political and Literary*, p. 67.

③ David Hume, *Political Essays*, p. 163.

④ David Hume, *Essays Moral*, *Political and Literary*, p. 358.

⑤ 斯密，《国民财富的性质和原因的研究》（上册），第 75 页。Adam Smith, *An En-quiry into the Nature and Causes of the Wealth of Nations*, China Social Publishing House, 1999, Vol. 1, p. 83.

⑥ 生产基金是指维持劳动者生产和生活的资金，消费基金是指维持非生产性人员的资金。

基金，那么劳动者就无法充分地享受自己的劳动成果，故而怠惰。

这两种基金的比例，在任何国家，都必然会决定一国人民的性格是勤勉（industry）还是懒散（idleness）。和我们祖先比较，我们是更为勤勉的（industrious），这是因为，和两三百年前比较，我们用来维持勤勉人民的基金，在比例上，比用来维持懒散人民的基金大得多。我们祖先，因为没受到勤勉的充分奖励，所以懒散了。俗话说：劳而无功，不如戏而无益。①

五、"勤勉"话语与"现代性"的凸现

通过对 necessity，appetite 和 liberty 这三个核心概念的考察，我们对现代早期"勤勉"话语的逻辑进程进行了大致的梳理。② 但是，在现代早期勤勉话语演进的逻辑链条中，我们不应当忽视由韦伯所考察的清教的"勤勉"话语。由于在《新教伦理与资本主义精神》中，韦伯已对清教的"勤勉"话语作出了无人能出其右的精湛分析，笔者无须在此全面的展开，仅从比较的视野对现代早期勤勉话语的逻辑演进作一评述。

在笔者看来，清教"勤勉"话语中的核心概念无疑是"信仰"（belief）。如果说重商主义作家们倾向于以 necessity 来激发勤勉，古典政治经济学作家们倾向于以 appetite 和 liberty 激发勤勉，那么，清教作家则意图以 belief 来激发勤勉。他们宣称，工作和勤勉是信仰

---

① 斯密：《国民财富的性质和原因的研究》（上册），第 308 页。Adam Smith, *An Enquiry into the Nature and Causes of the Wealth of Nations*, Vol. 1, p. 318. 根据英文版改译，把 industry, industrious 改译为勤勉、勤勉的，而把 idleness, idle 改译为懒散和懒散的。

② 需要注意的是，在这里，英国现代早期"勤勉"话语的逻辑进程是一种建立在"高度抽象"基础上的"理想型"，它来源于历史事实和历史进程，但并不必然与历史事实和历史进程严格一致。因此，在这种"勤勉"话语的逻辑性重构（logical reconstruction）中，我们必须还要承认历史过程本身的复杂性、丰富性和包涵性，如在"勤勉"之外还存在着对于"勤勉"的反话语，也就是对于"闲暇"的追求。同时，重商主义语境下的勤勉话语、政治经济学语境下的勤勉话语和清教主义语境下的勤勉话语之间的划分并不是绝对的，比如，休谟关于"勤勉"的论述既有重商主义的成分，也有政治经济学的成分。

的一种在世的证明，是献身上帝的唯一可行的途径，只有那些勤勉的人，才能得到上帝的恩宠，才能获得灵魂的拯救。17 世纪的清教神学家巴克斯特曾写道，"正是为了行动（action）的目的，上帝才使我们以及我们的行为存在下去；工作不仅是力量的自然目的，也是力量的道德目的……惟行动最能伺候上帝，增添他的荣耀。"[1]而科顿·马瑟于 1701 年也在《基督徒的职业》中申言道："对待职业懒懒散散的人，不配侍奉上帝。"[2]

这样看来，清教所宣扬的"天召"思想以及其中所体现的工作伦理实际上只是现代早期勤勉话语的一个侧面，是现代早期勤勉话语演进中的一个逻辑阶段。在这种比较视野中，笔者所要强调的是，现代早期的勤勉话语，无论是重商主义的，还是清教主义的，抑或是古典政治经济学的，都源于一个共同的背景：当面临一种新生的社会经济秩序时，人们的观念世界如何进行适应性的调适？也就是如何摈弃对待"财富"的"中世纪"观点并采取一种"现代"的态度？怎样为以谋求财富为目标的商业和贸易行为（也就是"勤勉"）合法化？面对这种历史性的要求，我们发现，以勤勉话语为载体，为追求财富的行为合法化的行动采取了两种不同的路径：一种是直接的、赤裸裸的功利主义的或幸福主义的路径（它宣称财富以及追求财富的行为可以使国家伟大、使臣民幸福[3]），它通过发明一套新的哲学话语从而建立起一套评价"财富"以及谋求财富行为（勤勉）的新标准，这意味着与传统话语的彻底决裂。这种路径为重商主义和

---

[1]　韦伯，《新教伦理与资本主义精神》，第 226 页。

[2]　哈特穆特·莱曼等编，《韦伯的新教伦理》，第 365 页。

[3]　例如休谟的"勤勉话语"就是以一种世俗的、功利主义的话语来述说的。在休谟看来，与其他美德和伦理品质一样，"勤勉"之所以值得推崇，是因为它具有特殊的"功用"（utility），也就是说，它可以增进国家和个人的"幸福"。在《道德原则研究》中，休谟写道："在获得权力和财富的过程中，或者说在提升我们所谓尘世命运的过程中，有什么必要称赞勤勉（industry）和颂扬它的好处呢？按照寓言，乌龟凭其坚毅赢得了与尽管迅疾得多的兔子的赛跑。一个人的时间十分俭省地使用（well husbanded），就仿佛一块精心耕耘的土地，其中几英亩所生产的对生活有用的东西，比荆棘和野草蔓生的甚至土地最肥沃的辽阔行省所生产的还多。"见休谟，《道德原则研究》，第 89 页。而在《论技艺的日新月异》中，休谟又写道："勤勉、知识和人道（industry，knowledge，humanity）非但在私生活方面显示出其益处，而且在社会生活中扩散其有利的影响：它们既使个人富庶幸福，又使国家繁荣昌盛。"见休谟，《休谟经济论文选》，第 21 页。

古典政治经济学家们所采用；一种是间接的、含蓄的路径,这种路径没有采取与传统话语,特别是传统的宗教话语相决裂的革命方式,而是将对财富的新生的、世俗的追求与宗教的禁欲主义话语相接合,使谋求财富的行为披上宗教的合法外衣,把追求财富的行为"修辞"为对上帝的尊奉,从而达到将追求财富行为合法化的目的。这种路径是以潜移默化的方式使世俗目标化为宗教信仰的实质内核。如在清教文本中,过去所信奉的"laborare et orare"——"我们必须工作和祈祷"就被悄悄地替换成"laborare est orare"——"工作就是祈祷"。如斯金纳所说,经过这种转换,其所包含的过一种真正的宗教生活的意义已经被改变了,成为对创造财富的世俗劳动的赞歌了。[1] 这种路径为清教所采用。相较而言,清教所采取的路径可能更为成功,因为如果说与一只大摇大摆的狼相比,披着羊皮的狼在攻击羊群方面将更为成功的话,那么我们有理由相信,在改变人们的财富观念以及促进资本主义兴起方面,清教无疑具有无可比拟的优越性。但是,不幸的是,正是清教的这种优越性使韦伯误入歧途,把新教伦理视为资本主义发展的前提性条件,也就是说,他认为,正是新教的伦理和原则缔造了资本主义。在这方面,韦伯显然犯了年代的错误。如著名的思想史家拉斯基教授所言,"韦伯和他的门徒在急于证明一个理论的时候已经犯下了一个严重的年代错误",因为,当"天召"思想在 17 世纪下半叶出现时,"新社会（也就是资本主义社会）已经有 150 年的历史了",所以不是新教伦理缔造了资本主义精神,而是资本主义精神塑造了新教伦理[2]。另一位思想史大家休·特沃·罗铂（Hugh Trevor-Roper）也评论道,那种认为新教的伦理和原则在资本主义的实践中扮演着因果性角色的任何观点均会遭到拒绝,因为任何一种这样的理论"均会被这样的一个简单事实所击碎"——资本主义的出现先于新教主义的出现,在宗教改革以前,"大规模的工业生产"已经存在。[3]

实际上,如果我们从现代早期勤勉话语演进的视野来看,面对新

① Quentin Skinner, *Visions of Politics：Regarding Method*，p. 155.
② 拉斯基,《思想的阐释》,第 53 页。
③ Quentin Skinner, *Visions of Politics：Regarding Method*， pp. 156–157.

兴的贸易和商业财富，面对新生的布尔乔亚阶级，面对正在崛起的资本主义，新教伦理只是众多以合法化资本主义（也就是合法化谋利行为）为己任的思想运动中的一种。不过，由于其对以谋求财富为目标的勤勉行为的修辞采用了一套宗教性的语汇，所以在某种程度上增加了资本主义的"可接受性"，只是在这种意义上，新教伦理才成为资本主义发展的"原因"。对此，斯金纳写道，"新教主义的与众不同的道德词汇不仅有助于资本主义的可接受性，而且特别有助于把它的发展导向一种特别的方向，特别是导向一种勤勉的伦理（ethic of industriousness）。这种新的社会行为模式的相对可接受性，然后转过来可以确保隐藏在背后的经济体系的发展和繁盛。"①

现代早期的勤勉话语除了具有相同的动机背景外，它们还面临着相同的时代难题。那就是，面对人们的怠惰、懒散和安故守常，怎样才能增进人们的勤勉？换句话说，怎样才能提高人们的劳动水平？对于这个问题，重商主义者不相信人心向善的能力，认为只有 necessity 才会驱迫人们"勤勉"，并在此基础上实行一种 police 政策，即高捐税—低工资政策。对于这种源于外在情势的、被动的"勤勉"，清教主义和古典政治经济学派除了在有限的场合表示谨慎的赞同之外，在大部分时间里均表示了异议。清教思想家表达异议的方式是引入了"信仰"的概念。就如其代言人韦伯所说，低工资政策"这种表面上非常有效的方法，其效能实际上是有限度的。当然，可以在劳动市场上以低价雇佣剩余人口，这一点确实是资本主义发展的一个必要条件。然而，尽管过于庞大的一支后备军在某些情况下有利于量的扩大，但是，它却阻滞了质的发展，尤其是阻滞了向使用更高劳动强度的企业类型的过渡"②。在清教思想家看来，要想增进"勤勉"——它不仅体现在人们的劳动强度上，更重要的是体现在劳动的质量上，就必须建立一种强大的内在驱动机制，即为上帝的荣耀而劳动这种牢固的信仰。"勤勉"是一种独特的、宗教性的精神气质，其最高级、也最为悖谬的表达形式就是"劳动非为生存，生存

---

① Quentin Skinner, *Visions of Politics：Regarding Method*, p. 157.
② 韦伯，《新教伦理与资本主义精神》，第 43 页。

为了劳动"。在韦伯看来，正是这种独特的气质，才最终克服了"传统主义"，并走向资本主义精神。对于"传统主义"，韦伯是这样描述的："假如考虑一下激励那时的企业家的精神，它仍是传统主义的业务：传统的生活方式、传统的利润率、传统的工作量、传统的调节劳资关系的方法以及本质上是传统的主顾圈以及吸引新主顾的方法……"[①]对于资本主义精神，韦伯写道：

> 有一天，闲适自在的生活突然之间中断了，并且常常是劳动组织形式并没有发生本质的改变……相反，出现的新情况无非就是某一个出身于放利家庭的年轻人来到乡下，仔细挑选了他将要雇用的织工，大大加强了对他们的劳动监督，于是便把他们从农民变成了工人。另一方面，他还尽最大可能直接深入到最终消费者中去，以此来改变自己的销售方法。他对一切细节都能了如指掌。他每年还要走访顾客，征求他们的意见。最重要的是，他还调整产品的质量，直接投合他们的需要和愿望。同时，他开始介绍廉价多销的原则……[②]

显然，从传统主义到资本主义精神，劳动组织形式并没有发生变化，变化的是人们对于"劳动"的态度，而正是这种劳动态度决定了劳动的强度和质量。由于宗教信仰方面的强大驱动，传统的劳动，也就是消极的、不思进取的、安故守常的传统主义逐渐消失，而勤勉的原则——具有积极性、创造性和进取性特征的劳动，也就是韦伯所说的资本主义精神——得以最终确立。

古典政治经济学派表达异议的方式是引入了 appetite 和 liberty 这两个概念，并在此基础上对"勤勉"（industry）进行了重新界定，在 industry 与 diligence 和 labour 之间进行了仔细的区分：他们认为，作为一个概念，industry 远比 diligence 和 labour 内涵丰富，它与"欲

---

① 韦伯，《新教伦理与资本主义精神》，第 48 页。
② 韦伯，《新教伦理与资本主义精神》，第 48 —49 页。

望"和"自由"相联系，指"自由人"在"欲望"的驱使下而展现出来的勃勃生机、永不停歇的进取精神和创造性。因此，在古典政治经济学家看来，重商主义建立在 necessity 基础上"勤勉"是外源性的、被动的、消极的，而且其劳动成果遭到剥夺，因而在某种意义上只是由"奴隶"所施行的 labour 或 diligence，而不是由"自由人"所施行的 industry。因而，要实现"勤勉"，那种高捐税 — 低工资的 police 政策是无法奏效的，只能取而代之以建立在"欲望"基础上的低捐税 — 高工资的自由政策，在这种政策下，私利和公益在自由制度的保障下得以调和，"每个人的诚实的勤勉和有用的天赋，在为公众服务的同时，也在为自己服务；在为自己服务的同时，也在为公众服务：私人利益和公共利益相互保障。"①

通过比较，我们可以看出，无论就其目标背景而言，还是就其实施手段而言，现代早期的勤勉话语及其逻辑演进都与"现代社会"或"现代性"的兴起息息相关。首先，就目标背景而言，作为一种修辞手段，现代早期的勤勉话语所要解决的是财富和资本主义的合法性问题。在这个意义上，韦伯强调"近代资本主义扩张的动力首先并不是用于资本主义活动的资本额的问题，而是资本主义精神的发展问题"②，并把"勤勉"等伦理观念的兴起视为走向"现代性"的核心枢纽，是不无道理的。因为不可否认的是，在欧洲现代早期的历史进程中，"勤勉"观念的兴起和强化与资本主义的演进和扩张是紧密地结合在一起的。其次，就实施手段而言，现代早期的"勤勉"话语本身也实现了由"传统"到"现代"的转型。在爱森·瑞宾巴赫（Anson Rabinbach）对 19 世纪的"懒散"话语的考察中，他观察到，作为"现代性"出现的标志，在新近兴起的"能量学说"的影响下，到 19 世纪末，"懒散"的道德话语成功地实现了向"懒散"的科学和实证话语的转化："到 19 世纪末……一个由某种精神权威所指导或由直接的控制和监管的工人的理想型让位于这样的一种工人的图景——其

---

① Trenchard and Gordon, *Cato's Letters*, Vol. 2, p. 136.
② 韦伯，《新教伦理与资本主义精神》，第 34、36 页。

躯体由其自身的内在的机制——人类的'发动机'所指导。"①实际上，在现代早期的"勤勉"话语中，我们可以观察到类似的转型，即从主张由外在的胁迫和惩罚（necessity）而趋向勤勉，到主张由内在的驱动和奖赏（appetite，belief）而趋向勤勉，再到主张由制度性的保证和安排（liberty）而趋向勤勉，正是在这种勤勉话语的演进中，一个自由商业社会的"现代性"图景得以浮现。

① Anson Rabinbach, *The Human Motor: Energy, Fatigue, and the Origins of Modernity*, New York, 1990, p. 30.

从美德到教养

——英伦版的"古今之争"

冯克利

以波考克（J.G.A.Pocock）和斯金纳（Quentin Skinner）等人为代表的"剑桥学派"在学界不少人眼中，似乎跟 20 世纪 70 年代"共和主义"思潮的兴起有着不解之缘。但考虑到这个学派所标榜的语境主义和历史方法，将他们归类于某某"主义"，总感觉仓促了一些。按照笔者的理解，讲究历史和语境的人，往往是不太偏执于以某种体系化的思想作为先导的。

斯金纳其人其作，近年来海内已有不少译本和讨论。但不知何故，波考克却颇受国人冷遇，除了零星的几篇文章，他的著作至今尚无一个译本。他著述颇丰，专著却不多，穷 60 年之力，也只写了 3 部书。1957 年他出版成名作《古代宪法与封建法》①，过了 17 年才有《马基雅维里时刻》②问世，奠定了他在剑桥学派中的大师地位。再隔 24 年，他以已届耄耋的年纪，推出煌煌四大卷的《野蛮与宗教》③。给我们不厌其详地讲述大史学家吉本和启蒙运动之间的复

---

① J. G. A. Pocock, *The Ancient Constitution and the Feudal Law*, Cambridge：Cambridge University Press，1957；rev. ed.，1987.

② J. G. A. Pocock, *The Machiavellian Moment*；*Florentina Political Thought and the Atlantic Republican Tradition*，Princeton University Press，1975，2003.

③ J. G. A. Pocock, *Barbarism and Religion*，Vols. 1–4，Cambridge University Press，1999—2005. 按：此书计划写六卷，仍有两卷待刊。

杂关系。

从《马基雅维里时刻》中可以看到，波考克关于 17、18 世纪英国政治思想的讨论，是来自他对作为一种话语模式的古典共和传统在当时政治辩论中的遭遇的关切，这大概也是他被认定为"共和主义理论家"的原因。这种在 15 世纪末复兴于佛罗伦萨的政治理想，强调人只能通过积极参与政治共同体的生活才能达成完美，而使之成为可能的关键，则是古典时代的公民身上体现出的"美德"。它与一种财产观有着密切的关系：财产为美德服务，它的首要价值不在于带来利润和享受，而是独立人格和参与公共生活的闲暇。然而，也正是它的这个特点，决定了它在 18 世纪英国的命运。

波考克在《马基雅维里时刻》中对这个问题涉笔不多，此后却写过不少文章，并于 1985 年结集为《美德、商业与历史》①出版，其中所讨论的主要内容，多是这种命运如何发生。从中亦可看出，把波考克称为"公民共和主义理论家"，有失于简单之嫌。毕竟，波考克作为一个史家的职志，本就是为打破体系化的独断精神而行动的。

此书涉及的时间范围，大体上限于英人所谓"王道盛世"（the deep peace of Augustans）时期，即 1688 年"光荣革命"之后英国迅速嬗变为一个商业化社会的过程。与晦涩难读的《古代宪法和封建法》和《马基雅维里时刻》相比，这本书中所讨论的政治辩论话题，我们并不陌生，而且与我们有着更多相关性。

这个所谓的"王道盛世"，也正是辉格党寡头集团春风得意之时。在它的推动之下，英国向着一个现代商业社会迅速迈进。与当今我们的统治精英伴随市场化过程发生的奇妙变形记相类，它成功完成了守旧的贵族原则和进步的资产阶级原则之间的联姻。在这个日益私人化的商业社会里，尽管依然回荡着 17 世纪激进清教徒的末日救赎观和共和主义美德观，但与人们的实际生活却变得越来越无法协调。

由辉格党寡头所推动和维持的这种新兴商业秩序，最重要的特点便是贸易的扩张和帝国的形成。波考克用不少笔墨②特别强调了这个

---

① J. G. A. Pocock, *Virtue*, *Commerce and History*, Cambridge University Press, 1985.

② J. G. A. Pocock, *Virtue*, *Commerce and History*, Cambridge University Press, 1985, pp. 68–71, 98–100, 110–113.

过程与后来资本主义的发展密切的一种现象，即政府推动的信用体系的形成。通过这个体系，"收租人投资于政府股票，同时促进了商业繁荣、政治稳定和帝国的实力"①。用今天经济学家的话说，英国经济上的成功，乃是作为"内生货币"的信用这种新财富形式膨胀的结果，它与传统的"外生货币"——受稀缺性限制的黄金白银——不同，更大程度上依赖于一种能够有效维护货币稳定和信用可靠性的政治制度。这种制度的政治意义在于，它改变了政府与社会的关系，使财产维系独立人格和参政能力这类古典思想日益失去了对一些政治和经济精英的感召力。

政府信用的扩张导致了"金钱利益"和"投机社会"的崛起，其中的典型人物，并不是传统意义上的工商业者（即马克思所说的"资产阶级"），而是政治冒险家、股票持有人和公共财政的投资者，这些人在彼时的漫画中都有一幅"生硬、卑鄙而又刻薄的面孔"②，他们的财产不是土地、货物和金银这类传统形式的财富，而是"不知何时才能兑现的票据"。这种"新的人格类型"，使"财产乃政治人格的社会基础"这种传统观念发生了动摇。正如"乡村派"的杰出辩士博林·布鲁克所说，"股票经济对贸易的作用，一如宗派对自由的作用。"③这句话对于古典共和派的含义是，股票和债券这类新的财产形式，并不能为政治自由提供保障，更谈不上促进这种自由。博林·布鲁克等托利党人和地产代言人对此感到惶恐，不仅因为涉足这种财富的人所表现出的疯狂，而且还有他给政治世界带来的变化。他靠政府进行投机，便把自己同辉格党寡头政府的稳定绑在了一起，从而丧失了公民身份最重要的独立性，这给政治秩序的未来埋下了"史无前例的危险和不稳定性"④。

---

① J. G. A. Pocock, *Virtue, Commerce and History*, Cambridge University Press, 1985, p. 195.

② J. G. A. Pocock, *Virtue, Commerce and History*, Cambridge University Press, 1985, p. 235.

③ J. G. A. Pocock, *Virtue, Commerce and History*, Cambridge University Press, 1985, p. 200.

④ J. G. A. Pocock, *Virtue, Commerce and History*, Cambridge University Press, 1985, p. 235.

然而，这种带有极大危险性的因素，却给政治生活带来了一些奇妙的变化。为了使预期收益的兑现变得具有确定性，政府和投资人双方都要创造出一些使其看上去更加可靠的条件。于是一方面，政府的守信成了一种制度要求，它必须维持宪政体制，"规规矩矩地做事"[①]；另一方面，精明的利益算计逐渐战胜了人们的单纯欲望，成为驯化和约束贪婪、使之"变得可以管理和预期"的手段。于此我们也就不难理解，在 18 世纪的英国，为何出现了大量论述欲望变得合理，自私可以开明，因而有益于社会的道德和哲学著作，曼德维尔和亚当·斯密都是其中最著名的人物。在一定的制度保障下，私利的追求可以成为一种维护政治稳定、促进道德风尚和整体福利的力量，在这种语境中，共和主义的"美德"无法有效转化为"利益"和"权利"的语言，其衰落也就成了顺理成章的事情。

由这些人系统阐述的政治经济学，构成了"辉格主义"的主流话语（另一重要思想来源是柯克和柏克等人阐述的"古代宪法"说），并且发挥着双重作用：它既是一种研究新兴商业社会秩序运行原理的社会科学，又为辉格党的统治秩序提供了有效的意识形态辩护。就像任何能够取得长期稳定和繁荣的政体所能获得的支持一样，这种主流话语在当时和后来都有极强的说服力，它虽然可以被称作为"意识形态辩护"，但波考克并没有步马克思的后尘，把它完全看做为获得政治正当性而做的"虚假的意识形态"伪装。

诚然，在神权政治和世袭权力衰落之后，对世俗生活本身（包括它的历史）的解释便承担起了建立政治正当性的功能。统治集团为使自己名正言顺，总会对这类话语进行宰割，作出有利于自己的"历史拟制"（historiography）。然而，"辉格主义话语"并非仅仅是一种"意识形态"，它确实包含着切实有效的两党制议会体系、普通法、教义自决（latitudinarianism）传统，以及作为一种政治文化广为传播而并非仅仅虚饰的"教养"与"礼仪"。因此，比如说跟《联共（布）党史》之类的"历史拟制"相比，它的说服力和生命力要大

---

① J. G. A. Pocock, *Virtue*, *Commerce and History*, Cambridge University Press, 1985, p. 110.

得多。直到麦考利去世之后，甚至直到波考克的老师巴特菲尔德写出解构这种史观的大作《辉格党的历史解释》（1931）之后，在二百多年的时间里，它一直被很多人视为英国政治生活的基本事实而非"历史拟制"。这一点是颇耐人寻味的，如果"历史拟制"式的写作过于独断，以至于跟真实的政治生活判若云泥，便会很容易陷入自娱自乐的泥潭。

与这种新兴的政治经济学相伴随的，还有在社会和文化话语方面发生的转变，即所谓有关"教养"的理想。波考克告诉我们，这种最先出现于17世纪60年代"王政复辟"时期的思想，乃是以"社会性宗教精神"取代"先知宗教信仰"的自由运动的一部分，它至少部分接受了欧洲大陆"启蒙哲人"（philosophes）的自然神论思想，试图用更能反映社会自然演进过程的"风尚"取代宗教，作为文明进步的关键因素。通过社会教化所形成的风尚，可使人变得儒雅温和，风气所至，政治也逐渐变得更讲究行止有度，过于偏执的宗教信仰则成了"有失体面"的表现。

在该书的几篇文章中[1]，波考克不断把我们带入这样一个世界，它的典型特点是悠闲的城市环境，随着议会体制和食利阶层的成长，西敏寺和伦敦的老中心地带向西扩展，它"不是笛福、霍加特和费尔丁所说的那个疯狂扩张的伦敦"，而是"绅士和商人相互交往、学习斯文礼仪的场所。粗俗的托利党土财主和'猎狐者'被带到城里，授之以生意经和新教徒的成功之道"[2]。在这里，讲究斯文礼仪的辉格党精英尽力贬低清教徒、托利党或共和派"以不动产为基础的武装公民"。他们喜欢安定闲适的生活，便用"教养"和"自然演进的风尚"作为武器，用来"对抗新哈灵顿派的斯巴达人和罗马人的'粗野美德'"[3]。在这些辉格党精英看来，必须让教会和乡村学会"教

---

[1]　J. G. A. Pocock, *Virtue*, *Commerce and History*, Cambridge University Press, 1985, pp. 49-50, 188-199, 209-211, 236-238.

[2]　J. G. A. Pocock, *Virtue*, *Commerce and History*, Cambridge University Press, 1985, p. 237.

[3]　J. G. A. Pocock, *Virtue*, *Commerce and History*, Cambridge University Press, 1985, p. 238.

养",不然他们很可能不得体地行使自己的自由权。

这个政治寡头集团的成功与强大,它的融保守主义与进步主义于一炉的历史解释,它对礼仪教化的提倡与践行,逐渐成了得到普遍认可的现实,以至于到了美洲危机爆发时,政治辩论中塞满了王权、议会和普通法制度的话语,没有为其他政治选择留下任何空间,甚至连潘恩也承认,"完全无法想象它会被推翻"①。

这便是辉格党寡头百年不败的"霸权"。但是用波考克的话说:"即使在其寡头性质最严重时,它也有着法国'旧制度'所缺少的自由主义的灵活性。"②它所培养的政治平衡与中庸意识,它用"斯文礼仪"和"教养"构建的社会文化,它对个人权利和契约关系的日益有效的维护,使英国成了一个对"公民美德"的古典价值越来越不友好的社会。③然而如同今天一样,这种话语转型能否提供充分理由让人完全放弃古典"美德",私人化的"消极自由"所带来的好处是否值得全力争取,经验似乎并未给出毫无争议的回答。

这便牵涉到下面我要谈的英伦版的"古今之争"。我们可以把这场争论视为贯穿于欧陆启蒙运动始终的"古今之争"向英吉利海峡对岸的自然延伸。但是由于英国当时的特殊环境,尤其是上述稳定的寡头政治与商业繁荣之间的密切关系,使它又表现出一些自身的特点。

不难理解,在商业上取得成功的统治阶层,要对维系其文化和政治正当性的话语作出调整。就像一切得益于现代化或世俗化的人一样,他们日益丧失了"古典美德"的优势,或者更恰当地说,他们必须放弃这种优势,另寻自我辩解的思想资源。

这种辩解的途径之一是重新定义美德。辉格党的政治精英们,或如沃特金斯所说,(大概也应包括今天的我们)一千多年来第一次感到自己超过了古人。但是共和主义美德观在英国有着根深蒂固的传

---

① J. G. A. Pocock, *Virtue*, *Commerce and History*, Cambridge University Press, 1985, p. 74.

② J. G. A. Pocock, *Virtue*, *Commerce and History*, Cambridge University Press, 1985, pp. 274–276.

③ J. G. A. Pocock, *Virtue*, *Commerce and History*, Cambridge University Press, 1985, p. 97.

统，而且一向是商业社会的批判者最基本的话语资源之一。辉格党精英为了回应这些人的挑战，必须利用古典思想来粉饰自己的事业，例如从西塞罗的"生意"（negotium）和"职责"（officium）之分中寻找辩词，这使得有人能称他们是"西塞罗风格的辉格党"。①

但是他们的环境毕竟已大大不同于古代世界。古典时代的"公民战士"（citizen-warriors）已被纳税人和"经济人"所取代。这类人有两种倾向，一是疏远政治，二是愿意把政治也变为生意，他们让代理人（君主、大臣和议员）来治国国家，花钱请职业军队来保护自己②。建立现代"利维坦"（政治代理人）的必要性，并不是来自霍布斯所虚构的丛林状态，而是来自商业文明。这种做法显然不能用斯巴达或罗马的语言为之辩护。当然，商业文明"既可以把人提升到野蛮状况之上，也能使他堕落到公民水平以下"③。

这种状况带来的结果，便是从"公民人本主义"（civic humanism）向"市民人本主义"（civil humanism）的话语转化：财产、闲暇和参政，变成了经商、闲适和教养。此即"风尚"语言的基本内容——使人格得以完善的来源，是建立在商业繁荣基础上的社交礼仪、精致优雅和个人修养。受其引导的活动，从性质上说主要是社会关系而非政治关系，因此也不宜称为"美德"。自卢梭以来，有不少知识精英，一向对这种"风尚"导致的人格异化不遗余力地给予批判，然而这种批判的不绝如缕也表明，"文明的腐化"一旦发生，使之返璞归真便难乎其难了。

诚如柏克当年所言，讲究优美与和谐，便不会崇高，优美需要精巧纤细，崇高则需要粗犷宏大。作为共和主义者、面对佛罗伦萨腐败状况的马基雅维里，当年忧心忡忡的便是这种现象。而他对刚健清廉的共和国蜕变为腐败帝国的担心，同样是"一个让 18 世纪担心丧失

---

① J. G. A. Pocock, *Virtue*, *Commerce and History*, Cambridge University Press, 1985, p. 235.

② J. G. A. Pocock, *Virtue*, *Commerce and History*, Cambridge University Press, 1985, p. 147.

③ J. G. A. Pocock, *Virtue*, *Commerce and History*, Cambridge University Press, 1985, p. 98.

美德的思想家念念不忘的古代史主题"①。像马基雅维里一样,哈灵顿、弗莱彻和斯威夫特等共和派都将脱离了"坚实的土地"(terra firma)的商业,视为导致雅典和罗马衰败并最终灭亡的根源。他们谴责商业是"建立在没有灵魂的理性计算和培根、霍布斯、洛克、牛顿那种冷酷而僵硬的哲学之上"②,以此反衬罗马人的崇高与伟大,他们"自足自立,清心寡欲,不忘公益,心系农耕"。作为这种美德之基础的土地财产使现代人的"积极自由"和"消极自由"之分不能成立,而只能表明与人格健全的古人——耕作于田间的爱国者辛辛那图斯义无反顾地应召参战,西塞罗隐退于图斯库兰农庄以学问服务于国家,都是这方面人们耳熟能详的楷模——相比,现代人已经患上了人格分裂的顽疾。从共和派诸如此类的话语中可以看到,在他们眼中,财产并不是一个民事法学的概念,而是在严格意义上涉及参与的公法概念,它与现代社会中很容易发生财产依附于权力的现象相反,首先被视为获得和维持"政治人格"的基础,它与保持独立同时积极参政的"美德"须臾不可分离。

可是,持"交换比占有更重要"这种财产观的人③,却纷纷加入"脱离美德、崇尚教养"的运动。辉格党的辩护士必须为此编织出另一种理想。就像后来法国的贡斯当(他是经历了血腥的大革命洗礼之后才有此反省)一样,他们把古代世界描述得"严酷而质朴",它"因专业化低下而十分贫乏"④。以教养的标准而论,古代公民甚至没有道德优势可言,经济上的不发达,使他们没有"随时可以兑付的信用和现金用来支付工资劳动者,只好盘剥不必支付报酬的奴隶和农奴"⑤。在不存在频繁而多样化的商业和社会交往的环境中,

① J. G. A. Pocock, *Virtue*, *Commerce and History*, Cambridge University Press, 1985, p. 147.

② J. G. A. Pocock, *Virtue*, *Commerce and History*, Cambridge University Press, 1985, pp. 50, 291.

③ J. G. A. Pocock, *Virtue*, *Commerce and History*, Cambridge University Press, 1985, p. 116.

④ J. G. A. Pocock, *Virtue*, *Commerce and History*, Cambridge University Press, 1985, pp. 50, 109-111.

⑤ J. G. A. Pocock, *Virtue*, *Commerce and History*, Cambridge University Press, 1985, p. 195.

他的人格也缺少多姿多彩和优雅精致，只好把闲暇用于积极参政和征战或是形而上学的沉思和迷信，而这些都是易于导致狂热的因素。就像孟德斯鸠说的，唯有商业能使欲望变得优雅，使礼俗变得温和。

从英国光荣革命到法国革命之间这段时期，辉格党意识形态的中心位置便是被这些有着不同表述方式的概念——礼仪、教养、斯文和品味——占据着。在辉格党人看来，这个欣欣向荣的"社交与情感、商业与教养的新世界"足以取代古人的"美德"和"自由"（libertas）。法学在这方面也起着举足轻重的作用，它将"物"（res）的世界安排得井井有条，终于使"物权"成为一种具有高度实践功能的"新美德"。波考克颇具创意地将其称为"商业人本主义"和"法学人本主义"①，这种说法所要表达的意思是，人可以从自己私人化的世俗生活中寻找价值以肯定自身，"凡人不再是神秘救赎的对象，而是成了文明历史中的行动者"②。不过，波考克所描述的这些现象，大概只能将其视为一种特殊环境中的精英文化，并不反映一般意义上的社会史。在其他社会里，类似于辉格党寡头的上层政治精英，在现代化的演进中是充当"教养风尚"和政治转型的成功引领者，还是麻烦的制造者（例如同时代也讲究"教养与风尚"的法国知识精英和贵族），并不是一件很确定的事情——这也是排斥普适性判断的"历史方法"的题中应有之义。

由波考克对"政治上保守"但"哲学和宗教上激进"的大史学家爱德华·吉本与启蒙运动的关系的讨论，我们可以进一步透视这场"古今之争"中包含的复杂情感。吉本耗毕生精力撰写《罗马帝国衰亡史》，无论有什么其他目的，他所关切的一点是，他眼前这个蒸蒸日上的商业社会，是否也像后期罗马帝国一样，存在着一些有可能使其走向没落的因素？

吉本相信，他的社会已然驱逐了"美德和腐败的鬼魂"，然而他

---

① J. G. A. Pocock, *Virtue, Commerce and History*, Cambridge University Press, 1985, pp. 43, 50.

② J. G. A. Pocock, *Virtue, Commerce and History*, Cambridge University Press, 1985, p. 126.

却"担心狂热的幽灵"[1]。这种狂热的来源，便是克伦威尔时期激进的清教徒对古典"美德"和"公民战士"的向往：他们希望重建"刀剑在身的有产者所组成的共同体，服从他们自己制定的法律"[2]。然而吉本从罗马的历史中看到，这种古代共和国并不能避免因政治、道德和经济原因而走向腐败和衰落。更令人担忧的是，这也许不是偶然现象，而恰恰就是共和国"美德"本身的结果：它"具备美德，所以它能打败敌人；它打败了敌人，所以它能建立帝国；可是帝国会使一些公民攫取有悖于平等和不受法律控制的权力，从而使共和国毁于成功和放肆的行为"[3]。是帝国吞没了城邦，毁掉了它的美德——这就是吉本对西罗马帝国作出的最后判断。它衰败的原因在于它没有意识到自身强大中包含的危险，"它消亡的故事一目了然……是没有中庸精神的辉煌大业自然而不可避免的结果"[4]。

那么，商业化社会能否避免这种结果？商业人的"教养"跟古人的"美德"一样，亦难称完美。基于物权、契约和交易自由的社会关系并没有免除腐败的因素。在深受波里比阿循环论影响的吉本眼中，人类进步的动因中总是包含着将其引入歧途的成分。进步同时也意味着衰败，就像美德给罗马人带来的强盛反而使其毁于自身的成功一样，现代文明释放出的物质能量也会导致人不知有所收敛。正如我们所知，从后来发生的事情看，在变成了世俗宗教的"科学"与"进步"的旗帜下，功利主义、物质主义确实能与新的千禧年信仰熔于一炉。用波考克的话说，"柏拉图理性精神与对摩西启示的信仰的统一"[5]，大概是最令经历过极权主义的现代人害怕的东西。

这便是波考克和他笔下的吉本为我们描绘的画面。"古今之争"

[1]　J. G. A. Pocock, *Virtue*, *Commerce and History*, Cambridge University Press, 1985, p. 155.

[2]　J. G. A. Pocock, *Virtue*, *Commerce and History*, Cambridge University Press, 1985, p. 145.

[3]　J. G. A. Pocock, *Virtue*, *Commerce and History*, Cambridge University Press, 1985, p. 146.

[4]　J. G. A. Pocock, *Virtue*, *Commerce and History*, Cambridge University Press, 1985, p. 147.

[5]　J. G. A. Pocock, *Virtue*, *Commerce and History*, Cambridge University Press, 1985, p. 153.

是一种与现代社会始终相伴随的现象。当今有人对一个真诚、单纯、简朴和平等社会的向往，适同于当年批判"腐败的商业社会"的英格兰共和派和乡村派；在马克思克服异化、恢复人格完整性的理想中，其实回响着对古希腊城邦公民人格统一性的眷恋；基督教信众重返"失乐园"的渴望，也从未完全消失——正如吉本所说，"四万名清徒，如同他们在克伦威尔时代可能做的那样，还会从坟茔中爬出来。"①

现代社会对于这种对古代典范的顽固记忆的恰当反应，只能是适应、调和与利用，不然它便无法学会与"人格的分裂"和谐相处。吉本为了克服这种命运，把政治保守主义跟启蒙精神结合在一起，用历史智慧去抵消怀旧病中的意识形态的冲动。他固然受启蒙运动影响甚大，然而他是生活在政治治理已取得相当成功的英国，所以他更关注如何做到长治久安，而不像欧陆的启蒙思想家那样把开创新社会的任务放在首位。对于波考克在书中着墨颇多的柏克②，我们也可作如是观。

然而，政治成功带来的保守心态，加上启蒙运动的影响，也使吉本认为共和主义与清教民主精神的混合物潜藏着危险的狂热③，这使他担心发生于罗马晚期的"野蛮和宗教的凯旋"④会在现代社会重演，却不能如托克维尔或一些从宗教内部观察近代社会政治转型的人那样，把这个混合物视为塑造现代社会的要素之一。在对待这一问题上，波考克本人的历史方法便显现出了其睿智，他以辩证眼光向我们展示了清教徒共和主义的复杂作用，在说出下面这一番话时，他也一定想到了托克维尔所描述的美国（参见《论美国的民主》下卷第一部分二至五章）："无论是共和主义的话语，还是使用这种话语的人，都

---

① J. G. A. Pocock, *Virtue*, *Commerce and History*, Cambridge University Press, 1985, p. 155.

② J. G. A. Pocock, *Virtue*, *Commerce and History*, Cambridge University Press, 1985, pp. 193–213.

③ J. G. A. Pocock, *Virtue*, *Commerce and History*, Cambridge University Press, 1985, pp. 149–151.

④ J. G. A. Pocock, *Virtue*, *Commerce and History*, Cambridge University Press, 1985, p. 146.

不能仅仅因为他们受到现代化意识形态的反对而将其贬为反动或怀旧，就像不能仅仅因为他们受到盘踞不去的贵族的反对便赞之为资产阶级和进步的话语一样；全面地说，他们同时受到两者的反对。共和主义话语使一些人能够追求现代化，使另一些人能够批判它，还使为数不少的人既能参与其中，又能对它予以批判。由辉格党体制的反对派登上世界史新舞台的美国，大概是这种思想二元性的登峰造极的事例。"①不言而喻，这种"思想的二元性"透露给我们的信息是，从长时段和"大西洋文化综合体"的视角来看，古今之争的战线十分开阔，但并非营垒分明。

---

① J. G. A. Pocock, *Virtue*, *Commerce and History*, Cambridge University Press, 1985, p. 309.

启蒙及其限制

——法兰克福学派与福柯[①]

渠敬东

　　社会学自诞生以来，便掀起了一场混杂着各种旧的哲学元素的事实陈述与价值判断之争，我们不仅可以从涂尔干用社会决定论来建构道德个体主义的尝试中看到这种情形，亦可从被马克思"头脚倒置"过来的黑格尔哲学，以及新康德主义为韦伯带来的理论张力中窥其端倪。时至今日，即便在"相对主义"无限扩张的背景下，我们仍然可以感受到一股将上述两个问题调和和统摄起来的形而上冲动（metaphysical desire）[②]，这种冲动已经在哈贝马斯和吉登斯等人集大成式的宏大理论（grand theory）中表露无遗。

　　哈贝马斯并不讳言自己的理论企图：在法兰克福批判理论的立场上，确立一个普遍性的规范基础（universal normative foundation），使社会批判理论具备事实陈述与价值判断的双重社会解释效能。这项事业在《沟通与社会进化》中已经昭然若揭，而《沟通行动理论》对"沟通理性"（communicative rationality）的陈设，则标志着这项宏伟事业已经初具规模。

　　笔者暂且不论现象学社会学有关认同与沟通之不确定性的分析，以及福柯的权力、知识理论对沟通理性及其各种承诺所构成的

①　本文得到了香港理工大学应用社会科学系阮新邦教授和中国社会科学院社会学研究所苏国勋教授的指导和帮助，谨表感谢！

②　W. Windelband, *The Introduction of Philosophy*, trans. by Joseph McCabe. Unwin, 1923.

批判和挑战①，旨在从观念史和问题史的角度出发，着重梳理哈贝马斯的"理论旨趣"（theoretical interest）赖以滋长的思想源泉，及其在现代性状况中所纠缠的几个关键问题。很多人（包括哈贝马斯本人）认为，哈贝马斯有关系统与生活世界的殖民化（colonization of the life-world）的讨论，依然追寻着卢卡奇的物化（reification）概念和法兰克福学派的工具理性批判所指定的路线，而这条路线仍是亦是韦伯围绕着形式理性（formal rationality）或认知—工具理性（cognitive-instrumental rationality）扩张而进行的价值探讨的进一步延展。②这样的讨论尽管在厘清思想承续等方面颇有建设意义，却将各种理论本身所蕴涵的内在张力遮蔽掉了，继而使各种理论之间的复杂联系简单化了，反而向我们抛出了诸多愈加难解的问题：倘若我们忽视了韦伯有关价值领域内"诸神斗争"的历史命题，单纯从总体性的角度出发把工具理性理解成现代社会的"绝对精神"，是否会避而不见韦伯所强调的偶然的、差异的和带有命运色彩的现代处境及其可能性？如果我们承认批判是从马克思社会理论源发出来的一种实践，那么这种实践所诉诸的理性在经历了从阶级化的社会运动向沟通行动的演变之后，其主体化（subjectivation）形式的转变是否使批判的意涵已经发生了根本性的转变？从这个角度来说，哈贝马斯借助重构的（reconstructive）方法对普遍的规范基础的探寻，是否意味着另一种形式的"绝对"精神死而复生？有关于此，我们在卢卡奇、科尔施（K. Korsch）、施密特（A. Schmdit）乃至霍克海默和阿多诺等人的讨论中隐约感到了这一征象。

问题不啻于此，在批判理论企图走向历史哲学的过程中，启蒙不仅始终是其无法摆脱的情结，同时也被当成了现代社会转变及其牵引

---

① 有关现象学对主体间性的不同理解，以及沟通及沟通情境背后的社会配置（social apparatus）问题，笔者将另文予以细致讨论。

② 分别参见 Jürgen Habermas, *The Theory of Communicative Action* (Vol. 1)：*Reason and the Rationalization of Society*, trans. by T. McCarthy, Boston：Beacon Press, 1984.；Arie Brand, *The Force of Reason*：*An Introduction to Habermas's Theory of Communicative Action*, London：Allen & Unwin, 1990；Kellner, *Critical Theory*, *Marxism and Modernity*, Cambridge：Polity, 1989；David Ingram, *Habermas and the Dialectic of Reason*, New Haven and London：Yale University Press, 1987.

出来的吊诡处境的重要环节。正是在《启蒙辩证法》①等经典文献中，我们不仅发现了理性作为狡诈和欺骗的程序技术的支配特征，也发现了批判理论在总体论层面上与黑格尔哲学的内在勾连。②正是因为批判理论继承了这些重要的传统，我们看到：一方面，它以总体批判的方式，试图去捕捉启蒙所具有的否定性和有限性（finiteness）特征，进而提出批判理论的要务，即在理性的基础上重新确立批判所面对的"必然限制"（necessary limitation）；另一方面，由于批判理论依旧维系着与其设定的自然前提的联系③，并在规范性立场上继续诉诸总体性的现实批判，因此，批判理论所针对的依然是社会实在的有限性，而不是我们自身的有限性和可能性。也正是在这个意义上，批判所呈现的是一种否定的一元论（negative monism）倾向，而不是基于"界限态度"（limit-attitude）之上的可能性的释放④，它不过摇身一变，继续以总体的方式纳入到总体性社会生产的逻辑之中。

沿着上述思路，本文拟从三个方面切入批判理论所纠结的这个启蒙难题。首先，通过细致梳理批判理论所继承的思想传统，指出这些传统被哈贝马斯忽视的张力结构，及其延续过程中出现的复杂局面；其次，继续以启蒙为线索，深入分析批判意识与启蒙之间的内在关系，审慎判别工具理性批判在现代社会理论中所处的位置；最后，再来反思启蒙在何种意义上才能构成一种自觉批判的问题，它究竟是一种为寻求具有普遍价值的形式结构而展开的实践，还是历史对自我及

---

① Horkheimer and M. & T. Adorno, *Dialectic of Enlightenment*, trans. by J. Cumming, New York：Continuum，1969.

② 有关批判理论与具有不同传统的传统哲学的关系，以及启蒙的态度与德法两种不同的历史境遇和条件的联系，参见 Paul Connerton, *The Tragedy of Enlightenment：An Essay on the Frankfurt School*, Cambridge：Cambridge University Press，1980；M. Foucault，"What is Enlightenment？", in *The Foucault Reader*, ed. Paul Rabinow, New York：Pantheon Books，1984，pp. 32–50；"Kant on Enlightenment and Revolution"，*Economy and Society* 15 (1986)，pp. 88–96 中的讨论。

③ 这不仅是指法兰克福学派所假定的与形式逻辑相对应的自然前提（M. Horkheimer and T. Adorno, *Dialectic of Enlightenment*），也指理解所依赖的自然态度的前提（参见 A. Schutz, *Collected Papers I：The Problem of Social Reality*, The Hague：Martinus Nijhoff，1962）。

④ 对福柯和哈贝马斯批判观念的阐发，参见 Hoy, D. C. and T. McCarthy, *Critical Theory*, Oxford：Blackwell，1994.

其可能性的建构。

一、批判理论的思想传统

哈贝马斯在《沟通行动理论》中明确指出，就标准的社会思想史来看，批判理论最基本的特点就是在马克思主义中植入了马克斯·韦伯的传统，它明显表现于霍克海默的《理性之蚀》①等有关著述之中。在法兰克福学派看来，韦伯有关当今社会世界越来越受到形式理性支配的观点，为马克思所提出的异化、物化以及商品拜物教的观念注入了新的批判力，对我们分析现代社会的程序技术、意义建构乃至心理人格都具有极其重要的意义。

形式理性概念具有与事实陈述和价值评判有关的诸多意涵：它既意味着社会行动的"可算计性"（calculability），现有手段的有效性，选择手段过程中的正当性，也指在行动及意义构成过程中与道德和审美层面上的实践理性（practical rationality）无关的认知—工具理性，甚至还意指以官僚制为代表的非人格化的程序管理技术。②因此，从根本上说，工具理性扩张是从两个方面展开的：它既渗透进了具体的日常生活和行动者的主观意义之中，又在日常生活之上编制了一整套刻板的社会体制及其规章制度③，并在抽离目的理性和价值理性的基础上，使道德降低到了最低限度（minima moralia）。④

哈贝马斯认为，法兰克福学派对韦伯思想传统的承续，基本上可以归结为以下两个主题：一是意义的阙失（the loss of meaning），二是自由的阙失（the loss of freedom）。首先，霍克海默把工具理性当作与客观理性（objective reason）相对应的主观理性（subjective reason）来处理。他认为，客观理性理论所关注的并不是行为与目标如何统合起来的问题，相反，客观理性的核心是概念，是与善的观念、

---

① Max Horkheimer, *Eclipse of Reason*, New York: Seabury Press, 1974.
② Max Weber, *Economy and Society*, Vol. 2, G. Roth and C. Wittich ed., Berkeley: University of California Press, 1978, 1394ff.
③ Weber, *Economy and Society*, 892f.
④ Adorno, *Minima Moralia*, trans. by E. F. N. Jephcott London, 1974.

人类的命运以及实现终极目的的途径休戚相关的基本问题。①因此，与主观理性不同，客观理性牵连出来的是有关世界观如何理性化，人类世界如何从属于宇宙秩序的本体论思考。然而，早在韦伯那里，客观理性的假设就遭到了祛魅（disenchantment）命题的挑战："许多昔日的神祇已经从坟墓中走出来；不过它们已被祛魅，以非人格的形式出现了。""诸神斗争"表明：本体论基础本身已经伴随着社会分化而呈现出分化的趋势；普遍的客观真理已经被形式化为相对的理性；在理性主体化的同时，道德和艺术构成了与其对举的局面，成为非理性的；道德建构的基础被社会生产的逻辑代替，理性转换成为纯粹意向。②循此思路，霍克海默指出，由"诸神斗争"导致的理性的内在分裂，是从两个方向上展开的：一方面，规范价值剥夺了对价值有效性的内在承诺，已经不再具有陈述道德和审美合理性的可能性；另一方面，由于形而上学——宗教的一致性基础已经坍塌，从纯粹的思考转变而来的批判，已经将其自身的基础抽离掉，就此而言，任何批判都不过是一种修修补补而已。所以说，现代性的转变意味着：宗教——形而上学知识通过教育转变成为僵化的教条；信念转变成为主观上的求真取向：神圣知识和世俗自由统统分解成主观化的信仰对象。

循此思路，霍克海默认为，现代性的转变突出表现为人本主义（或人道主义，humanism）和历史主义（historicism）两种思想倾向。首先，在韦伯有关新教伦理的命题中，信仰已经变成了纯粹私下的概念：在有关上帝的知识丧失了真、善、美之统一原则的情况下③，在主观意义不断分化的过程中，新教教义对真理之超验原则的追寻，只能把信仰托付给语词本身或语词的符号权力本身，使信仰完

---

① Horkheimer, *Eclipse of Reason*, New York：Seabury Press，1974.

② Habermas, *The Theory of Communicative Action*, Vol. 1，346f.

③ 这个问题不能不让我们再次想起韦伯有关价值问题的精彩论述：现代社会是一个在价值领域里各种观念和价值相互抵牾、相互搅扰的世界，"今天，我们再一次认识到，一事物之所以为神圣，不但不因其为不美所妨碍，而且唯其为不美，方成其为神圣……一事物之所以为美，不但不因其有不善之处所妨碍，而且唯其有不善之处，方成其为美……一事物之所以为真，不但不因其不美、不神圣、不善所妨碍，而且唯其为不美、不神圣、不善，方可成其为真。"Weber, *From Max Weber：Essays in Sociology*, trans. by H. H. Gerth & W. Mills, London：Kegan Paul，1947，147ff.；译文引自苏国勋，《理性化及其限制》，上海：上海人民出版社，1988，第255页。

全屈就于语词的辖制；换言之，倘若信仰不加辨别地把自己依托在这些知识限制的基础上，其本身也必然会受到限制，"一旦信仰仅仅成为一种单纯的信念，那么它就不再相信任何东西了"。①与此同时，由于历史主义把统一的宗教和形而上学世界观悬搁起来，把魑魅魍魉释放出来，从而使各个特殊领域的特殊性质表现得越发张扬，使人们在救赎和追求自由的过程中显得越加茫然无措、软弱无力。表面看来，主观理性完全是以自我持存（self-preservation）这种合理的形式开展出来的，但其本质上恰恰根除了所有的合理性，最终使存在陷入盲目迷乱的状态。②

因此，现代性转变始终包含着两个相辅相成的过程：文化理性化剥夺了意义，而社会理性化则带来了自由的阙失。霍克海默甚至认为，"自由主义全盛时期"（high liberalism）的到来，恰恰意味着自由资本主义已经完成了向组织化资本主义的过渡。这是因为，基督教的苦行纪律通过世俗个体独立面对上帝而获得救赎的形式，强化了个体在资产阶级自由主义理论和实践中的核心地位，从而把社会看成是各种不同的利益之间在自由市场中的互动，进步也发端于此；然而，这些要素并不能成为个体成为社会存在的唯一条件，当现代性营造出一种"个性解放"氛围的同时，也带来了"抽象的辖制"。个人主义与官僚化是两个并行不悖的过程。韦伯认为，实践理性只有将目的理性与价值理性勾连起来，才能获得其应有之义；理性化的要害在于，

---

① Horkheimer & Adorno, *Dialectic of Enlightenment*, p. 23. 亦可参见 Horkheimer, "The End of Reason", in *The Essential Frankfurt School Reader*, eds. by A. Arato & E. Gebhardt, New York: Urizen Books, 1978, pp. 26–48.

② 哈贝马斯指出，韦伯和以霍克海默为代表的法兰克福学派在诊断现代社会的过程中，具有以下几个方面的共通之处：第一，宗教与形而上学世界观的可信性已经被理性化自身的发展吞噬掉，主导现代社会的是一种自我持存的逻辑；就此而言，启蒙运动对神学和本体论的批判是一种理性的批判。第二，文化价值领域的分化及其内在的逻辑决定着现代意识；结果，信仰和知识越来越主观化，艺术与道德被排斥在命题真理（propositional truth）的承诺之外，而科学也仅仅与目的理性行动之间建立了实践关系。第三，主观理性成为自我持存的工具，把自身引入一场"魔鬼与上帝"之间非理性的、不可调和的争斗；主观理性不仅不再承载意义，而且威胁到了生活世界的统一性以及社会整合。第四，主观理性所带来的社会整合的世界观和社会团结并非单纯是非理性的，但对科学、道德和艺术等文化领域的分割也并非单纯是理性的。Habermas, *The Theory of Communicative Action*, Vol. 1, p. 350.

在经济和管理体制日益官僚化的情况下，行动的目的理性越来越显露出非人格化的趋势，撤除了价值判断的因素。组织本身攫取了行动的支配权和调控权，并从主观上把社会行动化约成为一般化的功利动机。换言之，一当主体性从道德实践理性的作用中脱离出来，便会酿成"专家没有灵魂"、"纵欲者没有心肝"的悲剧；一旦机器化的程序技术演化成为事本主义的组织模式，卡里斯玛以及个体层面上的分化行动就会受到"管理化世界"（administered world）的宰制。因此，现代性是一种"吊诡"：自由有多少可能，支配就有多少可能。个人的自由话语（discourse of freedom）始终要借助纪律化话语（discourse of disciplinization）来塑造。

霍克海默和阿多诺继承了韦伯的这一研究理路。他们指出，自由阙失的实质乃是行为控制模式的转变：即从原来那种能够把个体粘连起来的良知权威转换成为社会组织的计划权威（planning authority）。不过，他们也提出了这样的问题：即便由目的理性之行动手段构成的系统是非人格的，它的自主性又是何而来呢？换言之，即便是自动运作的命令机制，也离不开社会成员的主体性建构，我们不能简单地说，对行动的支配是从单一的系统维度出发的。因此，霍克海默和阿多诺都主张避免两种单向思考的方式：首先，韦伯的考察仅仅把自己局限于行动理论的假设范围内，并没有提供解决上述问题的办法；其次，系统理论尽管考虑到了系统命令的作用，却忽视了"自由属性"的转变过程。

在霍克海默看来，现代性的要害在于文化本身已经完全被纳入到社会生产之中，一旦日常生活的世界变成了一个生产的世界，就必然会造成具体与抽象之间的紧张状态：一方面，社会系统逐渐侵占了个人行动筹划的领域，个人越来越沦落成为单纯的功能反应单位；另一方面，每一次具体行动既表现出了抽象性的特征，同时又把所有系统形式纳入到自身的具体建构中。确切地说，上述两种思考途径与其说是两种片面的思考方式，不如说是生存论意义上的两难处境。①在这个问题上，卢卡奇给出了比较清晰的讨论：实际上，理性化过程意味

---

① Brand, *The Force of Reason*, pp. 112–117.

着内在和外在生命都被对象化了。这个世界不仅是一个具有抽象同一性的系统世界，也是一个主观世界。"作为物化的理性化"（rationalization as reification）不仅具有程序技术和异化劳动等方面的意涵，也贯穿于日常生活的理解和解释之中；换言之，物化不仅在系统方面表现为一种物化关系，同时也使思想和实践呈现出一种唯智论（intellectualism）的倾向。所谓本来的生活世界，不过是一种虚假自然（pseudonature）而已。[①]很显然，有关抽象和具体的现代性两难，直接导出了哈贝马斯有关"生活世界殖民化"的命题。

然而，以霍克海默和阿多诺为代表的法兰克福学派思想家们并没有就此止步。在他们看来，即便我们把工具理性扩张看成是一种现代性的总体效果，"去神秘化"（demystification）与"去道德化"（demoralization）之间依然需要建构一种具体的历史环节。换言之，宗教力（religious force）的衰退并非单纯意味着社会构成的价值基础已经被完全抽离掉，现代性转变不仅还有其更深刻、更复杂的基础，同时也蕴涵着更丰富、更有张力的可能性。因此，倘若要将这种可能性释放出来，我们不仅要求助于"理性"的分析，还必须求助于历史哲学。很显然，《启蒙辩证法》便是这样的尝试。然而，值得注意的是，《启蒙辩证法》不仅旨在寻求启蒙的概念基础和批判基础，同时也将黑格尔的总体辩证法当成理论武器，来处理由启蒙牵连出来的现代问题。就此而言，《精神现象学》亦构成了法兰克福学派的思想资源。

依据黑格尔的说法，启蒙的命题直接导源于启蒙与迷信之间的斗争，与迷信相对举，启蒙是以理性，即纯粹认识的面目呈现出来的。启蒙作为一种纯粹认识，具有以下几个特点：在启蒙中，纯粹自我是绝对的，纯粹认识与一切现实的绝对本质相对立；纯粹认识没有内容，是一种纯粹否定的运动；纯粹认识自在地成为意识，否认其自身中自为因素的存在。所以说，尽管启蒙以理性为名义，与盲目信仰针锋相对，但这种"抱有否定态度的纯粹认识和纯粹意图"，实际上

---

① G. Lukacs, *History and Class Consciousness*, Cambridge, Mass.: Cambridge, 1971, 92ff.

却是一种空无内容的自我，并在否认信仰的同时，成为其自身的否定物。启蒙作为认识，其实是一种认识的态度，而纯粹的否定性恰恰是其要害所在，如果说其态度是理性的，那么其本质乃是非理性的；同样，启蒙作为意图，并没有获得其意义建构的基础，所以其求真意志本身也便成为"谎言和目的不纯"。①因此，启蒙斗争的首要方面，恰恰意味着启蒙以纯粹否定运动的方式丧失了自为的意涵，纯粹认识本身不仅变成了不纯粹的东西，也变成了其相反的方面，即信仰。信仰和启蒙之间的争斗，非常类似于"无是无非"的"诸神斗争"，两者都为对方贴上谎言或败坏意识的标签，打上"欺骗的烙印"。②

然而，启蒙与信仰的不同之处也恰恰在于启蒙所扮演的纯粹认识的角色。既然启蒙要想掀翻信仰，确立自身的理性形式，就必须彻底砸烂所谓永恒生命或神圣精神的偶像，把这些偶像看成是一种现实的、无常的事物，把信仰与绝对本质之间的关系还原为一种知识活动和认知（Wissenden）意识。换言之，对纯粹认识所诉诸的科学理性而言，其目的与其说是为启蒙本身确立知识基础，还不如说是把信仰的根据归结为一种关于偶然事件的偶然知识。③更有甚者，启蒙的纯粹否定运动也将作为行动的信仰活动一并否定掉了。对信仰来说，实现内心超脱的途径就是扬弃个体的特殊性，而启蒙则相反：自我意识的起点，就是把纯粹否定性当作个性看待。因此，在黑格尔看来，启蒙之中亦有肯定性的命题："启蒙让信仰看到了它自己的情况。"不过，在这项事业中，启蒙"表现得并不出色"，因为启蒙获得否定的实在的过程，实际上是一种吊诡：一方面，纯粹认识否定一切，甚至把其自身也拉入怀疑的范围；另一方面，纯粹认识只能在与他者的关系中确立自身，必须把自身表述成为他者。④换句话说，启蒙一方面祛除了信仰的绝对精神基础，企图用理性之光扫除神秘的阴影；另一

---

① 黑格尔，《精神现象学》（下），贺麟、王玖兴译，北京：商务印书馆，1979 年，第 85 页。

② Horkheimer, Adorno, *Dialectic of Enlightenment*, pp. 32–42.

③ 参见霍克海默，《传统理论与批判理论》，载《霍克海默集》，曹卫东编选，渠东、付德根译，上海：上海远东出版社，1998 年，第 158—163 页。

④ 黑格尔，《精神现象学》（下），第 94—95 页。

方面把自身完全变成一种纯粹否定运动，用他者的形式建构自身的外在存在，从而使一切规定性统统变成了虚空。

也正是在这个意义上，黑格尔指出，启蒙具有三个方面的革命意义。首先，启蒙把绝对精神的一切规定性都理解成个别的、现实的事物，理解成一种有限性（finiteness），有限性成为认识和批判的必要条件；其次，启蒙把一切认识都化约为一种以感性为基础的确定性，信仰的本体论根基被抽离掉了；最后，启蒙作为没有内容的纯粹否定运动，必然会演化成一种自我持存的原则，这样一来，纯粹认识本身便获得了彻头彻尾的现实性，并确立了自身的功利取向[1]。即有用性（Niitzlichkeit）。简言之，正因为有限性、有用性以及以感性为基础的确定性把启蒙牵入到现实生活中来，使启蒙精神转变成一种现实的精神，启蒙也必然会成为围绕着自我持存原则而确立的权利哲学：一方面，启蒙掠夺了信仰的神圣权利，依据自我持存原则所赋予的"绝对权利"，去反抗信仰[2]；另一方面，信仰认为启蒙不过是一种徒有其表的姿态，即使启蒙是现实的，却仍然摆脱不掉他者的形式，反而把一切内在的环节都歪曲掉了，所以启蒙不具有任何权利。因此，自我持存的原则并不是自我建构的原则，换言之，启蒙对其自身的建构，必须依赖于它的对立物。黑格尔指出：

> 启蒙虽然提醒了信仰，使之注意到自己那些孤立的没有联系到一起的环节，但它对自己本身却也还同样是没有启开蒙昧、同样是认识不清的……由于它没有认识到，它所谴责的信仰直接就是它自己的思想，所以它自身总是处于两种环节的对立之中，它仅仅承认两种环节之一，它每次都只承认与信仰相对立的那种环节，而把另外一个环节与前一个环节分离开来，恰恰像信仰的做法一样。[3]

在《启蒙辩证法》中，霍克海默也以同样的口吻说道：

---

[1]　Habermas, *The Theory of Communicative Action*, Vol. 1, p. 352.
[2]　黑格尔从这一角度揭示了建立在现代权利观念基础上的人本主义的专制性特征。
[3]　黑格尔，《精神现象学》（下），第110—112页。

　　启蒙为了粉碎神话，吸取了神话中的一切东西，甚至把自己当作审判者陷入了神话的魔掌。启蒙总是希望从命运和报应的历程中抽身出来，但它却总是在这一历程中实现着这种报应。在神话中，正在发生的一切正是对已经发生的一切的补偿；在启蒙中，情况也依然如此：事实变得形同虚设，或者好像根本没有发生……启蒙运动推翻神话想象的内在原则……实际上就是神话自身的原则。①

　　正因为启蒙与神话之间纠缠不休，所以启蒙也不由自主地把自由与恐惧扭结起来。为什么会出现这样的情况呢？黑格尔认为，由于启蒙是一种现实的、必须诉诸行动的纯粹认识，所以启蒙本身就是一种绝对自由的形式；然而，由于启蒙是一种依赖于他者、同时又摆出同他者势不两立的姿态的运动，所以启蒙也丧失了自我指涉的前提。在这个意义上，自由本身既是一种表现为纯粹否定的解放，也是对自身确定性和规定性的遮蔽，结果，恰恰是纯粹自由为现代自我设定了必然性，启蒙在把绝对精神之规定性理解为有限性的同时，忽视了自身的有限性。在黑格尔看来，空洞的自由具有虚假的意涵，自由在丧失其有限性的情况下，完全变成了自我持存原则的名义，于是，自我单纯把绝对自由树立为绝对原则，把自身的确定性、现实世界、乃至超验世界的一切本质统统混淆起来，把世界纯然当成自己的意志，把自己的意志当成普遍的意志。就此而言，启蒙意义上的绝对自由实际上就是自由的枷锁，当自由变成不可再分的实体的时候，否定性就会成为具有支配性和强制性的强力。一旦这种否定性以绝对自由的名义转化为现实行动，以"普遍意志"的名义转化为纯粹的个别意志，人们所说的普遍自由就会沦落为一种纯粹否定的行动，最终使整个世界陷入狂暴的洪流之中。总之，正因为启蒙所牵连出来的有限性仅仅是有关他者的有限性，而不是自我意识的有限性，所以启蒙运动才会带来这样的结果："普遍的自由所做的唯一事业和行动就是死亡，而且是一种没有任何内涵、没有任何实质的死亡……是最冷酷、最平淡的死

---

①　Horkheimer & Adorno, *Dialectic of Enlightenment*, 9f.

亡……"①

无疑，黑格尔有关启蒙运动之两难处境的分析，为法兰克福学派的工具理性批判开辟了另一条途径。他们看到，在不具备自身有限性前提的自我纯粹否定运动中，启蒙既是一种解放，也是一种"彻底而又神秘的恐惧"②。启蒙作为现代性的基本命题，将绝对自由与绝对恐怖混杂一处，使狡诈（cunning）、欺骗（deception）和怨恨（resentment）构成了自我建构的另一条线索。相比于常规化（normalization）和平均化的日常生活分析而言，黑格尔所奠定的这一条分析路线，为彻底剖析本世纪以来人们挥之不去的集权主义和反犹主义情结提供了思想给养。③

二、启蒙的悲剧

霍克海默在《启蒙辩证法》的开篇就曾指出："就进步思想的最一般意义而言，启蒙自始至终的目标就是使人们摆脱恐惧，树立自主"，"启蒙的纲领就是要唤醒世界，祛除神话，用知识替代幻想"。然而，他话锋一转，指出"这个彻底启蒙了的世界却笼罩在因胜利而招致的灾难之中"④。无疑，在这些思想家看来，启蒙恰恰预示着现代性的两难：勇敢与恐惧、自由与支配、科学与巫魅、真实与欺诈都统统纠缠在一起；一手高举解放的旗帜，一手拿着奴役的枷锁，用最亮丽的布景和道具，上演了一出"启蒙的悲剧"（the tragedy of enlightenment）。⑤

现在，我们可以按照上述两条思路，来仔细检视启蒙精神了。

---

① 黑格尔，《精神现象学》（下），第119页。
② Horkheimer & Adorno，*Dialectic of Enlightenment*，p. 16.
③ 本文所说的这一传统的继承，并不意味着不加批判的全面继承，霍克海默在《启蒙的概念》一文中指出，黑格尔通过"确定的否定性"概念，揭示出了把启蒙运动与其所谓的实证主义倒退区别开来的因素；不过，与此同时，黑格尔却把整个否定过程的意识结果，把体系与历史中的总体性当成一种绝对，从而使其自身陷入了神话学的泥潭。有关这一问题，可进一步参见 Adorno，*Negative Dialectics*，trans. by E. B. Ashton，London，1973；Habermas，*The Philosophical Discourse of Modernity*，Cambridge：MIT Press，1987.
④ Horkheimer & Adorno，*Dialectic of Enlightenment*，p. 3.
⑤ Connerton，*The Tragedy of Enlightenment*.

在法兰克福学派的思想家看来，康德所说的"敢于认识"（Sapere aude!），以及俄狄浦斯对斯芬克斯之谜的解答"这就是人"（It is man!），就是启蒙精神的原型。康德认为，现代社会的起点，乃是启蒙所标志的知性（understanding）的解放。启蒙意味着使"人类脱离加在自己身上的不成熟状态"，使人类有能力"运用自己不经他人引导的知性"[①]；知性是理性的唯一对象，理性始终把带有缺陷的体系当作知性作用的目标；理性的准则实际上就是建构概念等级的过程，或者说，知识的体系化过程就是使知识获得连贯性和一致性的过程。[②]不过，法兰克福思想家却认为，这样的说法并不等于把知性仅仅当作一种知识能力来对待，知性的解放也并不意味着它已经完全祛除了"引导"的意涵：一方面，在认识论的意义上，纯粹知性本身就是一种"图式安排"（schematism）；另一方面，在实践领域，行动主体也摆脱不掉"范畴律令"（categorical imperatives）的规定。

霍克海默指出，恰恰是这样的图式安排，使理性陷入了尴尬处境。在《纯粹理性批判》中，知性难题明显表现为超验自我与经验自我之间模糊不清的关系。一方面，理性作为超验自我，凌驾于个体之上，蕴涵着人类共同的社会生活的自由观念；而在超验自我的规定下，自由观念本身就是普遍观念，即乌托邦。另一方面，图式化的纯粹知性遮蔽了经验自我之间的对立性，自我持存的法则只能具有超验自我的意涵，无法为经验自我提供自我批判的动力，观念也无法转换成自觉的观念；换言之，知性的解放仅仅意味着知识上的启蒙，还不能转化成为实践上的批判。甚至可以这样说，康德所说的"不成熟状态"恰恰指的是启蒙本身的"不成熟状态"，倘若知性图式尚不能与伦理实践结合起来，那么一旦这种知性诉诸行动，其行动筹划本身便只能针对外在的知识客体，从而把物质世界，乃至自己的身体当作认识和征服的对象。也正是在这个意义上，理性构成了计算思维的审判法庭，自我持存也变成了纯粹的工业社会旨趣。

---

① 康德，《答复这个问题：〈什么是启蒙?〉》，载《历史理性批判文集》，何兆武译，北京：商务印书馆，1990 年，第 22 页。
② Kant ,*Critique of Pure Reason* , trans. by N. K. Smith, New York：S. Martin's Press, 1960, 180 ff.

所以，在启蒙并未与信仰划清界限，便急于诉诸行动的情况下，必然会为实践寻找纯粹外在的依据。这样，在价值判断上，启蒙崇尚普遍项（universals），把纯粹的客观性奉为圭臬；在事实陈述上，启蒙委诸实证科学和形式逻辑，自觉将知性图式化为计算世界的公式。因此，启蒙精神倘若不能从有限性和可能性的维度去开展自我，那么它实际上就是一种还原精神：把历史还原为事实，把事物还原为物质，把各种各样的形式也还原为单纯的图式安排。启蒙的意图，就是确立事实和价值之间的连续统一（continuum），通过纯粹客观的形式确立认识与判断之间清晰的逻辑联系，并将这种联系规定为概念的逻辑秩序和科学的演绎形式，规定为具有等级特征和强制作用的实在本身，继而将所有这些与社会实践的现实条件等同起来。①

霍克海默认为，启蒙精神首先反映为科学的精神，而科学精神的实质意涵就是通过还原论的方式消除一切杂质，把数学步骤变成思维仪式。比如，斯宾诺莎曾经在《伦理学》中指出，他对情感问题的考察，就像"去处理直线、面积和体积的问题一样"②。胡塞尔也把理论定义为"一个完整而又封闭的科学命题体系"③。无疑，精确科学的原则进一步强化了客观形式的规定性，理性也借助这种形式，摇身变成全知全能的偶像。如果说启蒙的原则就是打破偶像崇拜，解放知性，使人们获得自主的观念，那么将客观性奉为圭臬的科学，则重新

① 霍克海默认为，这里所说的现实条件就是劳动分工，其核心意涵乃是涂尔干所说的社会团结。不管是涂尔干对分工的考察，对社会学方法之准则的规定，还是对原始分类形式的知识社会学解释，都始终是围绕社会自成一体的原则而展开的，都是对整体合理性的确证。参见 Horkheimer & Adorno, *Dialectic of Enlightenment*, p. 21；霍克海默，《传统理论与批判理论》，《霍克海默集》，第 170 页及以下诸页；Emile Durkheim, *The Division of Labour in Society*, trans. by W. Halls, New York：Free Press, 1984, 76ff.；*The Rules of Sociological Method*, trans. by S. Solovay & J. Mueller, Glencoe：Free Press, 1950, pp. 3 - 9, 81ff.

② 斯宾诺莎，《伦理学》，贺麟译，北京：商务印书馆，1983 年，第 97 页。

③ 胡塞尔在《欧洲科学的危机与超验现象学》中指出："一个无限的世界，在这里也是一个理想的世界，被设想为这样一个世界：其对象不是单个地、不完全地、仿佛偶然地被我们获知的，而是通过一种合理的、连续的统一方法被我们认识……通过伽利略对自然的数学化，自然本身在新的数学的指导下被理念化了；根据现代的说法，自然本身成为一种数学集合（Mannifaltigkeit）。"参见胡塞尔，《欧洲科学的危机和超验现象学》，张庆熊译，上海：上海译文出版社，1988 年，第 26—27 页。

回到了神话信仰中去，并把纯粹客观实在当作其信仰的对象。

　　然而，在现代社会中，知性解放所开展出来的"自主性"究竟意味着什么呢？自我的建构不也是启蒙运动所带来的后果吗？启蒙在顶礼膜拜纯粹客观性的同时，不也使自主性得到了前所未有的张扬吗？就连斯宾诺莎也曾说过："自我持存的努力乃是德性首要的、唯一的基础。"① 不过，现代自我一旦被提升为超验的和逻辑的主体，就会沦落成为合逻辑的、合规范的理性形式本身。启蒙所谓的"自主性"，不过是主体在取消意识之后将自身加以客体化的技术过程；自我的完满实现，仅仅意味着个体把自身设定为"一个物，一种统计因素，或是一种成败"。正因为纯粹知性的图式安排将个体的常规行为规定为"唯一自然的、体面的和合理的方式"，所以，主体必然会被还原为可以得到精确计算的物质生产活动中的工具。这样，我们便很容易理解启蒙运动的观念了：任何人如若不通过合理的、依照自我持存的方式来安排生活，就会倒退到野蛮蒙昧的史前时代。恰如黑格尔所说：启蒙的"否定性"其实也是一个确定的命题，它不仅企图用纯粹认识和纯粹科学的形式扬弃肯定性，同时也与单纯的有用性结合起来，把经验还原为客观真理形式的单纯操作过程。所以，科学及其实践，连同自我持存的原则都不过是一种合目的性；在这种合目的性的统摄下，自由和自主既相辅相成，也呈现出了一种悖谬的关系：科学把自我持存还原成天生的起源和欲望，并赋予其合理性的意涵，所以自由变成了必然；而对自主来说，则必须以服从为代价。②

　　在法兰克福学派思想家看来，启蒙所带来的自我难题完全可以归结为启蒙与自然之间的特殊关系。在启蒙那里，自然是作为纯粹客观的规定性呈现出来的，换言之，启蒙完全把自然当成一种人类有能力加以转化的客观存在，当成人类认知、利用和征服的对象。所以说，支配自然和控制自然本身就是"自我持存的原则"和"社会进化的规律"。与此同时，理性的扩张所针对的不仅仅是外在自然，同时也是内在自然，这种支配和控制不仅涉及物质生产和分配领域，也同样涉

---

① 斯宾诺莎，《伦理学》，第 186 页。
② Kellner, *Critical Theory*, *Marxism and Modernity*.

及人们的心理倾向以及所有文化领域。也就是说，人们不仅要在思想中远离自然，还要通过逻辑思维的方式把自然呈现在自己面前，人们不仅要按照理性所设定的方式去支配自然，还要按照理性所规定的"人的总体图式化"的要求来管理和约束自身。霍克海默指出，启蒙运动中的自我已经被剥夺了剩余物（residue）的意涵，自我已经不再是肉体、血液、灵魂，甚至不再是自然的我（natural I）。科学构造的生产系统，可以精密地协调身体与工具之间的关系，并通过合理的劳动方式把人改造成为单纯的功能。马尔库塞也指出，剩余压抑（surplus repression）通过内在自律的方式，诱导人们忙于生计、持家和消费；在理性的引导下，人们必须通过"压抑性的祛除升华机制"（repressive desublimation）去实现自己的需求；这一过程中，政治和经济上的实质自由与消费中的选择"自由"之间实际上已经发生了交换。① "对自然的支配就是对人的支配"。②在哈贝马斯看来，霍克海默和阿多诺所理解的"自然的控制"实际上是一种隐喻：它既是对外在自然的征服，也是对人类自身的律令，对人类自身内在自然（或本性）的压制。③ "启蒙绝不仅仅是启蒙，正是在启蒙的异化形式中，自然得到了清晰的呈现。精神作为与自身分裂的自然，及其所从事的认识，就像史前时期一样"。④

从这个角度出发，《启蒙辩证法》指出，荷马史诗《奥德修斯》便是启蒙精神的原型，它记述了神话、支配与劳动三者纠缠不清的关系。首先，奥德修斯为抵制诱惑（塞壬的歌声）所采取的一切手段，都象征着资产阶级与自然力之间的殊死搏斗。在控制自然的过程中，奥德修斯为确立自己的社会支配地位，不得不强行压制自己的内在自然（或本性）：他不仅要约束自己的本能冲动（"把自己牢牢地绑在桅杆上"），还必须使与其同行的水手们唯命是从（"水手们必须强壮有力，集中精神勇往直前，不得左顾右盼"，"顽强不懈、内心坦荡，

---

① H. Marcuse, *Eros and Civilization*, New York: Vintage. H., 1955, pp. 32-34.

② Horkheimer, *Eclipse of Reason*, p. 93.

③ Habermas, *The Theory of Communicative Action*, Vol. 1, p. 379。

④ Horkheimer, Adorno, *Dialectic of Enlightenment*, 39f. Habermas, *The Theory of Communicative Action*, Vol. 1, pp. 380-384.

努力前行","竭尽全力地划桨"），更重要的是，必须尽可能地欺骗他们（"用蜡塞住水手们的耳朵"）。实际上，按照法兰克福思想家的说法，奥德修斯的战舰就是古老的祭祀仪式，他的策略就是通过摈弃为自然神献奉的牺牲，采取系统化的形式，确立所有人类的牺牲；通过为人类目的确立一种首要的地位，借助欺骗手段，获得自我持存的权力。同样，奥德修斯的狡诈也是资产阶级放弃快乐和自由的标志：他坚决否认了自己的幸福，并以此逐渐接近权力的顶峰；他已经窥见到了未来的命运，然而要想把握住未来的命运，就必须祛除自己已经受到理性规定的欲望。因此，Connerton 认为，启蒙对自然的支配始终浮现出了神话的幻象，因为牺牲本身就具有两重性的意涵：一方面，个体对集体的自我顺从（self-surrender）是借助巫术的形式实现的，个体常规化行动的前提，就是承认现状，并把现状哲学奉为自我实现的根本原则；另一方面，自我持存也采用了这种巫术技术，劳动本身就是理性献祭的现实活动。①霍克海默一针见血地指出："（奥德修斯的）这条道路就是通往顺从和劳动的道路，尽管在它的前方总是临照着灿烂之光，却只是一种假象，是一种毫无生气的美景。奥德修斯心中十分坦然，他既不屑于死亡，也不屑于幸福。"②

同样，在马丁·杰看来，奥德修斯之所以能够听到歌声，是因为他自身并不是一位劳动者。正是这一特权，使文化仍然保持着不可能得到满足的"幸福的承诺"。奥德修斯已经深刻地体会到，理想世界与物质领域始终是分离的。更重要的是，奥德修斯的理性本身就预示着一种命运，在与自然抗争的过程中，他不得不否认自己与总体的统一性，不得不成为一种特殊的主体理性，只有如此，他才能实现自我持存的目的理性。所以说，奥德修斯的启蒙理性就是现代"经济人"（Homo oeconomicus）的原型，他的背叛正是资产阶级意识形态为利益进行道德辩护的真实写照。在这个意义上，《奥德修斯》所暗示的强烈的怀乡情绪，也不意味着向自然的回归，奥德修斯的"家"不过是理性构造出来的自然。霍克海默和阿多诺清醒地意识到，这种"被

---

① 参见 Connerton, *The Tragedy of Enlightenment*, 69f.
② Horkheimer & Adorno, *Dialectic of Enlightenment*, 33f.

扭曲的'回归'自然，像一股暗流贯穿于启蒙运动之中。这种回归往往意味着野蛮化的自然报复，并在 20 世纪的野蛮文明中达到了登峰造极的地步"。[1]

正是在这种奥德修斯式的启蒙命运中，霍克海默和阿多诺解读出了尼采的用意。在启蒙理性及其牵连出来的自我意识、自我旨趣、自我调控以及责任、权利和义务的背后，乃至羞耻、犯罪和惩罚的背后，都渗透着价值评估的权力因素。[2]实际上，这种权力因素直接导源于康德的范畴律令，及其所谓的"成熟"观念。在理性的名义下，一旦知性成为自我持存的重要尺度，并认识到了生存法则，那么知性就是强者的知性。强者与弱者不同，强者的人格是至上的，在奥德修斯的神话中，强者在行动中所展现出来的东西都是他得自于所谓的自身自然（或本性）的东西。于是，"神话变成了启蒙，自然则变成了纯粹的客观性，人类为其权力的膨胀付出了他们在行使权力过程中不断异化的代价"。[3]启蒙运动用来推翻神话的内在原则，实际上就是神话自身的原则；启蒙既确立了有史以来最普遍的禁忌，又使恶的力量借以自然的名义演变成为彻头彻尾的欺骗和狡诈。

三、批判的张力

很显然，启蒙造成的悲剧亦构成了工具理性批判的主题之一，而且，在带有黑格尔色彩的历史哲学的关涉下，其总体性分析的特征也已经表露无遗。在法兰克福学派看来，不管是启蒙，还是工具理性，不仅代表着程序技术和事本主义在征服自然过程中的工具化趋势，[4]在观念上也反映为通过反思自身自然（或本性）的方式所进行的自我调控（self-regulation）。更重要的是，这些思想家还借助"理性的狡

① Martin Jay, *The Dialectical Imagination*, Boston: Little Brown, 1973. 中译本为马丁·杰,《法兰克福学派史（1924—1950）》，单世联译，广州：广东人民出版社，1996 年，第 300—301 页。

② Ingram, *Habermas and the Dialectic of Reason*, p. 65f.

③ Horkheimer & Adorno, *Dialectic of Enlightenment*, p. 100, p. 9.

④ Connerton 认为，以霍克海默和阿多诺代表的法兰克福学派并没有对控制自然与控制社会关系进行明确的划分。Connerton, *The Tragedy of Enlightenment*, 64f.

诈"（the cunning of reason）、"懊悔意识"（the consciousness of repentance）、"个性的萎缩"（atrophy of individuality）以及"虚假投射"（false projection）等说法，试图全面检视这个时代的"绝对精神"。

卡尔·马克思曾宣称，他的哲学已经不再局限于"解释世界"，而是以"改造世界"为宗旨；同样，以霍克海默为代表的法兰克福思想家们也指出，"问题不仅仅是解放理论，而是要解放实践"①。当然，解放实践并不意味着要放弃理论，相反，解放实践的前提就是要把理论从传统的逻辑命题和程序技术中解放出来，并注入批判的意涵。因此，倘若我们要想摆脱工具理性的辖制，避免启蒙的悲剧再次上演，根本的要务就是首先使批判理论与传统理论决裂。在哈贝马斯之前，法兰克福学派思想家就曾指出，所谓代表着资产阶级旨趣的传统理论至少可以概括为以下几个特征：在二元界分的程序中，将对象的总体归结为最普遍的命题系统，并根据前后一贯的推理形式，将一切具体的生活过程还原为客观化的数学结构；理论概念被绝对化了，在非历史的证真模式中，理论所依据的知识的内在本质，已经转变为一种物化的意识形态范畴；尽管实证主义和实用主义特别注重理论与社会生活之间的联系，然而，由于他们直接把确定性与有用性等同起来，所以将预测和后果的效用原则视为科学的首要任务；传统理论观念是从劳动分工的特殊发展阶段里所进行的科学活动中抽象出来的，孤立地考察具体活动和每个活动的各个部分，考察每一部分的内容和对象，以及考察这种考察的局限性，是保证有效性的根本前提。因此，在传统理论中，"具体客观事实的起源、思想借以把握事实的概念体系的实际运用以及概念体系在实践中的作用，都被当作是理论思想本身之外的东西。用这些术语来说，这种异化就是价值与研究、知识与实践之间的分离。"②

---

① 参见《传统理论与批判理论》，《霍克海默集》，第 203 页。

② 参见《传统理论与批判理论》，《霍克海默集》，第 167－184 页。由于篇幅所限，有关传统哲学与政治哲学、知识社会学、意识形态理论与方法论之间的联系，本文无法加以专门评说，详见 O. Kirchheimer, "Changes in the Structure of Political Compromise"；Adorno, "The Sociology of Knowledge and Its Consciousness"；Marcuse, "On Science and Phenomenology", in *The Essential Frankfurt School Reader*, New York：Urizen Books, 1978, pp. 49－70, 452－465, 466－476.

相反，批判理论则主张：第一，对采取批判态度的人来说，现存社会总体的两重性本身就构成了一种有意识的对立，他们不仅要认同这种对立的社会基础，同时也要把社会总体作为意志和理性本身，把总体当成自己的世界；因此，批判的核心意涵就是矛盾，"在批判地接受支配社会生活的那些范畴的同时，就包含着对社会生活本身的批判"；要消除和超越这种张力，就必须把这种张力本身作为批判的生活方式；批判精神的基础，就是自相矛盾的人的概念。第二，在批判思想中，解释不仅是一个逻辑过程，也是一个具体的历史过程；批判思想既不是特殊个体的功能，也不是一般个体的功能，它始终处于社会总体与自然的关系中，并以真实和具体作为批判的起点。第三，批判现实的概念是批判理论的核心，在批判理论中，必然性的概念就是批判性的概念，它以自由为先决条件；批判理论的每个部分都以对现存秩序的批判为前提，都以沿着理论本身所规定的路线与现存秩序作斗争为前提；为摆脱现实的苦难，批判理论坚决拒绝为现实服务，它只想着去揭露现实秩序的秘密。第四，批判是内在的，换言之，"批判作为实践"意味着有意识的批判态度就是社会发展的组成部分，对现存秩序的批判将促使人类"首次成为有意识的主体并能动地决定自己的生活方式，有意识地重构经济关系"。第五，尽管批判本身是一种总体性的批判，但根本不存在用来判断作为一个整体的批判理论的普遍标准，也不存在人们可以接受其理论并获得指导的社会阶级；批判自始至终贯彻的原则就是总体的否定性。①

从批判理论的实践取向中，我们不难发现批判理论所贯穿的带有"强烈的价值涉入"特征的道德意涵。换言之，批判理论一扫传统理论用事实陈述来统摄价值判断的做法，试图从根本上诉诸一种规范性的社会理论。然而，这样一种理论企图却也招致了来自诸多方面的挑战。首先，如果我们把批判作为总体的批判，而且这种批判必须切入价值领域的话，那么我们在从"应然"（ought）的层面上来评判作为总体的社会现状的过程中，就必须寻求批判的支点，即批判现实和

---

① 有关法兰克福学派批判理论的详尽评述，可参见 Wellmer, *The Critical Theory of Society*, trans. by J. Cumming, New York, 1971; Benhabib, "Modernity and The Aporias of Critical Theory", *Telos*, 49 (1981): pp. 38–60.

批判自身的普遍规范基础（法兰克福学派强调社会的总体矛盾即是其自身矛盾），即便批判理论不愿把这一基础还原为某种阶级意识，但它也不能完全将其悬置起来。其次，如果我们将批判作为具体实践，并通过实践把事实和价值粘连起来的话，那么批判本身就不单是一种具体的历史过程，它至少既要考虑到抽象社会的构成过程，也要考虑到抽象的社会因素在道德建构中的实际意义，就此而言，批判理论绝对不能等同于特殊主义。再次，即便我们把批判作为总体的否定性，或者是总体的具体的否定性，也不能避免批判本身不致沦落成为批判理论自身所指明的那种启蒙的否定性，事实上恰恰相反，这种批判往往与这种纯粹的否定性纠缠得更深；20 世纪 60 年代以来的文化批评史已经证明，对大众文化的批判已经被纳入到社会文化生产的逻辑之中，甚至已经转换成为社会生产本身的强大动力。①最后，也是最为重要的是，即便是一种矛头直接指向社会现状的思想动力，但它不仅仅具有观念上和反思性的意涵；换言之，它不单受到了日常政治经济的挤迫，②也具有身体的意涵；更准确地说，批判要想成为批判的实践，就必须"考虑到"权力的生产性和限定性，必须"考虑到"其自身的有限性。

也许，正是因为哈贝马斯或多或少地"考虑到"批判理论所面临的各种挑战，才感到有必要对批判理论进行一番全面彻底的改造。简言之，对哈贝马斯来说，要想在理性层面上把事实陈述与价值判断勾连起来，就必须重构社会批判理论，以确立沟通理性的普遍规范基础。而这一重构工作（reconstruction）的前提，就是要在人们进行语言沟通的过程中寻找一种理想的沟通情境，从而确立所谓真理的共识理论（consensus theory）。哈贝马斯借用普通语用学的说法指出，任何言语行为（speech act）要想在陈述事实、说明观

---

① 或许，在这个问题上最应该引起我们警惕的倒是批判本身。辩证法的吊诡就是，否定性本身最容易落入否定的对象（理论上的和现实中的）及其逻辑之中。在这个意义上，如果批判不对自身的有限性作出限定，那么批判就会像法兰克福学派思想家本身所说的那样，把自己当作自己的敌人来生产。

② 如加芬克尔所说的紧迫性和权宜性（exigency and contingency）的意涵，参见 Garfinkel, *Studies in Ethnomethodology*, Englewood Cliffs, N. J.: Prentice-Hall, 1967.

点、表达感情等言语互动过程中得到明白无误的解释和理解，就必须遵循语用学的规则，达成共识，而这种共识是建立在言说者陈述事实的真实性、言说者社会身份的正当性以及言说过程所表现出来的真诚性等基础上。换言之，言语行为本身所达成的共识性真理并不仅仅停留在事实陈述的"客观世界"之中，相反，真理的效度准则已经介入到价值领域，并为日常生活中的沟通理性确立了普遍的规范基础。①

然而，在系统对生活世界进行殖民化的过程中，日常生活中的沟通行动越来越受到了工具理性的宰制，制度化的效用原则不断将言语行为的正当性和真诚性承诺遮蔽起来，它们非但没有在事实和价值之间获得共识的效果，反而通过系统的方式确立了两者之间的支配关系。因此，从日常互动的层面上，晚期资本主义引发了前所未有的动机危机（motivation crisis）②；与正当性和真诚性有着紧密关联的权利、意义和价值等问题，均被工具性行动和策略性行动（strategic action）掩盖掉了。就此而言，社会批判理论最为紧迫的任务，就是要重新确定批判所面临的必然限制，并借助沟通理性所确立的规范基础对日常生活中的社会互动加以拯救。因此，社会批判理论必须承认生活世界的优先地位，只有诉诸日常性的言语行为，才能确立一种将事实与价值统合起来的非扭曲的沟通；对殖民化问题的解决，必须重新在理性中寻找和获得资源，沟通理性是达成社会共识的基本条件；理性沟通情境可以为社会提供一种有别于以往样式的整合基础，从而消解和克服系统的工具理性所带来的普遍的危机；社会批判理论的要旨，就是借助理性重构社会行为之必要条件，为批判现存秩序确立普遍的规范标准及其必要的限制；社会批判理论必须意识到这一天职的自我指涉性（self-referentiality），从而在这个祛魅的时代里，维护反

---

① 由于篇幅和主题所限，本文不拟对此问题进行详细讨论，哈贝马斯本人的阐释，可参见 Habermas, *The Theory of Communicative Action*, Vol. 1, Vol. 2, Boston：Beacon Press, 1984, 1987. 另外，Habermas, *Communication and the Evolution of Society*, trans. by T. McCarthy, Boston：Beacon Press, 1979 一书也说明了沟通行动理论的思想来源和理论架构。中文文献可参考阮新邦，《沟通理性的普遍意义》，《社会理论学报》，1998 年创刊号，第 1—23 页。

② Habermas, *Legitimation Crisis*, London：Heinemann, 1976.

思、批判和超越传统有效性的能动性。①

严格说来，哈贝马斯的这种批判实践并没有超出康德有关知性解放和范畴律令的命题。首先，用普遍规范基础去规定和拯救具体的日常生活实践，并不意味着理性本身能够克服系统与生活世界之间的张力，即便这种理性考虑到日常实践的情境性和局部性，也不等于把具体情境纳入到理性本身的构成过程之中；换言之，这种理性在试图克服上述张力的同时，在沟通行动的规范与实现之间又设定了新的张力，从而使实践的局面变得更加复杂。同样，正因为社会批判理论极力强调从理性本身中挖掘解放的可能性，并为这种解放或批判赋予了自我指涉的意涵，所以说，一方面，它不得不重新调动启蒙的内在动力，来进一步引导包含知性在内的理性的解放；另一方面，它必须诉诸自律原则，造成把他治状态（heteronomy）与自治状态（autonomy）混淆起来的危险。当然，所谓"理想沟通情境"也总归是理想化的，如若忽视了沟通过程中所牵连的知识、权力关系，就会使批判理论本身陷入浪漫主义的尴尬境地。②

批判理论的哲学问题，在哈贝马斯与福柯之间的论战中暴露得更为彻底。③福柯坚决拒斥所谓共识普遍性的假设，认为主体化过程必须从历史的偶然性和差异性中获得可能性，否则，任何抽象的规范和律条都会阻碍"讲真话"（phronesis）所实现的伦理建构。④他指出，有关主体性问题的解决，我们依然可以通过反观康德所说的启蒙精神，来考察现代性所牵连出来的批判观念。实际上，从"什么是启蒙"与三大批判之间的关联来看，康德已经把启蒙当成了一个历史的转折点（或环节，moment）。换言之，之所以我们把启蒙理

---

① Habermas, "The Task of a Critical Theory of Society", *The Theory of Communicative Action*, Vol. 2, pp. 374–403.

② 有关哈贝马斯对这一问题的回应，参见 Habermas, *The Philosophical Discourse of Modernity*；以及《关于权力的一些问题：再论福柯》，王军凤译，《国外社会学》，1991 年 2 期，第 8—15 页。有关哈贝马斯与福柯之间的争论，参见 Hoy & McCarthy, *Critical Theory*.

③ Hoy & McCarthy, *Critical Theory*, 160ff., 190ff.

④ 有关"讲真话"的伦理实践的问题，请参见 Thomas Flynn,《作为讲真话者的福柯：他在法兰西学院的最后课程（1984）》，吴飞译，即将收入《福柯文选》，北京：生活·读书·新知三联书店。

解成一次历史的断裂（break），是因为启蒙第一次提出了这样的历史难题：首先，启蒙并没有单纯受到理性的规定，相反，恰恰是意志、权威和理性的运用这三者联系起来的既存关系所发生的某种转变规定了启蒙，"敢于认识"不仅是人类集体参与的过程，也是在勇气鼓召之下由个人完成的行为；因此，人类要想逃脱自身的不成熟状态，就必须具备两个基本条件，他们既是精神性的，又是制度性的，既有伦理意涵，也有道德意涵。一旦启蒙卷入了政治问题，那么启蒙的两难局面就必然要求对理性的运用本身加以区分。一方面，在公开运用理性的过程中，理性必须是自由的（允许争辩!），当一个人作为世界公民社会的成员面向公众的时候，他必须享有无限的自由运用理性；另一方面，在私下运用理性的过程中，个人必须绝对服从（不许争辩!），因为个人运用理性的既存前提，是他的公职岗位或职业，也就是说，私下运用的理性不能僭越，必须要适应自身被规定的情况。[1]

　　"启蒙是一个批判的时代"。正因为启蒙使理性的私下和公开运用生产了微妙的转变，为人类历史带来了新的两难处境，并把自觉的（有勇气的）批判反思牵入历史实践过程中，因此，启蒙的焦点已经不再是理性规定性的问题，而是态度问题，[2]不再是如何维持"理性的本质内核"（essential kernel of rationality）的问题，而是自主主体如何面对"理性的当下界限"（contemporary limits of the necessary）的问题。也就是说，实践的核心问题已经不再是如何确立批判的规范基础及其限制，而是精神气质（ethos）上的"界限态度"（limit-attitude），批判不再是诠释性的（interpretive）实践，而是实验性的

----

① 康德对理性运用的理解，参见康德，《世界公民观点之下的普遍历史观念》，《答复这个问题：〈什么是启蒙〉》，何兆武译《历史理性批判文集》，北京：商务印书馆，1990年，第1—21页，第22—31页。福柯的解释，参见 Foucault，"What is Enlightenment?"，"Kant on Enlightenment and Revolution" 中的讨论。
② 这里所说的态度，显然不是现象学所谓的自然态度（natural attitude），相反，法兰克福学派对自然本质的不断追问，倒与自然态度有一种纠缠不清的关系。

(experimental) 实践。①这样的实践是一种朝向外面（outside）的实践，它的基础不是必然性，而是由"外面"开展出来的可能性。因此，今天的批判不再是通过必然性界限的形式而展开的批判，而是通过某种可能性的逾越（transgressing）形式而展开的实践批判，批判不是为了寻求作为规范基础的共识，而是一方面进行新的历史追问，另一方面把自身交付于现实可能的实践。

> 批判不再是以寻求具有普遍价值的形式结构为目的的实践展开，而是深入某些历史事件的历史考察，这些事件引导我们建构自身，并把自身作为我们所为、所思以及所言的主体来加以认识。在这个意义上，这种批判不是超越性的，其目标也不在于促成一种形而上学，而是具有谱系学的方案和考古学的方法……这种批判将不再致力于促成某种最终成为科学的形而上学，而将尽可能广泛地为不确定的对自由的追求提供新的动力……其实，我们根据经验便可知道，所谓要摆脱实际的总体情况，以便制定出关于另一种社会、思维方式、文化、世界观的总体筹划，这种声音只能导致那些最危险的传统的复辟。②

四、小结

行文至此，我们或许可以说，法兰克福学派有关批判理论的基本命题是建立在与传统理论决裂的基础上的。然而，在哈贝马斯看来，如果我们不从规范的角度将事实陈述与价值判断结合起来，那么社会批判理论就无法找到"改造世界"和"解放实践"的基点。就此而

---

① 在现代性情境中，这种实验表现为反讽式的英雄化过程。在波德莱尔那里，现代性不仅仅是与现在及其普遍哲学形式的一种关系形式，更是与自身发生关系的一种关系形式。"浪荡子"是"片刻不停地穿越浩瀚的人性荒漠的游历者"，在他身上，凝聚着"现实的真相与自由的修行（exercise）之间的一种极其复杂的相互作用"。这不是对某种教条原则的信守，而是苦行式的生存美学。

② Foucault, "What is Enlightenment?", 46f. 译文参看福柯，《什么是启蒙?》，李康译，《国外社会学》，1997 年第 6 期，第 8 页。

言，正是理想沟通情境及其有关真理的共识理论，才能使批判做到有据可依，有的放矢，并借助理性重构社会整合和解放的基础。哈贝马斯的这一企图，在《沟通行动理论》中已经表现得非常明显了。

本文着重从启蒙的角度切入这一现代性的难题，不仅从哈贝马斯已经揭示了的工具理性的视角出发来考察法兰克福学派的理论渊源，也试图通过黑格尔所谓的"理性的狡诈"，追溯法兰克福学派在启蒙问题上所坚持的辩证法立场。很明显，哈贝马斯与法兰克福学派在有关"启蒙的悲剧"的命题上达成了"共识"，而且，前者为解决这一现代社会的张力状态提供了理想的方案。然而，在我们返回康德并看到启蒙在运用理性过程中所出现的复杂局面时，却发现实践的解放若要诉诸总体的形式，很容易被重新纳入到总体生产的逻辑之中。反之，倘若我们把启蒙理解成为一种实验性的界限态度，那么批判本身则会对自由的追求提供一种新的动力。用福柯的话说，我们不能把关于自身的批判本体论看成是一种理论和教条，也不能看成是永恒的知识体系，而应该把它理解成一种态度，一种精神气质，一种生活方式。对我们所是（what we are）的考察，不仅是有关强加给我们的界限的历史考察，也是逾越这些界限的可能性的实验。①

---

① Foucault, "What is Enlightenment?", 46f. 译文参看福柯，《什么是启蒙?》，李康译，《国外社会学》，1997 年第 6 期，第 10 页。

从沃斯通克拉夫特的旅行经验论其
激进思想与理性思想之转变

汪采烨

本文旨在探讨玛丽·沃斯通克拉夫特（Mary Wollstonecraft）在旅行过程中激进思想和理性思想的转变，运用《人权辩护》（*A Vindication of the Rights of Men*）和《女权辩护》（*A Vindication of the Rights of Woman*）、《关于当今法国特性的一封信》（*Letter on the Present Character of the French Nation*）、《法国大革命的起源与进展》（*An History and Moral View of the Origin and Progress of the French Revolution；and the Effect It Has Produced in Europe*）、《瑞典、挪威和丹麦短居书简》（*Letters Written During a Short Residence in Sweden，Norway，and Denmark*），兼以沃氏①个人书信笔记，以及时人著作和回应等文献，以论述沃氏思想内涵与变化。

沃斯通克拉夫特本身集众多角色于一身，是英国政治评论家、小说家、激进派思想家和现代自由派女性主义思想之鼻祖。终其短暂一生，她不断在旅行，也不断在追求她的理想，为社会不公义、不平等发声；她主张人人皆应享有自由，并鼓励女性同胞去掌握自己生命的主动权。生长在启蒙时代，沃氏相信人性的"理性"、人的可塑性以及人的自然权利（natural rights），认为此系放诸四海而皆准之真理，无关男女阶级贵贱。她一直对英国既有制度和规范感到不耐烦，又对于改革感到无

---

① Mary Wollstonecraft，1759—1797，为了行文通顺，后文中常简称为沃氏。

望，身在其中，她感觉自己无法成为独立自主的女性。仔细阅读沃氏的私人书信与自传式作品所透露的期待、焦虑和不安，甚至脆弱，我们会发现，在充满希望与暴动的法国大革命年代，她一直在旅行、移动。然而不论是个人观念还是政治理念，她都不断被失望所打击，她原先关于理想世界的蓝图并未在法国落实，自己也未成为理想中的女性。

以往的学术研究，着重在于探讨沃斯通克拉夫特的女性和性别思想、母职等主题。20 世纪下半叶第二波女权运动潮流中，沃氏思想被学者视为女权主义之思想源头，因此 19 世纪 70、80 年代的历史学者、文学评论家和政治思想学者[1]对于沃氏的性别（gender and sexuality）概念做了透彻而广泛的研究，也有许多作家[2]为沃氏做传记，然而在这样的研究潮流中，研究其女权思想仍是主流。即使有研究沃氏政治思想者，也多着重在其《辩护》二书，关于她对法国大革命后期（1791 年之后）发展的看法的研究相当有限[3]。此外，论英国 18世纪末激进思想或英国在法国大革命时期之"大革命辩论"（the Revolution Debate）之专书甚多，然这类研究多着重于讨论男性思想家[4]，除了克林姆特（Pamela Clemit）主编、2011 年出版之论文集外，往往仅沃氏和摩尔（Hannah More）之性别思想见诸这些书籍的讨论之中。同时，诠释沃氏激进思想者着重的材料往往是沃氏在世时已出版的论著，对于沃氏个人书信或事件较少涉及，这是因为私人书信透露的她个人感性脆弱之貌，与其政治书写所呈现的理性强硬之姿有矛盾。因此，在研究沃氏的著作里，仍甚少兼论其旅行经验和政治思想转变[5]。本研究却主张，在探讨沃氏的激进和理性思想转变时，

---

① 如 Barbara Taylor, Mitzi Meyers, Cora Kaplan, Mary Poovey, Gary Kelley 等学者。

② 如 Eleanor Flexner, Emily Sunstein, Clair Tomalin, Janet Todd 等学者。

③ 当然也有这方面的研究，例如 Vivian Jones, "Women Writing Revolution: Narratives of History and Sexuality in Wollstonecraft and Williams", (Jones 1992: 178–199) Harriet Devine Jump, *Mary Wollstonecraft: Writer*, 1994, pp. 90 – 110; Gary Kelly, *Revolutionary Feminism: the Mind and Career of Mary Wollstonecraft* (Jones, 1992: 149–170)。

④ 关于讨论法国大革命时代英国政治变动或英国大革命辩论的重要著作，可参考：H. T. Dickinson, 1985; Dickinson, 1989; Philip, 1991; Goodwin, 1979; Claeys, 2007; Clemit, 2011。

⑤ Jan Wellington 是少数做这个主题的研究者，她从沃斯通克拉夫特的旅行经验中讨论其对于法国民族与文化认同概念的改变。（Wellington, 2001: 33–61）

从其私人信件和经历中亦可更根本地探究其思想内涵与随着旅行经验所带来的思想变化。是故，本文在第 1 章先将沃斯通克拉夫特置于她所处大环境，解释她所面对的时代问题，再以沃斯通克拉夫特的旅行历程为轴，于第 2 章到第 4 章中探讨其旅行经验中政治思想的转变，并借由了解其私人经历，加深对于沃氏个人理念之诠释。

一、18 世纪的旅行

本文先解释"旅行"与"女性旅行"在 18 世纪英国的意义，此系沃斯通克拉夫特所生存之环境。

（一）绅士旅行

在 18 世纪末叶，沃斯通克拉夫特并不是少数去欧洲旅行的女性。"旅行"这种行为，经过了几个世纪的发展，俨然已成为英国中上阶层普遍的活动。18 世纪上半叶，旅行在贵族和乡绅阶级的生活中占有相当重要的角色，又称"绅士旅行"（the grand tour），旅行主要的作用在教育、娱乐或政治和社会观察方面。这样的欧洲旅行活动，在 18 世纪下半叶达到高峰，并已扩展到中产阶级，女性亦可出游[①]。立场保守的期刊《评论》（ Critical Review ）曾这样描写这个时代："这时代（18世纪下半叶）或许该被称为游历的时代（the age of peregrination），英国人普遍地渴望见识外面世界，造成出海旅行盛行。"（Critical Review，1797：361）尤其到了 1763 年英法七年战争结束，双方签订《巴黎和约》（Peace of Paris）后，英国与欧洲天主教国家关系恢复稳定，同时因为法国威胁减低，英国人本身自信心大增，旅行人数大增，每天皆有大量英国人蜂拥至巴黎。此时频繁出版的旅行日志中，亦常记载

[①] 学者如 Jeremy Black，Christopher Hibbert，John Lough，Constantia Maxwell，William Edward Mead 和 Geoffrey Trease 皆对 18 世纪英国男性"绅士旅行"各层面做了详尽的介绍与分析。然而，在他们的研究中，男性是主动观察者，而（异国的）女性是被观察的对象。参见：Black，1985；Black，1999；Hibbert，1987；Lough，1987；Maxwell，1932；Mead，1914；Trease，1967。关于 18 世纪旅行与绅士旅行的概括性介绍，参见：Buzzard，2002：37-52，此外，John Towner 的博士论文讨论了绅士旅行在旅行史中的角色（Towner，1984）。

着旅行者在巴黎和意大利大城市，处处可以见到成群的英国人。但是，在 18 世纪英国人出海旅行不一定需要通行证或护照（事实上，只有少部分人需要申请通行证），所以不论是英国还是欧洲国家，都无法提供 18 世纪英国出国旅行的人口的确切数字。但是我们可以从英国外交官的记录、旅行者的日志和欧洲当地书报中，看到关于大量英国人在欧洲的描述。英国对外情势紧绷时，出国人数会受影响，但是一旦情势舒缓，旅行马上又恢复盛况[①]。在当时，只要是有钱的人，都会去法国参访当代城市规划，模仿巴黎的时尚和礼仪，建立社交圈；去意大利观赏古典文物遗迹，购买艺术作品；或去地中海沿岸享受温暖阳光。

这样绅士旅行活动属于英国有土地的精英阶级的教育活动，表现出上层人士所受的高等教育、庞大的财富和各式各样的休闲娱乐。然而，当中产阶级逐渐兴起时，英国至欧洲旅行的人口组成也逐渐转变。过去由贵族、乡绅和其家庭教师为主的旅行，逐渐被以娱乐为目的的中产阶级的短期旅行所改变[②]。当时的期刊如《评论》（*Monthly Review*）《每月评论》（*Analytical Review*）《妇女杂志》（*Lady's Magazine*）在 18 世纪都花了近四成的篇幅介绍大量的旅行书写，而这些旅行书写作家几乎都是中产阶级作家，也可见中产阶级旅行之风行。因此，到了 18 世纪下半叶，传统的绅士旅行形态已改观，而中产阶级旅行者中，也出现了许多女性。

（二）女性旅行[③]

1760 年之前，前往欧陆旅行的英国女性大多是贵族，或是陪同

---

① 关于英国人旅欧人口数量的详细描述，可参考：Towner，1984：figure 1；Black，1999：6-11。

② 关于英国旅欧人口组成的转变，可参考：Towner，1984：figure 9。

③ 大多关于女性旅行之研究是专注在维多利亚时代的殖民主义与帝国主义问题，Mary Louise Pratt 的 *Imperial Eyes：Travel Writing and Transculturation*（1992）和 Sara Mills 所著之 *Discourses of Difference：An Analysis of Women's Travel Writing and Colonialism*（1991）皆是此例。前者探讨旅行书写中如何将非欧洲世界呈现给欧洲读者，其中也分析了女性的旅行笔记。后者运用女性主义理论讨论 19 世纪女性旅行书写、旅人身份，以及其身份与殖民主义之关联。近年来许多学者关心 19 世纪女性旅者前往非欧洲地区之经验与殖民主义和后殖民主义等议题，可参考：Blunt and Rose，1994；Melman，1992；Foster，1990；Birkett，1989；Blunt，1994；Ghose，1998；Stevenson，1982。大多数探讨旅行书写、殖民主义和东方主义之著作都受到萨义德（Edward Said）的东方主义理论（orientalism）影响（Said，1991）。

丈夫出使外交任务。孟塔古（Mary Montagu）所写的《土耳其书简》（*Turkish Embassy Letters*，1763）是18世纪第一本出版的女性旅行笔记。18世纪下半叶，随着中产阶级旅行人数增加，女性出游者也逐渐增加。与此同时，越来越多知识分子开始批评绅士旅行，屡屡讨论绅士旅行带来的道德危险性[①]。历史学家纽曼（Gerald Newman）指出，尽管18世纪英国男性时常出访巴黎，法国文化对英国的影响力却常被称为"疾病"（disease）或"毒药"（poison），而这种情形至18世纪下半叶尤盛（Newman，1997：71）。英国卫道人士批评法国道德败坏，担心法国文化玷污了英国人的性情（Newman，1997：63–84，145–148）。在这些批评声浪中，他们的批评对象是男性旅行者。但是这不代表女性走出家门就是合乎社会道德标准的，而是因为女性出游人数仍远低于男性旅行人数，未造成庞大威胁性。

18世纪影响英国女性教育最深远的几部书，如1762年在伦敦出版的《爱弥儿》（*Émile*，Rousseau，1955）的第5章，《为年轻妇女证道词》（*Sermons to Young Women*，Fordyce，1770），《父亲给女儿们的最终叮咛》（*A Father's Legacy to His Daughters*，John Gregory，1774）和《女性职责探究》（*An Enquiry into the Duties of the Female Sex*，Thomas Gisborne，1797）等著作皆指出，女性最好不要参与公共活动，如政治和商业活动或讨论哲学和科学等议题。这些作者强调女性的美德和她们在家中的责任。文学批评学者劳伦斯（Karen R.Lawrence）即指出，"当奥德修斯出外航行时，潘妮洛普在家等待，这是西方文化中一个不变的论调"（Lawrence，1994：IX）。[②] 的确，大多数西方文学中，女性的人生情节就是在家中等待丈夫、子女或不可期的陌生人。女性的空间总是被设定在家里，而"等待"在某种意义上是无权势的表现。故一般历史经验或是文学角色中，逃脱家庭束缚、出走、征服外界等都是专属男性的经验。

不过，女性不被期待出现在公领域的同时，女性"阅读"旅行书

---

① 关于反对绅士旅行的言论讨论，参见：Turner，2001：58–67；Black，1999：297–303。
② 劳伦斯在书中所关切的是从17世纪到今天的女性旅行（包括在欧洲和非欧洲地区）和旅行书写如何介入传统上定义为男性的活动和文类，并指出"异国/男性化，家庭/女性化"这样的分类界限是不稳定的。

写却被主流的保守教育者所鼓励（Basker，1996：46–47）。在 18 世纪，旅行书写本来就受英国中上层阶级欢迎①，而女性阅读旅行书写也被视为合于女性道德与爱国的行为，因为旅行书写通常是中产阶级的作家所出版，他们旅行的态度和上层阶级有所不同。前者心态上以英国为傲，在旅行书写中常常借由比较欧洲各国文明、礼仪、城市发展等来强调英国在各项发展上优于欧洲，甚至优于全世界。在男性家长看来，这类中产阶级所写的旅行书写"适度地"满足了女性的好奇心，增广了见闻，同时也能了解到英国的优势和国力。②

然而，18 世纪后期，印刷品流通频繁，女性自我意识提高，越来越多的女性渴望受到平等对待，渴望见识外面世界，渴望证明自己的能力。当家庭或自身经济能力许可时，越来越多的女性不再满足于阅读旅行书写，她们亲自旅行至欧陆，也写下她们的旅行经验。因此，18 世纪下半叶后，女性越来越常出现在公共领域中，男性知识分子试图要维持的两性秩序难以维持，以至于 18 世纪尾声，越来越多保守人士规劝女性回归家庭，显示出他们对于当时女性出现在公共空间已是常态的焦虑。

（三）法国大革命时期的旅行

法国大革命爆发后，许多英国人继续前往法国，以期见证大时代变动。从此，旅行变成一项政治活动。英国人希尔（T.F.Hill）于 1791 年秋来到法国，在其旅行书写《法国政治观察》（*Observations on the Politics of France*）首段中写道：

> 旅行者从前拜访法国，不是去观察当代法国人的礼仪，就是去探究过去的遗迹；甚至有些比较不深思熟虑的人，他们到法国只是为了找寻娱乐。现在旅法人士的注意力都转向

---

① 在 18 世纪，《去欧洲旅行》、《记下旅行见闻》和《出版旅行日志》一直在英国中上层社会风行（*Critical Review*，1797，p.361）。考夫曼（Paul Kaufman）的研究中指出，在 18 世纪，旅行文学拥有大量的读者群，其数量仅次于小说的读者（Kaufman，1969：31，72）。相关研究，也可参考：Brewer，1997：177–181。18 世纪的作家伯斯威尔（James Boswell）对此阅读风潮也有描述（Boswell，1980：52）。

② 相关论述可参考：Pearson，1999：55–57。

了政治……而我也是去观察这座智识火山的爆发（法国大革命的爆发）所带来的各种现象。(Hill，1792：1)

其文表现出，以往英国人到法国主要是观察当地礼仪、当代城市或历史遗迹以及参与娱乐社交活动。而法国大革命提升了人民的政治意识，以至 18 世纪末和 19 世纪初去法国的旅行者皆在其旅行书写中表达出对于政治议题的关心，尤其是政治改革、自然权利、战争、国家未来发展等议题。然而在法国大革命战争（1792—1802）威胁下，英国发展出普遍的政治保守态度和爱国主义。1794 年后英国人的旅行笔记中也逐渐表现出国家意识和自我与他者敌对的现象。

然而，一般关于 18 世纪旅行的研究，甚少处理法国大革命爆发后的旅行活动，乃至认为其后因政局因素，1789—1815 年间英法或英国至欧洲旅行者甚少。事实上并非如此。即使法令不利于旅行的产生，且大量贵族的确在此时畏于出国，但两地来往者仍然很多。法国大革命爆发后，社会变动快速，社会动荡时有所闻，但两岸间通行依然频仍，许多支持国会改革者或激进派人士，便是在此时来到巴黎，以期亲眼见证新时代来临。其中，许多著名女性文人也在法国大革命时期来到法国或欧陆其他地方，如沃斯通克拉夫特、威廉斯（Helen Maria Williams）、拉德克利夫（Ann Radcliffe）、柏妮（Frances Burney）、埃奇沃斯（Maria Edgeworth）和雪莱（Mary Shelley）等。因此，尽管女性旅行者也在回应大革命和大革命战争所造成的冲突上留下了丰富的资料，但却很少有人在论述大革命辩论时专门强调这批旅法的女性文人。①

---

① 多兰（Brian Dolan）在 Ladies and the Grand Tour 一书中的第 7 章中，讨论了沃氏、威廉斯、贝芮（Mary Berry）和史塔克（Mariana Starke）等人的背景和旅法经验（Dolan，2002：201-240），爱狄克斯（Sandra Adickes）在 The Social Quest：the Expanded Vision of Four Women Travelers in the Era of the French Revolution 一书中也讨论了法国大革命时期英国四位女性旅行作家：沃氏、威廉斯、贝芮和拉德克利夫，提供读者对大革命时期英国女性旅行作家和其著作之基本知识（Adickes，1991）。然而多兰和爱狄克斯皆未在政治思想或大革命方面上做更深入探讨，而这正是在此非常时期中英国女性旅人最关心的课题。值得一提的是，特纳（Katherine Turner）在其著作 British Travel Writers in Europe 1750-1800 中分析 18 世纪男女两性的旅行作家、英国国民性（Britishness）以及国家认同的建立等问题，实为一佳作（Turner，2001）。

当法国大革命走向激烈，大革命战争爆发，英法关系紧张，法国境内的气氛也从欢迎外国人（cosmopolitanism）转而仇视外来人（xenophobia）。[①] 1793 年 10 月 9 日，法国国民公会（National Convention）下令逮捕法国境内所有的英国人，并没收其财产（Rapport, 2000：200−201）。几天后，连支持法国大革命的英国激进派人士亦被捕入狱，例如威廉斯（Williams, 1795：17）和潘恩（Thomas Paine）。沃氏因为已在美国大使馆注册为美国人伊姆雷（Gilbert Imlay）的妻子，成为美国公民，逃过一劫[②]（Wollstonecraft, 1979：231）。直到罗伯斯庇尔于 1794 年 7 月被处死，恐怖时期才告一段落，政治犯恢复自由。但是英法两国紧绷关系未解，大部分至欧洲旅行的英国人在此时会选择绕道而走，不走往常最繁忙的路线（英国多佛港出发，至法国加莱港靠岸，再往东至巴黎），避开法国主要城市，或直接改至荷兰、日耳曼地区、瑞士和意大利旅行，拉德克利夫便是如此（Radcliffe, 1795）。当然，因为想一睹法国当前状况，选择冒险至此旅行的英国人也还是有。[③] 18 世纪末拿破仑崛起，野心勃勃地想征服欧洲与英国，1798 年至 1805 年间不断在法国沿海建立军队，企图征服英国[④]，导致英法之间民间旅行再度受到军事威胁而停止，直到 1801 年 10 月 1 日和平协定草定，两国旅行才再度展开，1801 年 10 月至 1803 年 5 月间，英国人又蜂拥入巴黎，希望一睹拿破仑之真面目。

（四）沃斯通克拉夫特的旅行与旅行意义

沃氏一生都在移动迁徙，在不同的地区追寻她的生活理想。由于

---

① 关于法国大革命时期外国人在法国境内的处境与相关政策，可参考：Rapport, 2000。

② *Mary Wollstonecraft：Letters to Gilbert Imlay*, Neuilly – sur – Seine, June 1793. 在巴黎的友人往往称沃斯通克拉夫特为"伊姆雷夫人"（Mrs. Imlay）。参见：Martha Russell, 1794−1795：18, 19, 42；Mary Russell, 1794−1795：3。

③ 例如一位匿名的"女士"（Lady）写道，尽管她抱持着"恐惧的心情"（with "trepidation"），也想在 1796 年时来到法国，因为她渴望观察"这个世界前所未有的少数政治剧变"所带来的影响（Lady, 1798：1−2）。

④ 虽然在拿破仑时代，英国国土未曾被严重入侵，不曾被法军蹂躏，英国人惧怕被侵略的心情却是前所未有的凝重。法军曾在 1796 年入侵爱尔兰，失败，在 1797 年短暂登陆威尔士，在 1798 年再度登陆爱尔兰。在 1803 年至 1804 年间，拿破仑大军进逼英国国土的庞大威胁也造成英国人心惶惶。

家境因素，沃氏在 1784 年定居伦敦之前，生活流离迁徙不定，七度搬家。1785 年她抵达葡萄牙，陪伴因难产而临死的挚友布拉德（Fanny Blood），隔年她航行到爱尔兰做家庭教师，为期一年。1787 年她重返伦敦，决定成为职业作家。1792 年 12 月底，为了目睹法国大革命的理想如何在人类社会中实践，她独自来到巴黎，停留了六个月后，为了避开雅各宾党人的政治风暴圈，又迁至巴黎郊区纳伊（Neuilly）居住。1795 年春天，她为了挽回与伊姆雷的关系，回到伦敦。同年夏天又开始下一趟商业旅行，先后至瑞典、挪威、丹麦。沃氏的经济并不宽裕，出走也不是为了娱乐，而是外在压力迫使下的移动。她不断寻找契合她理想的境地，认为在其中才能自由且独立地思考。她最后出版的一本旅行书——《瑞典、挪威和丹麦短居书简》，就是将旅行描写成一场心灵从束缚中解放出来的过程。她曾在《评析》中写道："旅行的艺术……也是一种思考的艺术。"（Wollstonecraft，1989：277）对她来说，旅行不该是漫无目的，纯粹娱乐；旅行也不仅是去见证书中的世界或是厘清书中的谬误。沃氏认为，旅行应该是解放身心，在出入国界时去反思自身身份、自己与社会发展的可能性。她曾提醒女性同胞们，当她们到国外旅行时，不应该无目的地前进，或是仅将注意力集中在她们的衣着上面（Wollstonecraft，2009：65），在这方面，她认为，保持记日志的习惯是发展思辨能力最好的方式（Wollstonecraft，1987：79）。

由此可见，对于沃氏来说，旅行最重要的是在这段过程中一定要不断思考哲学、社会以及人该如何存在等严肃议题。旅行是以具体的行为来追求精神的更完美，自身思想在不断旅行的经验中去调整定见。本文将指出，在沃氏的书中，"自我"与外在经验的互动强烈，而她的"自我"和他乡接触的经验中，"我"没有绝对主导性或宰制性，"我"与"他"是平等的相互影响，两者不再是相对的概念。我们将发现，沃氏原本持有的政治观念在来到法国，经历了法国大革命之后开始转变，她注意到人性与社会的复杂，更重视实行上的可行性。不过，她从未放弃对于理性的坚持和自由、平等的政治理想。

二、沃斯通克拉夫特的政治理念与理性思想：1792 年以前

（一）论人权

在探讨旅行经验对于沃斯通克拉夫特的思想影响之前，笔者必须先交待沃氏早期在伦敦时的政治理念和理性思想。沃氏曾在 1790 年和 1792 年分别写作了《人权辩护》和《女权辩护》，阐述了自己对于人类社会和政治体制运作的理念。《人权辩护》表现出她对启蒙思想中理性和自然权利的理解，与对法国大革命的支持态度，以及反对柏克（Edmund Burke）的政治立场。柏克于 1790 年 11 月 1 日出版《法国大革命的反思》(*Reflections on the Revolution in France*)，反对大革命，一再呼吁英国传统，以及宪政和历史延续性的必要性。法国大革命的爆发，不仅得到激进派人士的支持，连柏克国会中的同僚都视这场革命为延续英国光荣革命和美国独立战争以来的改革风潮，而给予祝福，唯有柏克自始至终不认为法国大革命与英国光荣革命有相关性。在《法国大革命的反思》中，柏克认为这场革命将是一场全盘的革命，它推翻一切秩序，试图建立新秩序，但是这样浩大的建国工程却仅仅基于"民主"和"自然权利"等抽象理论和革命人士对于未来的美好臆测，而没有任何实际的经验。因此，他试图让英国人民了解既有社会，政治和道德秩序的实际美德（practical virtue）；也就是说，英国已经享有相当完善的宪政运作，人民已拥有自由与公民权。柏克也警告读者，一旦让法国大革命的思想蔓延开来的话，其势力将危及西方历史中传承下来的文明。

柏克的言论激怒了沃斯通克拉夫特，于是她出版《人权辩护》反驳柏克对于大革命的观点，并讨论了基本的人权问题和君主制的合法性。对于沃氏而言，柏克的社会秩序是社会不平等的结果，是应该被淘汰的封建产物，而基于自由和平等理念的法国大革命才是合于道德和政治理想，以及人类的真文明得以建立的正确道路。她本来就极厌恶专制与不平等，同情弱势，相信人的可塑性。在她看来，法国大革命是启蒙运动以来的自由理念的展现，让她对社会进步涌起无限希

望。1790 年的沃斯通克拉夫特相信人类是理性的，会不断进步，她也相信法国大革命势必将引领人类走向康庄大道。当柏克坚信，英国人享有古宪法（the ancient constitution）传统，而且英国人民在宪政传统中，已经享有充分的自由和权利，沃氏却承袭洛克的理论，不讲英国古宪法，强调"所有人"——超脱"英国人"的范围限制——与生俱来的自然权利；也就是说，自由、财产等权利是人类这样一个理性的动物"出生时便拥有的"，"人类的权利不是从他们的祖先得来，而是神所赋予他们的，所有的政府体制都不能破坏此自然权利"（Wollstonecraft，1997：43）。柏克所支持的传统社会秩序，在沃氏看来是封建时代传下来的，也就是不平等的、社会建构的，也有碍于新社会的健全发展。沃氏的激进思想，反映出英国 18 世纪下半叶以降逐渐增长的改革呼声，延续了洛克的契约和自然权利论点，以及抵抗权（the rights of resistance）之说法，也支持异议派人士（Dissenters，系指非英国国教信仰者）如普莱斯（Richard Price）和卜力士力（Joseph Priestley）所主张的，在上帝面前，人人皆平等。同时，沃氏亦如同潘恩和麦金塔许（James Mackintosh）等 1790 年代的激进派人士，相信人的理性与知识无限进步的可能性，倡导更为激进的国会改革，甚至直接否定了英国古宪法迷思与英国自由传统（Paine，2000：85，63－91；Mackintosh，1791：48－49，306；Dickinson，1977：229，240－242）。英国古宪法迷思由来已久，已是英国政治思想传统中的思想根基。史学家波考克（J.G.A.Pocock）曾解释道，古宪法一说约莫形成于 1600 年，系英国法学家依据英格兰习惯法（common law）所倡设出的历史论述。英国所有法律皆可统称为习惯法，乃源自共同之习俗（common custom），也就是民间法庭的宣告和解释，根植于过去之记录（record）、原则（axiom）和判断（judgement）。波考克又指出，一切习俗在定义上都是古老而不可考的，所以依之而形成的习惯法都不是编年史中可考之记录。由此推论，整部英国法律，以及英国的宪法传统——古宪法——系无可溯源，而这部诉诸远古的古宪法保护了代代英国人的"自由"和"权利"。（Pocock，1960：129－130）因此柏克认为，英国人民本来就继承了此宝贵的财产，维系着英国的社会秩序，亦保护了人民的自由与权利，所以英国人无须借助其他启蒙思想家或法国大革命之理论来重建其政治制度。在更为激进的 1790 年代思想家眼中（但这些激进派思想家即使鼓吹的是撼动基本宪法的改革，也鲜少人士表明希望英国也发生革命），造福全民的宪法需要的是更理性的典范，而不是在"想象中才存在的祖先美德"①（Wollstonecraft，1997：75）。这时代中活跃的激进思想家如沃氏、潘恩、麦金塔许和麦考利（Catherine Macaulay）皆拒绝相信"过去"（past）；对他们来说，柏克所哀悼的"骑士时代"（the age of chivalry）意味着封建野蛮、不公义和迷信。他们相信 1789 年这世代的人们身处在理性的时代，拥有进步的无限可能性。②而法国大革命应新时代需要，摧毁传统的阶级制度和封建体制，创造出人类历史上第一次建立在人权和理性之上的政治制度，系人类迈向真正的文明的第一步。

（二）论性别不平等待遇与女性教育

沃斯通克拉夫特不断地与各种形式的不平等和专制对抗，她日后的《女权辩护》也延续了这样的主题，转而抨击传统社会建立的女性化和两性不平等待遇。就如波特（Roy Porter）在《启蒙运动》（*Enlightenment*）中说明的，在 18 世纪，无论从圣经、法律，还是规范等方面来解释，男性都处于主导地位，女性仅是从属（Porter，2000：320）。18 世纪的哲士相信女性无论从身体结构上、体力上，还是心性上，都是被创造来生育养育下一代的。他们认为女性缺乏理性，不宜掌握权力或参与政治活动。换句话说，男女在生理上的不同会直接造成男女在社会角色上的差异。沃氏不认同这种观念，并对当时社会的性别概念和女性教育的内容提出强烈批评。她提出的女性教育改革、两性应受相同的教育和女性应该具备理性等，引起英国保守知识界哗

---

① 原文为：A constitution needed to have a "higher model in view than the magined virtues of their forefathers".

② 柏克哀悼"骑士时代"（the age of chivalry）已死。柏克这样的感叹被激进派人士批评为不合潮流，属于封建时代的、不公义的（Burke，1999：76；Wollstonecraft，1997：61；Paine，2000：71，97，158；Macaulay，1791：53–55；Mackintosh，1791：197）。

然。①

以下先简述 18 世纪英国女性所处的环境。前已论及 18 世纪卫道人士对于女性道德和行为的规范，其中，在影响 18 世纪教育和人性探讨甚巨的著作《爱弥儿》中，卢梭不仅继承并发展性别从属关系之说，也再次强调了男女在生理、智识、理性、情绪和功能上的分别，遂结论到女性生来就应当温顺服从，在家相夫教子，此书对英国教育和道德指导上影响深远。② 对于 18 世纪的思想家而言，人出生时的生理性别差异（sex，即出生时是男是女），决定了其日后的个性（女性化或男性化）和社会角色。卢梭主张孩童有权利去探索他本来的特质和潜力，在不同年龄给予不同的适性教育，俾能让男孩（爱弥儿，Emile）成为社会中的公民。女性（苏菲，Sophie）在发展天性时，由于其体能和心智有限，是应男性而生的创造物，并非独立主体，应当在家中扮演好女儿、妻子和母亲等角色。卢梭也指出，苏菲只宜有情感方面的表现："如果她真的拥有天分，又去夸耀的话，只会降低她自身水准。"（Rousseau，1955：372）卢梭又解释道，"女性的荣耀在于不为人知，她的光荣是丈夫的尊重，她的欢乐来自家庭的幸福"（Rousseau，1955：372）。女孩应被教导成为具有家庭美德的主妇，职责在取悦男性和教育下一代成为良好公民，也就是说，她的影响力不可以逾越家庭范围。对于卢梭和他的追随者而言，尽管女性的职责不同于男性，她们对于国家的贡献依然是必要的。

另外，18 世纪最受欢迎的保守派教育手册（conduct books）中对于女性本质和教育上，也指出与卢梭相似的观点。先前指出的英国启蒙教育家葛雷戈里和佛戴思皆强调女性女性化的外貌和举止行为，

---

① 当时英国保守人士对于沃斯通克拉夫特的《女权辩护》的震惊与抨击，可参见：Walpole，1903-1905：337；More，1799：147；Burke，1958-78：304；Polwhele，1798。

② 1762 年卢梭的《爱弥儿》的出版在英国引起高度的回响，《伦敦纪事》（*The London Chronicle*）《评论》和《每月评论》等期刊中皆可见相关评论。关于卢梭在英国的影响力，参考：Duffy，1979：9-31。杜夫（Edward Duffy）指出，读者可以从 18 世纪《爱弥儿》的英文版书名了解到此书在女性教育上的影响：当时英国人十分重视《爱弥儿》第 5 章关于苏菲（Sophie，爱弥儿的配偶）和女性教育的内容，甚至直接在书名翻译上给予苏菲一个位置。因此，对于英国读者来说，卢梭的新书称作《爱弥儿和苏菲》（*Emilius and Sophia*），而非《爱弥儿》（Duffy，1979：17）。第 1 版英文版《爱弥儿》名为 *Emilius and Sophia；or a New System of Education*（1762）。

女性应有的美德和身为主妇的重责。学者泰勒（Barbara Taylor）就指出，即使是启蒙教育家，他们仍是希望女性"聪明"（intelligence），但不是"知识分子"（intellectual），也反对女性在文学公共空间中表现她们的聪明才智。同时，他们希望女性懂得"自我尊重"（self-respecting）的同时也意识到自己性别与生俱来的"女性弱点"（feminine weakness），和对于男性的依赖（Taylor，2004：134）。所以这些女性教育书很显然支持既有的男性掌控的世界。

尽管在主流知识分子建立的规范和阶级中，女性居于从属地位，但有不少中上阶层的女性已不愿意再沉默和处在被动的角色。这些女性大多未曾进入学校接受正式教育，沃斯通克拉夫特也是其中之一，后人却可以从她们的手札日记中看出，她们自行进行着严格的阅读计划和语言学习：学习多种欧洲语言，学习历史、诗歌、戏剧、重要政治和人文思想、当时流行的启蒙思想等[1]。文学家詹森博士（Dr. Johnson）曾在 1778 年表示，在他的年代知识逐渐普及，甚至女士们"阅读"都已成为常见的景象了[2]。时间推移到沃氏最活跃的 1790 年代，研究者指出，英国各地的图书俱乐部（book clubs）中，女性已占了会员的三分之一到五分之一（Wilson，1995：79），流通图书馆（circulating libraries）的赞助者中，亦有三成是女性（Kaufman，1969：223-224）。事实上，女性在 18 世纪也不仅在阅读，她们也晋身为创作者，广受瞩目，甚至让男性感到其独享文化创作之地位受到威胁。[3] 1762 年，女性文学家卡特（Elizabeth Carter）出版了《多重场合之诗》（*Poems on Several Occasions*），学刊《评论》马上表现出对于女性出版文史创作或哲学思辨等作品益渐频繁的担忧：

> 也许从来没有一个时代的女性能比我们这个时代的女性在文学成就上更为显眼。我们可能都还记得，从前女性能够拼音就已被视为不平常的现象，会阅读更是被认为是一项奇

---

[1] 关于女性的自我教育，请参考：Brewer，1997：56-59，77-79，194-197；Bodek，1976：185-99。

[2] 该话语被记录在伯斯威尔为詹森博士所著的传记中（Boswell，1980：979）。

[3] 关于这方面的研究，可参考：Mellor，2000：2-4；Jones，1986。

迹；但是现在的情形不太一样了……男人往后退，而女人在进步。男人在唠叨、在打扮；女人在阅读、在写作。因此，这也难怪她们开始占了上风；如果在未来，女人必须在讲堂中教授经典，男人从事针线工作，我们也不会感到惊讶。(qtd. in Jones, 1990：175)

这位评论人借由女性与文学市场的关系的转变，点出了性别与性别位置的刻板形象，也表现出对于 18 世纪下半叶女性文学成就和女性社会地位进步的不安。另一位英国知名作家和教育家埃奇沃斯在 1795 年时也观察到，"晚近这几年女性文人的数量比过去多得多。她们成为社会中一个类别（class），受到大众瞩目，并已经获得某种程度的重视"（Edgeworth，1993：7）。在这里埃奇沃斯强调了女性作家的数量和能见度，她们已经足以成为一个"类别"，并为社会所接受。当代文学批评家梅勒（Anne K. Mellor）就指出，在 1780 至 1830 年间，至少有超过九百位的女诗人、五百位的女性小说家，许多女性剧作家、旅行作家、历史学家、哲学家和政治理论者至少曾出版过一本书（Mellor，2000：3）。埃奇沃斯对于她的时代的观察也证明此现象，也就是说，很多女性在公共领域中活跃着，她们是受到大众瞩目的作家，对于公共舆论的形成有足够的影响力。

因此，在 18 世纪，（保守）知识分子不断强调传统社会秩序（上下阶级秩序或男主外女主内），但是实际上，社会变动从未停止，甚至在此时，变动已然成形。保守教育手册出版得越盛，越可反思当时社会对于社会变动的焦虑。沃氏便是在这个时代背景下，靠自身努力，对抗家庭暴力，对抗社会压力，决定以文教的力量为社会不平等发声。当然，沃氏的政治语言，也造成了英国社会中相当大的反击。《女权辩护》一书中，沃氏先论人类社会的阶级和特权发展，造成权贵人士道德败坏，进一步指出当前女性道德或心智发展的不成熟也是在一个不平等的社会下发展出来的结果。社会若多一点公平与正义，则全体人类——无论男女、阶级——才得以发展出真美德，人类社会才有幸福可言。沃氏指出，她的时代的女性，在孩童和青少年时期都被教导成卢梭笔下的苏菲，也就是只懂得去取悦男性，获得他们的爱护和眼光，以得到惬意的生活（Wollstonecraft，2009：85）。这样的女性教育无疑是将女性转变成社会认定的女性化女性的过程。

沃氏不认为男女与生俱来男性化女性化差异，认为男女出生时在智识和个性上并无差别。她在《女权辩护》一书中就是想质问卢梭，是什么原因造成男女当前智识和理性发展上的差异，使得男性成为统治者和决断者？（Wollstonecraft，2009：7）答案即在于长久以来具有缺陷的教育没有培养女性的理性和智识。沃氏主张女性应该也被视同于男性，而且女性也应该有权利接受与男性相同的教育。她一再强调的概念就是，性别差异是社会给予的、建构的，男女出生时并没有如此的差别，女性是在具有严重缺陷的女性教育过程中被塑造成女性化女性的。[1] 她坚信从卢梭到葛雷戈里以来所有写过关于女性教育和举止这样主题的作家，只是将女性造就得更虚假软弱，使她们成为社会上无用之人，而男性则继续掌握这个世界之主导权（Wollstonecraft，2009：24-25）。沃氏想要强调的是，如果男女都有机会受平等的教育，则都能被教导成理性的人，能够改善他们的情感并培养美德，社会方能全盘进步（Wollstonecraft，2009：40）。

如前所述，18 世纪下半叶强调理性和独立思考能力，而女性化（femininity）被影射了非理性、软弱等特质，[2] 沃氏也是在这个脉络之下，希望女性少一点女性化，多一点男性化，她认为只有如此，才能渐渐成为理性的人，有能力参与公众事务。因此沃氏不断呼吁社会应给予女性多一点公义（justice），女性应受理性教育，让女性举止进行改革（Wollstonecraft，2009：49，202），发展出独立自主概念，拥有意志

---

[1] 在沃斯通克拉夫特看来，是错误的教育制度让女性从"具有真情感的妻子"和"理性的母亲"变得软弱、温柔、依赖、感性，只懂得取悦人，而成为"诱人的情妇"（Wollstonecraft，2009：10，124）。二十世纪女性"女人不是生成的，而是形成的"（qtd. Schwarzer，1984：24）。

[2] 詹森博士的《英文辞典》中，也提供了 18 世纪社会观念的线索。关于 feminine，请见：Johnson，1978：Vol. 1，736。关于 masculine，请见：Johnson，1978：Vol. 2，1209。简而言之，詹森博士和当时大部分思想家一样，认为男性化是男性专属的个性，而女性化是女性特有的特质。男性化与力量、权力、权威等意涵相关，而女性化就是与这些特质相反的特质。所以，对于企求成为一个独立且完整的社会人的 18 世纪女性来说，女性化成为一个带有负面意义的形容词。因此文化批评学者柯普兰说"所有的女性主义在意识形态上都会对于女性化（femininities）带有敌意"（Kaplan，2009：348）。

力，准确判断力、庄重、理性和智慧等美德（Wollstonecraft，2009：11），如此一来，女性也就能够和男性一样为社会贡献其力（Wollstonecraft，2009：9，10，13，26，124）。当然，她不仅期望女性的举止有所改革，男性举止亦须要有所改变。理性的男性不应该再视女性为家中的奴隶或低于他们的生物；男性应该给予女性平等机会，人类社会才可能获得长足且完全的进步（Wollstonecraft，2009：202）。

（三）沃斯通克拉夫特的自身经验

沃斯通克拉夫特对于社会体制的不平等的反感，一部分是源自于幼年成长经验，这也是使她相当重视家庭内成员的情感和地位平等的原因。她在写作《辩护》二书的理想时，也期许这些理想能够落实在自己的生活之中。独立、自由和平等一直被她视为个人最重要的生活条件。沃氏出生在有家庭暴力的乡绅家庭中，她的父亲酗酒，个性粗暴，母亲却总是顺从父亲，毫无己见（Godwin，1987：205–207）。根据高德温（William Godwin）为沃氏所写的回忆录，沃氏年幼时常常为了保护母亲躲避父亲的拳脚相向，而将自己置身于"暴君"（父亲）和"受害者"（母亲）之间（Godwin，1987：206）。① 所以，她既厌恶像她父亲那般的家长式权威和暴力，也不愿做一个和她母亲一样软弱无己见、必须依附于男性的女性。沃氏想对抗体制，率先做"新一类"（a new genus）的女性，②以一个职业作家的身份，说出社会不公，推动改革，并从经济独立开始，成为一位独立的女性。唯有如此，女性才得以拥有平等和自由，在家中受到尊重，性格才会健全，不因受压迫而扭曲，从而才能在家庭中发展出来真感情。

同时沃氏也强调个人的自由和独立。沃氏在 1787 至 1792 年间的书信中屡次提及"自由"（freedom/liberty）和"独立"（independence），以及这两个概念对于自己和人类生存的必要性。从詹森博士的《英文辞典》中可看出，在英文传统中，freedom，liberty，inde-

---

① 高德温是 1790 年代著名的英国激进派思想家，他与沃斯通克拉夫特于 1797 年结婚。
② 沃氏写道："I am … going to be the first of a new genus … I tremble at 'the' attempt"，Mary Wollstonecraft to Everina Wollstonecraft，London，7 November 1787.（Wollstonecraft，1979：164）

pendence 意义上有许多相通之处。① 前两者的意思都含有免除奴隶状态（exemption from servitude）、独立（independence）、拥有公民权（franchise）之意，而"独立"的含意是自由（freedom）、不依赖或被控制（exemption from reliance or control）（Wollstonecraft, 1978：Vol.1，803-5，1026；Vol.2，1140）。1787 年沃氏写给其姐爱芙林娜（Everina）的信中便提到，"我一定要独立"（Wollstonecraft, 1979：165）。同时她写给友人詹森（Joseph Johnson）的信中表明她决定执笔维生，即使当时男性通常会嘲笑女性的决心，她也会坚持她的志向，她又继续写道："在这 29 年的岁月中，我得到了一些经验，经历了许多次严重的失望……我渴望多一点平静和独立！我们人类给予的每个义务只是新的束缚，有损于我们与生俱来的自由，贬低我们的心智，使我们仅仅像蚯蚓一样生存着——我不想再卑躬屈膝！"②（Wollstonecraft, 1989：Vol.6，354）她相信大环境足以影响每个人。环境不公，则人性因此被扭曲；反之，若改变政治体制，开放人民参政机会，消除社会不公，则在社会制度下被扭曲的人性（系指下层人民和女性的性情与道德）得以矫正，社会问题将随之解除。当她对英国政治改革和社会现状屡次感到失望时，她依旧坚信自己的能力可以逆潮流而行，就如同她对爱芙林娜所写的："你知道我不是生来循旧路而走——我本性中一股奇特的决心驱使我前进"（Wollstonecraft, 1979：165），这股力量使她宁愿特立独行，不曾屈服于社会现状，只要还活在世上，她就会"尽力去获得独立，并且使自己成为有用的人"（Wollstonecraft, 1989：Vol.6，359）。

沃斯通克拉夫特的理想社会蓝图中，也可看出家庭（family）的重要性。在沃氏的政治思想中，家庭一直占有核心位置。③ 丈夫和妻子享有平等权利，彼此受到平等待遇，拥有节制的、朋友式的情感，

---

① 从《牛津英文辞典》（*Shorter Oxford English Dictionary*）的解释中，也可看出 freedom，liberty，independence 在含义上相通之处。

② Joseph Johnson（1738—1809）是激进派书刊的重要发行人，与沃氏感情亦师亦父亦友。本文中所提及的詹森皆是指 Joseph Johnson，詹森博士则是 Dr.（Samuel）Johnson。

③ 关于沃氏的家庭与政治思想的论文，可参考 Sylvana Tomaselli，"The Most Public Sphere of All：the Family"（Tomaselli，2001：239-56）。

这样的和乐家庭（harmonious family）才是培育出良善，具有美德的公民的摇篮。在这样的社会中，女性可以同时尽母责以及公民义务，这两项并不相抵触。其实在卢梭和柏克的政治思想中，家庭都与孕育良好公民（男性）和政治美德息息相关。卢梭的概念在文中第 2 章第 2 节已叙述，他笔下的家庭着重在孕育具有美德之爱国公民，而女性应负起此教育重责。但他的家庭概念中的男女不是平等地位，女性的角色总是附属男性，是父亲的女儿、丈夫的妻子和儿女的母亲，不宜社会上崭露头角。① 柏克所讲的家庭亲情强调忠诚和世袭的价值（loyalty and heredity），社会也就是因为这样的依赖从属关系（dependency）而增强其结合与团结。② 沃氏的家庭概念和亲情与这两者皆不同。她讲的亲情是基于平等和尊重。在她的政治思想中，文明最初的来源是出自拥有自然亲情的和谐家庭。对一个国家来说，爱国主义就是个人对家庭情感的延伸。在她看来，柏克所讲的家庭中，父母对待孩子像对待奴隶一般（也就是与自由独立概念背道而驰），要求完全服从，否则予以处罚，而孩子是因为父母的遗产才对父母尊敬，这样的亲子关系是建立在虚假情感上，是破坏了最自然且神圣的情感（Wollstonecraft，1997：52—55）。沃氏也不客气地指出，柏克这一类带着虚假情感的家庭就体现了封建社会样貌以及压迫弱势的意识形态，而且真正的幸福不会在这种压迫式家庭和社会产生。也就是说，沃氏坚持真正的家庭幸福源于彼此间平等的友谊和亲密关系（Wollstonecraft，1997：39）。在她的政治理念中，沃氏非常强调每一个个人的幸福与自主性的发展。所以，她强调政治改革的同时，也关心更广的文明进步过程，也就是个人——无论男女、老少、阶级——皆培养美德，美化心灵，累积知识（Wollstonecraft，1997：73）。在沃氏理想的家庭中，丈夫和妻子是平等且独立的，各尽其责，因为真正完善的情感只有在平等中才存在。因此，家庭情感也可以是文明的表现，而女性在促进文明进步上所扮演的角色和男性一样重要。

---

① 卢梭这样的说法与沃氏的两性地位平等和角色平等概念不合。
② 柏克的说法与沃氏的自由和独立概念相违背。

三、历经法国大革命对沃斯通克拉夫特的
影响：1792 至 1795 年

（一）法国大革命

法国大革命的爆发快速提升了英国人的政治意识和政治敏感度。许多同情大革命的英国人，尤其是激进派人士，纷纷来到法国，以期见证大革命对于人类社会带来的裨益。从此，旅行变成一项政治活动，许多英国人就像今天的海外新闻记者一样，在巴黎记下了大革命的一切风吹草动，也反映出自身的政治态度。从 1789 年至 1792 年盛夏，许多英国激进派人士都旅行至巴黎，留下正面肯定法国大革命的文字，如威廉斯、库珀（Thomas Cooper）、克利斯蒂（Thomas Christie）、洪阔夫特（Thomas Holcroft）、诗人华兹华斯和罗杰斯（Samuel Rogers）等。1791 年之后，法国大革命造成的动乱也开始在英国流传开来，大多数英国激进人士选择不相信这些流言。

沃斯通克拉夫特急着在人类社会中寻找一个完美的制度和生存方式。1792 年之前，当她在英国的时候，她就渴望自己与全民的自由和独立，但是英国的政治和社会现状让她感到失望。法国大革命爆发后，她期待去法国，希望在这样一个自由的国度展开新生活。在伦敦著述《人权辩护》时，沃氏试图将大革命带来的混乱合理化，赞扬大革命的原则，反对旧政权，并同情法国人民发出的抱怨。对她而言，特权阶级所流的血只是建立一个新国家的过程中的小代价。虽然沃氏并不主张暴力革命，而且她认为是政府和统治阶级顽固地拒绝改革，才迫使革命党人采取暴力途径，不过她还是指出，如果牺牲少数特权阶级是达成普遍人民幸福的一个必要过程，她还是会同意（Wollstonecraft，1997：89）。在出发至巴黎前，1792 年 11 月 12 日，她写信给友人罗斯科（William Roscoe），劝他不要轻易相信对于大革命不利的流言，也不要因为法国大革命以最快速的方式进行改革，就对革命理念退却（Wollstonecraft，1979：218）。

沃氏在 1792 年夏天决定和詹森和富泽利（Henry Fuseli）一起前

往法国。但是，1792 年 9 月，当此三人抵达多佛港时，方得知法国发生严重动乱。在巴黎，由罗伯斯庇尔和马拉等领导的雅各宾党已于 1792 年年中时压倒吉隆地党的声势，并且将革命导向激烈，又借巴黎无套裤汉（the sans-culottes）之助①，对抗温和派份子，立宪派和保皇派。8 月法国王权倾覆，9 月初巴黎发生"九月屠杀"（the September Massacres），这些事件使得许多同情法国大革命者开始对于大革命疑虑和反感。很明显的，在这混乱的时候访问法国是不智之举。因此，詹森和富泽利决定返回伦敦，此行于 9 月 13 日结束（Wollstonecraft，1979：214）。一些旅居法国的英国人也在此时匆忙返回英国，例如华兹华斯。尽管如此，沃氏依旧不相信报纸的报导，不愿意遵循别人的道路而走。她仍然对大革命抱持乐观态度，甚至决定要独自出访巴黎。

她在 1792 年 12 月底来到巴黎，大革命现状却很快就让她感到失望。在 1792 年 12 月 26 日一封给詹森的书信中，沃氏的巴黎经验充满了对于动乱和流血事件的恐惧，时时看到人头落地，时时有人在对面公寓中监视，到了夜深人静时，她独自在公寓中，日间的恐怖血腥景象仍然如噩梦般盘踞在她的脑海，对面公寓的人们不时挥舞着双手，怒视着她。她感到死亡的威胁，"第一次不敢吹熄蜡烛睡觉"（Wollstonecraft，1979：227）。她也看到法国国王路易十六经过，去出席他的审判；她发现，路易十六比她之前想象得有尊严（dignity），他能够不慌乱地迎接死亡（Wollstonecraft，1979：227）。亲眼目睹这一切血腥风暴，亲身经历身处大革命恐怖时期的恐惧后，沃氏很快就承认了雅各宾派的残酷和民众的无知，也承认王室有时并不如她想象中的不值一顾。

接着隔年 1 月路易十六被处死，2 月英法宣战，3 月革命政府在旺代地区（Vendée）镇压反叛活动，种种政治危机都严重打击了英国境内或境外支持大革命者的信心。在 1793 年 2 月写下的《关于当今法国特性的一封信》中，沃氏比较了来到法国前后对于法国和法国人

---

① The sans-culottes 系指法国大革命时期属于下层阶级的革命分子，多为劳动阶级、小商店主等。当时贵族着及膝短裤（culottes），而下层阶级着长裤。

观感的认识和改变，从中也表示到不再能乐观地认为革命会进展到一个纯粹民主的黄金时代。在来到法国之前，她认为法国人个性有所缺失，过于轻率虚伪，但是她以为在 1789 年后的"文明的进步"（the progress of civilization，系指法国大革命）中法国人民自然会拥有"强烈的美德"（strong virtues）与"文雅的行为举止"（polished manners），或是在这样的进步过程中，人们会自然而然地变得具有美德。然而她亲自观察法国社会后，虽然仍支持大革命的理想，却对于历史进程和以革命方式来进行政治改革感到悲观，对于自己过去坚信的理性政治理念和产生怀疑（Wollstonecraft，1989：Vol.6，444 – 445）。尽管她仍然认为，她在法国所见到的悲惨现象，不能仅归咎于目前的混乱政局，旧政权的长期暴政依旧是主因。但到处可见的饥饿和死亡人民还是让她怀疑了她原本所相信的神的旨意和"黄金时代"（the golden age）终将来临：在上帝理性和渐进式的旨意下，人性会不断臻于完善，其道德和智识和政治组织型态都会不断提升到最完美境界。透过亲眼观察和体验法国大革命现况，她对于此进步说与人的理性和道德不再信任；恶（evil）是无论何种形式的政府或理想崇高的革命中都会存在的现象（Wollstonecraft，1989：444 – 445）。我们也可以看出，此时，沃氏不再如 1792 年前的她，或如 1790 年代初期的激进派人士，相信政治改革势必带来社会进步，消除社会不公，和提升人民的道德[1]。她不再天真地认为大我改变，小我即进步，也开始怀疑政治革命促进社会彻底改革的有效性。简单来说就是，革命看似快速的改革，实际上却未必带来改革与修正弊端的成效；这场大革命只是改变了政府的形式与名称，但不是法国人的思维方式和去除一切人性中的恶。原先她以为在法国大革命中，只要自由和自然权利得以伸张，则每个人都能得到保障，在这样公义的政治体制下，人民的性格就不再扭曲。但是身在法国，沃氏发现，政治权力仍掌握在某些人手中，而且人们的道德也不会因为制度的改变而跟着改善，政府也依旧贪赃枉法；大多数法国人依然不关心政治，也轻易地被政治所利

---

① 关于1790年代激进派人士相信政治改革势必造成社会进步，参阅：Dickinson，1977：232 – 269。

用（Wollstonecraft，1989：446）。在这样新旧体制的交替中，官员依旧腐化，渴望权势，社会不满的情绪依旧高昂。

在她的下一部著作《法国大革命的起源与进展》①中，沃斯通克拉夫特探讨大革命在哪个环节出现了错误，以及为什么会出错，同时她也思考以什么方式将法国大革命之理想付诸实现。在恐怖时期许多原先支持法国大革命的英国人，如麦金塔许、华兹华斯、柯立兹和西娃（Anna Seward），放弃了他们对于大革命的信念，改变了对于大革命理念的想法②，而旅居巴黎的沃氏却煞费苦心地去检讨和捍卫大革命，并坚持她在《人权辩护》和《女权辩护》中的论点，也就是真正的文明起始于每个人民都享有自由与幸福。从序言开始，沃氏就试图说服读者，大革命的现阶段虽然充满混乱和暴力，但长远来看，社会会逐渐迈向理性、公义、自由之状态。她希望读者不要因为当前的混乱，而冷却了对于大革命理想之坚持。沃氏解释法国大革命的暴力的方式与许多激进派人士相似，她也认为法国境内普遍存在的极端不平等现象和旧政权的腐败是导致法国大革命过度暴力并发生恐怖统治的主要原因。③ 其结果是令人沮丧且可悲的，但也是可以预测的，因为法国人民在旧政权的不公义不平等中，已经畸形。

沃氏论道："法国人性格在存在已久且根深蒂固的专制主义中已经堕落腐化，即使在攻下巴士底监狱这样突出的英勇表现中，我们也看到了相似的性情，这样令人眩目、自视过高的野心也造成所有接踵而至的愚蠢犯罪行为。"（Wollstorecraft，1989：Vol.6，123）沃氏延

---

① 后文中《法国大革命的起源与进展》简称为《法国大革命》。

② 关于麦金塔许和华兹华斯的政治思想，后文中将再述及。关于柯立芝的思想转变，可从其 "Lord Moira's Letter"（1798）见一斑。参见：Coleridge，1978：13-16。罗伊（Nicholas Roe）对于柯立芝与华兹华斯早期激进共和的政治思想与转变，做了详尽的研究，参考：Roe, Wordsworth and Coleridge: The Radical Years（1988）。西娃支持国会改革，同情英国异议派人士，法国大革命爆发初期，她同情大革命，否定柏克的政治观点，见西娃在1790年底至1791年1月间陆续所写的书信，如：Seward，1811：44-46；46；52。然而，1791年中叶之后，西娃的政治态度转变，认为法国大革命过于强调个人与自然权利，却没有适当的社会约束机制，将导致一个自私自利的社会与无政府乱象。她也承认柏克关于法国大革命的论点有其可取之处（Seward，1811：75-76）。

③ 柏克不认为暴力是法国旧政权逼使的，也不认为革命暴力将仅是个手段。他认为革命过程中革命党人激起人民造反，并且以暴力做为获得政治权利之重要手段，则暴力必定成为革命的后果。

续她在《辩护》二书中的论权贵阶级和妇女个性的严重缺失的批评方式，认为法国人个性的软弱、"女性化"（effeminate）是因为在专制主义下缺乏良好而正确的教育，导致心智和情感被受污染，个性虚伪，不真诚，柔弱，十分女性化，正如研究者指出，在沃氏眼中，法国人只关心"如何去取悦人和被取悦"（Jones，2002：54）。在沃氏看来，如果法国君主（暴君）是婚姻中的丈夫的话，则法国人就像大部分女性一样，仅懂得讨好丈夫而失去其独特个性（Wollstonecroft，1989：Vol.6，230）。这样的国民性格，是法国大革命实施上的致命伤。因此，她认为法国大革命虽然建立在正确的原则上，却注定失败。

沃斯通克拉夫特指出，法国大革命的暴力是穷人长期以来生活在特权阶级的暴政之下的反扑，是特权阶级教导穷人当他们夺权后该如何行使权力（Wollstonecraft，1989：Vol.6，46）。然而，大革命暴力也证明，法国人的性格在旧政权的影响下已经畸形。沃氏反问道："当我们只看到主仆社会，我们如何能够期望看到人人如手足般生活？"（Wollstonecraft，1989：Vol.6，47）所以，推翻王权是建立文明的正确方向，但它不适于法国人当前智识状态。她将大革命的失败归因于法国内部的道德和社会原因，也就是"法国本来完全地服从他们的国王，现在突然每个人都成了国王"，"上层阶级的腐化和下层阶级对于实际政治运作的无知"，使得上下阶层皆无法实现大革命的伟大理想（Wollstonecraft，1989：Vol.6，47；142）。她遗憾地表示，虽然旧政权的腐败逼使大革命爆发，法国人仍然"不具备推动大革命的资格"（Wollstonecraft，1989：Vol.6，223）。不过，沃氏还是强调，尽管障碍重重，民主化与文明进程本身是同义的（Wollstone-craft，1989：Vol.6，220），而法国大革命，以自由和平等为基础，在不久的将来将会为人民的教育和性格上带来渐进且有益的变化，法国人的女性化性格和宫廷礼仪的腐化和虚荣最终会因为教育的进步和自由平等理念培养出来的美德而被摧毁。同时，大革命带来的"自由的果实"也将逐渐成熟（Wollstonecraft，1989：Vol.6，231）。

（二）沃斯通克拉夫特对于个人处境与"家庭"之思考

在法国见证大革命的理想时，沃氏也几乎同时陷入一场恋爱之中。她的美国情人本来代表着理性和美洲新世界的价值，这一切美梦亦很快就破碎不堪。① 沃氏以前认为，政治体制不公造成个人不成熟不理性。但尽管如此，她能够对抗潮流局势，成为独醒之人。可是，身处在法国大革命之中，她的个人经验却给她先前的想法一大打击。1793 年初，她在巴黎认识美国实业家伊姆雷。根据沃氏描述，伊姆雷聪明而帅气，自然而不矫揉造作，他批判欧洲旧政权的腐败，为她勾勒出美国平等、自由的农业天堂形象。②这些对于沃氏来说，都充满了吸引力。由于她儿时不愉快的家庭经验，她对于和睦融洽、互相尊重、有共同兴趣的家庭生活感到向往。他们二人未举行公开仪式，但是已在巴黎的美国大使馆注册为夫妇。然而，伊姆雷在1793 年下半叶之后，因为生意上的问题时常停留在英国，无法陪伴刚怀孕的沃氏。在沃氏写给伊姆雷的书信中，她努力保持她的理性，但是情绪一次又一次地占上风。伊姆雷的来信越来越少，也未表示愿意与沃氏和未出世的孩子一起生活的意愿。他的态度使得沃氏的内心逐渐失去平静。他们的女儿范妮（Fanny）于 1794 年 5 月 14 日出生。

沃氏曾矢志做个独立坚强的女性，但是现实生活让她理解到有些事不是理性可以一概而论的。人性的脆弱和需要温暖，不是理性设计的社会可以完美解决的。在法国的生活中，沃氏常常对于独自在海外养育女儿感到心力交瘁，尤其 1794 到 1795 年间的冬天特别酷寒，法国各地煤炭、面包价钱飙涨，她靠着詹森的稿费，经济力极为有限③。在巴黎，她遇到一位德国太太，也有一个和范妮差不多年纪的女儿。沃氏有感而发地在写给伊姆雷中的信中提到："虽然他们的生活也只是过得去，我还是羡慕他们。"（Wollstonecraft, 1879：83）这

---

① 伊姆雷在 1792 年出版了《北美洲西部疆域的地形描述》（A Topographical Description of the Western Territory of North America），书中将美国西部肯塔基（Kentuchy）描写为卢梭式的自然、纯真、体现自由与平等精神的农业天堂，与英国落伍、专制又不愿改革的传统社会为强烈对比。在 1790 年代间，此书刺激了英国激进分子对于美国新世界的向往。相关介绍可参考：W. M. Verhoeven, 2000：185－203。

② 这是沃斯通克拉夫特对于伊姆雷的描述，可以参阅传记作家托玛琳（Claire Tomalin）为沃氏所做之传记：*The Life and Death of Mary Wollstonecraft*（Tomalin, 1992：185）。

③ 许多历史文献都记载了 1794 至 1795 年异常寒冷的冬天。在这段期间，食物、木材和泥炭的价格极高。参见：Weather, 1600－1900。

位德国女性，因为带小孩的关系，和她一样常常感到疲劳，但是"她（德国妇人）有一个体贴的丈夫与她轮流照顾小孩，以减轻她的负担，并分享她的快乐"（Wollstonecraft，1879：83）。这就是沃氏所期待的家庭。她所期待的并非浪漫爱情，而是她在《女权辩护》中强调的，在互相尊重、平等且自主的关系中建立起的和乐家庭，现在她更在她的理想家庭蓝图中增添了感情的成分。阅读其书信时，我们可以发现，沃氏对于家庭的想法是以期待的方式表达出，而不是缅怀式的。她期待在任何一个合于她理想模式的社会中，建立理想中的家庭，家庭成员互相拥有真感情，互相负责，需要与被需要。所以，她在伊姆雷的信中也表示到："我并不想要被像女神那样的爱着，但是，我希望对你来说我是必要的。"（Wollstonecraft，1879：26）不过，就沃氏书信来推测，伊姆雷并没有回应她共建家园的渴望。1795年4月，她为了挽回伊姆雷而回到伦敦，情况未改善。此时她对政治现况感到无助，对于个人未来感到无望，万念俱灰下，吞大量鸦片自杀，未遂。

四、法国大革命余韵的影响力：1795 年

1795 年，伊姆雷在挪威的船运事业陷入困境。他希望沃斯通克拉夫特能够以他的妻子和特使的身份出使北欧四个月[①]，帮助他解决生意上的问题，也顺便分散沃氏对于他们两人关系的注意力（Wollstonecraft，1979：287−290）。对于一个已被抛弃，刚刚才从自杀未遂中康复的女性，还要带着一岁多的女儿，这样的任务不仅艰巨，简直是苛求，更何况当时大部分英国人对于北欧的实际状况所知仍然甚少。但是沃氏答应伊姆雷的要求，在一星期之内就启程。我们可以从几个不同的角度去解释沃氏的行为：我们可能认为她情感上很依赖伊姆雷，因为她马上答应伊姆雷的提议，而且很快就出发前往北欧；但同时她也表现出达成这样任务的勇气和坚强意志。最后她不仅顺利完

---

① 在 1795 年 5 月 19 日，伊姆雷在一份文件授权"我最要好的朋友与妻子"全权处理他在北欧的海运事务，请见：Wollstonecraft，1979：290。

成了这样任务，在这段旅程中她还写成了一本广受好评的《瑞典、挪威和丹麦短居书简》①。这是一部揉合了悲伤气氛，面对大自然的激动情绪以及理性的政治观察的旅行书写，书中她仍旧表现出对于政治和人类社会的深切关心。旅途中，尽管与伊姆雷的关系让她陷入痛苦境地，但她在这本书中非常努力地表现出一个在理性和感性间取得平衡的自我，也刻画出她对于北欧各国的透彻观察。字里行间既呈现自我小我，也呈现大我社会发展，亦表现出多层次的出游过程，身体于大自然中移动，欣赏并观察外在景观，分析外在社会现象，心灵上也不断走出现实框架，自由地翱翔在想象、意识和大自然间。

（一）对于政治变革的想法的转变

虽然这趟旅程是伊姆雷安排的商业之旅，沃斯通克拉夫特并没有在《短居书简》一书中透露这方面的讯息。费华莉（Mary A. Favret）指出，沃氏将她的旅行以悲伤的语调叙述，像是因为无望的爱情而抑郁，又将自己形容为从现实世界的枷锁中挣脱出来，在荒凉偏僻的北地自由地漫步（Favret，2002：209-227）。在这样的过程中，她不仅陶醉于全然陌生的壮丽景观中，也比之前的作品都还坦白地揭露出自我内心。沃氏在序言中解释道，她这次是以第一人称的方式来写作②（Wollstonecraft，1987：62）。文章一开始，她被限制在船舱中，时常期望有其他船只去"解救"（emancipate）她，甚至已经对这种期望感到厌倦。尔后，她的注意力转至船舱外的灯塔，而地平线上的云朵在她看来就像是"解放者"（liberator）一般，可是云朵就像大部分的憧憬一样，近在眼前时就散了，只余失望（Wollstonecraft，1987：63）。在某些程度上，这既表现了她在法国时个人经验上的失望，也表现出她对于法国政治的感受。起初伊姆雷是她心目中理想男性的典型，但他竟成为她人生中痛苦的来源。在政治上，她抱着对法国大革命的期待来到巴黎，但很快就因为群众暴力

---

① 后文中《瑞典、挪威和丹麦短居书简》简称为《短居书简》。

② 如同沃氏在《女权辩护》中指出，她常常是"代表全人类发声"（Wollstonecraft，2009：39）。她先前出版的书籍皆有政治改革之目的，在求全体人类之进步，文体与《短居书简》明显不同。

和恐怖政治感到挫折。这场北欧之旅让她离开了英法，在全新的环境中呼吸了新鲜空气，将她从忧郁之中释放出来。当她终于得以上岸，也就表示沃氏将法国大革命的恐怖经验和对于自我的灰暗想法放下，此时其生理和心理又能够自由活动，对于自己和全人类文明进展再度燃起新希望（Wollstonecraft，1987：68）。

的确，北欧的旅行经验唤醒她对于人类社会进步的乐观态度。当然，沃氏对北欧社会仍有批评之处，但也在各地发现了法国大革命带来的正面影响。在瑞典，她发现因为法国大革命的缘故，皇室现在更加谨慎，"各地减少了对于贵族的尊敬，农民也不再盲目崇拜封建领主，反而是以男子汉之姿去诉说被压迫的情形。以前他们被教导成认为自己是属于不同阶级的人，所以没有想过所受到的待遇是压迫"（Wollstonecraft，1987：78）。在挪威，人们的地产被分配成小农场，这造成一定程度的平等。富有的商人将他的财产平均分配给每个孩子，地方政府也顺应民意：一位当地人告诉沃氏，去年曾有上位者滥用职权，于是被"撤职"（Wollstonecraft，1987：101-102）。挪威另一个小村庄让她想起"黄金时代"（the golden age）来临的理想世界：拥有小农场的自耕农，生活独立且富裕，受良好教育，性格朴素诚实，具道德操守（Wollstonecraft，1987：149）。因此，在她的旅途中，沃氏看到大革命的理论已经对欧洲其他国家的文明做出积极的影响。虽然仍有许多不完善之处，但她认为，一个国家的教育和文明若有适当的发展，人文和科学知识逐渐累积，[①]则各国人民和政府将以各自的步调发展至成熟状态。

旅行过程中的亲身体验和观察，沃氏对于政治和社会改革有了新的看法与理解。她写道：

> 出于对于人类的一股狂热感情，这些满腔热忱的人们（系指革命党人）急于改变法律和政府，却改变得过于贸然。为了使这些改变有益且永久，它们必须是从每个社会民

---

① 沃氏一再强调人文与科学素养的重要性，请见：Wollstonecraft，1987：73，93，103，121，141。

情中发展出来，经过时间酝酿，对于该国家有成熟的理解的渐近式成果，而不是以不自然的动乱方式强迫一个国家改变。（Wollstonecraft，1987：Appendix）

虽然她仍旧认为，是旧政权的腐败暴政、枉顾人民幸福，导致改革者希望以快速的改革或暴力革命来迅速摧毁它（Wollstonecraft，1987：Appendix）。但是，这种行动是错误的。她承认法国大革命带来的变革是以"不自然的"速度加快人类进步，把新政府和新法律强行行使于一个准备不足的社会。所以，若是实行循序渐进，适应于各国家发展状况的改革，则其成果得以逐渐成熟。

（二）对于女性生存环境之想法

旅程后半段，景观越萧索，沃斯通克拉夫特的笔调越见忧郁。长期旅行让她体力透支，同时她也始终无法为自己和女儿找到合适的栖身之地。旅途中遇到一些当地人，看到她一个人带着小孩远游至此，皆表示同情，并愿意伸出援手。但是，这些关心却令她感到不舒服，好似女性独自带着孩子出游是奇特的场景，或女性就应该被男性照顾（Wollstonecraft，1987：96—97）。继续思考下去，她想到女儿的未来，想到女性被压迫的状况和女性普遍被塑造成的依赖性时，她就感觉到无比大的担忧。她想要依她自己的方式去教育范妮，发展范妮的性情，但是她又害怕范妮将无法适应这个世界，或将来为了适应社会而不得不妥协。她叹道："不幸的女人！这是什么命运！"但是，"我要飘泊至何处？"她不知该带女儿何去何从才是理想之家园（Wollstonecraft，1987：97）。①

对沃氏来说，英国从来就不是个适合女性生活的地方。1792年之前她就有所不满，1792年底来到法国后，虽法国大革命的现况令她感到失望，她提及英国时更是不带眷恋。在她来到北欧之前，她已

---

① 沃氏与高德温于1796年下半年相恋，于隔年3月结婚。婚后，高德温视范妮如己出。1797年8月，沃氏生下一女 Mary Wollstonecraft Godwin，即日后的玛丽·雪莱（Mary Shelley），《科学怪人》（*Frankenstein or The Modern Prometheus*）的作者。沃氏却于两星期后因白血病而过世，无法陪伴两个女儿成长。

决定要在法国抚养孩子长大。她在 1795 年 2 月写给伊姆雷的书信中拒绝回英国，她写道："为什么我必须回去？如果我的女孩在这里成长，会比较自由。"（Wollstonecraft，1979：280）对沃氏而言，英国不仅是一个"失去任何魅力"的国家，其社会对待她和她的女儿的态度更令她"厌恶"到"近乎恐怖"的地步（Wollstonecraft，1979：280）。但是伊姆雷并没有意愿回到法国和她共组家庭。在她 1795 年 11 月第二次投河自杀前，她留了遗言请伊姆雷将范妮连同她的保姆一起送去法国。（Wollstonecraft，1879：185-186）她获救后，和高德温恋爱之前，她写给友人的书信中（1796 年 1 月）又再次提到计划携女前往法国，让范妮在法国成长（Wollstonecraft，1879：328-329）。其实沃氏也仅简短形容过女性在法国较为自由，但不曾具体解释过法国对于女性的待遇。在《法国大革命》一书中，沃氏虽然批评法国人的性格，却也留下几句称赞法国人的段落，她指出，"在法国，女性行为较有自由，她们较能够决定自己的个性，对人也较为宽厚"（Wollstonecraft，1989：Vol.6，148）。因此我们可以从字里行间得知她对于英国的大环境十分不满，甚至可以说，对沃氏而言，生活在恐怖时期的法国仍然比宣称自由的英国拥有较多的心灵和行动自由。

沃氏这样的说法，显然与英国主流保守派人士的想法相违背。柏克曾言，世代以来，英国宪法成功地保护了其子民的生命、财产与自由，是故，英国才是"自由"的真正支持者（Burke，1999：31，86）。柏克这样的说法，在 1790 年代政府与保守派的文宣宣传中，以及对岸法国的纷乱政治与战争推波助澜下，逐渐被大部分英国人所接受，而且发展成为一种普遍的"国民心态"（national sentiment）。相较于对岸法国的政治风暴，将法国皇后玛丽·安东尼和许多女性送上断头台，英国保守派人士也就自诩自己的国家一直保护了女性的自由和生命安全。这样的说法，显然未得到沃氏认同。在她看来，就如 18 世纪末英国畅销小说家柏妮在《飘泊者或女性的困境》（The Wanderer or Female Difficulties，1814）中所揭示的，女性在英国是孤立无援的。①

柏妮从 1790 年代末开始动笔写作《飘泊者》，书中讨论了女性独

---

① 往后简称《飘泊者》。

立和自由等议题，亦挑战英国在法国大革命战争和拿破仑战争（1803—1815）以来逐渐高涨的国家优越感。①柏妮在 1802 年亚眠休战期间（The Amiens Truce, 1801–1803）和她的法国籍先生达布雷（Alexandre d'Arblay）一同回去法国短居，拿破仑战争在 1803 年 5 月再度爆发，切断了两国间的交通，旅居法国的男性皆被逮捕，女性被遣返，但是柏妮因身份特殊，无法回到英国。② 她在法国停留十年后偷渡回到英国，于 1814 年出版了《飘泊者》，也是她最后一部小说。英国文坛和读者期待柏妮描写法国在暴政下的凄惨状况，孰料她竟是挑战了英国自视高于法国的国家优越感。③ 柏妮在书中描写一位隐藏了自己的长相、名字、阶级、国籍和宗教的女性，在法国恐怖时期逃到英国。失去所有身份的女主角，也就失去在英国社会的尊重，她在英国并没有享受到比在法国高一等的自由。尽管小说进行到三分之二时，她的真面目被揭开，原来女主角是来自贵族家庭，信奉英国国教，但是她的家族依旧怀疑其血统是否纯正。对女主角来说，虽然回到了祖国，却仍然像是"无助的异客"（helpless foreigner）一样飘泊着，得不到尊重、重视，也没有一个让她得以歇息的家（Burney, 1814：214）。

沃氏的政治立场和柏妮不同，沃氏的激进派政治立场不仅带有鲜明的 1790 年代色彩，主张政治改革，强调每个人的自然权利，更进一步否定英国古宪法迷思，否定英国君主制度与宪法，而柏妮是柏克

① 关于《飘泊者》和英国国家意识这个主题上，杨妮奇（Maria Jerinic）、都迪（Margaret Anne Doody）、劳伦斯（Karen R. Lawrence）、詹森（Claudia L. Johnson）曾做过相关研究，见：Maria Jerinic, 2001：63 - 84；Margaret Anne Doody, 1988；Karen R. Lawrence, 1994：28 - 73；Claudia L. Johnson, 1995：165 - 190。

② 根据拿破仑在 1803 年 5 月 23 日公布的法令，在法国境内，凡是 18 到 60 岁间受雇于英国王室之民兵，一律予以逮捕。然而拿破仑的官员在执行法令上，将法国境内无论任何年纪的英国公民皆监禁。参阅：Gavin Daly, 2004：366；John Goldworth Alger, 1904：178；John D. Grainger, 2004：200 - 202。大部分英国女性和幼儿得以回国。柏妮则因为她先生的身份特殊，是法国流亡贵族（émigré），职业军人，曾是拉法叶（Lafayette）侯爵麾下的副官长，此时柏妮一家皆被禁止回英国。请见柏妮书信：Frances Burney to Charles Burney, 14 May 1803（Burney, 1972 - 1984：Vol. 5, 447 - 8）；Frances Burney to Mrs. Locke, Passy, 30 April 1803（Burney, 1972 - 1984：Vol. 5, 444 - 446）。

③ 在 1814 至 1815 年间，对于柏妮新作的批评四起，可参阅：John Wilson Croker, 1814：123 - 130；William Hazlitt, 1814 - 1815：320 - 328。

的友人，支持柏克的政治立场，也就是支持英国历史传承下来的君主制和宪政传统。然而在意识形态高涨的 1790 年代，她们都愿意做些许让步；沃氏不再支持激烈的革命手段，不同意激进派人士的政治改革方式可以有效地促进社会进步，转而从教育教化人心做起。而柏妮坚持不为保守的《反激进共和》（*The Anti-Jacobin*）刊物写作政治文章，①反对高涨的仇法（anti-Gallican）情绪（Burney，1854：Vol.7，174）。柏妮在最后一部小说中，更质疑了 18 世纪末 19 世纪初英法战争中塑造出的男性的理性、自由与新教的英国国民性只是假象。在柏妮看来，英国和法国一样不了解法国大革命提出的理想——自由，甚至在其小说中，是法国国籍的天主教神父给予女主角最多的同情与支持。文学评论家都迪（Margaret Anne Doody）就曾指出，《飘泊者》诸多地方表现出柏妮受到 1790 年代女性主义思想作家[如沃斯通克拉夫特和海思（Mary Hays）]的影响，而沃氏也曾表示她对于柏妮作品的敬佩（Wollstonecraft，1988：334）。②沃氏若有机会一睹《飘泊者》的话，至少在女性处境方面，她应该会同意柏妮所描写的英国社会。沃氏一直对于英国的既有社会制度感到失望。在 1790 年代后期，许多英国人相信英国社会是唯一尊重自由的地方，早年相信法国大革命理想的华兹华斯也不再于游历之中寻找理想之境，他回归英国乡间湖畔，在此间找到平静和心灵慰藉，相信英国传统美德与秩序。③但是对于沃氏而言，无论在何处，她只感到女性像是"飘泊者"，时时处于找不到安身之处的尴尬中，得不到自由和社

---

① 参考：Frances Burney to Charles Burney，15 January 1798（Burney，1972-84：Vol.4，64-66）。根据这封信，克洛夫人（Mrs. Crewe）曾请查尔斯·柏尼（Charles Burney，柏妮之父）要求柏妮为《反激进共和》撰文，柏妮未曾答应此事。

② 除此之外，卡亭（Rose Marie Cutting）也曾提出此说法，认为柏妮受到 1790 年代新女性思想的影响，请见：Rose Marie Cutting，1977：519。并参阅：Margaret Anne Doody，2007：93-110。另外，一般学界认为，《飘泊者》另一个反面女主角依莲诺（Elinor）影射了沃斯通克拉夫特，在此不多做论述。

③ 华兹华斯在 1790 至 1791 年间对于法国大革命的支持，可参考华兹华斯兄妹在 1790 年的书信（William Wordsworth and Dorothy Wordsworth，1935：35），和华兹华斯诗作《序曲》（*The Prelude*）和《丁登寺》（*Lines Written a Few Miles above Tintern Abbey*）（Wordsworth，1995：226；Wordsworth and Samuel Taylor Coleridge，1999：112）。华兹华斯于 1793 年也写下政治小册子 *Letter to the Bishop of Llandaff*，文中充分表现其激进思想。不过，华兹华斯在世时一直未将此书出版，直到 1876 年才被后人出版。

会尊重，难以自立，更无以为家。

（三）沃斯通克拉夫特的自身经验与理性坚持

沃斯通克拉夫特的旅程起自于从束缚中解脱出来的期待，在旅程后期却开始对这样完全自由的状态和孑然一身感到害怕。她写道，"我注定要一个人飘泊"（Wollstonecraft，1987：135）。从这段时间内沃氏私下所写的书信来判断，伊姆雷鲜少写信给她，而事实上伊姆雷在此时已另有情人（Tomalin，1992：232）。渐渐地，沃氏开始对这样自由的旅行不再感到热衷，无束缚的行动自由给她一种漫无目的、不被社会需要的感觉（Wollstonecraft，1987：197）。确实，她很享受行走于壮丽的山川急流之间，面对大自然时她才能尽情宣泄其澎湃情感，让大自然消化她的情绪，然而，几个月下来的劳累终于击垮她，她对于家庭的渴望又再度燃起。本来，她希望借由旅行来寻找心灵上的重生和自由，但她终究失望。她期许自己成为独立且具原创性的人，但不是孤独的飘泊在世上。在 1795 年 9 月她写给伊姆雷私人信件中提到，"我对旅行不再感到兴趣。但我似乎已没有家，没有一个让我期待的地方给我休息"（Wollstonecraft，1879：174）。沃氏的"没有家"，小范围来说系指她一直无法建立理想家庭，大范围来看则是英国从未提供她理想的生活环境。

在旅程尾声，忧郁的情绪再度击垮沃氏。她在 1795 年返回英国伦敦时，发现伊姆雷不仅变心，更另结新欢，她又再次承受不住打击，也对于自己一再无法成为《女权辩护》中的理想女性感到极端失望，投河自杀，依然获救。三年前，这位《女权辩护》的作者曾激动地写下，"我没有希望她们（女性）权压男性，但求她们有权掌控自己"，并且批评女性常被有如"强大的魔法"的爱情（the "powerful spell" of love）所奴役（Wollstonecraft，2009：67，110）。现在她亲自经验了爱情之后，终于痛苦地体会到要在现实人生中做一个自由而独立的人是多么困难。沃氏第二次自杀未遂后（1795 年 11 月），伊姆雷依旧在书信中强调，他会尽全力让她过得舒适。不过他所指的仅是金钱上的资助。这样的体贴行为，对于只求感情上真诚付出的沃氏来说，是另一种折磨（Wollstonecraft，1879：188）。最后几封写给伊姆雷的书信里，沃氏的语调已恢复平和与理性，最终，她决定平静地离开他，分文亦不取。①

传记作家托玛琳（Claire Tomalin）如是评论沃氏在 1793 年到 1795 年间写给伊姆雷的书信：

> 她（沃氏）的书信中最重要也最感人的地方在于，这些书信描绘了一个女性拒绝接受她被"毁灭"，是被诱惑又被遗弃的受害者；她一次又一次地掉进痛苦深渊，却一再地誓言理性和独立，学习处理感情上和经济上的处境，最后，不带仇恨或任何要求地放弃她的情人……在她最后写给伊姆雷的话——"我平静地离开你"中，其实表现出了她不畏艰难的英雄气质。（Tomalin，2000：21-22）

这可以看做是对于沃氏在个人层面上的评价：她在脆弱中，展现出高度勇气。她的"英雄气质"表现出其在最无助时，理性与感性两相拉拔后的最后选择，而这也表现出她对于人性的最初坚持——人都有理性和向前进的决断力。同时这亦是她对于所有人的期盼，在改革和教育中，若每一个人都能建立良好的素质，社会进步就有可能落实。

（四）沃斯通克拉夫特的"家""国"概念

沃氏的旅行，是思考自身生命和国家发展的过程。如第 2 章第 3 节所述，在沃氏的政治思想中，政治美德乃源自于家庭情感，也就是说，基于平等与尊重的和谐家庭是人类社会进步的基石。旅行中经历的政治局势转变和生活的经验改变了她的个人理念，趋于更实务性，政治上强调渐进式、适合于各别国情的革新。

1792 年至 1795 年间的欧洲情势，也造成几位重要激进思想家不同程度上的思想变化，对全民政治和理性哲学产生质疑。例如高德温

---

① 1795 年 12 月，沃氏写给伊姆雷最后一封信，最后一句话写下："我平静地离开你。"（Wollstonecraft，1879：207）

曾经在《论政治正义》（*Enquiry Concerning Political Justice and its Influence on Modern Morals and Manners*，1793）和其早期小说（1795年之前）中完全信任人的理性的能力，相信每个人都该获得自由，而现行的任何形式之政府都有可能压迫个人自由，都应该废除。但是到了写作《圣莱昂》（*St.Leon*，1799）时，他承认只诉诸个人理性、自然权利，可能会导致自私而且残暴的社会，毫无社会约束，法国大革命的恐怖时期即是一例。麦金塔许虽依旧热爱自由，但是在 1792 年下半叶法国大革命走向极端后，他开始对于这场革命感到无望（Mackintosh，1835：84）。在 1796 年时，他开始同意柏克政治理念中的基本原则，而其著作《论自然法与国家法》（*A Discourse on the Study of the Law of Nature and Nations*，1797）明显受到柏克的影响，也不再讲平等与抽象的自然人权观。华兹华斯曾热烈支持法国大革命，前往法国，1792 年之后他对革命转向暴力感到恐惧，同年回到英国。1795 之后他的政治态度转变，转而不再仅求人的理性，而是在传统社会中强调人的道德、责任和日常情感。1797 年之后，华兹华斯逐渐在大自然中找到平静，诉诸人类朴质情感与道德，而非理性哲学和政治改革（Wordsworth，1995：454）。他于 1798 年回到幼年时的家乡——英格兰北部湖区，与胞妹多萝西（Dorothy Wordsworth）共建家园，接受英国既有社会，认同柏克的观点。

二十世纪初著名英国小说家与文学评论家伍尔夫（Virginia Woolf）曾将多萝西与沃斯通克拉夫特做了有趣的比较，从中既可看出两人在旅行和旅行观察的概念上差异，亦可了解沃氏在国家未来的理想上，虽也是由支持法国大革命和个人的理性、意志，转而产生重视实际层面的社会关怀，但沃氏的思想明显和华兹华斯兄妹有所分歧。沃氏曾经在 1795 年北欧行中经过汉堡（Hamburgh），多萝西于 1798 年也行经汉堡，然而她们的观察却十分不同。伍尔夫指出：

> 无论玛丽（沃氏）看到什么，她都会开始想一些理论，思考政府的影响、人民的状况以及她自己的灵魂的奥秘……有时，她会忘了注意看夕阳本身……多萝西不一样，她会将她眼前的事物以平淡无奇的方式准确地呈

现……多萝西从来不会大骂"专制主义"（the cloven hoof of despotism）。（Woolf, 2003: 164）

也就是说，多萝西不会将抽象思考或国家社会等议题寄托在外在风景之中，她只以写实的字眼记录着日出日落。相反的，沃氏在外旅行时，时时刻刻想的皆是政治改革、国家制度和自我灵魂等大问题。就像本文第 1 章第 4 节中谈到的，对于沃氏而言，旅行的艺术，始终就是一种思考的艺术。而在多萝西的散文中，她擅长以平实的字眼歌咏大自然的美与力量，她曾写下："很高兴地，我们没办法依自己喜好塑造高山，刻画山谷。"[1]这反映出华兹华斯兄妹在 1790 年代后半期的哲学思考。华兹华斯曾经因为巴黎巴士底监狱被攻陷而欢呼，然而恐怖政治和战争让他对于人性感到质疑（Wordsworth, 1995: 452），以及对于高德温宣扬的理性哲学不再信任（Wordsworth, 1995: 446）。他明白人性的弱点和可堕落性。尔后，因为多萝西的陪伴，使他再次认识自我和大自然的力量，兄妹回到北方湖区家乡，从既有社会与美德中，找到平静（Wordsworth, 1995: 454）。[2]华兹华斯兄妹认为所谓的理性、进步、改革之中有太多变数，而人类不应该"随着自己的喜好塑造高山"，也就是随着自己意志再造世界。他们定居于儿时家乡，不再谈启蒙、理性、哲学、改革或建立新社会，而是拥抱既有的大自然与日复一日的生活，诉诸道德与惯常的情感。

在此，我们看出沃斯通克拉夫特与时人和而不同处。她对于人性和社会进步的想法即使改变了，也未曾接受现状，未曾停止脚步，或在既有制度中找寻安适之地。不论是对于个人或人类社会，她的理想

---

[1] 原文："April 15th. A fine cloudy morning. Walked about the squire's grounds. Quaint waterfalls about, about which Nature was very successfully striving to make beautiful what art had deformed-ruins, hermitages, etc. etc. In spite of all these things, the dell romantic and beautiful, though everywhere planted with unnaturalised tress. Happily we cannot shape the huge hills, or carve out the valleys according to our fancy"（Dorothy wordsworth, 1941: Vol. 1, 15）。

[2] 在《丁登寺》一诗中，华兹华斯再次感谢多萝西的陪伴，称她为"亲爱的、亲爱的朋友"（Wordsworth, 1999: 112）。

仍然没有改变，只是改变了达成的方式与速度。

五、结语

　　沃斯通克拉夫特一生不断旅行，不断记录着自我经历和自我与他乡接触后的转变。她在旅行之中，勇于接受自我与他乡经验之摩擦与调和。我们可以看出，她在国家意识高涨的年代里，她的自我认同是启蒙思想和法国大革命的理想和共和理念，不是英国传统宪政自由观念。1792 年之后，原本支持法国大革命的英国知识分子也逐渐转为支持英国宪政传统，英法对立日趋严重，书报文宣漫画等出版品中皆可见极度褒英贬法的政治态度，法国的一切已被普遍视为"他者"文化（Wang，2010：216−256，296−336）。沃氏是少数不曾动摇过对于大革命理想的英国人，但是她亦不是固执的理论者：她一生抱持着原初的自由和平等理想，旅行至他乡，在外在历史情势转变中产生失望、摩擦，进而分析、理解，产生新的观念，也就是揉合了自由与平等理想、共和概念和自身旅行经验。沃氏一直期待找到一个理想中的社会，或是期待社会依照她的理想而行，探究生命的本质和人类的本性，又与既有规范对抗。然而，旅行经验累积下，当她觉得自己先前的看法错了，她也很愿意去做让步和改变。以伍尔夫的话来说就是，沃氏不是固执的"冷血理论家"（Woolf，2003：159），她不会食理论不化，她的人生旅程就像一场场"实验"，企图使人类社会规范更合于人类需要，而不是扼杀人的自主、自由和尊严（Woolf，2003：163）。生活中实际的经验迫使沃氏不断地对她的理论做出修改。不过，尽管她常常对现实结果感到失望，她仍不曾放弃思考人类的存在意义和人类社会应该如何运作。旅行书写中，她的个人实践亦可放在她对于大我社会理想的脉络中讨论。她在旅行中明白了人类社会和历史发展的复杂性，并不是她原本理想中的简单，激烈的政治变动并非有效达成社会改革的最佳途径；她亦明白个人要成为自己理想中的女性／公民，有多少变数在其中，从而更理解人性。在坚持最终理想的原则下，她愿意调整步调，承认自我小我和社会大我的脆弱，再次努力来过。因此，沃氏的旅行经验中，"我"和"他"是平等相互影响的关系，不是断裂的或对立的角色——她的自我在这样的过程中，调整定见，再去期待下一次旅行经验，继续实践自我与大我理想。

参 考 文 献

Adickes, S., 1991, *The Social Quest: the Expanded Vision of Four Women Travelers in the Era of the French Revolution*, New York: P.Lang.

Alger, J.G., 1904, *Napoleon's British Visitors and Captives, 1801–1815*, Westminster: Constable and Company.

Basker, J.G., 1996, "Radical affinities: Mary Wollstonecraft and Samuel Johnson", in A.Ribeiro and J.G.Basker eds., *Tradition in Transition: Women Writers, Marginal Texts, and the Eighteenth-Century Canon*, Oxford: Clarendon, pp.46–47.

Birkett, D., 1989, *Spinsters Abroad: Victorian Lady Explorers*, Oxford: Basil Blackwell.

Black, J., 1985, *The British and the Grand Tour*, London: Croom Helm.

Black, J., 1999, *The British Abroad: the Grand Tour in the Eighteenth Century*, London: Sandpiper.

Blunt, A., 1994, *Travel, Gender, and Imperialism: Mary Kingsley and West Africa*, New York: Guilford Press.

Blunt, A. and Rose, G. eds., 1994, *Writing Women and Space: Colonial and Postcolonial Geographies*, New York: Guilford Press.

Bodek, E.G., 1976, *Saconières and Bluestockings: Educated Obsolescence and Germinating Feminism*, Feminist Studies, 3: 185–199.

Boswell, J., 1980, *Life of Johnson*, Rev.ed., Oxford: Oxford University Press (original work published in 1791).

Brewer, J., 1997, *The Pleasures of the Imagination: English Culture in the Eighteenth Century*, Chicago: University of Chicago Press.

Burke, E., 1958–1978, *The Correspondence of Edmund Burke*, Vol.8, Chicago: University of Chicago Press.

Burke, E., 1999, *Reflections on the Revolution in France*, Oxford: Oxford University Press (original work published in 1790).

Burney, F., 1854, *Diary and Letters of Madame D'Arblay*, Vol.7, London.

Burney, F., 1972–1984, *The Journals and Letters of Fanny Burney (Madame*

D'Arblay), Vol.4, Vol.5, Oxford: Clarendon.

Burney, F., 1991, *The Wanderer or Female Difficulties*, Oxford: Oxford University Press (original work published in 1814).

Buzzard, J., 2002, "The Grand Tour and After 1660 – 1840", in P. Hulme and T. Youngs eds., *The Cambridge Companion to Travel Writing*, Cambridge: Cambridge University Press, pp.37–52.

Claeys, G., 2007, *The French Revolution Debate in Britain: The Origins of Modern Politics*, Basingstoke: Palgrave MacMillan.

Clemit, P., 2011, *British Literature of the French Revolution in the 1790s*, Cambridge: Cambridge University Press.

Coleridge, S.T., 1978, "Lord Moira's Letter", in D.V. Erdman, *Essays on His Times in the Morning Post and the Courier*, Vol.1, Princeton: Princeton University Press (original work published in 1798), pp.13–16.

Critical Review, 19, 1797: 361.

Croker, J.W., 1814, Review of *The Wanderer; or Female Difficulties*, *Quarterly Review*, 11: 123–130.

Cutting, R.M., 1977, *Defiant Women: The Growth of Feminism in Fanny Burney's Novels*, studies in English Literature, 1500–1900, 17: 519–530.

Daly, G., 2004, "Napoleon's Lost Legions: French Prisoners of War in Britain, 1803–1814", *History*, 3, 89: 361–380.

Dickinson, H.T., 1977, *Liberty and Property: Political Ideology in Eighteenth-CenturyBritain*, London: Weidenfeld and Nicolson.

Dickinson, H.T., 1985, *British Radicalism and the French Revolution, 1789–1815*, Oxford: Basil Blackwell.

Dickinson, H.T., 1989, *Britain and the French Revolution, 1789–1815*, Basingstoke: Macmillan.

Dolan, B., 2002, *Ladies and the Grand Tour*, London: Flamingo.

Doody, M.A., 1988, *Frances Burney: The Life in the Works*, New Brunswick: Rutgers University Press.

Doody, M.A., 2007, "Burney and Politics", in P. Sabor ed., *The Cambridge Companion to Frances Burney*, Cambridge: Cambridge University Press, pp.93–110.

Duffy, E., 1979, *Rousseau in England: the Context for Shelley's Critique of* the *Enlightenment*, Berkeley: University of California Press.

Edgeworth, M., 1993, *Letters for Literary Ladies*, London: Dent (Original work published in 1795).

Favret, M.A., 2002, "Letters Written During a Short Resident in Sweden, Norway and Denmark: Travelling with Mary Wollstonecraft", in C.L. Johnson ed., *The Cambridge Companion to Mary Wollstonecraft*, Cambridge: Cambridge University Press, pp.209−227.

Fordyce, J., 1770, *Sermons to Young Women*, 5thed, London.

Foster, S., 1990, *Across New Worlds: Nineteenth Century Women Travellers and Their Writings*, London: Harvester Wheatsheaf.

Ghose, I., 1998, *Women Travellers in Colonial India: The Power of the Female Gaze*, New Delhi: Oxford University Press.

Godwin, W., 1987, "Memoirs of the Author of a Vindication of the Rights of Woman", in R.Holmes ed., *A Short Residence in Sweden, Norway and Denmark, and Memoirs of the Author of "the Rights of Woman"* , London: Penguin Books (original work published in 1798), pp.202−273.

Goodwin, A., 1979, *The Friends of Liberty: The English Democratic Movement in the Age of the French Revolution*, London: Hutchinson.

Grainger, J.D., 2004, *The Amiens Truce: Britain and Bonaparte, 1801−1803*, Woodbridge: Boydell.

Gregory, J., 1781, *A Father's Legacy to His Daughters*, London.

Hazlitt, W., 1814−1815, Review of *The Wanderer; or Female Difficulties*, *Edinburgh Review*, 24: 320−338.

Hibbert, C., 1987, *The Grand Tour*, London: Methuen Publishing Ltd.

Hill, T.F., 1792, *Observations on the Politics of France, and Their Progress Since the Last Summer: Made in a Journey from Spa to Paris during the Autumn of 1791*, London.

Jerinic, M., 2001, "Challenging Englishness: Frances Burney's The Wanderer", in A. Craciun and K.E. Lokke eds., *Rebellious Hearts: British Women Writers and the French Revolution*, Albany: State University of New York Press, pp.63−84.

Johnson, C.L., 1995, *Equivocal Beings: Politics, Gender and Sentimentality in the 1790s: Wollstonecraft, Radcliffe, Burney and Austen*, Chicago:

Chicago University Press.

Johnson, S., 1978, *A Dictionary of the English Language*, Beirut: Librairie du Liban (original work published in 1755).

Jones, A. H., 1986, *Ideas and Innovations: Best Sellers of Jane Austen's Age*, New York: AMS Press.

Jones, C., 2002, "The Vindications and their Political Tradition", in C. L. Johnson ed., *The Cambridge Companion to Mary Wollstonecraft*, Cambridge: Cambridge University Press, pp.42−58.

Jones, V., 1990, *Women in the Eighteenth Century: Constructions of Femininity*, London: Routledge.

Jones, V., 1992, "Women Writing Revolution: Narratives of History and Sexuality in Wollstonecraft and Williams", in S. Copley and J. Whale eds., *Beyond Romanticism: New Approaches to Texts and Contexts, 1780−1832*, London: Routledge, pp.178−199.

Jump, H. D., 1994, *Mary Wollstonecraft: Writer*, New York: Harvester Wheatsheaf.

Kaplan, C., 2009, "Wild Nights: Pleasure/Sexuality/Feminism", in D. S. Lynch ed., *A Vindication of the Rights of Woman: An Authoritative Text Backgrounds and Contexts Criticism*, 3rd ed., New York: Norton (original work published in 1983), pp.335−349.

Kaufman, P., 1969, *Libraries and Their Users: Collected Papers in Library History*, London: The Library Association.

Kelly, G., 1992, *Revolutionary Feminism: the Mind and Career of Mary Wollstonecraft*, London: Macmillan.

Lady, 1798, *A Sketch of Modern France: In a Series of Letters to a Lady of Fashion. Written in the Years 1796 and 1797, During a Tour through France*, London.

Lawrence, K. R., 1994, *Penelope Voyages: Women and Travel in the British Literary Traditions*, Ithaca: Cornell University Press.

Lough, J., 1987, *France on the Eve of Revolution, British Travellers' Observations, 1763−1788*, Chicago: The Dorsey Press.

Macaulay, C., 1791, *Observations on the Reflections of the Right Hon. Edmund Burke, on the Revolution in France: in a Letter to the Right Hon.*

The Earl of Stanhope, London.

Mackintosh, J., 1791, *Vindiciae Gallicae*, London.

Mackintosh, J., 1835, *Memoirs of the Life of the Right Honourable Sir James Mackintosh*, Vol.1, London.

Maxwell, C., 1932, *The English Traveller in France, 1698−1815*, London: Routledge.

Mead, W.E., 1914, *The Grand Tour in the Eighteenth Century*, Boston: Houghton Mifflin Co.

Mellor, A.K., 2000, *Mothers of the Nation: Women's Political Writing in England, 1780−1830*, Bloomington: Indiana University Press.

Melman, B., 1992, *Women's Orients: English Women and the Middle East, 1718−1918*, Basingstoke: Macmillan.

Mills, S., 1991, *Discourses of Difference: an Analysis of Women's Travel Writing and Colonialism*, London: Routledge.

More, H., 1799, *Strictures on the Modern System of Female Education: With a View of the Principles and Conduct Prevalent among Women of Rank and Fortune*, Vol.1, 6th ed, London.

Newman, G., 1997, *The Rise of English Nationalism: A Culture History, 1740−1830*, New York: St.Martin's Press.

Paine, T., 2000, "Rights of Man, Part I", in B.Kuklick ed., *Political Writings: Revised Student Edition*, Cambridge: Cambridge University Press (original work published in 1791), pp.59−153.

Pearson, J., 1999, *Women's Reading in Britain 1750−1835: A Dangerous Recreation*, Cambridge: Cambridge University Press.

Philp, M., 1991, *The French Revolution and British Popular Politics*, Cambridge: Cambridge University Press.

Pocock, J.G.A., 1960, Burke and the Ancient Constitution-A Problem in the History of Ideas. *The Historical Journal*, 3, 2: 125−143.

Polwhele, R., 1798, *The Unsex'd Females, A Poem*, London.

Porter, R., 2000, *Enlightenment: Britain and the Creation of the Modern World*, London: Allen Lane.

Pratt, M.L., 1992, *Imperial Eyes: Travel Writing and Transculturation*, London: Routledge.

启蒙及其限制

Radcliffe, A., 1795, *A Journey Made in the Summer of 1794, Through Holland and the Western Frontier of Germany, With a Return Down the Rhine; To Which Are Added, Observations During a Tour to the Lakes of Lancashire, Westmoreland, and Cumberland*, London.

Rapport, M., 2000, *Nationality and Citizenship in Revolutionary France: the Treatment of Foreigners, 1789 – 1799*, Oxford: Oxford University Press.

Roe, N., 1988, *Wordsworth and Coleridge: The Radical Years*, Oxford: Clarendon Paperbacks.

Rousseau, J. –J., 1762, *Emilius and Sophia; or a New System of Education*, London.

Rousseau, J. –J., 1955, *Émile*, London: Dent (original work published in 1762).

Russell, M [artha], 1794–1795, *Journal of a Tour to America in 1794–1795*, Vol.2, [typescript] MSS 660349, Birmingham City Archives.

Russell, M [ary], 1794–1795, *Journal of a Tour to America in 1794–1795*, Vol.2, [typescript] MSS 660357, Birmingham City Archives.

Said, E., 1991, *Orientalism: Western Conceptions of the Orient*, London: Penguin (original work published in 1978).

Schwarzer, A., 1984, *Simone de Beauvoir Today: Conversations, 1972 – 1982*, London: Chatto & Windus.

Seward, A., 1811, *Letters of Anna Seward: Written between the Years 1784 and 1807*, Vol.3, Edinburgh.

Stevenson, C.B., 1982, *Victorian Women Travel Writers in Africa*, Boston: Twayne Publishers.

Taylor, B., 2004, "Feminists versus Gallants: Manners and Morals in Enlightenment Britain", *Representations*, 87: 125–148.

Thomas G., 1797, *An Enquiry into the Duties of the Female Sex*, London.

Tomalin, C., 1992, *The Life and Death of Mary Wollstonecraft*, Rev.ed., London: Penguin Books.

Tomalin, C., 2000, "A Fallen Woman: Reappraisal of Letters to Imlay by Mary Wollstonecraft", in C. Tomalin, *Several Strangers: Writing from Three Decades*, New ed., London: Penguin Books, pp.19–23.

Tomaselli, S., 2001, "The Most Public Sphere of All: the Family", in E. Eger, C. Grant, C. ÓGallchoir and P. Warburton eds., *Women, Writing and the Public Sphere, 1700 − 1830*, Cambridge: Cambridge University Press, pp.239−256.

Towner, J., 1984, *The European Grand Tour, Circa 1550 − 1840: A Study of Its Role in the History of Tourism*, Unpublished thesis (PhD), University of Birmingham.

Trease, G., 1967, *The Grand Tour*, London: Heinemann.

Turner, K., 2001, *British Travel Writers in Europe 1750 − 1800: Authorship, Gender, and National Identity*, Aldershot: Ashgate.

V. Jones ed., 1990, *Women in the Eighteenth Century: Constructions of Femininity*, London: Routledge (original work published in 1762), p.175.

Verhoeven, W. M., 2000, "Land-Jobbing in the Western Territories: Radicalism, Transatlantic Emigration, and the 1790s American Travel Narrative", in A. Gilroy ed., *Romantic Geographies: Discourse of travel, 1775 − 1844*, Manchester: Manchester University Press, pp.185−203.

Walpole, H., 1903−1905, *The Letters of Horace Walpole, Fourth Earl of Oxford*, Vol.15, Oxford: Clarendon Press.

Wang, T. − Y., 2010, *British Women's Travel Writings in the Era of the French Revolution*, Unpublished thesis (PhD), University of Birmingham.

Weather, 1600 − 1900, 2011, *Wirksworth Parish Records, 1600 − 1900*. [WWW] The Wirksworth website, Available from: http://www.wirksworth.org.uk/A14WEATH.htm

Wellington, J., 2001, "Blurring the Borders of Nation and Gender: Mary Wollstonecraft's Character Revolution", in A. Craciun and K. E. Lokke eds., *Rebellious Hearts: British Women Writers and the French Revolution*, Albany: State University of New York Press, pp.33−61.

Williams, H. M., 1795, *Letters Containing a Sketch of the Politics of France, from the Thirty-First of May 1793, Till the Twenty-Eighth of July 1794, and of the Scenes Which Have Passed in the Prisons of Paris*, Vol.1, London.

Wilson, K., 1995, Citizenship, Empire, and Modernity in the English Province, C.1720−1790, *Eighteenth-Century Studies*, 1, 29: 69−95.

Wollstonecraft, M., 1879, *Mary Wollstonecraft: Letters to Imlay*, London: C.Kegan Paul.

Wollstonecraft, M., 1979, *Collected Letters of Mary Wollstonecraft*, Ithaca: Cornell University Press.

Wollstonecraft, M., 1989, "Analytical Review", in J. Todd and M. Butler eds., *The Works of Mary Wollstonecraft*, Vol.7, London: Pickering (original work published in 1790), pp.276−279.

Wollstonecraft, M., 2009, "A Vindication of the Rights of Woman", in D.S. Lynch ed., *A Vindication of the Rights of Woman: an Authoritative Text Backgrounds and Contexts Criticism*, 3rd ed., New York: Norton (original work published in 1792), pp.1−204.

Wollstonecraft, M., 1987, "Letters Written During a Short Residence in Sweden, Norway, and Denmark", in R. Holmes ed., *A Short Residence in Sweden, Norway and Denmark, and Memoirs of the Author of "the Rights of Woman"*, London: Penguin Books (original work published in 1796), pp.58−200.

Wollstonecraft, M., 1997, "A Vindication of the Rights of Men", in D.L. Macdonald and K.Scherf eds., *A Vindication of the Rights of Men and A Vindication of the Rights of Woman*, Ontario: Broadview Literary Texts (original work published in 1790), pp.31−98.

Wollstonecraft, M., 1989, "An History and Moral View of the Origin and Progress of the French Revolution; and the Effect It Has Produced in Europe", in J.Todd and M.Butler eds., *The Works of Mary Wollstonecraft*, Vol.6, London: Pickering (original work published in 1794), pp.1−236.

Wollstonecraft, M., 1989, "Lettes to Joseph Johnson", in J. Todd and M. Butler eds., *The Works of Mary Wollstonecraft*, Vol.6, London: Pickering (original work published in 1798), pp.349−364.

Wollstonecraft, M., 1989, "Letter on the Present Character of the French Nation", in J.Todd and M.Butler eds., *The Works of Mary Wollstonecraft*, Vol.6, London: Pickering (original work published in 1793), pp.439−446.

Woolf, V., 2003, *The Second Common Reader*, San Diego: Harcourt (original work published in 1932).

Wordsworth, D., 1941, "The Alfoxden Journal", in E. de Sélincourt ed., *Journals of Dorothy Wordsworth*, Vol. 1, London: Macmillan (original work written in 1798).

Wordsworth, W. and Wordsworth, D., 1935, *The Early Letters of William and Dorothy Wordsworth, 1787–1805*, Oxford: Clarendon Press.

Wordsworth, W., 1995, *The Prelude: The Four Text (1798, 1799, 1805, 1850)*, London: Penguin Books.

Wordsworth, W., 1999, "Lines Written a Few Miles above Tintern Abbey", in M. Schmidt ed., *Lyrical Ballads, With a Few Other Poems*, London: Penguin (Original work published in 1798).

作 者 简 介

王楠　社会学博士。中国政法大学社会学院讲师。主要研究方向为古典社会学理论、西方早期现代社会理论等。著作有《自由与教育：洛克与卢梭的教育哲学》（合著），译著有《论人文教育》、《美国社会科学的起源》。

李家莲　伦理学博士。现就职于湖北大学哲学学院。译有《论激情和感情的本性与表现，以及对道德感官的阐明》。

姚中秋　独立学者，九鼎公共事务研究所研究员。主要从事古典自由主义理论与奥地利学派经济学的译介和研究。著有《为什么是市场》、《现代中国的立国之道》等；译有《财产、法律与政府——巴斯夏政治经济学文粹》、《法律与自由》、《哈耶克与古典自由主义》、《知识分子为什么反对市场》、《资本主义与历史学家》等。

张正萍　浙江大学人文学院讲师。译有《论政治与经济》、《偷窃历史》等。

高全喜　哲学博士。北京航空航天大学法学院教授，人文与社会科学高等研究院院长。研究领域为西方政治哲学、法哲学和宪政理论。发表论文《国家理性的正当性何在？》、《论国家利益》、《论民族主义》、《论"宪法政治"》等；著有《理心之间——朱熹和陆九渊的理学》、《法律秩序与自由正义——哈耶克的法律与宪政思想》、《休谟的政治哲学》、《论相互承认的法权——精神现象学研究两篇》等；主编有《大国》、《政治与法律思想论丛》等。

康子兴　法学博士。现就职于北京航空航天大学人文与社会科学高等研究院。研究方向为西方政治思想、古典政治经济学、古典社会理论。

陈正国　英国爱丁堡大学历史学博士。现任台湾"中央研究院"历史语言研究所资讯室主任，台湾"清华大学"历史研究所合聘助理教授。发表论文《黄仁宇的现代化论述与西方历史》、《从利他到自律：哈奇森与斯密经济思想间的转折》《英国思想界对里斯本大地震（1755）的回应》等；译有《了解庶民文化》、《生与死的双重变奏：人类生命策略的社会学诠释》等。

吴政谕　台湾"中山大学"政治学研究所硕士。

孙于惠　浙江大学政治学理论硕士研究生。著有《美国宪法之魂——自由与民主的妥协》、《麦迪逊宪政思想与苏格兰启蒙思想》等。

周保巍　就职于华东师范大学国际关系与地区发展研究院。主要学术研究领域为西方思想史、思想史方法论、国际政治思想。发表论著（文）有《何谓概念：对"概念史"研究对象的几点思考》、《Necessity · Appetite · Liberty：英国现代早期的"勤勉"话语》、《比较视野中的概念史》、《欧盟各大国外交政策的起源》等。

冯克利　山东大学政治与公共管理学院教授。译有《民主新论》、《学术与政治》、《政治的浪漫派》、《宪政经济学》、《反潮流：观念史论文集》、《二十世纪的政治哲学家》、《经济、科学与政治》、《致命的自负》等；著有《尤利西斯的自缚：政治思想笔记》等。

渠敬东　法学博士。现为中国社会科学院社会发展战略研究院副院长，从事理论研究工作。译著有《社会分工论》、《启蒙辩证法》、《宗教生活的基本形式》、《口述史》等。

汪采烨　台湾辅仁大学历史学助理教授。